供应链金融

陈祥锋 ◎ 著

SUPPLY CHAIN
FINANCE

科学出版社
北京

内 容 简 介

本书系统地介绍了供应链金融相关理论，包括概念、模式、技术及风险等，既考虑了理论知识框架，又突出了供应链金融给企业、行业和商业生态带来服务模式、商业模式变革的应用实践，并且结合时代发展探索了供应链金融的创新及未来。全书分为五个部分，第一篇为供应链金融的由来；第二篇为供应链金融典型模式；第三篇为可持续供应链金融；第四篇为数字经济时代下的供应链金融；第五篇为商业生态系统下的供应链金融。

本书适合高校研究生和高年级本科生阅读，适合作为EMBA、MBA等项目"供应链金融"的教科书，也适合作为企业高管、企业家及相关学者较系统地了解供应链金融的过去、现在和未来的读本。

图书在版编目（CIP）数据

供应链金融/陈祥锋著. —北京：科学出版社，2022.8
ISBN 978-7-03-070621-8

Ⅰ. ①供⋯ Ⅱ. ①陈⋯ Ⅲ. ①供应链管理-金融业务-研究 Ⅳ. ①F252.2

中国版本图书馆CIP数据核字（2021）第227942号

责任编辑：郝 静 郝 悦 / 责任校对：王晓茜
责任印制：赵 博 / 封面设计：楠竹文化

科学出版社 出版
北京东黄城根北街16号
邮政编码：100717
http://www.sciencep.com

三河市骏杰印刷有限公司印刷
科学出版社发行 各地新华书店经销

*

2022年8月第 一 版　开本：787×1092　1/16
2025年1月第四次印刷　印张：23
字数：460 000

定价：68.00元

（如有印装质量问题，我社负责调换）

Preface 前言

　　随着经济不断发展,供应链管理的价值不断得到业界、学术界及政府相关管理部门的关注和重视,特别是在新型冠状病毒肺炎(简称新冠肺炎)疫情的影响下,人们更加意识到供应链的价值和作用。尽管供应链管理从学科成立以来,一直强调的是物料流、信息流和资金流"三流"活动的相互协调,以降低供应链整体运营成本,创造更多价值。但是,现实中公司各个部门的管理往往是分开的,如企业的生产运营、物流供应链等部分与财务部门的管理是分离的。因此,在现实供应链管理实践中,企业更多的是关注物料流和信息流"二流"活动的协调。这样的供应链管理思想,在"制造为王"和"渠道为王"的时代,能够帮助供应链整体和局部企业实现降本增效,提升企业所在供应链的竞争力。

　　然而,进入21世纪后,企业竞争焦点发生了转变,对时间、速度及可持续发展有了新要求。同时企业也受到21世纪初金融危机的影响,对现金管理更为关注,企业管理逐渐步入了"现金为王"的时代,仅仅关注物料流和信息流"二流"的供应链管理是不能适应时代的需求的。至此,供应链管理开始真正关注和协调物料流、信息流和资金流"三流"的活动。

　　值得注意的是,在"现金为王"的时代,供应链核心企业为降低运营风险,获取更多运营资金,往往会降低库存水平,尽快向下游企业收取销售货款,向上游企业支付采购货款,从而会出现大企业在供应链交易过程中,不断把运营现金从中小微企业"挤出"的现象,导致核心企业的运营现金越来越多,而中小微企业的运营现金越来越少,运营资金短缺问题更加凸显。显然,这种"大鱼吃小鱼"的现象会使得供应链更加脆弱,供应链断裂风险不断增大。

　　为降低供应链企业由运营资金短缺引发的供应链风险,供应链金融的概念和价值不断被业界、学界和政府部门关注,成为解决供应链企业资金约束问题,推动实体经济不断发展的重要手段之一。随着数字经济时代的到来,供应链金融的模式和理念不断发展，从传统供应链金融发展到产业链金融模式，进一步转化为供应链金融的产融生态圈。

从企业实践来看，中国供应链金融发展模式大致分为五个阶段。1.0 阶段，线下模式（2000~2008 年），线下人工审批为主的"1+N"模式，在获得"1"核心企业的承诺、支持与参与下，为与核心企业交易的"N"中小微企业提供融资服务。2.0 阶段，线上模式（2009~2014 年），银行与核心企业 ERP（enterprise resource planning，企业资源计划）相连，线上化"N+1+M"模式形成，客户对 ERP 系统的黏性转化为对融资服务的黏性，在核心企业的参与和配合下，银行实现低成本批量获得客户，平台模式出现。3.0 阶段，平台模式（2015~2017 年），随着互联网经济的发展，供应链金融提供商借助平台经济独特的"多边效应"特征，结合"互联网+"的"长尾效应"，建成了信息流、商流、物料流、资金流"四流合一"的信息平台，金融机构联合或通过各类平台为平台上的企业提供融资服务。在这个阶段，平台主要负责监管、担保、增信、助贷；金融机构主要负责审批、融资、结算，各司其职又相互配合，联合推进。但这个阶段传统商业银行授信难以扩展到产业链末端和供应链前端，核心企业面临参与确权动力不足的问题。同时，供应链上的众多中小微企业信息化程度不高或数字化水平不足，进而导致银企、企企协同难，技术赋能受限等困境和局限，阻碍了供应链金融服务平台效能的充分发挥。

随着区块链、人工智能（artificial intelligence，AI）等数字科技的发展，供应链金融开始步入了 4.0 阶段，即数字化升级（2018~2019 年）。随着人工智能、区块链、大数据、物联网等技术在供应链金融领域的深入应用，供应链金融进入了较大范围的实时风险控制与在线监管的时代，数字化供应链金融发展升级，一种新的供应链金融服务模式"区块链+付款承诺函模式"出现并被快速推广，扩大了供应链金融服务的范围，提升了供应链金融服务的效率，降低了融资的成本和风险。

在区块链技术构架下，在物联网、大数据、云计算、人工智能等新兴信息技术与数字技术加持下，供应链金融进入了 5.0 阶段，即产融生态圈（2020 年至今）。在各行各业中有一些数字化供应链金融服务商不仅在底层技术架构上应用了区块链技术，它们还应用了先进的物联网、人工智能技术，或相应的智慧化解决方案，以及通过为供应链上的中小微企业提供整套供应链管理工具与 SaaS（software as a service，软件即服务）系统等途径，吸引和助力中小微企业搭上其数字化便车，进而实现全链条干净可信数据的自动获取，基于此提供精细化融资解决方案，典型方式有"产业自金融+区块链数字票据"。

在数字经济时代，物联网、大数据、区块链、云计算、人工智能等先进技术的快速发展与深度应用，为产业链场景中供应链上下游贸易真实性的自动识别、高效率低成本交叉验真及干净可信数据的累积奠定了坚实基础，也为基于数据与信用资产意义下的产业链与供应链融资服务的风险防控提供了可靠保障，业务闭环相对完整。结合供应链金融的实践发展及相关理论进展，本书系统介绍了供应链金融的发展与内涵，充分体现了供应链管理与公司财务管理学科交叉的思想特点，理论联系实际，既考虑了理论的传承与发展，又考虑了新时代数字科技的影响，较完整地体现了供应链金融的知识框架和核心思想。

本书从三个层面、五个部分进行撰写。第一层面，供应链金融基础理论，从供应链管理本质开始分析，至财务供应链管理的发展，再进入供应链"三流"协调管理的价值讨论，接着再系统地介绍了供应链金融的概念和基本模式；第二层面，供应链金融的创新价值，着重分析供应链金融给相关行业和相关管理实践带来了新的价值，从金融机构、物流供应链企业、农业可持续发展，点线面体地介绍了供应链金融给企业或机构带来业务模式、商业模式及生态系统的变革；第三层面，数字化供应链金融，从数字经济和数字科技发展方面，介绍了供应链金融的发展和创新方向。

结合这三个层次，本书内容分为五个部分，即供应链金融的由来、供应链金融典型模式、可持续供应链金融、数字经济时代下的供应链金融和商业生态系统下的供应链金融。本书包含15章。每一章首先从问题牵引入手，从案例讨论展开，提出问题；其次介绍相关概念、知识和技术，提出分析问题框架；最后对每章问题提出解决思路和思考。

供应链金融是多学科交叉的领域，理论与应用是不断发展的，本书在内容方面还存在很多不足，希望能得到大家的支持和鼓励，不断给予批评指正，不断提升本书的质量。

Contents 目 录

第一篇　供应链金融的由来　/ 001

第1章　供应链管理　/ 003

开篇案例1　/ 003

开篇案例2　/ 009

1.1　供应链基础　/ 014

1.2　卓越的供应链管理　/ 016

1.3　供应链管理的本质　/ 021

第2章　财务供应链管理　/ 027

2.1　财务供应链与供应链管理　/ 027

2.2　供应链管理中的财务语言　/ 036

2.3　财务指标对供应链管理的诊断　/ 040

第3章　供应链"三流"协调管理　/ 050

3.1　供应链活动管理　/ 050

3.2　企业竞争战略转型　/ 054

3.3　资金流管理　/ 057

3.4　企业的现金流管理　/ 060

3.5　宝洁公司的供应链金融项目　/ 066

第二篇　供应链金融典型模式　/ 073

第 4 章　供应链金融概念　/ 075

开篇案例　/ 075
4.1　供应链金融的产生背景　/ 079
4.2　供应链金融的定义　/ 081
4.3　供应链金融的本质与价值　/ 087

第 5 章　供应链金融服务产品设计　/ 090

5.1　供应链金融服务的主要分类　/ 091
5.2　供应链金融服务设计思路　/ 102
5.3　供应链金融总体框架　/ 121

第 6 章　金融机构供应链金融服务　/ 124

开篇案例　/ 124
6.1　金融机构供应链金融服务的发展阶段　/ 128
6.2　金融机构供应链金融的产品服务　/ 129
6.3　数字化时代下金融机构供应链金融服务产品变迁　/ 138
6.4　金融机构供应链金融风险控制　/ 140

第三篇　可持续供应链金融　/ 157

第 7 章　可持续供应链金融创造共享价值　/ 159

7.1　可持续供应链管理　/ 159
7.2　可持续供应链金融　/ 162
7.3　物流供应链企业可持续供应链金融　/ 165
7.4　可持续供应链金融为农业企业创造共享价值　/ 169

第 8 章　物流供应链企业可持续发展　/ 178

开篇案例 1　/ 178
开篇案例 2　/ 184
8.1　物流供应链行业转型升级方向　/ 189
8.2　物流供应链企业的角色变化　/ 190

8.3　物流供应链行业的供应链协调与可持续发展　/ 194

第 9 章　农业可持续供应链金融　/ 199

　　开篇案例 1　/ 199

　　开篇案例 2　/ 204

　　9.1　农业行业现状　/ 211

　　9.2　农业供应链金融　/ 213

第四篇　数字经济时代下的供应链金融　/ 221

第 10 章　数字经济时代下供应链金融转型　/ 223

　　10.1　数字经济的含义　/ 223

　　10.2　数字经济重塑供应链金融服务体系　/ 224

　　10.3　数字经济重构供应链金融运作模式　/ 227

　　10.4　数字经济重建供应链金融监管框架　/ 228

第 11 章　数字化大宗商品交易的供应链金融　/ 231

　　开篇案例　/ 231

　　11.1　数字化转型三阶段：3-S 理论　/ 236

　　11.2　B2B 平台供应链金融　/ 237

　　11.3　供应链金融服务平台模式：产融结合平台　/ 240

　　11.4　数字供应链金融模式设计框架　/ 245

第 12 章　数字零售供应链金融　/ 249

　　开篇案例　/ 249

　　12.1　数字零售　/ 253

　　12.2　数字零售供应链金融模式　/ 257

　　12.3　数字零售供应链金融的风险管理　/ 272

　　12.4　企业数字零售供应链金融发展历程　/ 274

　　12.5　传统银行与数字零售供应链金融的关系　/ 277

第 13 章　数字科技下供应链金融平台　/ 279

　　开篇案例　/ 279

　　13.1　数字科技及其应用　/ 284

13.2 基于区块链技术供应链金融平台 / 290

13.3 基于金融科技的风险管理 / 294

13.4 数字科技与供应链金融的价值共创 / 296

第五篇 商业生态系统下的供应链金融 / 299

第 14 章 供应链金融的产融生态圈 / 301

开篇案例 1 / 301

开篇案例 2 / 305

14.1 数字化赋能供应链金融 / 311

14.2 金融科技赋能供应链金融生态系统特征 / 314

14.3 供应链金融生态系统及其创新演化路径 / 319

14.4 产融生态圈的跨界发展 / 325

第 15 章 生态系统下供应链金融风险管理 / 332

开篇案例 / 332

15.1 数字化时代的供应链金融风险管理 / 335

15.2 智能化供应链金融风控管理实践 / 344

15.3 供应链金融产融生态圈的发展 / 349

参考文献 / 351

第一篇
供应链金融的由来

供应链管理发展主要是从20世纪90年代中后期开始的，供应链金融的概念也是在21世纪初才逐渐引起人们的关注的。供应链金融有两个关键词，一个是供应链，另一个是金融，两个词组合的位置不一样就构成了不同的管理重心。如果把金融放在前面，那就成为"金融供应链管理"或"财务供应链管理"，管理重心就落在供应链管理，即通过供应链活动提升财务绩效和供应链绩效；如果把供应链放在前面，那就成为供应链金融，管理重心在金融管理，通过金融活动提升供应链绩效和财务绩效。

本篇是本书的起始篇，目的在于介绍供应链金融的发展背景、内涵和本质，共分为3章。第1章简单介绍供应链管理的基本思想；第2章介绍财务供应链管理；第3章讨论供应链"三流"协调管理，指出供应链金融的本质在于提升企业的现金管理。

第1章 供应链管理

 开篇案例 1

海尔集团案例

本案例部分素材来自《哈佛商业评论》中葛伟炜和杨俊的《海尔营运资金管理的共赢机制》一文。海尔集团（简称海尔）自1984年诞生以来，始终顺应时代和技术的发展，逐步成为国内乃至世界范围内家电行业的龙头企业。在传统工业时代，海尔凭借卓越的性价比，成为全国家电品牌的领头羊。而在互联网时代，海尔通过创立平台品牌和改革企业内部的组织结构，不仅实现了与上下游企业的利益最大化，并且成功转型为一家互联网企业。海尔通过改革集团内部的组织框架，建立了现代化的企业制度，并且很早就意识到现金流对企业生存及发展的重要性。企业的营运资金管理被给予重视，在一定程度上促进了集团的发展。集团的净利润从2009年的13亿元增长到2014年的66亿元，净利润增长5倍多。更确切地说，海尔着眼于库存和应收账款天数，确立了"零库存、零应收"的战略目标，通过一系列的资金管理方法，实现了营运资金效益与效率的最优化。

那么海尔作为一家家电制造企业是如何确保其营运资金管理的可持续发展？如果想建立"零库存、零应收"的营运资金目标，需要将现金的压力转移到整条供应链的其他部分，如上游或者下游企业。凭借海尔的规模和市场占有率，是可以实现这一目标的。但从长期和可持续发展的角度来看，过分压缩上下游企业的利润，将会恶化整个供应链，海尔也将会自食其果。因此，海尔提出与上下游企业更进一步合作，不仅要实现海尔的"零库存、零应收"的营运资金目标，还要帮助供应链其他环节的企业降低资金压力，共同实现有机增长。

海尔版"零库存、零应收"资金管理模式

"零库存、零应收"这一概念并非海尔原创。20世纪60年代，丰田汽车公司

提出的TPS（Toyota production system，丰田生产方式）生产模式，就是依靠just-in-time（准时制）和Jidoka（自动化）两大模式，不仅实现了零库存和更短的送货时间这一系列目标，还成功提高了产品质量，一跃成为全球著名汽车厂商。海尔所提出的概念与此并不完全一致，海尔要求的"零库存"是指生产出来的数量与消费者的需求相同，并非绝对意义上的没有库存，而"零应收"则是将应收账款在规定的最长时间内收回。为实现这两大目标，海尔在其供应链的各个环节采取了以下措施。

准确预测需求：按照订单生产。对制造业企业来说，库存量可以帮助企业应对需求的波动并减少缺货成本，但库存会占用大量的营运资金。因此，倘若能预测消费者的需求，就能从根本上解决库存导致的高资金、低周转率等问题。针对这一问题，海尔的做法是通过滚动预测体系实现按照订单的数量生产。

滚动预测体系首先通过每个门店安装的软件系统获得用户的需求订单，根据预测信息，海尔可以提前一周锁定订单，安排生产，同时也确定了物流计划，减少库存周转天数完成送货。这个看似非常简单的流程，不仅需要实现下单后直接完成供给，还要第一时间满足用户的需求。在2008年刚开始实行该体系时，海尔就出现了预测不准导致销售损失的情况。为此，海尔通过建立强大的信息系统和"下单即买单"机制，避免终端用户出现偶然性的下单，进而实现预测与终端准确预测的一致。这样可以消除需求波动性对终端预测的影响，也就是实现了海尔的精确预测。在此基础上，海尔规定当出现"下单不买单"的情况时，将由销售经理来承担此次的损失。这一规定除了避免销售经理为了业绩盲目获取客户之外，也促进销售经理充分利用海尔提供的信息系统，在收集大量需求的基础上预测终端的需求。

寄售和下线结算：完全按照订单数量进行生产解决了海尔供应链下游环节的库存问题，那么对供应链上游的采购环节的原材料、零件，该如何实现零库存呢？海尔提出了寄售和下线结算两种模式。大多数情况下，制造企业会根据提前预测好的生产计划进行原材料和配件的购买。但考虑到运输成本、送货时间、防止因缺料而停产等因素，企业倾向于购买多于生产需要的配件，从而产生大量的积压库存，占用了大量的营运资金。即使海尔实现了按订单生产，也很难实现原材料和零配件的"零库存"。以模具生产线上使用的刀具为例，刀具不仅种类非常多，使用周期也不一样，海尔在每个生产工厂都设立了独立的刀具室，投入一定数量的工作人员来专门负责管理。人力成本加上库存成本达到每个月150万元以上，这与海尔提出的"零库存"战略目标差距甚远，因此，海尔在2012年率先提出了刀具寄售项目。

海尔首先通过漏斗机制和事先规定的标准，从众多供应商中挑选出具有设计和制造能力的供应商，依靠这些供应商将刀具的种类从1500种整合到300多种。同时，海尔将生产工厂附近的空地租赁给刀具供应商，供应商根据海尔的生产计划和实时进度进行备货并送到生产工厂，确认取货和结算过程通过IT（information technology，信息技术）自动完成。通过刀具寄售模式，海尔将原来的供货周期缩短到即需即供，并且不再需要储存大量的刀具模型，实现了"零库存"，释放了营运资金的压力。占用资金由寄售前的每个月150万元下降到每月0元，结算账期也从6个月缩短到1个月。同时，与固定供应商的直接合作提高了刀具的标准化程度，减少了刀具管理人员的投入，从18人减少到3人，因此人力成本也大幅度减少。

寄售模式的应用也让供应商获益良多。第一，海尔通过漏斗筛选机制，让供应商凭借自己的供货能力获得配额，优质供应商的订单量大幅度增加。第二，海尔采取即时记账，按月结算的方式，将供应商的账期从6个月缩短为1个月，并且IT的利用不仅减少了工作量，还减少了人工对账的成本。第三，海尔过去采购刀具都采用单件购买模式，供应商要处理不同标准、不同种类的刀具，导致其生产成本很高。但现在供应商提前知道了海尔的生产计划，可以更加从容地生产，满足供货需求。第二点和第三点，在一定程度上也帮上游供应商实现了"零库存"，缓解了现金流周期太长、库存占比过高等压力。

刀具寄售模式大获成功之后，海尔将其推广到石墨、铜丝等产品的寄售。然而，这种寄售模式本质上只是减小了运输成本、转移了原材料和零配件的存储地点，对生产环节的响应速度和灵活度的贡献有限，并且海尔仍然需要耗费人力成本对工厂的物料进行清点，防止出现实际与账面不符的情况。那么如何解决这一点呢？

为此，海尔又开创了下线结算这一新的模式。下线结算将采购直接联结到最后的终端销售环节，真正地实现了"账实差异为零"。沈阳冰箱厂作为第一个下线结算模式的试验点，海尔在生产工厂内为供应商提供了大到场地设备小到水电气等资源，供应商可以直接在生产工厂内进行加工并通过特定运输工具直接将物料输送到海尔的生产线。当终端完成冰箱的销售后，海尔与供应商根据物料的使用量进行结算。虽然看起来海尔延长了付款周期并且将库存和资金的压力转移给了供应商，但事实上供应商也降低了运输、包装等成本，降低了本公司的资金压力。

通过寄售和下线结算模式，海尔不仅实现了自身的"零库存""零资金占用"，还帮助供应商优化了营运资金的占用情况，推动了整条供应链的良好运营和可持续发展。

零距离平台：上述的两个措施，只是解决了供应链环节中的库存和营运资金占用的问题，要提高现金的流动性，还需在终端环节的收款、交易等进行改革。过去，销售经理扮演着海尔与经销商之间的沟通者角色，需要为经销商查询余额、传递发票等。销售经理的工作不仅琐碎耗时，同时也导致了海尔交易流程的低效率和高风险。因此，海尔通过打造客户零距离平台，依靠信息平台减少对销售经理的依赖，并且与经销商的直接沟通也促进了信息的交流。例如，海尔在该平台整合了银行资源，将系统与银联对接，每个终端可以自主下单，并且随时通过POS（point of sale，销售终端）机划款，这样就不需要为了大量的订单而固定住企业的部分现金。经销商的现金流不仅变得更加灵活，同时也可以从该系统中得知目前的库存情况，并根据过往的数据进行更加精确的预测分析，实现海尔与经销商的共赢。零距离平台背后的逻辑也是通过减少传统的"压货环节"，通过信息系统缩短交易的流程及时间，进而实现"零库存、零应收"的目标。

共享平台的生态圈

正如上文提到的，倘若只考虑供应链某环节的营运资金最大化，强行达到"零库存、零应收"的目标，必然会导致供应链的断裂。因此，海尔提出了"共享平台的生态圈"的概念（图1-1），其包含两个相互承接的层面：一是在海尔创建的平台上，上下游企业将以并联的方式参与；二是通过生态圈将各方利益绑定在一起，完善信息的交互，实现各方利益的最大化。

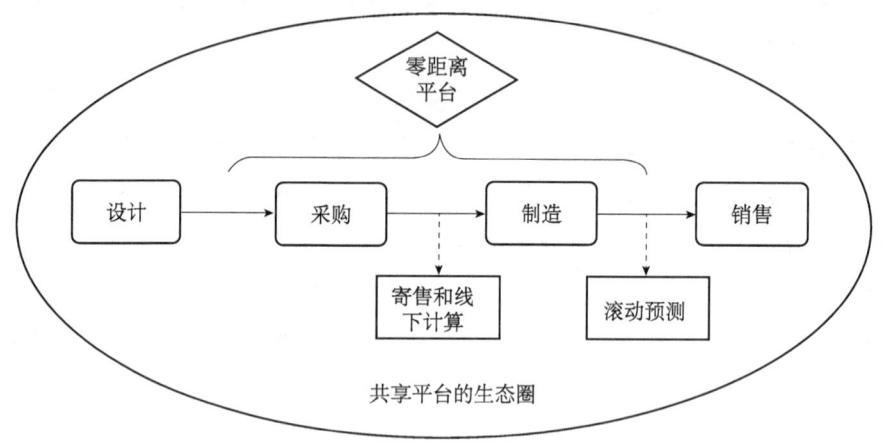

图1-1 海尔营运资金管理模式

实线为供应链节点；虚线为海尔在节点间的活动

以海尔帝樽柜机空调为例，当销售经理获取到了顾客对产品的最新需求之后，他认识到需要改变原有空调的内部构造才能满足客户需求。于是，海尔与外部设计公司、供应商组成利益共同体，将三方的需求和供给能力进行匹配，选取既能满足设计方案需要，又能配合开发进度的供应商，共同研发出了帝樽柜机空调。相比于传统的模式，从引入供应商到产品设计环节，帝樽柜机空调的开发周期缩短了30天，不仅产品性能得到了提升，生产成本也有明显的降低。在第二代空调研发过程中更是将物流、零件供应等企业也融入研发阶段中，更进一步优化了各方的利益。

随着大数据、云计算等信息科技的推动，海尔也正向服务类平台化企业转型，成为孵化创客的平台，并且通过这个平台将集团的员工转变成创业合伙人，实现了激励相容。随着海尔"平台+生态"新商业范式的推进，集团的财务战略也有了更深层次的变化。在这一背景下，海尔建立全球财务共享平台，即"财务云平台"，以"共创、共享、共治"的核心理念作为切入点，连接差旅服务、办公用品、大宗采购及内部资源采购，实现企业消费业务和采购业务对供应商的直接结算。

生态圈将创客、客户、政府等社群融为一体，具备会计、税务、融资、外汇、现金池等功能，为海尔集团白色家电平台、服务投资孵化平台、金控平台、地产平台及文化产业平台提供高效增值的服务。例如，海尔与国家税务总局青岛市税务局联合推出了物联网时代社群共创、互联互通的智税通平台，这是全国第一家实现税企互联互通的税务数字化工作平台。平台涵盖制造、销售、物流、金融、房地产、建安等各行各业，颠覆传统税企管理模式，为企业提供全生命周期税务解决方案，赋能企业健康高效发展。

共享平台的生态圈体现了由海尔 CEO 张瑞敏提出的"人单合一"的商业模式，将用户需求与价值链上的每一方紧密联系在一起，在用户需求的驱动下，实现利益的最大化。

海尔管理成果

将海尔的各项措施拆分来看，就会发现很多做法并非海尔原创。例如，"零库存"、寄售等措施都已经在汽车行业广泛应用，但海尔将公司特点及面临形势与管理措施融会贯通，取得了不错的成效。通过"零库存、零应收"的策略，海尔始终将库存周转和应收账款周转控制在较低水平。2008 年以后，海尔的现金周期快速下降，在 2011 年达到负值，多年以来一直保持着负值（图 1-2）。这意味着海尔能够先于投入而获得资金流入。优秀的现金流管理为海尔的发展打下了坚实的基础。

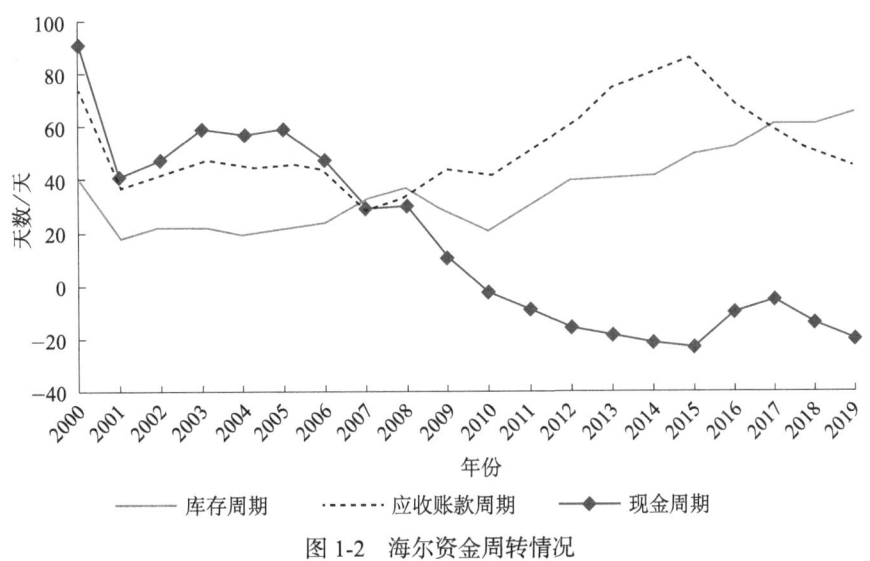

图 1-2 海尔资金周转情况

在全球经济增长放缓、新冠肺炎疫情、国际局势不稳定的大背景下，制造业面临着前所未有的挑战。传统制造企业想要在目前的利润空间下生存发展，需要从原有的"制造为王""渠道为王"向"现金为王"转变其商业模式和经营思路。企业需要将资金管理上升到战略高度、完善营运资金管理体系、加强营运资金的统一管理、强化营运资金的内部审计、提高营运周转率和营运效率，同时立足于整个生态圈，才能具备更强的抗风险能力，并且能够可持续发展，获得更大的发展空间。

案例思考题

1. 海尔的"零库存，零应收"资金管理模式包含哪些部分，分别针对了哪些问题？
2. 海尔的寄售对自身和供应商分别有什么优点及缺点？
3. 海尔创建的"共享平台的生态圈"有什么特点？

开篇案例 2

美的集团案例

美的集团(简称美的)成立于1968年,是一家集消费电器、暖通空调、机器人与自动化系统、智能供应链、芯片产业、电梯产业于一身的科技集团。通过提供多元化的产品种类和服务,美的拥有业内最全的家电产品布局,包括消费电器、暖通空调、机器人及工业自动化系统、智能供应链、芯片等业务。各品类市场表现均衡,绝大部分核心品类市场占有率位居前2名。

庞大的产业布局虽然丰富了美的的经营范围,但也使其面临巨大的挑战。随着其他家电产品的不断兴起,美的面对的竞争压力增大。同时,生产成本增加和技术升级带来的挑战也让美的的发展陷入困境。美的存货占比不断提升,应收账款占比也在逐年提高。产品积压过多,过高的产品存货容易降低市场价值,增加企业的经营风险。存货占用的资金无法及时流转,不利于企业开展后续经营活动及企业资金流转(表1-1)。

表1-1 美的和格力存货占流动资产比例变化对比

企业	2008年	2009年	2010年	2011年
美的集团	0.338 56	0.298 25	0.378 67	0.262 75
格力电器	0.205 78	0.136 67	0.211 97	0.243 93

资料来源:Wind数据库

与此同时,美的产品利润率不够高,供应链整体竞争力不足的问题也逐渐显现出来。其中,最突出的问题是上下游中小企业出现资金缺口,从而影响供应链整体的运行效率。从整个供应链来看,美的选择上游优秀的供应商进行采购,然后由物流公司进行运输和配送。到达美的后,由区域仓库进行材料的接收和储存。在美的工厂需要时,再从仓库调配原料到生产线完成生产,然后将紧急货物装车运送到客户手中,将预留的货物送到产成品仓库替分销商储存。在接到下游分销商的订单之后,从仓库调配产品由物流配送到分销商手中,再由分销商向下游配送,直接销售到客户手中完成整个销售作业,最后进行消费者追踪。经过不断发展,处于供应链中的上下游中小企业在规模和生产力方面逐渐不能满足美的迅速增长的需求,制约了集团的发展速度。

资金的短缺是制约上下游中小企业产能的主要因素之一。融资难、融资贵及融资慢在很大程度上限制了中小企业的发展。中小企业信用担保体系不完善,为中小企业提供贷款担保的机构少,传统的银行融资远无法满足中小企业的融资需求。供应链中的上下游中小企业产生资金缺口的同时,外部融资成本也在逐渐上升,这不仅影响上下游中小企业本身的发展,更会制约美的所在的整条供应链的稳定性。

上下游库存管理

面对不断的库存积压问题,美的通过上下游企业的信息整合,进行针对性的库存管理。

1)供应商管理库存

美的作为供应链里的"链主",即核心企业,居于产业链上游且较为稳定的供应商有300多家。其中60%的供应商是在美的总部顺德周围,还有部分供应商在三天以内车程范围内。只有15%的供应商距离较远。在这个现有供应链之上,美的实现供应商管理库存(vendor managed inventory,VMI)的难度并不大。

对于剩下25%的供应商,美的在顺德总部建立了很多仓库,然后把仓库分成很多片区。外地供应商可以在仓库里租赁一个片区,并把零配件放到片区里面储备。美的需要用到这些零配件的时候,就会通知供应商,然后进行资金划拨、取货等工作。此时零配件的产权才由供应商转移到美的手上,而在此之前,所有的库存成本都由供应商承担。

2)经销商管理库存

在业务链后端的供应体系进行优化的同时,美的也在加紧对前端销售体系的管理渗透。在空调、风扇等季节性强的行业,断货或压货是经常的事。各事业部上千种型号的产品,分散在全国各地的100多个仓库里,光是调来调去就是一笔巨大的开支。因为信息传导渠道不畅,传导链条过长,市场信息又经常误导工厂的生产,造成生产过量或紧缺。

因此,在经销商环节上,美的近年来公布了与经销商的部分电子化往来,由以前半年一次的手工性的繁杂对账,改为业务往来的实时对账和审核,运用这些信息,通过合理预测制订其生产计划和安排配送计划以便补货。也就是说,美的作为经销商的供货商,为经销商管理库存。理想的模式是:经销商基本不用备货,缺货时,美的立刻自动输送,且不需要经销商提醒。这种存货管理上的前移可以有效地削减和精准地控制销售渠道上昂贵的存货,而不是任其堵塞在渠道中,占用经销商的大量资金。

供应链金融的引入

2012年起,美的实施供应链融资,构建了多层次和多元化的融资体系以满足上下游配套企业在融资方面"急、频、短、少"的个性化需求。

(1)为上游供应商提供应收账款融资。借由供应商和美的自身之间的债权债务关系,银行等金融机构为供应商提供一定的融资授信额度。供应商由于原材料的采购、运输、储存、生产等业务的资金需要申请授信贷款，美的根据和供应商的业务往来等财务、经营信息对其进行评估，将业务关系密切、业务规模较大、业务往来资信较好的供应商推荐给银行，银行通过综合审查供应商的情况进而决定是否给予其相应贷款。

（2）对下游经销商提供预付账款融资。美的针对下游中小企业采取了一种特殊的类型——"保兑仓"模式。银行通过评估整条供应链信誉程度，以美的提供的货物回购作为担保，在控制实质货权的基础上提供银行承兑汇票服务。

银行通过对美的的资产、规模及信用状况等指标的评审，确定了授信额度之后便可签订合作协议并发放融资款。具体流程如下：首先，明确业务合作模式并签订协议。经销商与美的签订购销合同之后，向银行提出申请，银行对经销商进行调查，之后进行授信审批，审批通过后对该经销商核定额度。其次，银行、美的、经销商签订三方协议，根据协议要求互留印鉴以保证业务单据的真实性。同时，经销商根据业务需要开设一般结算账户和保证金账户。在审核无误之后，融资款定向支付至经销商，经销商缴纳25%保证金。银行根据协议在额度内签发银行承兑汇票，专项用于购销合同项下经销商向美的支付贷款。最后，经销商还清银行汇票款项后，银行收执的"商品金额证实书"退还美的。

美的加强对供应链融资业务的精确管控，从而提高供应链融资的运作效率，为供应链融资顺利实施提供保障。美的将采集、储存和加工等各种供应链融资业务中不可或缺的信息通过信息共享平台传递给各节点企业，使供应链整体能更好地发挥协同效应，提高了供应链融资的效率。

多维度的现金流风险管理

美的通过供应链融资解决上下游企业融资问题的同时，也从流向、流程、流速、流量四个维度控制自身的现金流风险。

（1）现金流流向风险管理：拓宽融资渠道，提升投资质量。由于美的的长期战略是国际化和全球运营，并且在多个国家建立了合资生产制造基地，进行了多项并购业务，纵向整合产业链，企业对资金有大量需求。美的在生产制造方面需要大量的资金投入。因此，美的拓宽了融资渠道，以降低企业的现金流风险。例如，通过配股、增发等协助企业筹资，或通过银行或非银行金融机构贷款进行债券筹资。丰富的筹资渠道保障了企业的现金流健康运转，为企业持续创造价值提供保障。

（2）现金流流程风险管理：加强采购管理，优化生产流程。美的原材料支出占企业支出比重很大。因此，降低采购成本，提高议价能力，延长应付账款周转期，提高资金使用效率，可以提升美的的价值创造能力。供应商提供的原材料质量和价格等因素会直接影响美的的现金流出情况。因此，美的对供应商进行考察，建立相应的数据库，对供应商的资质和产品进行统计分类，这样不仅可以通过数据和相关信息挑选出符合的供应商，还可以实时采购，为应付账款周转期建立一个完整的信息表。同时，供应商数据库的建立可以加强和供应商之间的联系，从源头控制支出，更高效地使用现金。

（3）现金流流速风险管理：控制存货积压，加快资金回流。对于存货的管理，美的对大量生产的产品进行市场调研，让顾客进行线下体验和预订，企业根据需求量进行生产。目前，家电和智能产品更新换代快，科技含量越来越高。因此，控制了存货就可以减少在此环节的大量资金占用，体现企业价值。

对于大型客户和其他定向客户，需要有一套灵活的应收账款管理模式，加快现金回流，保证企业现金的周转使用。美的首先建立客户信息统计库，对客户的状况进行整理，对于不同的客户采取针对性的收款方式，有效提升收款速度；其次对于内部现金流的周转通过信息平台进行监控，完善电子支付方式，加快流转速度。

（4）现金流流量风险管理：强化预算管理，建立风险预警。美的在多个国家设置生产营运机构，这就需要企业进行严格的预算管理，从而控制企业现金流量。规范各个部门之间的现金流预算管理流程，由下到上进行层层预算，再由财务公司汇总，根据每年预算情况，分析各个部门预算变动情况，并进行实地考核，尽可能做到准确。在编制好预算之后，进行严格的审核。

对于风险预警体系，根据美的现金流风险的分析和识别情况，从企业的成长性、偿债性、流动性、盈利水平及发展潜力这五个方面进行财务指标的分类，然后根据相关数据设置合理的标准值，建立整个企业风险预警的标准。通过控制现金周期来对企业的现金流风险进行管理，不仅对每一环节进行监控，也对企业整体的现金流状况起到一个保障作用。

在实施了供应链融资之后，美的的总资产呈现逐年增加的趋势，表明美的的生产规模在不断扩大。固定资产的不断增加也说明了企业对固定资产的使用效率不断增强，固定资产投资策略得到了有效的发挥，结构合理性不断提升。存货和应收账款的比例总体上呈下降趋势，说明美的"去库存"管理效果显著。美的通过实施供应链融资加速了存货的周转及资金的回笼，降低了坏账风险，财务状况得到明显优化，见表1-2和图1-3。

表1-2　美的存货和应收账款占流动资产比例

项目	2011年	2012年	2013年	2014年
资产总计/亿元	926.2186	877.3653	969.4602	1202.9209
存货占比	0.2627	0.2403	0.2326	0.1738
应收账款占比	0.1619	0.1775	0.1214	0.1083

资料来源：Wind数据库

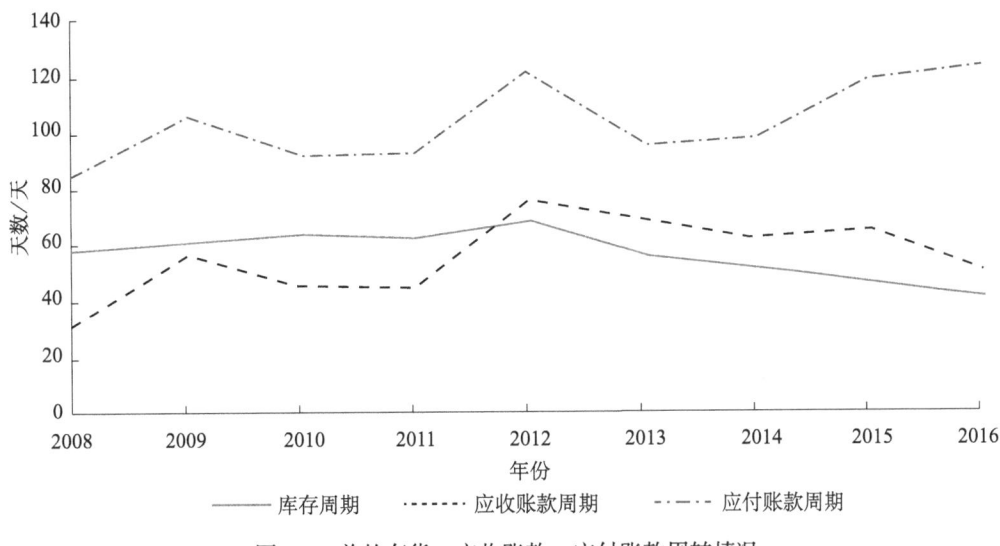

图 1-3　美的存货、应收账款、应付账款周转情况

美的自 2012 年开展供应链融资业务以来，集团的应付账款周转天数有了显著的延长，而存货周转天数也出现了明显的下降。通过对上游提供应收账款融资服务，美的不仅缩短了上游的收款时间，同时也延长了自身的付款周期。产品结构升级、成本管控、库存管理等措施使得存货变现的时间缩短，货物占用水平低，提升了存货的周转速度。作为核心企业，美的具备较强的供应链管理意识，在自身现金充裕的情况下，减少了对上游供应商的资金占用。通过集中链上的企业信息等资源，对上下游配套企业进行深度调整和分配，提高了配套企业融资能力并降低了融资成本，实现了整条供应链的资金周转效率和使用效率的最大化，并使得集团本身在供销环节和财务结构环节更加完善、高效。通过供应链融资，美的充分发挥了核心企业的作用，便利了上下游企业融资的同时，美的作为优质信用的提供方，也在供应链融资过程中受益。

案例思考题

1. 美的在经营过程中遇到了哪些挑战？
2. 美的的库存管理策略包含哪两个部分？
3. 面对上下游中小企业融资问题，美的提供了哪些现金管理策略？

> **本章学习目标**

- 了解供应链参与主体及相应供应链活动
- 认识供应链管理的目标
- 描述供应链管理存在的主要问题
- 阐述供应链管理的主要途径

1.1 供应链基础

1.1.1 供应链主体

什么是供应链？美国供应链管理专业协会认为：供应链是目前国际上广泛使用的一个术语，涉及从供应商的供应商到顾客的最终产品生产与交付的一切努力。如图1-4所示，其展示了某品牌洗衣液的供应链全局。供应链从原材料供应商开始，在图中为塑料生产公司、化学材料经销商。这些企业将原材料加工成符合制造商需求的形式，产品制造商装配最终的产品并直接送往分拨中心，分拨中心收到经销商的订单后再出售给他们，最终零售商将产品销售给消费者。

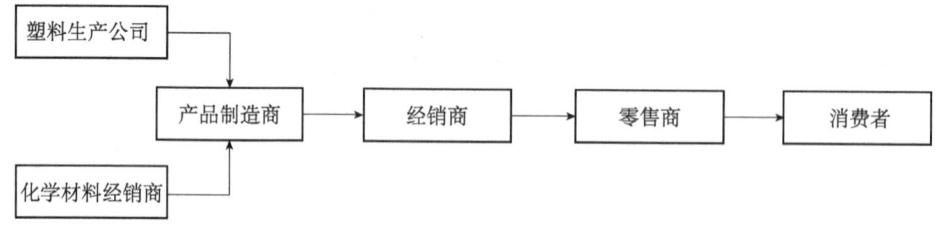

图1-4 某品牌洗衣液的供应链

根据图1-4可知，一般的供应链主要分为六个部分：原材料供应商—中间零部件制造商—最终产品制造商—批发商/经销商—零售商—产品的最终消费者。以上六个部分共同组成了供应链的主体。然而不同的供应链的层级会有所不同，如汽车供应链，可能会有更多层级的供应商和客户；但如会计师事务所，其层级的供应商或客户就会少一些。供应链的结构不仅取决于产品的特性，也取决于核心企业的管理者如何理解供应链的层级，如北京京东世纪贸易有限公司（简称京东）跳过零售商环节，直接面对消费者。

因此，供应链是所有直接或间接参与满足客户需求的相关方的集合。集合包括一个由设施、设备和人员组成的物理网络，该物理网络自供应商开始，至消费者结束。从基本结构上来说，供应链包含一套运营规则、产品流通网络、信息和现金的流动，以及所涉及的人员。只有通过供应链，消费者才能获得最终的产品和服务，消费者是供应链中的收入来源，供应链盈余等于消费者价值减去供应链成本。

倘若供应链中的某个企业忽略消费者的利益而做出错误决策时，这些错误决策引发的问题会随着供应链传递，导致供应链的成本升高并造成消费者需求下降，从而影响供应链的利益。

1.1.2 供应链活动与特征

供应链活动指的是具有外部客户或供应商的业务流程，常见的供应链活动包括以下几个方面。

（1）外部采办：寻找在性价比、运输速度、社会环境问题等方面执行流程最佳的供应商。

（2）采购：选择、评估供应商，并管理供应商合同。

（3）生产：原材料、在产品、产成品的生产制造。

（4）仓库贮存：原材料、在产品和产成品的贮存，验证货物的质量，放置库存与报告库存记录。

（5）顾客服务：使用智能客服或与消费者进行点对点的交流，解答消费者的问题或向其提供信息。

（6）物流管理：选择运输方式（火车、轮船、汽车、飞机或管道），调度货物入库和出库装运，并提供中间库存存储。

（7）交叉对接：包装货物和产品，以便在中间分销仓库中进行更经济的分类，并将其运输至最终目的地。

从原材料的供应到消费者的购买这一系列的活动都算作供应链管理。因此，供应链的改进和优化需要对每个环节进行记录和分析。通过改善供应链也可达到对其进行质量改进和控制的目的。此外，根据容量和瓶颈进行评估，选择最适合的供应链活动同样具有必要性。因为供应链中的每个活动，从供应商到客户，都必须被设计和管理，从而为所执行的工作增加重要价值。

在了解了什么是供应链、供应链中的主要活动之后，便可以总结出供应链的特征。

复杂性：供应链可能涉及多个不同行业、不同地区甚至不同国家的企业，这些企业的物流管理水平、运营能力、技术能力都有很大的不同。加之各国的法律、经济发展程度、基础建设程度存在不同程度的差异，因此跨国和跨地区的供应链组合自然受到影响。然而，供应链需要快速反应以减少不必要的损失并高质量地满足客户的需求，因此想要实现供应链管理是非常复杂的。

一致性：从对供应链定义的探究就可以看出，供应链需要上下游企业间的合作。

那么在较为理想的情况下，供应链上的每个合作者做出的决策都是为了更好地满足客户的需求，其目标是一致的。因此需要供应链上的每个部分像链条一样环环链接在一起，协调动作，紧密配合，才能实现供应链的效益最大化。

动态性：供应链活动中很重要的一部分便是对执行流程更优的供应链进行选择，因此供应链中的合作关系并非一成不变。当供应链的目标转变时，供应链中的合作企业也会随之变化。同时，因为存在"牛鞭效应"，供应链中的企业会时刻关注其上下游的信息，随时调整服务方式、供应数量等。因此，供应链是处在动态变化的过程中的。

交叉性：供应链是指围绕核心的制造企业，从原材料生产开始到将最终的产品送到消费者手中的，将供应商、制造商、分销商和消费者连接成一个整体的网链结构。供应链中的活动并非直线型的，同一个供应链活动需要多方企业共同参与决策，且供应链中的企业不仅仅只属于一个供应链，因此形成了众多供应链相互交叉的特征。

以满足客户需求为目标：供应链中的唯一利润来源为消费者，因此供应链的整体运作都是基于末端的需求推动的，都是以满足末端的客户需求为目标的。

虚拟性：供应链不是一个客观存在的实体，而是将与满足客户需求相关的企业包含进去的集合体。

1.2 卓越的供应链管理

1.2.1 公司经济效益

供应链盈余等于消费者价值减去供应链成本，因此，供应链管理的目标之一就是降低供应链的总成本。在传统观念下，供应链中的每个企业都追求自身利益最大化，但忽略了交易成本、运输成本等问题，从而导致供应链的总成本上升。

一般而言，供应链的总成本包括生产成本、运输成本、交易成本、机会成本和其他间接成本。当供应链上的企业信息交流沟通顺畅、合作更加紧密时，便可以相对应地降低交易成本。同时，上游企业根据下游企业分享的信息，可以对消费者的需求做出更加精确的预测，降低"牛鞭效应"的影响，从而达到降低生产成本、减少库存的目的。日本汽车巨头丰田公司，就利用"kanban"（看板）政策，加强生产线上的信息流通，以便减少生产对供应链增添价值无益的产品，降低库存成本并减少对原材料和劳动力的浪费，从而达到降低成本的目的。由此可见，供应链管理可以有效降低生产和交易成本，实现公司的经济效益。

通过供应链管理实现协同效应是降低供应链成本的一种方式。供应链中供应商、分销商的数量不唯一，因此供应商之间存在着买卖和竞争关系，同时与核心企业存在着较为紧密的合作关系。因此在一个供应链系统中同时存在合作和竞争。当供应链的组织架构比较松散时，竞争占据主导地位，企业之间的博弈并不能提高整体利益。因此通过供应链管理可以实现企业之间的协作，通过信息、材料、资金分享等，实现供应链价值的最大化。

当企业拥有成本优势或者价格优势时，则更加容易从竞争中脱颖而出。在其他条件不变的前提下，技术创新可以有效地减少企业的成本。在供应链中，一方面各个企业之间都是相互独立的，因此其技术是公司的私人财产；另一方面企业的决策会影响供应链的整体利益及自身效益，因此虽然企业不可能将自己的所有技术都进行共享，但可以长远考虑将自己需要的技术或者外售的技术共享。当存在卓越的供应链管理时，这些供给和需求信息就会被整合起来，通过技术的传播和扩散，提高供应链技术水平和竞争能力。因此，供应链管理可以促进技术的创新，但想要实现技术的创新需要依靠企业间的合作研发或技术共享。

> **案 例**
>
> 20世纪初，沃尔玛就在公司总部建立了庞大的数据中心，并把全集团的所有零售店、分批中心与供应商之间建立联系，从而实现了快速反应的供应链管理。厂商通过这套系统可以进入沃尔玛的电脑销售系统和数据中心，得到其供应商品流动的情况，如沃尔玛各个仓库的存货和调配状况、销售预测等，以此来安排下一步的生产计划。除此之外，沃尔玛给予物流管理重要地位，物流管理作为其供应链管理中的一个竞争优势，沃尔玛建立了强大的配送中心系统，利用全美最大的私人卫星通信系统，大大缩短了物流时间。相比于美国另两家大型折扣超市凯马特和塔格特，沃尔玛的平均物流时间少3天，且物流费用率也比后者低60%。这两大系统不仅为沃尔玛也为其供应商带来了巨大的利益。

沃尔玛的成功经验告诉我们，在竞争异常激烈且全球经济放缓的时刻，卓越的供应链管理可以有效地降低企业的成本，并将节约下来的成本回馈于顾客。此外，供应链环节中的技术创新也会放大企业的优势，帮助企业确立自己的竞争优势，实现经济效益最大化。

1.2.2 商业可持续发展

商业可持续发展的一个重要前提即公司的商业模式是否顺应了时代的潮流。纵观全球范围内的企业，卓越的供应链管理主要在六个方面影响企业商业模式的改变，而这些改变，也反过来继续促进了企业供应链的发展。

1. 从职能部门的协调到公司之间的协调

过去在面对供应链问题时，企业首先会从其内部资源调整入手，但现在逐步演变成企业之间的协调。尽管现在企业之间的沟通十分便利,但企业之间如何达成一致并制定决策依然是公司之间相互合作的主要问题。公司之间的合作有较多的形式,如20世纪80年代汽车行业的"旋风行动"及沃尔玛和戴尔公司之间的买方管理仓储项目都是以私下结盟的方式进行,而零售业和消费品行业则多是以公开合作为主进行。无论是以哪一种方式进行合作,公司都应该认识到为了获取最大的利益,必须先分析市场状况,从而采取更优的合作方式。

2. 从物理效率到市场调和

供应链的有效性体现在两个方面,第一是供给的速度和效率,即从最前端的供应商到末端的客户的运输效率;第二是市场调和,包括库存的安全性、商品质量保修等。消费者需求的多样性逐渐上升,因此当需求变得难以预测且需要对需求做出快速反应时,市场调和占据着主导地位。

3. 从以供给为核心到以需求为核心

传统意义上,大部分公司的供给都是从响应客户订单开始执行流程,而供应链管理则是抓住客户的需求变化,并有效运用该类信息,根据预期客户订单执行流程,这有效地降低了需求的不确定性。例如,日本的零售商7-Eleven利用一天内三个时间节点的销售数据,进行库存结算,一天三次结算的做法可以有效地预测客户需求的变化,从而及时调整供应策略,这降低了库存量也提高了企业的利润空间。

4. 从单一设计到合作设计

随着供应链管理作用的逐渐体现,越来越多的公司认识到倘若在产品设计的初期就考虑整个供应链上下游的其他企业,便可以在后期运输中节省成本。例如,海尔在认识到消费者的新需求之后,认识到需要改变原有的空调内部构造才能满足客户需求。于是,海尔与外部设计公司、供应商组成利益共同体,将三方的需求和供给能力进行匹配,共同研发出帝樽柜机空调。相比于传统模式,帝樽柜机空调的开发周期缩短了30天,不仅产品性能得到了提升,而且生产成本也有明显的降低。

5. 从降低成本到经营模式的突破

设计供应链初期,公司的初期目标为如何减低成本,但随着供应链管理技术的成熟,将供应链与市场紧密连接之后,公司可以创造更多的价值。例如,通用汽车公司在改善了其供应链信息的共享与合作后,获得了更多有价值的市场信息,从而变成了行业的领头羊。

6. 从提供大众产品到私人订制

随着商品的种类大爆炸式增长,消费者逐渐倾向于购买订制化产品以提高自己的满意度。有效的供应链管理正是实现该商业模式的基础。只有当企业的供应链足够成熟时,才能针对每个消费者提供该服务,否则选择不同的供应链上下游的企业,会极大地扩大成本。

基于以上六点的分析，可以看出供应链将从以下两个方面影响企业商业模式。第一个层面，根据供应链的发展趋势，企业将越来越关注个性化、外部化、协同化，从而重新塑造新的供应链网络及推动上下游企业间合作关系的改善；第二个层面，企业生产结构将会被供应链管理影响，从而改变企业现有的竞争能力，公司品牌和公司地位的重新确立也会随之发生。

供应链管理除了改变企业的现有商业模式外，随着科技的发展，产业整合程度也越来越高，供应链管理逐渐趋于多元化、复杂化、创新化，供应链将会逐步演进为新的生态圈。具体来说，商业模式、业务模式、运营模式、组织管理模式这四方面都将融入供应链生态圈中，通过构建有机的供应链生态圈，实现各方面的全面升级。同时与供应链特性相同的是，生态圈的价值也不是线性的单向流动，而是多方的共赢。具体而言，有以下几个方面。

（1）供应链生态圈是以生态为基础的新型商业模式，通过构建供应链生态圈，可以让供应链上游的原材料生产企业、中游的设计研发企业、下游的仓储企业甚至每个环节之间的运输企业都参与到商业模式之中。这无疑会降低企业的交易和运输成本，为供应链赋值。

（2）以新进入生态圈的企业为核心形成新的业务模式，如物流服务、贸易服务、制造服务、金融服务和租赁服务等，提高生态圈内的供应链服务水平。

（3）通过供应链生态圈将供应链上下游以更高效的方式连接起来，提高供应链内的决策水平，并缩短供应链内的反馈时间。

（4）建立协同发展的组织管理模式，进一步优化内部资源配置，实现企业间的互利共赢。

案 例

以家电制造行业举例，现在很多企业不仅仅布局家电生产的各个环节，而且通过供应链的创新和实践，打造从零部件供应到家电设计、制造、销售及采购等全产业链的供应链生态圈。通过这样一个供应链生态圈挖掘到新的价值链，从而扩大自己的行业竞争力和盈利空间。

例如，在家电的设计环节，采购人员将与供应商协商，参与调整产品设计方案，根据产品设计确定采购方案；制造企业将会参与调整产品设计方案，根据产品设计方案确定生产制造方案；销售人员将与经销商协商，反馈用户需求，并参与调整产品设计方案，安排产品下线后的销售方案；供应商会根据要求制订模块化的方案；财务人员制订财务规划，将各种财务指标和风险管控嵌入流程及IT系统，并为各方利益相关方提供财务数据支持和决策支持。上述类似的流程也会在销售、采购、制造环节中逐一执行。

因此企业通过建立供应链生态圈，一方面可以明确消费者真正的内在需求，另一方面可以整合上下游的资源，这不仅降低了企业的成本，而且融合了上下游的研发资源，促进了新一代产品的创新。

综上所述，卓越的供应链管理，首先会促进企业商业模式的改变或创新，使企业把握住新的风向标，并让企业有一定的成本优势。在此基础之上，企业通过建立供应链生态圈，进一步完善商业模式。基于这两点，卓越的供应链管理可以为企业带来商业的可持续发展。

1.2.3 企业社会责任

每一个参与产品生产的企业都具有外部性，即都存在着对社会和环境的影响。因此企业对供应链中的合作伙伴的管理或者对其责任的承担，在供应链中的每一部分都显得非常重要。全球化的供应链系统在提高企业的运营效率和盈利空间的同时，也会对社会领域造成较大的影响。

企业想要在供应端体现自己的社会责任，需采取供应链社会责任管理措施。所谓供应链社会责任管理就是供应链中的核心企业需要主动并且系统化地根据其社会责任战略和方针，针对性地优化与治理供应链结构和管理体系，并相应地调整供应链上的商业模式和所采取的策略，同时在一定程度上协助和监督供应商，促使供应商实施有效的管理方案，以确保其遵守社会责任准则和规范，从而确保供应链上的产品和服务的生产与供给符合企业整体的社会责任战略和方针，以此减少环境、社会影响所带来的企业损害并保护企业的价值和信誉。实现供应链社会责任管理需要采用以下几种基本方法。

> **案 例**
>
> 第一步是对原有管理方式的转变。首先从自我管理转为链条管理，认识到企业自身的社会责任影响力；其次从封闭管理转为开放管理，与供应链上的其他企业合作，不仅能增强供应链管理的透明度，而且可以减少在供应链管理上投入的成本；最后从风险管理转为价值管理，制订社会责任战略和方针，从公司愿景上认可社会责任的价值。
>
> 第二步是利用信息化工具提高效率。在完成第一步后，企业可以利用IT系统录入供应商过去的企业社会责任行为，从而评估和比较这些供应商，以及企业可以为供应商提供相关培训，当供应商满足企业规定的生产行为守则后，就可以建立监督机制，并且与第三方监察企业进行合作，对供应商的社会责任管理表现进行核查。
>
> 第三步是提高企业员工素质。在完成前两步后，企业已经有了制度优势和IT

优势去实现供应链社会责任管理，此时企业可以把工作重点从监督逐渐转变为沟通和培训。例如，为员工和供应商开展人力资源管理、绿色生产等方面的内容，帮助他们提高履行社会责任的能力。

惠普公司将上述方法成功地运用在其供应链端中。2007年6月，惠普针对中国的"供应商集中改善方案"（focused improvement supplier initiative，FISI）的计划正式启动，目的是对中国供应商的管理层提供知识培训，以促进供应商工厂更好地履行企业社会责任，并为供应商工厂带来明确、可量化的实际效果，包括提高产品质量、降低复工率、提高企业标准化生产率等。在为期一年的计划中，供应商计划采取措施，使工厂存在的风险最小化，共享最佳实践经验，并与中国相关专家合作，展开培训，提高负责人的能力。

2008年，所有的FISI参与厂商都必须委派包括人力资源经理及环境、健康与安全经理在内的工厂管理人员参加每月举办一次的社会与环境培训，培训地点为深圳和上海。FISI参与厂商还必须每月提交一份报告，陈述改善措施、主要工厂标准、趋势与改进等方面的进展情况；同时提供一些案例分析，说明由于接受此培训而实施的改善措施在其工厂所产生的效果。

综上所述，虽然企业在实施供应链社会责任方法时会提高企业的成本，并且会有其他的费用支出，但是考虑到企业的可持续发展，营造企业的品牌形象是至关重要的一点。

1.3　供应链管理的本质

1.3.1　供应链存在的问题

1. 供应链风险

1）内生风险

（1）信息传递风险。供应链中的企业都是独立经营的经济实体，而供应链的虚拟性突出了其内部管理较为松散的特点。因此当供应链中的企业数量日益增加时，供应链网络就会变得错综复杂，供应链上发生错误的概率也会随之增加。例如，"牛鞭效应"的产生原因就是供应链上下游企业信息的不对称，对需求量的预测随着供应链下游到上游逐渐递增，波动性也随之加强，易导致过量或短缺的库存。

（2）道德风险。道德风险是指由于存在信息的不对称，已经签订合约的双方出现了收益不透明从而导致合约破裂，出现供应链危机，如委托代理问题。在供应链中，代理方相比委托方更具有信息优势，代理方可以部分地隐瞒自己的企业信息，甚至偷工减料、以次充好，从而实现自己的利益最大化。

（3）生产组织与采购风险。现代企业生产追求效率最大化，但这导致了在生产过程中产生缺乏柔性的问题，倘若生产线或者采购业务中间环节出现了问题，容易造成整个流水线的停顿或者雪球效应般连续出错。

（4）分销商的选择产生的风险。前文中提到，整个供应链的价值由消费者决定，而直面消费者的是分销商或零售商，因此在供应链中，如果零售商错误地预测了消费者的需求，会导致核心制造企业市场竞争的失败，甚至会引起供应链的解体。如果零售门店对消费者的定制化需求不予以重视，便会造成顾客的流失。

（5）物流运作的风险。物流是链接不同供应链的纽带，企业要提高资金周转率，缩短现金周期，实现及时化生产，离不开物流系统的支撑。卓越的物流系统网络，需要供应链各成员之间进行合作，从而实现信息共享。然而在现实生活中，生产原料的供应和运输、产品的生产和销售等过程，都有可能出现偶然性的失误，这些失误会导致供应链中物流不流畅，从而产生风险。例如，上游企业的原材料供应不及时，影响下游企业的生产，最终导致整个销售利润的大幅度下滑。

（6）企业文化差异产生的风险。供应链网络中不只存在一家企业，这些企业的经营理念、企业价值观、文化制度等方面存在着一定的差异。因此面对相同问题时，企业的态度可能会存在区别，最后采取的措施也不同，这会导致供应链的混乱。

2）外在风险

（1）市场不确定性的风险。供应链的利益来源是消费者，因此供应链中的一切活动都是以消费者为主，对消费者的需求预测至关重要。但随着人们物质生活水平的提高和市场环境竞争越来越激烈，企业对消费者需求偏好的预测误差增加，因此影响整条供应链的经营风险。供应链末端不能获得正确的市场信息，则无法预测出市场的变化趋势和顾客偏好。当出现以上情况时，企业可能无法进入新的细分市场并丢失客户。

（2）经济周期风险。宏观经济的周期性变化会增加供应链管理的难度。在经济繁荣时期，市场需求迅速增加，企业也会提高生产能力扩大生产，供应链销售额增加。但在经济停滞时期，企业的固定资产会成为负担，资金的流动性逐渐恶化。因此企业如何调整自己的政策方针，使其与宏观经济的步伐一致，是企业面临的一个困难。

（3）政策风险。国家政策的调整会对供应链活动产生较大的影响。例如，在奶制品行业中，当国家规定奶制品中的蛋白质含量不达标时，原有的供应链需要进行调整；当产业结构调整时，国家往往会推出一系列的新政策，这无疑会造成几家欢喜几家愁的局面，因此把握政策风向标，可以为企业降低风险。

（4）法律风险。供应链中所有生产活动都是基于法律所允许的范围内进行的，但企业可能会面临所属国家法律制度变动等问题，这也会给供应链的管理增加风险。

（5）意外灾难的风险。主要表现在地震、洪水、疫情、政治动荡等对企业造成非常规性的破坏，从而影响供应链的稳定。

2. 双重边际效应

多重边际效应是双重边际效应在现实生活中的体现，后者是由美国经济学家斯宾格勒在早期对产业组织行为研究中提出的，假设供应链上下游都只存在一个企业，上下游企业为了自身利益的最大化而使产品的价格两次边际化，这对整个市场来说，并非最优的产品数量。

计算案例：假设供应商边际成本为 c，对制造商的定价为 w；制造商面对的市场价格函数为 $p=a-q$，决定最优产量。

（1）双重边际效应下的市场。

制造商利润：$\pi(q|w) = (p-w)q$。

制造商最优产量：$q(w) = (a-w)/2$。

供应商利润：$\Pi(w) = (w-c)q(w)$。

供应商最优定价：$w^* = (a+c)/2$。

对应的制造商最优产量：$q^* = (a-c)/4$。

（2）上下游合作下的市场。

供应商和制造商利润之和：$\Pi + \pi = (p-c)q$。

最优采购量：$q^* = (a-c)/2$。

比较两个市场中产品的生产数量我们就可以得出，双重边际效应下企业生产会缺少近一半的数量，这样的情况在多重边际效应下会更加明显。因此想要提高供应链的整体收益需要防止多重边际效应现象的产生。

1.3.2 供应链管理的途径

从供应链存在的问题来看，最根本的问题是供应与需求的不匹配，导致供应与需求不匹配的原因是供应链存在着"牛鞭效应"和双重边际效应。"牛鞭效应"是指需求信息从供应链下游向上游传递不断扭曲的现象，之所以出现这种需求信息逐级放大的效应，是因为市场的不确定性；双重边际效应是指供应链企业追求自身边际效益最大化，而忽略了整体供应链效益最大化，导致了供应链整体利益受损。所以供应链管理的重心应该为两个目标，即管理不确定和追求全局优化。从风险管理的策略上来看，可以考虑两个方案，风险集中以降低供应链成本，风险共担以增加供应链的价值。

1. 风险集中

风险集中（risk pooling）指的是相比于多个个体独自承担风险，将各自的风险进行汇总，通过相同风险不同方向上的变化对风险进行对冲和抵消。以库存管理为例，不同零售商面对的需求高低不同，需要制订不同的订货计划。同时，各零售商面临着不同的需求波动风险，造成缺货或库存积压，影响日常销售。通过风险集中的方式，将各零售商的库存进行集中管理，通过整合各零售商的需求，达到降低库存成本和抵御需求波动的目的。

计算案例：零售商每日需求为 D（个），单次订货成本为 S（元），单位采购成本为 W（元），单位库存成本为 C（元），则商品单位总成本为

$$TC = W + \frac{S}{Q} + \frac{QC}{2D}$$

相应的最优订货量为

$$Q^* = \sqrt{\frac{2DS}{C}}$$

假设存在两个零售商，零售商 1 的需求为 $D_1 = 40$ 个，零售商 2 的需求为 $D_2 = 70$ 个。两个零售商从相同的货源进货，$S = 1000$ 元，$W = 10$ 元，$C = 1.5$ 元。

情况 1：两个零售商单独进货，则零售商 1 的最优订货量为 $Q_1^* \approx 231$ 个，商品单位总成本为 $TC_1^* \approx 18.66$ 元；零售商 2 的最优订货量为 $Q_2^* \approx 306$ 个，商品单位总成本为 $TC_2^* \approx 16.55$ 元。

情况 2：两个零售商一起进货，则最优订货量为 $Q^* \approx 383$ 个，商品单位总成本为 $TC^* \approx 15.22$ 元。

对两个零售商需求的整合，不仅降低了运输成本，同时减少了分销系统中的平均库存，进而降低了各零售商的单位成本。

2. 风险共担

风险共担（risk sharing）是指供应链企业设计一种合作机制，实现风险共同承担、价值共享的目标。供应链中由于有不同的参与者，难免会出现双重边际效应或多重边际效应，即参与者考虑自身边际利益最大化，导致供应链整体利益受损。为什么供应链企业会出现追求局部利益最优？主要的原因在于供应链企业往往独自承担风险。一般情况下，供应商和零售商是较为独立的存在，零售商负责从供应商进货然后卖给市场。但当货物的价格过高时，这种模式会降低零售商的进货需求，使整个市场中的产品数量减少，不仅无法满足市场需求，还会使零售商和供应商的利润空间减少。收益共享（revenue sharing）的机制就是在这种背景下提出的。零售商将一定比例的销售收益交付供应商，以获得较低的批发价格，以此来减弱进货价格对订货数量的影响，从而降低了零售商的市场需求风险。收益共享机制是通过风险共担（降低批发价格），实现零售商和供应商的利益绑定，减少双重边际效应。供应商和零售商之间的变相激励相容政策有利于提升整个供应链的利益。但收入共享机

制存在一个缺点，供应商需要审查零售商的收入，以防止道德风险。因此在进行收益共享时需要考虑审查成本的影响。

风险共担、收益共享机制的产生背景为 1997 年影像租赁行业面临的一个重要问题——几乎不可能找到新发行的热门电影。一部热门新电影磁带的成本与单次租赁价格相差巨大，想要收支平衡，一部电影需要被租借十几次，甚至几十次。然而，消费者对新电影的峰值需求只会持续几周，因此租赁公司不会采购大量的磁带。影像租赁公司的谨慎购买也影响了好莱坞电影公司的利润。

提出收益共享机制后，好莱坞电影公司将单部电影的批发价格大大下降，作为回报，他们获得了影像租赁收入的 50%。在这种条件下，租赁公司开始大量购买影像磁带，不仅提高了自身的租赁收入，同时也带动了好莱坞电影公司的销量。在影像租赁行业大获成功后，其他行业也开始逐渐使用收益共享机制。

计算案例：影像租赁公司对单部电影采购预算为 600 美元，电影磁带的租赁价格为 4 美元。电影的热门持续时间为 3 周，单个电影磁带每周可以租赁 3 次。

情况 1：电影磁带售价 60 美元。此时，租赁公司可以购买 10 部电影磁带。对应地，租赁公司收益为 $10 \times 3 \times 3 \times 4 = 360$ 美元，电影公司收益为 600 美元。

情况 2：电影磁带售价 10 美元，但电影公司收取 50% 的租赁收入。此时，租赁公司可以购买 60 部电影磁带。对应地，租赁公司收益为 $60 \times 3 \times 3 \times 2 = 1080$ 美元，电影公司收益为 $600 + 60 \times 3 \times 3 \times 2 = 1680$ 美元。

收益共享机制降低了租赁公司的采购成本，满足了巨大的市场需求。不仅如此，电影公司的销量也得到了提升，并且从影像租赁中获得了额外的收益。通过收益共享机制，租赁公司和电影公司的利润都得到了显著提升。

本章要点

- 供应商、制造商、零售商和消费者组成了传统的供应链。对于较为复杂的供应链，其中还会存在分销商、第三方服务机构等参与主体。这些主体在生产、采购、仓储、物流、销售等供应链活动中发挥了重要作用。
- 供应链管理的目标有公司经济效益、商业可持续发展和企业社会责任，分别对应企业、供应链和社会三个层次。公司经济效益是指企业的生存基础，降本增效。商业可持续发展是指供应链的整合协调、可持续发展。企业社会责任是指公司不能只关注经济利益，在发展过程中还需重视产品质量、员工福利和社会环境等一系列问题。
- 供应链管理的本质是解决供应链的内外风险和由于链上主体只关注自身利益而产生的多重边际效应。从风险管理的角度来看，风险集中和风险共担是实现供应链降本增效的手段之一。

思考题

1. 供应链的参与主体包括哪些？它们对应的主要供应链活动是什么？
2. 美的供应链管理所对应的目标有哪几个维度？
3. 供应链存在的主要风险包括哪些？
4. 供应商的边际成本为10元，对制造商的定价为 w（元）。制造商面对的市场需求函数为：$p=30-q$。

　　a. 供应商的最优定价和制造商的最优产量各是多少？
　　b. 双重边际效应给供应链造成了多少损失？

第 2 章
财务供应链管理

本章学习目标

- 了解企业财务报表相关数据的含义
- 掌握反映公司经营能力和盈利能力的财务指标
- 掌握净资产收益率的分解及相应的财务指标关系
- 认识供应链活动对财务指标的影响
- 阐述财务指标对供应链管理的指导作用

2.1 财务供应链与供应链管理

2.1.1 财务供应链

在日常经营过程中，财务信息是管理者接触到反映公司运营活动最直接的信息来源。供应链活动伴随着一系列的财务信息。这些财务信息能够从一定层面上反映一个公司供应链管理的水平，甚至是供应链管理中存在的问题，为改进和优化供应链管理提供了依据。基于公司财务信息所做的分析，就是对各种报表和那些看似整齐但却不能及时反映实际状况的数据进行整理、加工，使其成为对供应链管理决策起到决定性作用的重要依据。

为了让财务信息能够更好地反映供应链管理水平，首先，需要了解信息的来源，将财务数据与供应链活动一一对应；其次，对供应链管理中的相关流程节点设定一系列财务指标，并使用这些财务指标对供应链进行监控和指导，不断优化供应链流程，进而优化公司治理。企业的财务报表主要分为三类：资产负债表、损益表和现金流量表。它们以不同的方式描述了一家公司的财务健康状况。例如，资产负债表描述了公司在财务周期内的经营状况，了解家底；损益表描述了公司在财务周期内的盈利状况，观察能力；现金流量表描述了公司在财务周期内的现金状况，查看健康状况。

1. 资产负债表

资产负债表能够告诉我们企业将日常运作的资金用到了哪里，同时这些资金又是从哪里筹得的，本质上是一个等式。在企业日常经营活动中，涉及供应链活动的资产负债信息主要包括流动资产和流动负债。

1）流动资产

货币资金是指企业拥有的以货币形式存在的资产，包括现金、银行存款和其他货币资金。货币资金犹如企业的血液，贯穿企业活动的始终，是企业生产经营的先决条件。随着企业的运作，会形成频繁的货币收支。企业在取得现金投资、接受现金捐赠、取得银行借款、销售产品后取得货款收入等时，会形成货币资金的收入；在购买材料、支付工资及其他费用、归还借款与上缴税金等时，会形成货币支出。

应收款项是指企业在日常经营活动中产生的各种债权，包括应收票据、应收账款、预付款项、应收股利、应收利息、其他应收款等。其中，在企业日常经营占比最大的是应收票据、应收账款和预付款项。应收票据是由付款人或收款人签发、由付款人承兑、到期无条件付款的一种书面凭证，而应收账款是指企业在正常的经营过程中因销售商品、产品、提供劳务等业务，应向客户收取但未收取的款项。两者都是企业对客户应收而未收的款项，区别在于应收票据是欠款企业签发的兑付票据，相比于应收账款更为安全。应收票据按承兑人的不同分为商业承兑汇票和银行承兑汇票，后者由银行进行担保，风险更低。预付账款同样是企业的债权，但区别在于应收票据和应收账款是企业应收的销货款，通常用货币偿清，而预付账款是预付给其他企业的购货款或工程款，通常是用商品、劳务或完工工程来清偿。应收款项是企业的债权，是企业被占用的资金。因此，企业应收款项如果能够及时收回，便能大幅提高企业的现金使用效率。

存货反映了在商品生产至配送的环节中不可避免产生的库存，是指企业在日常经营活动中持有以备出售的产成品或商品、处在生产过程中的在产品、在生产过程或提供劳务过程中耗用的材料或物料等，包括各类材料、在产品、半成品、产成品或库存商品，以及包装物、低值易耗品、委托加工物资等。存货主要可以分为下列三种类型的有形资产：①为了生产供销售商品或提供服务以备消耗的存货；②为了最终出售正处于生产过程中的存货，这是指为了最终出售但目前处于生产加工过程中的各种物品，如工业企业的在产品、自制半成品及委托加工物资等；③在正常经营过程中存储以备出售的存货，这是指企业在正常的经营过程中处于待销状态的各种物品，如工业企业的库存产成品及商品流通企业的库存商品。存货是企业在日常经营活动中被占用的资金，因此在满足日常经营活动需要的情况下应尽可能减少存货。

2）流动负债

短期借款是指企业根据生产经营的需要，从银行或其他金融机构借入的偿还期在一年以内的各种借款，主要包括经营周转借款、临时借款、结算借款、票据贴现借款、卖方信贷、预购定金借款和专项储备借款等。短期借款一般用于弥补企业日常经营所需现金的不足。因此，短期借款的大幅增加暗示企业的现金流出现问题，日常资金周转受阻，或企业在准备新的项目，需要大量资金投入。

应付款项与应收款项相反，是企业在日常经营活动中产生的各种债务，包括应付票据、应付账款、预收账款、应付工资、应付福利费、应交税金、其他应付款、应付利润、其他应交款等。其中，在企业日常经营占比最大的是应付票据、应付账款和预收账款。应付票据与应收票据对应，是指由出票人出票，并由承兑人允诺在一定时期内支付一定款项的书面证明。应付账款与应收账款对应，通常是指因购买材料、商品或接受劳务供应等业务，应向供应商支付但未支付的款项。预收账款与预付账款对应，是指企业向购货方预收的购货定金或部分货款。应付款项是企业的债务，是对其他企业资金的占用。因此，增加应付款项在一定程度上能改善自身企业的运营管理。

如表 2-1 所示，从 2018 年到 2019 年，美的的货币资金从 279 亿元大幅增长到 709 亿元，几乎翻了三倍。这是由于美的的销售情况不断改善、应收账款数目减少、应付账款数目增加，表明美的延长了向供应商付款的期限，同时对账目进行了有效的管理，使得现金流状况处于一个稳中有增的趋势。

表 2-1　美的资产负债表　　　　　　　　　　单位：万元

项目	2018 年 12 月 31 日	2019 年 12 月 31 日
资产		
流动资产		
货币资金	2 788 828.0	7 091 684.1
应收票据及应收账款	3 194 646.8	2 343 233.9
预付账款	221 588.8	224 617.7
存货	2 964 501.8	3 244 339.9
⋮	⋮	⋮
流动资产合计	18 268 943.8	21 648 269.2
非流动资产合计	8 101 171.0	8 547 272.7
资产总计	26 370 114.8	30 195 541.9
负债和股东权益		
流动负债		
短期借款	87 039.0	570 183.8
应付票据及应付账款	6 022 674.1	6 642 737.7
预收账款	1 678 166.6	1 623 185.4

续表

项目	2018年12月31日	2019年12月31日
⋮	⋮	⋮
流动负债合计	13 023 108.8	14 431 848.4
非流动负债合计	4 101 554.3	5 014 083.8
负债总计	17 124 663.1	19 445 932.2
股东权益		
⋮	⋮	⋮
股东权益合计	9 245 451.7	10 749 609.7
负债和股东权益总计	26 370 114.8	30 195 541.9

2. 损益表

损益表又称利润表,反映了企业一段时间内的利润实现情况。在损益表中先列出企业收入,再减去一系列成本与费用,得到利润总额,最后减去所得税费用后的净利润进行利润分配。损益表中与供应链活动相关的信息主要为营业收入和营业成本。

1)营业收入

营业收入是指企业从事主营业务或其他业务所取得的收入,分为主营业务收入和其他业务收入。主营业务收入是指企业经常性的收入、主要业务所产生的收入,主要包括产品和服务销售收入。其中,产品销售收入是指工业企业在销售产成品、自制半成品时,按销售价格从购货单位取得的货款收入(包括价外补贴收入)。其他业务收入一般是指投资回报,如公司有价证券(包括股票和债券)的利息,特许经营者支付的特许经营费等。营业收入是企业利润的主要来源,主要受价格与销量影响,同时也会受到销售退回、销售折扣和销售折让等因素的影响。因此,营业收入的提高需要精准的市场预测和完善的销售服务。

2)营业成本

营业成本是指企业销售商品或者提供劳务的成本,分为主营业务成本和其他业务成本。主营业务成本是指企业在确认销售商品、提供劳务等主营业务收入时发生的成本,包括直接材料、直接工资、其他直接支出、制造费用。其他业务成本是指企业确认的除主营业务活动以外的其他日常经营活动所发生的支出,包括销售材料的成本、出租固定资产的折旧额、出租无形资产的摊销额、出租包装物的成本或摊销额等。

从表2-2可见,从2018年到2019年,美的的营业收入和营业成本都有相应的增长,其中营业收入从2597亿元增长到2782亿元,营业成本从1882亿元增长到2513亿元。但从总体上来看,美的的营业利润也呈增长趋势,从256亿元增长到297亿元，表明美的在控制产品生产的成本和投资回报方面有所收获，通过分销网络设计，实现了顾客服务水平的提高和运输的优化，降低了运营成本，因此对收入的产生有促进作用。

表 2-2　美的损益表　　　　　　　　　　　单位：万元

项目	2018 年 12 月 31 日	2019 年 12 月 31 日
一、营业总收入	26 181 963.5	27 938 050.6
其中：营业收入	25 966 482.0	27 821 601.7
⋮	⋮	⋮
减：营业成本	18 816 455.7	25 131 788.8
⋮	⋮	⋮
二、营业利润	2 556 411.1	2 968 309.2
⋮	⋮	⋮
三、利润总额	2 577 305.8	2 992 911.4
⋮	⋮	⋮
四、净利润	2 165 041.9	2 527 714.4
五、每股收益	⋮	⋮

3. 现金流量表

现金流量表反映了企业在一定时期内现金和现金等价物的流入和流出，是现金流量表与资产负债表和损益表中各个项目对现金流的影响，根据用途分为经营、投资和融资三个大类。其中，经营活动产生的现金流量与企业供应链活动最为密切，分为经营活动现金流入和经营活动现金流出两类，两者之差就是经营活动产生的现金流量净额，它是企业现金的主要来源。

1）经营活动现金流入

经营活动现金流入主要来自企业销售商品和提供服务所收到的现金。同时，经营活动现金流入也包括吸收存款、利息、手续费、佣金、税费返还及其他与经营相关的现金流入。经营活动现金流入对应了企业损益表中的收入情况，是制造企业持续发展的必要条件。

2）经营活动现金流出

经营活动现金流出主要来自企业购买商品和接受劳务服务支付的现金。同时，经营活动现金流出也包括存款增加、支付利息、支付职工工资、支付税费及其他与经营活动相关的现金。经营活动现金流出对应了企业损益表中的成本情况，良好的成本控制有助于降低企业经营现金流出。

投资活动现金流量是指企业长期资产（通常指一年以上）的购建及其处置产生的现金流量，包括购建固定资产、长期投资现金流量和处置长期资产现金流量。筹资活动产生的现金主要是在供应链融资过程中产生的，它是企业资本及债务的规模和构成发生变化所产生的现金流量。现金流量表表明了当月的预期现金流入和将要支付的现金，包括特定客户的预期付款，还包括每周预期的现金支付，这些预计是客户提货时实际支付的现金。

从表 2-3 可见，自 2018 年至 2019 年，美的通过经营活动产生的现金流量净额由 279 亿元增加到 386 亿元，取得借款收到的现金由 25 亿元大幅增加到 171 亿元，表明美的经营状况在不断改善，在销售环节表现亮眼。同时，美的也加大了财务杠杆进行融资。

表 2-3　美的现金流量表　　　　　　　　　　　　单位：万元

项目	2018年12月31日	2019年12月31日
一、经营活动产生的现金流量		
销售商品、提供服务收到的现金	21 123 072.3	23 881 558.9
⋮	⋮	⋮
经营活动现金流入小计	22 634 170.6	25 212 317.8
购买商品、接受劳务服务支付的现金	12 736 781.3	13 009 949.7
⋮	⋮	⋮
经营活动现金流出小计	19 848 062.6	21 353 277.4
经营活动产生的现金流量净额	2 786 108.0	3 859 040.4
二、投资活动产生的现金流量		
收回投资收到的现金	6 571 162.2	8 485 260.1
处置固定资产、无形资产和其他长期资产收回的现金净额	16 407.0	12 541.9
购建固定资产、无形资产和其他长期资产支付的现金	561 185.1	345 185.6
⋮	⋮	⋮
投资活动产生的现金流量净额	-1 846 228.8	-2 310 770.1
三、筹资活动产生的现金流量		
吸收投资收到的现金	271 336.6	289 791.7
取得借款收到的现金	252 431.5	1 711 767.7
分配股利、利润或偿付利息支付的现金	930 322.2	1 105 576.9
筹资活动产生的现金流量净额	-1 338 716.4	-327 360.1

续表

项目	2018年12月31日	2019年12月31日
四、汇率变动对现金及现金等价物的影响	28 900.1	28 037.6
五、现金及现金等价物净（减少）/增加额	−387 937.1	1 248 947.8
加：年初现金及现金等价物余额	2 183 165.3	1 795 228.2
六、年末现金及现金等价物余额	1 795 228.2	3 044 176.0

2.1.2 财务供应链管理

对于公司管理者而言，实际接触的是以上各类财务信息。所谓财务供应链管理是指提升企业的财务绩效需要通过供应链活动来执行，也就是应用财务语言来表述供应链活动的价值。因此，只有构建供应链管理活动与财务指标的相互关系，才能通过供应链管理来提升企业的财务收益。

案例

假设有家A公司近年来业务快速扩张，但销售预测不准、供应商供货慢等缺点阻碍了公司的进一步发展。某咨询公司调查了A公司的经营状况，发现尽管A公司的经营利润率很高，但总资产周转率低于行业平均水平。并且，在进一步调查之后，咨询公司发现A公司的库存周转率和应收账款周转率较低，非流动资产周转率有下降的趋势，企业权益乘数不断扩大，借贷水平不断提高。基于以上发现，该咨询公司给A公司提出如下建议：实行供应商管理库存，提高公司库存周转率，降低库存对资金的占用，从而降低公司的资金需求量，减少借贷需求，提高自有资金的使用效率。对应收账款根据不同的账龄和金额实行分级管理。对账龄长、金额高的应收账款重点跟催，提高应收账款的周转率，从而提高整个资产的周转率，提高供应链管理的效率。由财务数据能够看出A公司产能不足，需要适当提高对非流动资产的投资，扩大公司产能，提高公司资金的利用效率。

根据A公司财务数据分析得出的这些建议很快被应用到实际中，随之而来的是，A公司提高了总资产周转率，资金利用效率也不断提高。由于经营现金流量得到改进，A公司对借贷资金的需求降低，减少了利息支出，同时加大了对固定资产的投资，改进了资本结构。实行供应商管理库存后，供应商加入企业运营计划，提高了企业对原材料提前期的预测精度，改进了原材料到货及时率。同时，由于供应商提高了A企业的优先级，原材料的质量不断提高，产成品的质量和合格率不断改进，A企业供应链管理水平不断提高。

这就是一个典型的财务信息改进供应链活动的例子。对于财务数据的分析不但能够发现企业供应链管理中的问题和缺陷，还能够结合定性分析提高供应链的整体效率。因此，可以说财务数据是评价一个企业供应链状况的重要标准。公司的财务指标大致可分为经营能力、盈利能力、偿债能力和发展能力四大类，而经营能力和盈利能力又影响企业的偿债能力和发展能力。企业的经营能力和盈利能力与企业供应链活动紧密相关，同时又是企业管理者最为关注的指标。因此，接下来着重对经营能力指标和盈利能力指标进行介绍。

1. 经营能力

1）应收账款周转率

应收账款周转率是企业在一定时期内赊销净收入与平均应收账款之比。它是衡量企业应收账款周转速度及管理效率的指标，反映了企业在一定时期内应收账款转为现金的平均次数。由于在财务报表中无法捕捉赊销收入，在实际运用中赊销净收入用销售净收入代替。

$$应收账款周转率 = 销售净收入 / 平均应收账款 \times 100\%$$

其中，销售净收入 = 销售收入 - 销售退回。

在上述美的案例中，2019年美的的应收账款周转率为10.05，说明美的收账迅速，账龄较短，资产流动性强。

应收账款是企业被占用的资金，因此应收账款周转率越高说明企业资金使用效率越高。为了提升应收账款周转率，可以给所有的客户建立一个应收账款的科目往来明细账，便于及时地核对账目。同时，建立赊销的期限，采购动态折扣，在规定的期限内收回应收款可以有对应的优惠条件等。

2）应付账款周转率

应付账款周转率是指企业在一定时期内主营业务成本与平均应付账款之比。它是衡量企业应付账款周转速度及管理效率的指标，反映了企业在一定时期内支付应付账款的次数。通常应付账款周转天数越长越好，说明公司可以更久地占用供应商货款来补充营运资本而无须向银行短期借款更多资金。

$$应付账款周转率 = 主营业务成本 / 平均应付账款 \times 100\%$$

2019年美的的应付账款周转率为3.97，说明美的平均一年兑现给卖方支票3.97次，远低于应收账款周转率。

应付账款是企业对其他企业的资金占用，适当降低应付账款周转率有利于企业的资金利用效率。应付账款周转率的降低一方面可以通过精简工序、合理安排生产计划等方式降低业务成本；另一方面可以适当延长应付账款时间来增加应付账款金额。

3）存货周转率

存货周转率又名库存周转率，是企业在一定时期内主营业成本与平均存货余额的比率。它是衡量企业存货周转速度及管理效率的指标，反映存货的周转速度，即存货的流动性及存货资金占用量是否合理。

$$存货周转率 = 主营业务成本 / 平均存货余额 \times 100\%$$

2019年美的的存货周转率为8.10，说明美的平均一年存货周转8.1次。

提高存货周转率能够有效减少被存货所占用的资金。最为直接的方式是减少库存。同时，可以通过与供应商保持稳定的关系，实行供应商管理库存，将库存移至供应商处存放；生产适销产品，淘汰技术落后产品，针对市场状况及时调整库存结构；清理滞销产品；订货频率提高，实行少量多次等方式来改善存货周转率。

2. 盈利能力

1）资产净利率

资产净利率是企业在一定时期内的净利润和资产平均总额的比率，资产净利率高，说明企业利用资产获利能力强。

$$资产净利率 = 净利润 / 资产平均总额 \times 100\%$$

美的2019年的资产净利率为8.94%，说明每投入1元的资产能够为企业产生0.0894元的净利润。

根据计算公式分解，资产净利率 = 资产周转率 × 销售净利率。因此，可以着重提高资产周转率和销售净利率来提升资产净利率。

2）净资产收益率

净资产收益率是公司税后利润（净利润）除以净资产（所有者权益平均余额）得到的比率，该指标反映股东权益的收益水平，用以衡量公司运用自有资本的效率。

$$净资产收益率 = 净利润 / 所有者权益平均余额 \times 100\%$$

美的2019年的净资产收益率为25.28%，说明1元股东资产企业能创造0.2528元的净利润。

提高净资产收益率可以从净利润和所有者权益两方面入手。通过正确决策和管理运营增加营业总收入，降低总成本，提高销售净利率，进而提高总资产收益率。增加负债可以降低所有者权益，提高权益乘数，但要控制在可控的范围内。

3）销售净利率

销售净利率是指企业净利润与销售收入的比率，反映企业在一定时期内销售收入能取得多少营业利率的能力。

$$销售净利率 = 净利润 / 销售收入 \times 100\%$$

美的2019年的销售净利率为9.09%，说明1元的销售收入能带来0.0909元的净利润。

销售净利率的提升可以通过降低营业成本提高利润率，或者通过科技投入，增加产品附加值，销售高利润产品。

4）营业利润率

营业利润率是指经营所得的营业利润与全部业务收入的比例，是衡量企业业务创造利润的能力。

$$营业利润率 = 营业利润 / 全部业务收入 \times 100\%$$

2019年，美的的营业利润率为10.67%，说明1元的业务收入能带来0.1067元的利润。

营业利润率的增加可以通过增收节支来实现。增收就是增加收入，一方面增加产销量，固定费用摊在单位收入上少了，利润率就上升了；另一方面调整产品结构，多产销附加值高的产品，就可增加利润率，此外还可在允许的情况下提价。节支就是减少成本，减少日常经营活动产生的费用，也可提高利润率。

部分供应链活动与财务指标关系，见表2-4。

表2-4 供应链活动对财务指标的改进

需要改进的财务指标	对应的供应链活动
应收账款周转率	建立客户应收账款的科目往来明细账，设置应付账款动态折扣
应付账款周转率	降低营业成本，适当延长应付账款时长
存货周转率	施行供应商管理库存，加大销售与生产力度，清理滞销产品
资产净利率	提高资产周转率、销售净利率
净资产收益率	提高利润，增加负债、提高权益乘数
销售净利率	降低营业成本，增加产品附加值
营业利润率	增加产销量，降低成本

2.2 供应链管理中的财务语言

要挖掘供应链价值，需要学会供应链管理的财务语言。本节介绍一些财务管理的分析方法，并结合供应链管理的活动展开，搭建财务管理与供应链管理的连接桥梁，从财务分析的视角，度量供应链管理的价值。

2.2.1 杜邦分析法

最大化股东回报是企业股东和管理者的主要目标。在财务指标上表现为净资产收益率。因此，对企业管理者而言，需要从各个角度提高企业的净资产收益率。杜邦分析法是衡量公司盈利能力和股东回报水平的常用方法。在公司财务成本管理实践中，杜邦分析法是以净资产收益率为分析对象，将净资产收益率分解为多层次财务比率的体系。各项财务比率在每个层次上与本企业历史或同业的财务比率比较，比较之后向下一级分解。逐级向下分解，逐步覆盖企业经营活动的每一个环节，可以实现系统、全面评价企业经营成果和财务状况的目的。

杜邦分析法通过将净资产收益率分解为净利润率、总资产周转率和财务杠杆三部分，说明净资产收益率受这三类因素影响。

（1）净利润率，为净利润/主营业务收入×100%，表明企业的盈利能力。

（2）总资产周转率，为销售收入/平均资产，表明企业的营运能力。

（3）财务杠杆，用权益系数表示，为资产总额/股东权益总额，表明企业的资本结构。

杜邦财务分析体系总公式为

$$净资产收益率 = 资产净利率 \times 权益系数$$

$$净资产收益率 = 销售净利率 \times 资产周转率 \times 权益系数$$

具体情况见图2-1。

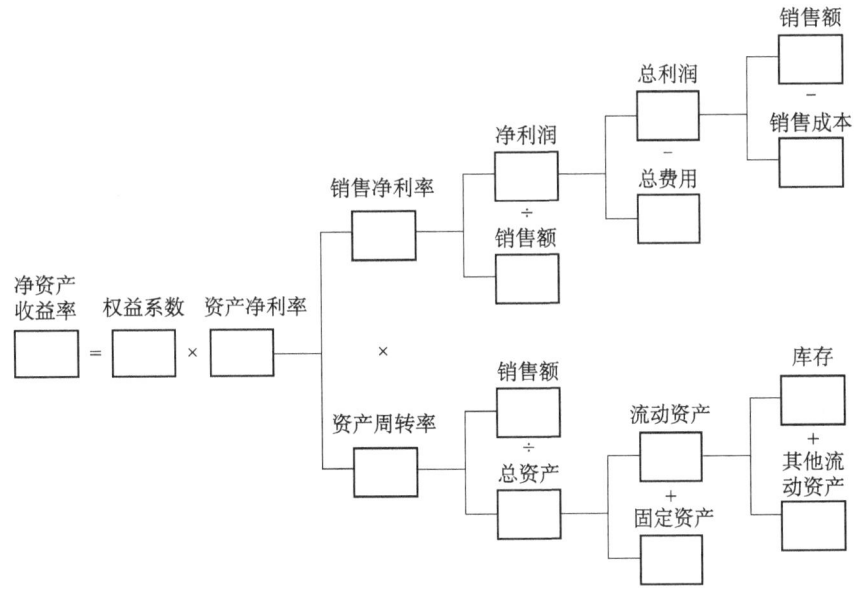

图 2-1 杜邦分析法

2.2.2 供应链管理的影响

根据净资产收益率的分解，企业收益受供应链活动影响最直接的因素为销售额、销售成本和库存。接下来我们分别基于三种供应链管理场景，分析供应链活动对杜邦分析法中各比率的影响因素。

计算案例：A公司总资产为500万美元，销售额为1000万美元，总销售费用为950万美元，其中采购成本为500万美元；在总资产中库存占200万美元。假设权益系数为1，除销售费用外，没有其他费用。如图2-2所示，A公司的销售净利率为5.00%，资产周转率为2.00，因此A公司的净资产收益率为10.00%。

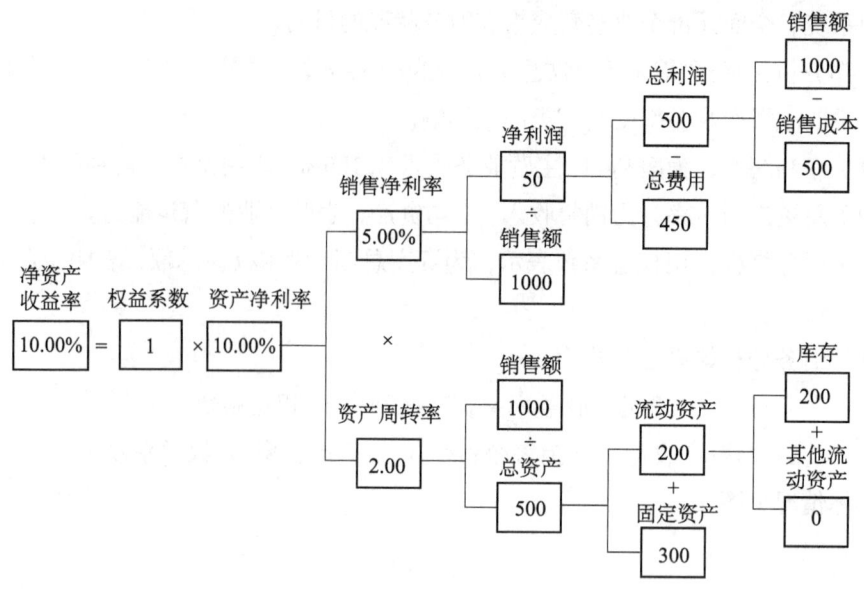

图 2-2 A 公司的资产净利率

1. 降低采购价格

采购价格的下降能够直接影响企业的销售成本,从而提高利润率。同时,由于库存价值与采购价格相关,采购价格的下降能够降低企业资产,提高资产周转率。由此可见,降低采购价格不仅能提高企业盈利能力,还能改善公司资产结构。

A 公司是上游供应商的长期稳定客户。因此,经过与上游供应商的友好磋商,A 公司获得了 5.00% 的采购折扣。如图 2-3 所示,采购价格下降 5.00% 后,销售成本由原先的 500 万美元降低到 475 万美元,总利润由 500 万美元上升到 525 万美元,销售

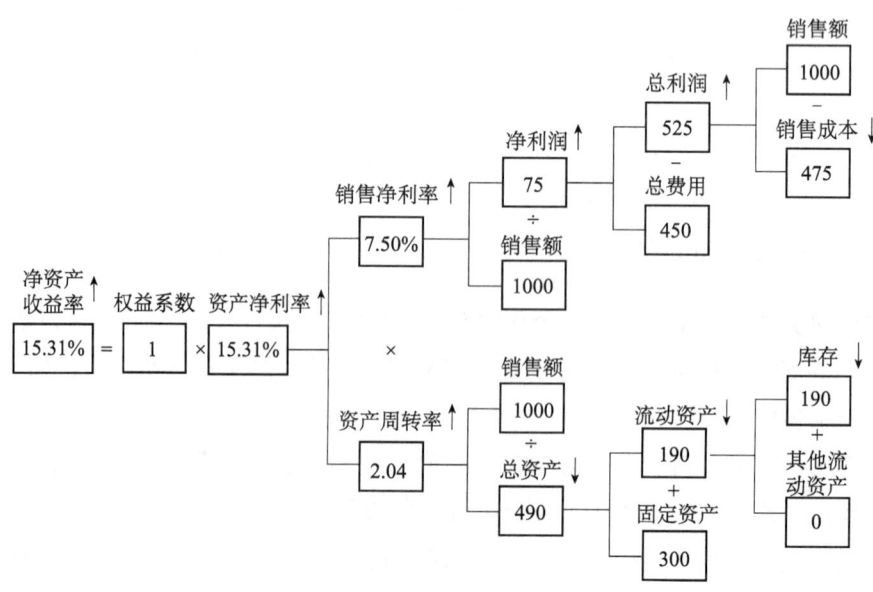

图 2-3 采购价格下降后 A 公司的资产净利率

净利率由 5.00% 上升到 7.50%。由于采购价格的下降，产品的库存价值也由 200 万美元下降到 190 万美元，总资产由 500 万美元下降到 490 万美元，资产周转率由 2.00 上升到 2.04。由于销售净利率和资产周转率的同时上升，资产净利率由 10.00% 上升到 15.31%。假设权益系数为 1，企业的净资产收益率为 15.31%。尽管采购价格只下降了 5.00%，但企业的净资产收益率却上升了 5.31 个百分点。

2. 提高销售价格

销售价格的提高能够直接影响企业的营业收入，从而提高利润率。同时，由于销售额的增加会提高企业的资产周转率。由此可见，提高销售价格不仅能提高企业盈利能力，还能改善公司的资产结构。

经过对市场的精准分析，A 公司生产的产品切合当季消费者的审美需求。由于供不应求，A 公司将价格提高了 5.00%。如图 2-4 所示，销售价格上升 5.00% 后，销售额由原先的 1000 万美元上升到 1050 万美元，总利润由 500 万美元上升到 550 万美元，销售净利率由 5.00% 上升到 9.52%。由于销售额的提高，企业的资产周转率由 2.00 上升到 2.10。由于销售净利率和资产周转率同时上升，资产净利率由 10.00% 上升到 20.00%。由此可见，假设销售成本不变，尽管销售价格只上升了 5.00%，但企业的净资产收益率却上升了 10 个百分点。

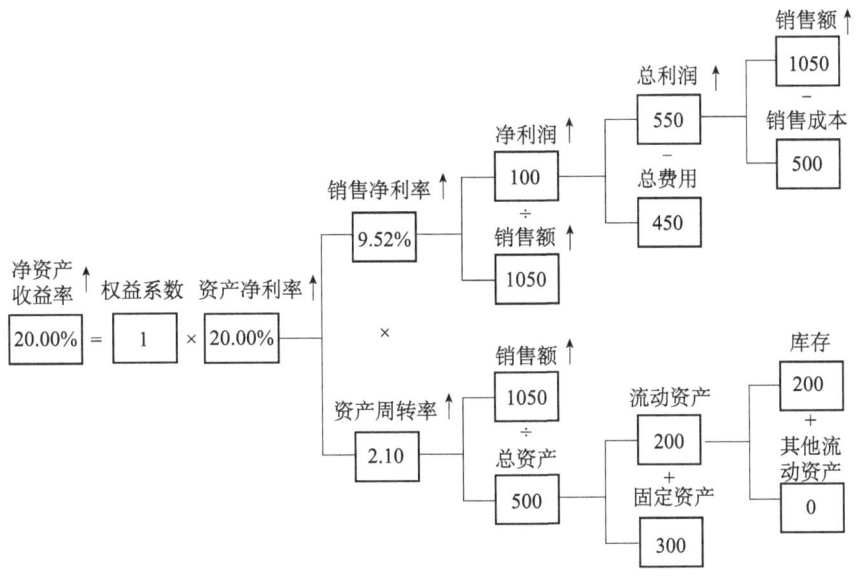

图 2-4 销售价格上升后 A 公司的资产净利率

3. 降低库存

库存的降低能够减少企业被占用的资金，提高企业的资产周转率，达到改善企业资产结构的目的。

通过对市场需求的长期观察，A 公司改善了自身的采购计划，通过供应商库存管理及合理安排仓库地址等方式，将库存成本降低了5.00%。如图2-5所示，由于A公司只改善了库存管理，因此销售端的财务比率保持不变。库存由200万美元下降到190万美元，总资产由500万美元下降到490万美元，资产周转率由2.00上升到2.04。由于资产周转率的上升，资产净利率由10.00%上升到10.20%。因此，库存下降了5.00%，企业的净资产收益率上升了0.20个百分点。

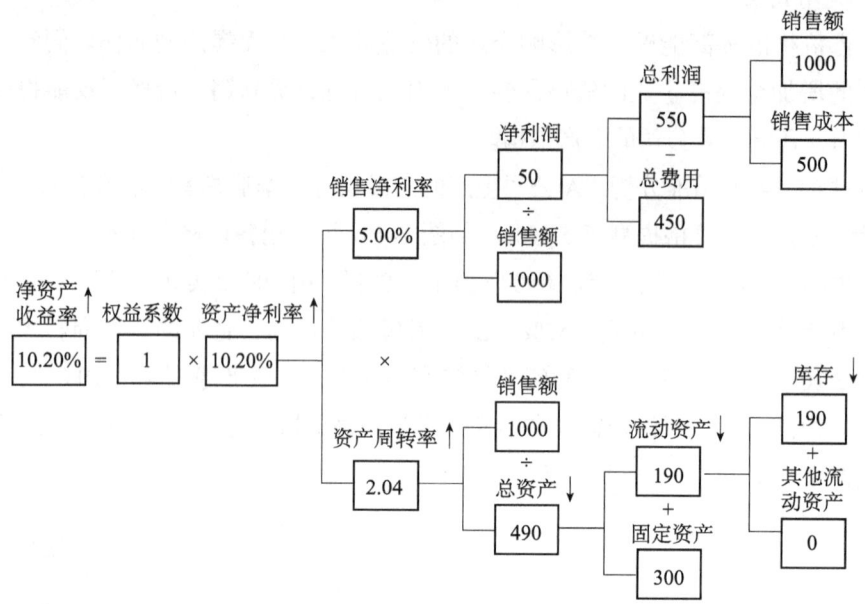

图2-5 库存下降后A公司的资产净利率

通过以上案例我们发现，供应链活动会影响企业财务报表中的一项甚至多项数据。企业管理者可以通过供应链活动改善公司的盈利能力、营运能力甚至权益系数，达到提高公司治理的效果。同时，通过以上案例可知，企业自身情况不同，不同的供应链活动对企业表现的改善程度也多有不同。

2.3 财务指标对供应链管理的诊断

2.3.1 采购环节的诊断与管理

在采购环节中，主要关注的财务数据分析对象是主营业务成本的结构分析。通过对主营业务成本下的物料进行分类管理，提高企业采购环节的效率。

1. 物料分级管理

采购物料的分级管理指的是按照财务数据中各采购物料的总金额由高到低和采购期由长到短进行排序，将物料根据重要程度依次分为战略型、瓶颈型、常用型和次要型四种类型。通过物料的分级管理，企业可以根据物料的重要程度实施不同的管理策略，从而减少企业库存对现金的占用，提升现金流量的质量。在企业实践中，可以将原材料账目所对应的所有贷方账目集合起来，如图2-6所示，按物料总金额和交货周期得到各物料排序，对各物料进行分类。

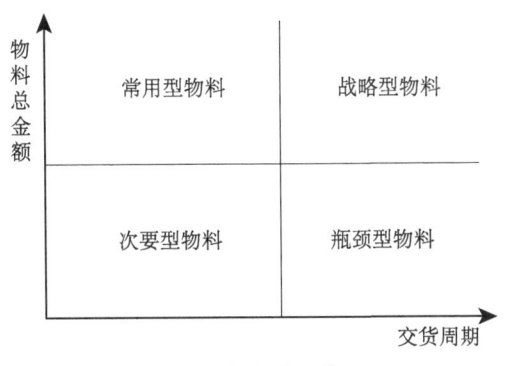

图 2-6　物料分级管理

战略型物料是指高成本与高价值，交货周期长，对企业的利润影响较大，且供应具有高风险的产品或服务，能够保证企业输出商品在市场中的竞争优势。它在带来风险的同时也具有很大的成本价值，因此这类物料的采购战略决策通常需要由企业高层做出、其特点是种类少、金额高、采购周期长。因为战略型物料主要由有市场垄断力量的企业供给，所以买方对于该类物料的议价能力较低，应该采取与一至两家战略供应商签订长期供应合同的策略，同时尽量与供应商分享企业的生产计划，以求供应商依据此制订其生产计划，尽可能缩短战略型物料的交货期。同时长期合同可以使企业尽早安排付款计划，优化现金流的配置和结构。

常用型物料是指种类较少，交货周期较短，供应风险较小，但日常使用较多，采购量较大，总金额较高的产品或服务。常用型物料的供应商数量往往比较多，所以企业可以利用供应商之间的竞争来减少整体成本。例如，同时与多家供应商合作，以多供应商竞争的方式来提高供应商的服务水平并降低价格，也可以使用采购量作为谈判时的筹码，向供应商施加压力以求降低采购成本。常用型物料的金额较高，但并不属于紧缺物料，因此企业降低物料成本的主要方式就是降低它的采购成本。

瓶颈型物料是指成本或价值比较低，对企业的成本或利润影响不明显，但是交货周期较长，供应风险大的产品或服务。该类物料的成本较低，但是供应商的数量少、市场价格波动大、到货周期长甚至无法交付货物等原因可能会导致采购额超支或无法精确预估。企业应该尽量控制瓶颈型物料价格上涨和供应不稳定的风险。例如，应当尽可能与供应商签订中长期合同，可以在确保现有供应来源的情况下制订备选方案，分析企业库存信息以设置缓冲库存或安全库存，从而保证较短的交货期和生产周期。此外，为保证交货的可靠性，对交付过程要进行严密监控并制定跟催流程。瓶颈型物料的现金流量较难预测，但其拥有较少金额的特征，使得瓶颈型物料对于企业现金流的影响不大，因此可以采用总体预算的方式减少付款不确定性风险。

次要型物料是指种类多、金额低、交货期及时的产品或服务。次要型物料对于企业的库存管理和现金流量管理的要求并不高，所以可以采用一般管理方式。通常来说，企业可以对次要型物料采用总体滚动预算的方式，每季度按照生产计划设置总体预算，下季度滚动制定新预算，并制订可预测的付款计划，以提高企业现金流量的质量。

在企业实践中，我们需要对不同类型的物料进行分类管理、灵活调整比例，与企业自身的采购计划和生产计划保持一致。较少的战略型和瓶颈型物料储备会使企业缺乏应对需求波动和供应风险的能力，而较多的常用型和次要型物料则又会使企业资金占用过多。

2. 应付账款周转率分析

企业应付款项一般包括以下几个科目：应付票据、应付账款、预收账款、应付工资、应付福利费、应交税金、其他应付款、应付利润、其他应交款等。其中，应付票据和应付账款是企业主营业务成本的支出；预收账款是企业向客户预收的定金和部分货款；应付福利费是企业根据工资总额提取的用于员工福利的费用；应交税金是企业应上缴的各种税款；其他应付款是企业主营业务外应付或预收的款项；应付利润是企业应付给投资者或合作伙伴的款项。企业供应链采购环节的重点主要是应付票据、应付账款和预收账款，前两者体现了企业的赊购策略，应用于应付账款周转率的计算。应付款项是企业占用他人的资金，降低应付账款周转率有助于提高企业的资金利用效率。因此，理论上企业在支付时最好使用应付票据或应付账款等方式，而避免预付或现金支付。然而，应付账款周转率并非越低越好，还应考虑上游供应商的实际情况。

对于现金流良好的供应商而言，他们乐意以赊销的方式提高客户的交易额。因此，对于这类供应商，企业可以通过应付票据、应付账款的方式进行支付，并适当延长付款时间。在此情况下，较低的应付账款周转率能够降低企业的支付成本，同时也增加了供应商的收入。对于现金流紧张的供应商而言，他们的现金流随时会断裂，因此希望客户能够尽早付款。对于这类供应商，企业可以与供应商协商，以一定的优惠用现金或预付款等方式提前付款。在此情况下，适当提高自身的应付账款周转率，不仅缓解了供应商的现金流紧缺，同时也降低了企业的采购成本。因此，在参考应收账款周转率时，不仅要考虑企业自身的现金流，同时也要与供应商互利共赢。

2.3.2 库存环节的诊断与管理

库存环节的分析对象主要包括库存结构、存货周转率、库存水平与服务水平、库存水平与经营收入、库存水平与非流动资产维持水平等指标。

1. 库存结构与生产方式

企业的库存可以分为原材料、在产品和产成品。在公司财务报表中，原材料和在产品对应的是原材料账目，产成品对应的是库存商品账目。通过调阅相关账目的次级子账目可获得每类库存产品的总金额。库存结构是指每类产品占总库存量的比例。企业的库存结构一定要与企业的生产方式相适应，以保证企业库存占用资金和资源的最合理化。

1) 按库存生产

企业采用按库存生产的方式，产成品金额应该占企业总库存金额的绝大部分。按库存生产的方式是连续型的生产方式，如果企业能够准确预测市场需求状况，并且按照需求状况制订企业生产计划，则可以降低产成品的库存数量。同时执行即时采购的策略，按企业生产计划制订采购计划，在满足企业拥有足够生产能力的情况下，该企业可以制订零库存计划。

2) 按订单生产

企业采用按订单生产的方式，原材料金额应该占企业总库存金额的绝大部分。按订单生产的方式本质上是间歇型的生产方式，企业无法预测无规律的市场订单，因此需要预备一定量的原材料准备生产。这导致在按订单生产的方式下，无法执行零库存计划。针对常用型和次要型物料，企业可以根据订单需要随时进行采购，但是针对战略型和瓶颈性物料，企业需要预备大量的原材料以应对供应风险。

3) 按订单组装

企业执行按订单组装的生产方式，在产品金额应该占企业总库存金额的绝大部分。在供应链理论中，在产品的生产时间可以定义为推动（push）策略和拉动（pull）策略的分界点。本质上在产品在被生产出来之前，企业按库存生产的方式生产在产品，而在此之后，企业再按订单生产的方式将在产品组装完成。采用该种生产方式，企业既避免了设置大量原材料库存导致的库存成本堆积，也降低了需求预测不准确而带来的产成品积压风险。但是，在产品的库存量仍然是依据企业对市场需求而做出的预测计划，设置在产品库存只能降低企业对产品需求不准确的风险而不能完全消除该风险。

在企业实践中，库存结果应该与企业生产方式一致，如果财务报表给出的库存结构与企业生产方式不同，则该企业库存结构或生产方式存在问题，需要企业及时调整。否则，错误的库存结构将影响企业资源利用的效率，影响企业运营和利润率。

2. 存货周转率

存货周转率是企业主营业务成本与平均存货余额的比值。企业营业收入取值为损益表中的营业收入，平均存货数量取值为资产负债表账户上期余额的均值。存货周转率在供应链管理中极其重要，其不仅是企业供应链效率的指标，也是企业内部管理的重要参考依据。

从企业自身来看，存货周转率越高，企业的资金利用效率越高，企业供应链状况也越好。企业存货周转率很低，则说明企业有大量资金积压在库存上，企业供应链管理的状况不容乐观。通常这种情况出现的原因有以下几个。

（1）产品交货周期较长，导致企业高库存水平和低存货周转率。在这种情况下，企业需要采取预收款的方式管理应收账款和延后付款的方式管理应付账款，以转移企业现金短缺的风险。

（2）企业资产利用效率不足。某些企业由于产品具有市场垄断能力，产品销路极佳，这导致企业在供应链管理配置上较差，造成大量原材料库存。这种情况是企业粗犷式管理的后果。这些企业在宏观环境有利时往往没有紧迫感，对高库存采取放任的态度。一旦企业外部环境变化，如国家宏观政策调整或企业对产品的垄断能力下降等，那么将造成企业供应链状况迅速恶化，如成品库存迅速增加、经营现金流入迅速减少、库存周转率持续降低等。所以，当企业面临低存货周转率时，不论产品是否热销，都要分析低存货周转率的原因，对存在的问题有则改之，无则加勉，未雨绸缪，不断提高供应链运营效率。

较低的存货周转率不仅使企业生产效率低下，同时也会引发管理者对生产计划的轻视——"人的风险"。由于企业拥有大量库存，在制订主生产计划和物料计划时管理者不会认真对待。即使计划不准确，企业也可以通过高库存来避免计划不准确的风险。但是，这种规避风险的方式是以高成本、低效率为代价的。一旦原料供应发生问题，就可能引起整个生产线的崩溃。

> **案 例**
>
> B公司中，有两条生产线：一条高库存生产线，把国外部件移至中国的备件库，常备有较高的库存；一条低库存生产线，采取按计划备料生产的方式，库存储备较低。
>
> 高库存生产线由于备件充足，采购部门没有对该生产线制订寻源计划，生产部门对原材料备件的需求可以即时满足，对采购部门也没有交货期的要求，配送部门由于高备件库存的存在，可以随意更改配送计划，甚至无须更改计划，只需向生产部门打个招呼即可。而低库存生产线按部就班制订主生产计划、物料需求

计划并执行配送等其他相关计划。因为生产部门面临原材料的不确定性风险，所以对采购部门有物料到货提前期的要求。采购部门则依据相关要求制订寻源计划，并国产化大部分备件。

在运营的初期，由于原材料供需匹配问题，低库存生产线每天都存在停产等一系列问题，并制订相应的解决方案。高库存生产线由于原材料储备充足，几乎不存在任何问题，供应链运营一切正常。运营半年后，低库存生产线运营效率明显提高，占用企业资金极低。高库存生产线在国外备件耗尽后，因为国外采购的巨大不确定性取消了海外备件库，开始改用国内备件，这导致高库存生产线几近崩溃，所有生产、备件、寻源计划被要求重新制订，而负责配送的员工被证明是完全不负责任的而被开除，整条生产线被要求重新配置，配送计划完全失效，导致企业效率严重受损。

在该例中，高库存生产线的存货周转率远低于低库存生产线的存货周转率。如果企业依据库存水平和存货周转率来判断两条生产线，对高库存生产线进行及时调整，半年后就不会产生严重的后果。

2.3.3 销售环节的诊断与管理

销售环节的着重点在于销售对象和收入管理，分析对象主要包括应收账款周转率、客户分级管理、应收账款收现保证率。

1. 应收账款周转率

企业应收款项一般包括以下几个科目：应收票据、应收账款、预付账款、应收股利、应收利息、其他应收款等。其中，应收票据和应收账款是企业主营业务收入的计入账户；预付账款是企业预付货款和预付工程款等支出的计入账户；应收股利和应收利息是企业投资收入的计入账户；其他应收款则是企业在处理售后回购等业务时的计入账户。企业供应链销售环节的重点主要是应收票据、应收账款和预付账款，前两者体现了企业的赊销策略，应用于应收账款周转率的计算。应收款项是企业被占用的资金，提高应收账款周转率有助于提高企业的资金利用效率。然而，应收账款周转率的高低受多种因素影响。

应收账款周转率标准与企业所在行业有关。例如，传统的机械制造业，由于产品生产、配送周期相对较长，应收账款周转率一般比较低；而在快速消费品行业，由于产品配送周期短，应收账款周转率就比较高。

应收账款周转率标准与企业生产方式有关。例如，企业采用按订单生产的方式，由于产品往往具有非标性，企业往往要求客户支付预付款，则应收账款绝对数量会大大减少，从而加快应收账款的周转率。例如，企业采用按库存生产的方式，由于下游市场需求存在不确定性，企业往往倾向采用赊销的方式刺激需求，所以应收账款总量较大，造成较低的应收账款周转率。

此外，还有一些因素会影响应收账款周转率。第一，由于部分产品受季节性因素影响，应收账款周转率不能正确反映公司销售的实际情况；第二，部分公司年末销售量大量增加或年末销售量大量下降。这些因素都会对应收账款周转率造成很大的影响。投资者在分析这两个指标时应将公司本期指标和公司前期指标、行业平均水平或其他类似公司的指标相比较，判断该指标的高低。

应收账款是企业被占用的资金。如果企业的资金成本很高，则企业应该提高应收账款周转率，从而迅速回收现金。具体可以采用的方法有以下几种。

（1）建立应收账款动态折扣，在规定的期限内收回应收款，企业提供对应的优惠条件，但如果出现逾期的话，也应有相应的惩罚条件。

（2）根据客户信用等级建立应收账期管理，企业在回收现金之前都会面临客户的支付风险，应付账期越长则风险越高。因此，在建立支付合约时，给予高信用客户较长账期，给予低信用客户较短账期，甚至要求其支付预付款。

对于企业的应收账款周转率，可通过与企业历史数据比较和与同行业数据比较的方式来判断企业供应链配送环节的运营状况。计算企业历史上应收账款周转率的数据，得出其发展趋势，如果企业的应收账款周转率持续降低，而企业的运营结构没有发生大的变化，则可判断企业的现金流入出现问题，应收款项有成为呆账或坏账的风险。应收账款周转率降低的原因主要有以下几种。

（1）企业生产结构发生变化，如在产品生命周期进入成熟期后产品生产方式由按订单生产转变为按库存生产，则相应应收账款周转率降低。在此种情况下，企业应该重新设定账期标准，在不扩大违约风险的前提下，使用合理的赊销规则来吸引客户，扩大产品的需求，进而扩大企业生产能力。

（2）产业结构发生变化，如景气产业由于替代品的大量涌现导致产品进入衰退期，导致企业议价能力下降，从而降低应收账款周转率。在这种情况下，企业应该主动寻求变化，或开发新技术，或研发新产品，力求提升企业的议价能力，优化企业产品生命周期的结构，重新赢得一定的垄断力量。

（3）宏观环境发生变化，国家紧缩银根，导致企业难以付款。在这种情况下，企业必须成立专门的催账小组，根据不同客户采用不同措施，重点跟催信用等级不高的企业，在必要时应该果断通过法律途径解决问题。

此外，企业坏账准备则体现了应收账款的质量。由于坏账准备并非企业实际已发生的资产减值损失，只是一种准备金，所以企业在计算应收账款周转率时，会扣减计提的坏账准备。如果使用所有应收账款的数据，将坏账准备金额作为辅助数据，可以更准确地判断企业应收账款的质量。

2. 客户分级管理

理论上，客户的付款时间越短，对企业越有利。但越短的付款时间会对客户的资金造成压力，降低其采购数量，甚至转移交易对手。因此，企业在管理收款方式时应根据客户的重要程度进行分级管理（图2-7）。

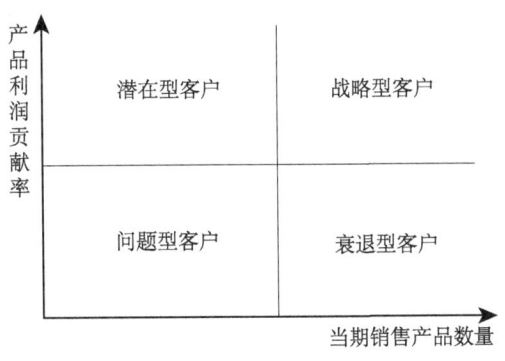

图2-7　客户分级管理

图2-7显示了使用财务数据中的当期销售产品数量和产品利润贡献率对企业现有客户进行分级管理。使用该种方法可以将客户分为四类。

战略型客户：该类客户的需求产品处于成熟期，其主要特点是产品需求量大，对利润的贡献率高。对于该类型客户，企业应该努力与之达成长期供货协议。在策略上企业应该采用各种手段来达到长期供货的目的。例如，对战略型客户采取赊销策略，设置较长时间的账期，对极重要客户实施供应商管理库存等方式。同时为了满足战略型客户的需求，企业必须设立与供给能力相适应的生产能力。这就要求企业制订完善的固定资产投资计划以满足客户增长的需求。

潜在型客户：该类客户需求的产品处于导入期与成熟期的交界处，其主要特点是产品需求量低，但产品对企业利润率的贡献度高。该类型客户将来可能会大批量采购，或者不再采购。所以对于该类型客户，企业需要提高客户的满意度，以提高客户的忠诚度，从而将潜在型客户转变为战略型客户。企业可以为该类型客户适当延长账期，吸引其继续采购和增加采购额。

衰退型客户：该类客户的需求产品处于衰退期早期，其主要特点是产品需求量大，对利润的贡献率低。对于该类型客户，企业应尽量缩短账期，以避免未来产品需求下降而造成的现金回流风险。

问题型客户：该类客户需求的产品往往处于衰退期的后期，其主要特点是产品需求量低，产品利润贡献率也低。该类客户的市场需求波动较大，具有较高的还款风险。对于该类型客户，企业必须严格控制应收款政策，对该类型客户尽量少用赊销的策略，尽量使用银货两讫或预付款的方式来结算货款。如果产生应收款，则应该加强对该类型应收款的催收，以保证企业不流失资产。

3. 应收账款收现保证率

应收账款收现保证率是企业既定会计期间预期必要现金支付需要数量扣除稳定现金来源后的差额，必须通过回收应收账款予以弥补的最低保证程度，是企业控制应收账款收现水平的基本依据。

在具体操作上，应收账款收现保证率分析可以帮助我们确认当期应收账款收现水平，以保证供应链运营资金的充沛。

应收账款收现保证率 =（当期必要现金支出 - 当期稳定现金收入）/ 当期应收账款。

该公式给出了应收账款总计金额中当期必须回收的金额比例。根据企业应收账款账龄，我们可以得到当期应收账款的回收比例。将该比例与应收账款收现保证率进行比较，如果高于应收账款收现保证率，则企业可以从容规划资金使用，如果低于应收账款收现保证率，则企业必须借助金融工具筹资，否则将有资金链断裂的危险，同时企业必须加强催收应收账款的力度，以保证应收账款的回收可以满足企业对现金的需求。

本章要点

- 公司的财务报表描述了公司一定时期内资产、利润和现金流的变化。资产负债表描述了公司在财务周期内的经营状况；损益表描述了公司在财务周期内的盈利状况；现金流量表描述了公司在财务周期内的现金状况。这些变化对应了公司一系列的日常经营管理。分析财务报表能从一定层面了解公司的供应链管理水平。
- 反映公司经营能力的财务指标主要包括应收账款周转率、应付账款周转率和存货周转率等。反映公司盈利能力的财务指标主要包括资产净利率、净资产收益率、销售净利率和营业利润率等。
- 通过对净资产收益率的分解，能够了解提升公司经济效益的作用路径。价格、销量、库存等数据的细微变动便能造成净资产收益率的明显变化。
- 财务指标对应了供应链管理的一系列活动。通过分析财务指标，能够了解企业供应链管理的问题所在，对企业经济效益的提升对症下药。

思考题

1. 表 2-5 是一个企业的部分财务数据，请计算 2019 年该公司的（　　）。
   a. 应收账款周转率
   b. 应付账款周转率
   c. 存货周转率
   d. 资产净利率

表 2-5 某企业的部分财务数据　　　　　　　　　　单位：亿元

项目	2018年	2019年
货币资金	1131	1254
存货	200	241
应收账款应收票据总额	436	85
预付账款	22	24
资产总额	2512	2830
应付账款应付票据总额	498	669
预收账款	98	118
负债总额	1585	1709
营业收入	1981	1982
营业成本	1382	1435
营业利润	310	296
净利润	264	248

2. 某公司总资产为1000万美元，销售额为1000万美元，总成本为900万美元，其中，销售成本为500万美元。为应对市场需求增加，公司股东决定再追加1000万美元用于流动资产和固定资产投资，以扩大产能。假设产品单位利润保持不变，除销售成本外，其他支出始终为400万美元，权益系数保持为1。请问，销售额需要增加多少才能保持原有的净资产收益率？销售额的增加对销售净利率和资产周转率有何影响？

第 3 章
供应链"三流"协调管理

本章学习目标

- 了解供应链活动中的"三流"运作及其相互关系
- 描述并解释供应链管理的演变过程
- 描述现金周期的含义,认识现金周期的组成部分,并掌握现金周期的计算
- 认识资金流对企业管理的重要性
- 阐述宝洁公司供应链金融项目的核心思想

3.1 供应链活动管理

供应链是包含所有从供给到需求的相关方的集合,以链状或网状的形式呈现。那么这些相关方以何种方式进行链接,就需要介绍供应链中的"三流"——物料流、信息流、资金流。供应链管理的实质就是对供应链中的物料流、信息流和资金流"三流"的活动进行有效的协调管理(图3-1)。

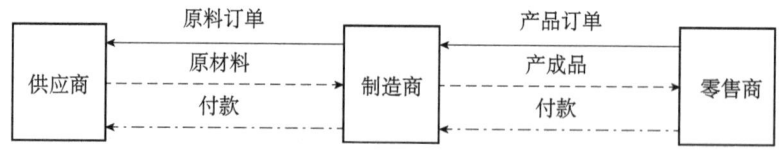

图 3-1 供应链中的物料流、信息流和资金流
实线表示信息流;虚线表示物料流;点虚线表示资金流

图 3-1 展示了传统制造型供应链活动中产生的物料、信息和现金的流动。物料流从供应商生产运输原材料开始到零售商接收产成品结束。资金流顾名思义主要出现在付款和收款环节,与物料流相反,从零售商付款开始到供应商收款结束,随具体的付款时间的不同而有所变动。信息流则贯穿整个供应链流程,交易开始表现为供应商、制造商和零售商之间的订单信息,生产中表现为各企业的生产加工信息,交

货过程中表现为运输信息，货物交付后表现为交易金额、应收应付等收付款信息，交易完成后表现为维修、退换货等售后信息。

3.1.1 物料流

消费者无论是直接购买供应链生产的产品还是以服务的形式被满足，关键的一个点是可以满足消费者需要的产品。如何更快、更低成本地将产品送到消费者手中，是企业需要关注的一个问题。物料流贯穿产品生产到交到消费中手中的全部过程，主要包括生产、运输、仓储、销售。而供应链管理也主要针对物料流中的这四项活动展开。

生产：生产行为是物料流的起点，包括原材料的生产、在产品的加工和产成品的制造等一系列在消费者之前所有对物料的处理。通过生产行为，不断提升产品的价值，最终获得满足消费者需求的产品。

运输：运输活动实现了物料在供应链之间的流动，包括海运、陆运和空运。距离、速度和价格是影响企业运输方式选择的主要因素。对于生产时间久、销售周期长、存储要求低的商品，企业倾向于海运这一速度慢同时价格低的运输方式。而对于生产时间快、销售周期短、存储要求高、市场变化迅速的商品，企业更倾向于陆运和空运这两种速度快但价格高的运输方式。

仓储：企业建立仓库储存一定数量的产品以应对需求波动带来的风险。储存的对象包括原材料、在产品和产成品等，与生产、运输和销售密切相关。企业可以根据交易成本、仓库成本、运输成本、消费者需求等因素决定单阶段库存的数量并制定安全库存检查仓库的余量。除了对库存数量的管理，仓库数量和位置的选择对仓储成本也有显著的影响。

销售：销售是物料流的末端，也是供应链获得利润的唯一途径。企业通过销售数据获得消费者的需求偏好从而为下一阶段的生产提供帮助，同时优秀的供应链管理会根据销售数据预测企业下一阶段的需求，以制订购买和生产计划。

综上所述，从生产开始到销售结束，供应链一环套一环的活动形成了物料的流动。物料流中生产、运输和仓储侧重对成本的控制，而销售除成本控制外还重视市场的分析。

3.1.2 信息流

供应链活动的信息流包括两个方面，一个是企业内部间的信息交互，另一个是企业之间的信息交换。区别于物料流和资金流，信息流的流向往往是双向的。

企业内部间的信息交互指的是企业在生产产品或提供劳务过程中内部各职能部门间作为单位的信息交流。例如，采购部门将采购原料种类、数量和金额等信息告诉生产部门，而生产部门将生产种类和数量等信息告诉销售部门。若销售出现问题，则销售部门会将相应信息反馈给生产和采购部门，以完善产品的生产。JIT（just in time，准时化）生产方式中采用的看板管理方法便是企业内部信息交互的典型例子。

看板管理是在同一道工序或者前后工序之间进行物料流或信息流的传递。看板管理最初由丰田汽车公司于20世纪50年代从超级市场的运行机制中得到启示，作为一种生产、运送指令的传递工具而被创造出来。"看板"是一种类似通知单的卡片，主要传递零部件名称、生产量、生产时间、生产方法、运送量、运送时间、运送目的地、存放地点、运送工具和容器等方面的信息、指令。看板的主要功能如下所示。

（1）生产指令。看板最基本的功能便是生产及运输指令。企业根据市场分析制订生产计划，各生产线都根据看板进行生产。看板中记载着原料、产品的生产和运送数量、时间、目的地、放置场所、搬运工具等信息，从采购到生产运输达到信息透明化可追溯的目的。

（2）防止过量生产。看板的规则之一是：没有看板不能生产，也不能运送，这就防止了企业生产部门的过量生产和过量运输。

（3）目视管理。看板的另外两条规则是看板必须附在实物上存放、前工序按照看板取下的顺序进行生产。前者提高了信息的传递效率，而后者降低了生产的复杂性。通过观看看板信息，工作人员便能了解产品线上的一系列信息。

随着信息技术的发展，企业内部的信息交互变得更为容易。物料需求计划（material requirement planning，MRP）就将JIT生产方式中的看板用电脑代替，使得企业内部的信息传递更为高效快捷。

企业间的信息交互指的是企业在生产产品或提供劳务过程中以企业作为单位与上下游企业的信息交流。例如，零售商将采购产品种类、数量和金额等信息告诉制造商，而制造商将原材料种类、数量和金额等信息告诉供应商。若产品出现问题，则零售商会将相应信息反馈给制造商，不断改善供应链生产体系。由于供应链中的企业目标不完全一致，并且因为企业内部数据的隐私性，企业之间很难实现信息的流通，从而造成信息孤岛。

📖 案 例

在一条啤酒供应链中，存在工厂、批发商、分销商和零售商四个角色。工厂负责生产，批发商和分销商负责传递商品，零售商负责将啤酒卖给消费者。工厂的生产计划和批发商、分销商、零售商的采购计划同时进行。每一轮交易中，批发商、分销商、零售商向上游工厂下采购订单，而啤酒则由批发商、分销商、零售商向市场传递。

当四者独立制订生产采购计划时，不沟通任何信息，工厂、批发商、分销商只了解自身的库存信息，市场需求也只有零售商知道。经历多轮交易后，工厂、批发商、分销商和零售商的库存波动性会逐步上升，产生"牛鞭效应"。

> 当存在信息沟通时，供应链中的所有企业都可以获得末端消费市场的需求信息。工厂、批发商、分销商在制订生产和采购计划时不仅依据下游订单，同时考虑市场需求变化。供应链企业的信息透明度增强，大幅减少了企业的库存，降低了成本。

除了上述降低成本的作用外，信息流还可以帮助企业强化其核心竞争能力。信息流中的信息不仅包括消费者的需求信息，还包括上游的供应信息和一些供应链企业之间的共享信息。企业通过获取大量的信息，可以利用大数据算法更好地对消费者、供应商赋值。以货代公司为例，其商业模式逐渐从单一地提供服务转变成为卡车司机、消费者、更小的货代公司（其拉客能力更强）提供信息服务。实现该商业模式的转变，离不开供应链之间的信息共享。

3.1.3 资金流

资金流是指下游企业确认购买后，将资金从自身账户转移到上游企业的过程。供应链资金流起始于顾客对零售商的支付，结束于供应商的货款回收。与物料流相反，资金流是企业提供产品或劳务后现金沿供应链的逆向流动。

资金流是企业维持生存的根本。再优秀的物料流和信息流管理，如果无法取得资金流的良好管理、持续流动，企业也会面临破产风险。因此如何采取合理的现金管理方法，提高整个供应链的现金周转能力，是企业的重中之重。

如图 3-2 所示，传统供应链物料流由供应商到客户，而资金流由客户到供应商，信息流则贯穿整个交易流程。同时，伴随着售后、融资服务等一系列额外合约，物料流和资金流也时而出现逆向流动。供应链活动产生的物料流、资金流和信息流组成了一个复杂系统。如何做到供应链"三流"的协调与管理，是现代企业持续发展的关键所在。

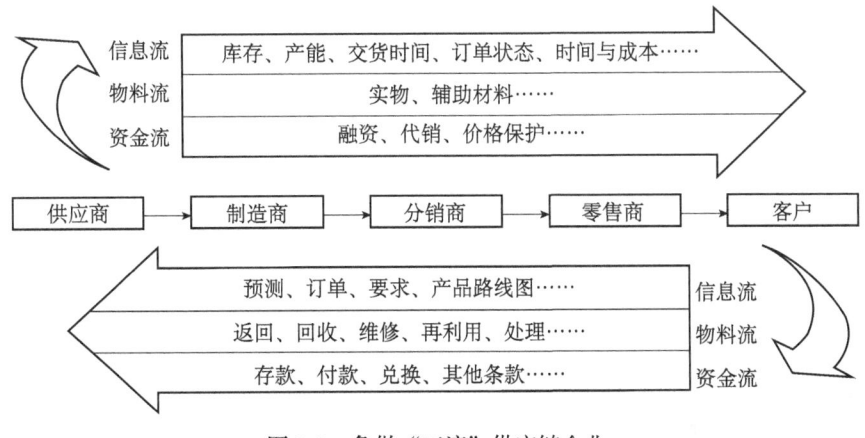

图 3-2 争做"三流"供应链企业

3.2 企业竞争战略转型

3.2.1 运营竞争战略（制造为王）

20世纪90年代之前，世界经济发展较为平缓，在这个"短缺经济"时代，商品往往供不应求。以苏联、中国为例，商品的购买还需要特定的票证。因此，企业生产出来的货物不愁卖不出去。生产规模越大，意味着企业利润越高。在这个大环境下，企业通过扩大生产规模，提供更多的商品，从而获得更高的市场占有率。企业侧重于降低生产成本、改善产品质量、缩短生产周期、强调柔性生产。企业的管理重心在于企业自身。这是一个制造为王的时代，在这个时代中，企业的竞争焦点主要集中在成本、质量和柔性选择方面，"酒香不怕巷子深"，企业专注于把产品打造好。在这个时代，企业的运作管理，还不关注供应链管理问题，而是专注于企业的自身生产问题，仅仅需要关注物料流的管理活动，因而聚焦运营管理战略层面，旨在提供多、快、好和省的竞争产品。

> **案 例**
>
> 宝洁公司（简称宝洁）进入中国后就采取了制造为王的战略方针，从而占领国内市场。宝洁依靠强大的生产力，采取品牌扩张战略。一方面，在同一个品牌中生产不同尺寸和不同款式的产品来满足消费者的差异化需求，这提高了企业进入壁垒，防止出现其他品牌快速进入市场。另一方面，宝洁首次实现在同一领域开创多个品牌的可能，这个举措除了防止出现顾客对单一品牌的审美疲劳，也成功地对消费者进行分类，针对性营销。
>
> 制造为王的战略帮助宝洁迅速打开了中国的市场，巅峰时期宝洁的市场占有率一度达到了47%，其旗下的洗护发产品更是超过了50%，宝洁迎来了前所未有的鼎盛时代。

3.2.2 供应链战略（渠道为王）

随着全球经济的上行和生产效率的提升，企业如雨后春笋般地出现，商品同质化现象越来越多，企业通过扩大生产规模制造出来的商品很难再被市场接受，价格战屡屡上演。因此，这一时期的企业开始关注供应链整体的提升，从而达到提高供应链竞争力的作用。一方面，为达到降低成本的目的，企业开始向上寻求更低价格的供应商。同时，企业优化自身生产流程，降低生产成本。另一方面，为占据市场，企业开始向下分析市场需求的变化，通过提高自身服务水平来提高客户的忠诚度，如差异化设计、及时化生产等。这一时期，企业不再单单关注物料流，并且开始注重供应链信息流的掌握，从企业运营竞争战略上升到供应链战略。企业管理步入了一个"渠道为王"的时代。

在渠道为王的时代，企业的竞争焦点聚焦于服务。要服务好顾客，单靠企业自身的能力是不够的，需要整合上下游企业的资源及流程，才能满足顾客的服务需求；同时，仅仅关注供应链的物料流的活动管理是不够的，需要同时关注供应链中物料流和信息流的协调管理。于是，在这个时代，就衍生了供应链管理的概念，企业的竞争战略逐步转型为供应链战略。

> **案 例**
>
> 国美电器（简称国美）在 21 世纪初大打价格战，降幅甚至达到 50%。原因就在于国美降低了供应链的成本。国美在进货渠道上采取了核心生产商直接向消费者供货的方式，取消了分销商、零售商、中间商等多个环节，降低了产品的成本，同时也掌握了市场销售的自主权。2004 年 3 月，国美和格力的"分手"也正是因为国美和格力销售渠道的差异。格力为保证经销商的利益，保持着较高的销售价格，而国美则以低价销售闻名。2004 年 2 月，国美将原本零售价为 1680 元的 1P 挂机降为 1000 元，3650 元的 2P 柜机降为 2650 元。过低的零售价格动了格力经销商的奶酪，致使格力停止向国美供货，而国美决定对格力"清场"。
>
> 2003 年，国美除了缩短整条供应链的长度，减少不必要的成本，同时大胆探索与生产厂家、国美门店的商家及社会媒体等充分整合的可能性，提出了全面互动营销的策略，发挥巨大的市场能量。2004 年，国美开始重新考虑与厂商的关系，提倡"商者无域、相融共生"的战略联盟，以发展的眼光加强联盟伙伴之间广泛持久的联系。这个观点得到了众多家电制造企业的广泛认同，并且很快得以实施。
>
> 国美采用大单采购、买断、包销等营销策略，与国内大多数家电厂家合作，并转变过去代理销售的模式，让国美承担经销的责任，以低廉的价格获取了大量订单。同时，国美将降价的利益与生产商共享，当国美销售一定数量的产品时，就可以获得生产厂家的返利。此外，国美将这些利润也返回给了消费者，这让消费者可以以更低的价格购买产品。国美还学习沃尔玛全球采购的模式，在全中国所有门店集中采购，因为采购量较大，其能以低很多的价格获得商品，巩固了国美的价格优势。

3.2.3 供应链金融战略（现金为王）

随着互联网时代的到来，信息技术的冲击进一步压缩了制造企业的利润空间。

同时，伴随着市场竞争的加剧，企业无论是采购还是销售，所面临的选择不断增多。从 21 世纪开始，特别是前十年，时间/速度成为企业的竞争焦点，哪个企业可以以最快的速度把顾客需要的产品送到顾客手中，哪个企业就获得市场的竞争优势；在随后的十年，可持续发展更是成为企业新的竞争焦点。人们随着生活水平的提升，道德消费水平不断提升，对企业的可持续方面的要求更加严格。

在这样背景下，企业往往需要更多的投入来实现这两方面的竞争，更多资金投入就不得不重新审视企业的现金流状况。特别是，2008 年金融危机爆发后，企业意识到破产往往不是因为其糟糕的业务，而是资金流的断裂。这迫使越来越多的企业开始关注资金流管理。这一时期，核心企业开始通过提供金融服务缓解供应链上企业资金的需求，从而达到增加上下游黏性、提高供应链稳定性的目标。企业管理步入一个现金为王的时代。

> **案 例**
>
> 亚马逊总裁贝索斯在 2004 年致股东信中提到："我们的终极财务指标及最想达成的长期目标，是每股自由现金流。"自由现金流指的是企业现金的净流入。这笔现金持有的时间越长，亚马逊就可以零成本地去做回报率更高的投资。贝索斯提出，财务报表上的数字利润不是公司的核心能力，一个公司的核心能力是自由现金流，你有多少钱能够支付到对未来的投资上，这才是决定公司价值最核心的指标。
>
> 亚马逊当前的商业模式就让其在资金流上拥有了很大的优势。因为它主要的三个业务：亚马逊云服务（Amazon web services，AWS）、prime 会员订阅服务、第三方卖家业务，都可以先收到消费者的付款，然后再给上游的供应商付钱。而这一时间差为 33 天，亚马逊手握大量现金，去投资更有创新力的业务，如 AWS 这一贡献如今最大利润的业务，就是在这种情况下诞生的。

如图 3-3 所示，企业供应链战略转型，随着时代的变化，在制造为王、渠道为王及现金为王的不同时代中，供应链管理逐步转移到物料流、信息流和资金流的"三流"管理中。企业当前身处在"现金为王"时代，供应链企业致力于成为"三流"供应链企业，而供应链服务企业则致力于成为"三流"供应链管理企业。

可以预见，随着数字科技和通信技术的不断发展，社会逐步进入了数字经济时代。2020 年初，突如其来的新冠肺炎疫情，以及国与国之间贸易摩擦和争端不断加剧，供应链的稳定性和安全性成为企业运营管理中非常关注的焦点之一。数字化管理、智能化管理成为人们提升运营效率、重新配置或优化企业资源的重要方式，数据更是成为继土地、劳动力、资本和技术之后的一个新型生产要素。于是，企业管

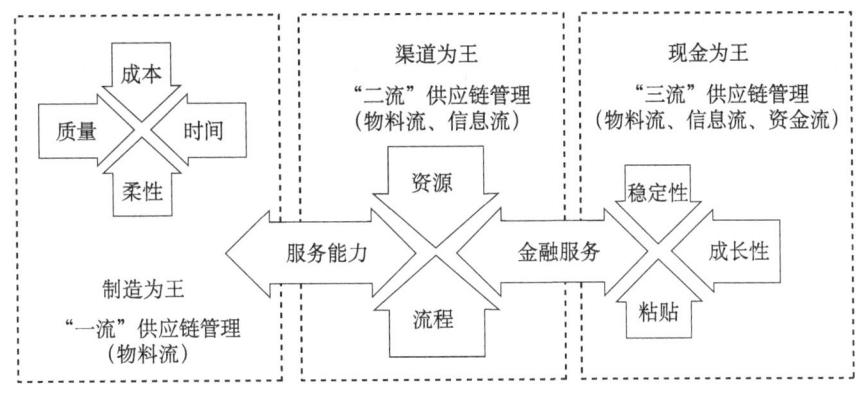

图 3-3　供应链战略的演变

理正在向"数字为王"时代迈进。在数字为王的时代中，除了关注物料流、信息流、资金流的活动外，还得关注相关的服务流、人员流等，企业管理更趋复杂化。

3.3 资金流管理

3.3.1 现金周期

企业的现金周期（cash conversion cycle，CCC）指的是企业从投入资金生产开始到销售完成收到账款所需要的平均时间。应收账款周转天数是下游对企业现金的占用情况，应付账款周转天数是企业对上游现金的占用情况，库存周转天数是企业自身现金的占用情况。现金周期则是这三个指标的综合，反映企业从支付到回收现金的平均时间。

现金周期 = 应收账款周转天数 + 库存周转天数 − 应付账款周转天数

如果某公司的现金周期为 40 天，则该公司从原材料投入到接受消费者付款需要 40 天的时间。如果现金周期为 −40 天，则该公司从原材料投入到接受消费者付款的时间为 −40 天，表明该公司在购买原材料之前就能获得消费者的付款。这笔现金给公司带来了很大的自由度，可以利用这时间差投资回报率更高的项目。因此现金周期越小，对企业的帮助越大。

1. 应收账款周转天数

应收账款周转天数（days sales outstanding，DSO）指的是企业从取得应收账款权利到收到现金所需要的时间。应收账款周期越短，企业收到现金款项就越快，这有利于提高企业资金的流动性。而应收账款周期过长，当企业面临营运资金不足时，可能需要采用贷款的方式，这会增加企业经营的成本和波动性。

应收账款周转天数 = 365/ 应收账款周转率

应收账款周转天数 = 平均应收账款余额 / 销售收入 × 365

2. 库存周转天数

库存周转天数（days of inventory，DIO）指的是从企业购买产品将其入库开始到将库存中的货物消耗或销售完为止所需要的时间。库存周转天数越少，表明企业库存流动速度越好，企业的运营效率越高。企业想要达到追求零库存的目标的前提条件就是降低库存周转天数，如丰田汽车公司就制定了精益的生产模式从而实现零库存的目标。在控制产品的保质期、库存成本的条件下，企业可以拥有一定量的库存来应对需求的不确定性。

$$库存周转天数 = 365/存货周转率$$

$$库存周转天数 = 平均存货余额/主营业务成本 \times 365$$

3. 应付账款周转天数

应付账款周转天数（days payable outstanding，DPO）是指企业需要多久付清供应商的欠款，与应付账款周转天数相对。一般来说，企业的应付账款周期越长，企业对现金的把握度更强，这有利于将现金投资到回报率更高的项目。但过长的应付账款周期会影响到供应链上游的利益，企业会遭遇信任危机，甚至会失去合作企业。因此企业需要选择合适的应付账款周期。

$$应付账款周转天数 = 365/应付账款周转率$$

$$应付账款周转天数 = 平均应付账款余额/主营业务成本 \times 365$$

将上述三个概念，共同放入现金周期的计算中，可以得到图3-4。公司A应收账款周期的缩短意味着公司B应付账款周期的延长，但两者的协同现金周期并没有发生改变。公司A和公司B在支付到收款的窗口期需要以自身的资金成本补充现金流缺口。因此，企业的资金流管理并不是一味地压榨上下游来改善自身的现金周期，而是通过现金周期的调整达到供应链整体资金成本最优，借助利益共享机制实现链上企业共赢的目标。

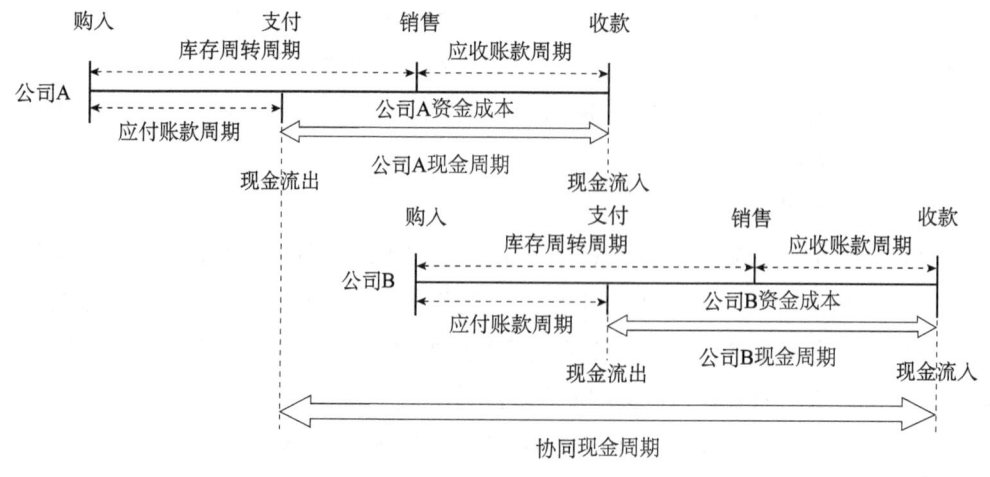

图 3-4　现金周期

虽然现金周期是一个很好的指标去衡量企业的现金流情况，但也会受到很多因素的影响，如企业的销售会受季节影响，销售量会随着季节变化而有大幅度的变化，或者企业接受分期付款的方式，这些因素都会影响现金周期的计算。因此投资者考虑这一指标对公司的影响时，比较相同行业的指标会更加准确。

在第 2 章的美的案例中，2019 年美的的应收账款周转天数为 36 天，说明美的收账时间比较迅速、账龄较短、资产流动性强，面对意外情况的应对能力也会增强，同时坏账的概率也会降低。2019 年美的的存货周转天数为 57 天，说明美的货物从入库到出售完毕需要近 2 个月的时间。2019 年美的的应付账款周转天数为 117 天，说明美的需求平均 4 个月才会给上游供应商付款，远高于应收账款周转天数。综上所述，美的的现金周期约为 -23 天，意味着美的在日常经营过程中能够提前 23 天拿到现金。负的现金周期说明了美的良好的现金流管理，资金流动性强。

3.3.2 调整后的现金周期

现金周期描述了企业现金的流入时间。但从资产负债表中可以看出，企业的预付和预收账款同样也是企业日常现金流的主要组成部分。因此，如果要全面考虑企业的现金流情况，在计算现金周期时，还需考虑企业的预付和预收账款。

1. 预付账款周转天数

预付账款周转天数指的是企业提前支付上游货款的平均时间。预付账款周转天数越长，说明企业预付款占日常交易金额的比例越高，被占用的资金越多。

$$预付账款周转天数 = 平均预付账款 / 主营业务成本 \times 365$$

2. 预收账款周转天数

预收账款周转天数指的是企业提前收到下游货款的平均时间。与预付账款周转天数相对，预收账款周转天数越长，说明企业预收款占日常交易金额的比例越高，占用下游企业的资金越多。

$$预收账款周转天数 = 平均预收账款 / 主营业务收入 \times 365$$

预付账款是企业被占用的资金，而预收账款是企业占有他人的资金。根据现金周期的计算逻辑，调整后的现金周期应该在原现金周期的基础上加上预付账款周转天数再减去预收账款周转天数。

$$调整后的现金周期 = 应收账款周转天数 + 库存周转天数 - 应付账款周转天数 + 预付账款周转天数 - 预收账款周转天数$$

据表 3-1 可知，2019 年美的的预付账款周转天数约为 4 天，预收账款周转天数约为 22 天，调整后的现金周期约为 -41 天。由于美的高额的预收款项，考虑预收和预付账款后，美的的现金周期从 -23 天下降到了 -41 天，反映了美的优秀的资金流管理。

表 3-1 2019 年美的现金周期

指标	天数/天
应收账款周转天数	36.3266
库存周转天数	57.2528
应付账款周转天数	116.7900
现金周期	−23.2106
预付账款周转天数	4.1146
预收账款周转天数	21.6557
调整后的现金周期	−40.7518

3.4 企业的现金流管理

3.4.1 苹果公司现金流管理

苹果公司（简称苹果）以出色的创新和设计能力闻名于世界，IOS 和 MAC OS 被誉为改变苹果命运的两大系统。然而很多人忽略了苹果的现金流管理能力，优秀的现金流管理是苹果成功的关键因素之一。如图 3-5 展示，苹果的现金周期从 1990 年的 62 天到 2020 年只有 −60 天，这 122 天的改变为苹果带来了巨大的利益。除了将现金投资到回报率更高的项目之外，现金周期的下降也暗示了苹果在日常运营方面的优秀表现。

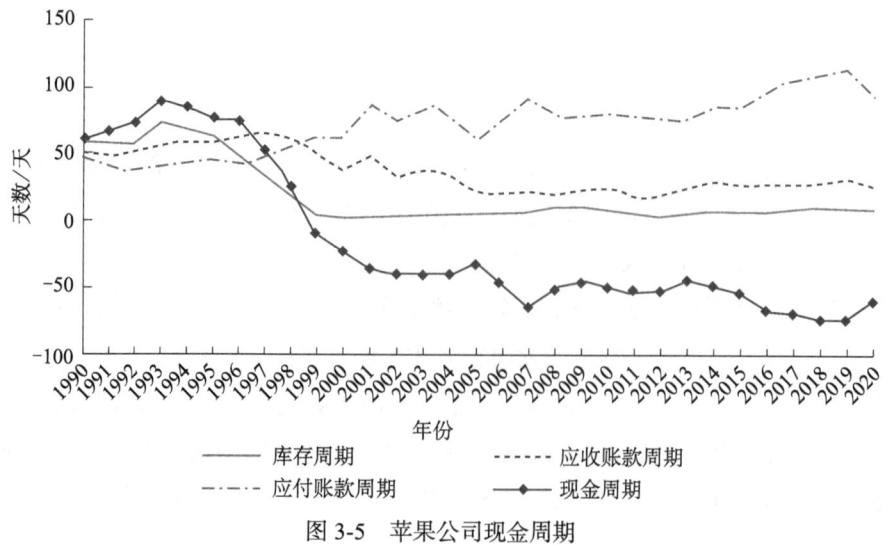

图 3-5 苹果公司现金周期

1. 降低库存

观察苹果现金周期的变化趋势，可以看出自 1997 年起其现金周期大幅度下降，尤其体现在库存周期的减少。就在这一年乔布斯和库克先后进入苹果，他们为苹果带来了出色的库存管理经验。

乔布斯接管苹果之后，发现苹果的产品过于复杂和多样，随即砍去大部分产品和型号。从便捷程度（台式、便捷）、适用人群（专业、家庭）两个维度，将苹果电脑的款式缩减。这不仅简化了苹果的生产线流程，也减少了零部件的购买和储存。

库克认为过去苹果拘泥于较为冗长的生产环节，其生产效率较低、库存成本非常高。他将库存视为根本性的恶魔。根据计算，苹果的库存价值会在一周之内贬低 1%～2%，这对苹果这样大体量的公司来说是一个巨大的损失。因此库克提出即使苹果是一家科技公司，主营电子产品，但依然要像乳品行业一样，防止产品过了"保质期"。因此库克着手关闭了公司在各地的工厂和配送中心，并在全球范围内制造外包。外包的优势有三点：首先，将生产外包给不同区域的企业，可以直接在当地进行生产销售，降低运输成本；其次，产品从生产到供应本区域的市场周期也会缩短，从而提高客户的满意度；最后，苹果的制造工厂大多建立在发展中国家或寻找在发展中国家的代工企业，这里有低廉的劳动力，可以降低成本，保证苹果的供应。

通过乔布斯和库克大刀阔斧的改革，苹果的库存周期从几个月下降至几天，1999 年以来苹果的库存周期都维持在 10 天以内。相比于戴尔、惠普等公司有绝对的优势。

苹果虽然降低了公司的库存，但库存并不是百害而无一利，合理的库存有助于企业面对需求的波动性。苹果精确的需求预测机制弥补了低库存的缺点，例如，2005 年苹果公司推出新款 iPod nano，其核心优势在于它的快闪存储器。苹果预测到 nano 上市后会有非常高的销量，因此提前一年向储存器供应商预付账款，成功垄断了 2010 年之前的这一储存器市场。除此之外，还可以发现苹果即使推出新的产品也不会急于第一时间出售，而是隔一天之后才会被允许销售，即便客户等待已久。这一措施可以更好地预测消费者的需求，让库存跟踪更加精确。

2. 改善账期

消费电子业务在很大程度上依赖于分销商，但由于销售的时间差，这些分销商往往需要赊账。2001 年，库克宣布中止与苹果经销商 Computerware 的合作关系，同时开始设立专卖店，直接向消费者销售商品。这意味着苹果可以拥有规模可观的零售业务，这使它的很大一部分的销售额都是通过现金或信用卡支付的，有效地缩短了应收账款周期。

对零部件供应商来说，因为苹果公司的采购量很大，而且它的产品使用的组件也基本相似，所以制造工序更加标准化。此外，苹果的产品生命周期相对其他电子产品公司来说较长，这使其业务对供应商更具价值，这些原因使苹果能够协商出更好的信贷条款，延长自己的应付账款周期。

3. 现金投资

苹果拥有全美各大企业中最大的现金储备，其现金储备在 2020 年高达 1900 亿美元。虽然苹果在现金储备方面已经富可敌国，但依然通过银行贷款、发行债券从外部融资。

公司利用这庞大的现金投资到短期高回报项目及长期证券当中。从苹果公司的年报可以看出，2020 年投资回报的利润在总利润的比重大概为 2%，绝对数目高达 3 亿美元。这些投资不仅为苹果带来了高额的回报率，也帮助苹果挖掘了很多与业务相关的市场，确保其在市场的垄断地位。

苹果的现金流管理模式以可观的现金周期及巨额现金储备为主要特征，并通过一系列的战略措施来配合现金流的管理，如简化产品生产线、标准化零部件、核心产品接近实现"零库存"、将现金运用到短期投资等。有效的现金流管理方式不仅促进了库存、投资等资金的高速运转，促进了企业快速发展，还使得苹果能够专注于研发、创新环节。

3.4.2 京东现金流管理

近年来，京东逐步从一家大型综合型电商平台向全产业链延伸，在金融、O2O[①]、物流等领域持续发力。在快速布局新产业的背后，精细化现金流管理起到了保驾护航的作用。

总体上，如果根据净利润和经营性现金流的盈亏来划分企业发展类型，京东显然属于蓄势待发型，即处于前期战略布局阶段。在 2018 年之前，京东的净利润虽然为负，但现金储备与现金流表现健康。进入 2019 年，京东的净利润第一次变为正值，且高达 121 亿元，其中包括逾 92 亿元的"非经营性收入"：处置物业收入 38.85 亿元，其他非经营收入 53.75 亿元。而在此前年度中，处置物业收入一项都为零，其他非经营收入在 2018 年也只有 9000 多万元。

从 2011 年起，京东长期保持着远高于行业平均增速的高增长态势，营业收入从 2013 年的 693 亿元猛增至 2015 年的 1813 亿元。一方面，收入端的快速增长和高效的运营为京东带来了充沛的经营性现金流及充足的现金储备；另一方面，这也体现了京东良好的运营管理能力（图 3-6）。

---

① O2O 表示 online to offline，即线上到线下。

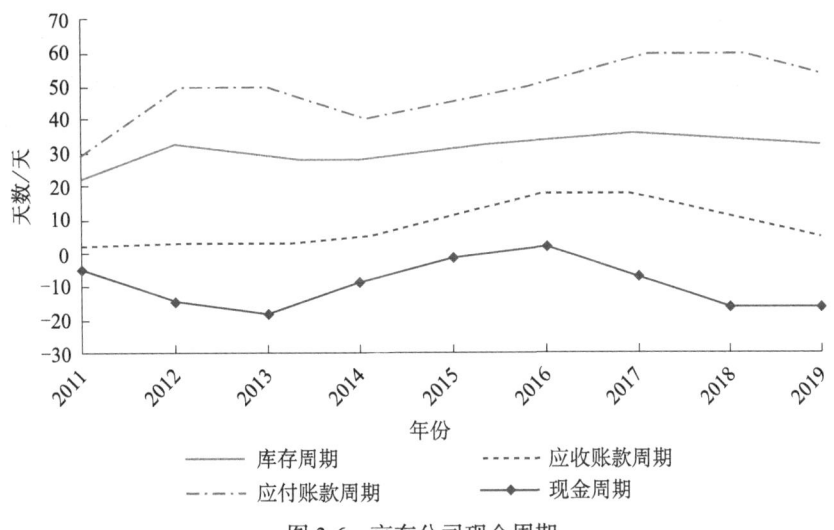

图 3-6 京东公司现金周期

1. 库存管理

2015 年,京东在库房管理的产品品种数已经超过了 200 万种,但存货管理效率却远超友商:京东库存周转天数仅为 32 天,同期苏宁易购集团股份有限公司(简称苏宁)库存周转天数为 40 天,国美为 70 天。这意味着京东在保证顾客订单需求的前提下,存货周转顺畅,极大降低了对自身资金的占用。京东采用了合理的库存管理制度,拟定具体的库存管理职责分工和岗位权限章程,各部门之间有效沟通,对库存进行 ABC 分类管理:将存货的重要度、价格高低、使用量大小与定购难度等作为标准分为三类,让这三类库存分别组织管理。经由 ABC 分类之后,拟定出较为科学的库存采购计划,这样就可以减少资金占用,加快资金周转,提高库存管理效率。

2. 供应链协调

京东属于零售业,收入主要以现金为主,因此京东的应收账款周转天数始终保持在较低水平。由于京东金融业务的开展,京东在 2015 年和 2016 年的应收账款大幅增加,提高了应收账款周转天数。而在 2017 年之后,京东金融从京东独立。基于企业、消费者的欠款减少,降低了企业的应收账款,提高了企业的应收账款周转速度。

在与上游供应商的合作中,京东综合考虑供应商的发展,而非简单粗暴地拉长账期去占用供应商的资金。根据公开财报数据,京东 2015 年的应付账款周转天数仅为 46 天,同期苏宁应付账款周转天数为 84 天,国美为 133 天。相比于苏宁和国美通过延长对供应商的账期改善现金流,京东较少占用上游供应商的资金,使他们可以更迅速地回笼资金。2015 年初,京东家电宣布了"战略合作品牌三年不涨合同点位"的供应商战略,与供货商建立了良性的合作关系。在京东发布的《京东家电供应商合作白皮书》中,提出要建立新型的厂商关系。对于战略性的合作厂商,京东承诺:"三年内不提升合同政策点位""将给予最符合厂商发展需求的付款与结算方""依托于强大的数据库数据,定期与厂家分享线下的产品研发、市场分析、战略制订等信息""对于流量给予保障,定期举办联合主推活动""对于所有合作厂商,不强行摊派各类费用,实现往来账目透明化、书面化,让合作伙伴更放心、更透明地与京东开展业务""严格按照合同规定付款,绝不拖欠"。与传统的连锁渠道至今仍掌握零供话语权的现实相比,京东对战略合作厂商从付款到产品推广,将话语权推到了厂商面前,降低零供之间的博弈,化矛盾为合力,与厂商一起,为了网购群体的权益而共同发力。对于厂商而言,这也是一种全新的、更有动力的终端投入。

3.4.3 西尔斯现金流管理

西尔斯百货(Sears)曾经是世界上最大的零售百货公司。1969年,Sears在美国市场占据着绝对的主导地位,其销售额占整个美国国内生产总值的1%,2/3的美国人都去Sears购物过。2005年Sears与现代超市型零售企业的鼻祖——Kart合并,合并后的企业产生了550亿美元的巨额收入,一时风光无限。然而合并后不到10年,Sears的销售额、营业利润不断下降,零售门店也从3500家缩减到只剩182家,Sears陷入了严重的财务危机。即使Sears开始学习亚马逊、沃尔玛的先进管理经验,也于事无补。2018年Sears申请破产,曾经全美第一大超市轰然倒塌。

Sears百年的基业在10年内迅速堕落,听起来是如此的不可思议。从行业龙头到无法拥有竞争优势,是什么原因让Sears走到了破产的局面?或许可以归结为CEO的个人失误、亚马逊的强势竞争等,但糟糕的现金流无疑是Sears陨落的关键原因。

1. 失败的转型

Sears在亚马逊创立之前,曾有预见性地认识到传统的商品目录不是可以前进的方向,并停止了该生产线,但它没有预见到电子商务会是商业模式的未来。沃尔玛等超市通过提供点击和取货来有效地管理激增的电子商务订单,这些电子商务订单有效地缩短了库存周转天数,优化了企业的现金周期。

2005年新一任CEO兰伯特上任之后,专注于改善Sears的在线业务,却忽略了重要的地基——零售店。虽然Sears对其网站上的搜索功能进行了一些改进并提高了网站的易用性,但这些升级还不够。而与此同时,沃尔玛在整合线上和线下业务方面下了很大赌注。例如,沃尔玛在2014年推出了杂货取货服务,截至2020年底有3100家沃尔玛零售店提供杂货取货服务。

亚马逊对零售业构成的真正威胁之一是分散零售商对核心业务的关注。Sears从认识到电子商务的重要性到大力发展电子商务都未能改变每况愈下的命运。Sears的零售店在大力发展线上业务之前遭受了数十年的疏忽,贫瘠的货架和光线不足的店面、不再微笑的售货人员,这些都影响了消费者的体验。在品牌衰落和供应链混乱的情况下，希望客户一直在网上订购，更加快速地完成订单终究成了一个白日梦。

Sears 曾利用其可观的品牌、资源和庞大的供应链作为差异化因素赢得并留住一代忠实客户。但自 20 世纪 90 年代开始遭遇的大部分困境可以追溯到该公司对现代数字驱动企业的思维方式漠不关心，这极大地影响了企业的现金周期。2017 年，Sears 的现金周期为 77 天，意味着从采购到收到消费者的付款需要 77 天的时间，这对于一家零售企业而言是非常长的。现金的短缺让企业不能力挽狂澜，Sears 最终面对的只有破产。

2. 错误的现金利用

Sears 在其现金充裕时经常以回购的形式向股东发放数百万美元，虽然这一行为有助于股民购买公司股票，但大量现金的流失不利于资产的流动性。加之 Sears 用其现金进行大量金融投资，因此当零售行业开始经历快速的技术和竞争变化时，回购这一行为导致 Sears 用于投资业务的现金直接减少。

相比于沃尔玛等大型超市都开设于郊区，Sears 作为一家百年老店，其大部分门店都位于商业繁华地段，具有很高的价值。但商业地产占总资产的一半时，其固定资产流动性差的特点彻底暴露。因此，2005 年兰伯特试图靠削减成本、出售商业地产的策略扭亏为盈。如图 3-7 所示，2005 年 Sears 的现金周期出现了好转。但当 Sears 经营现金流为负，每年都需要花费数亿美元的现金时，公司并没有坚持固定资产换为现金的政策，资金流动性差这一因素限制了 Sears 改革的步伐。

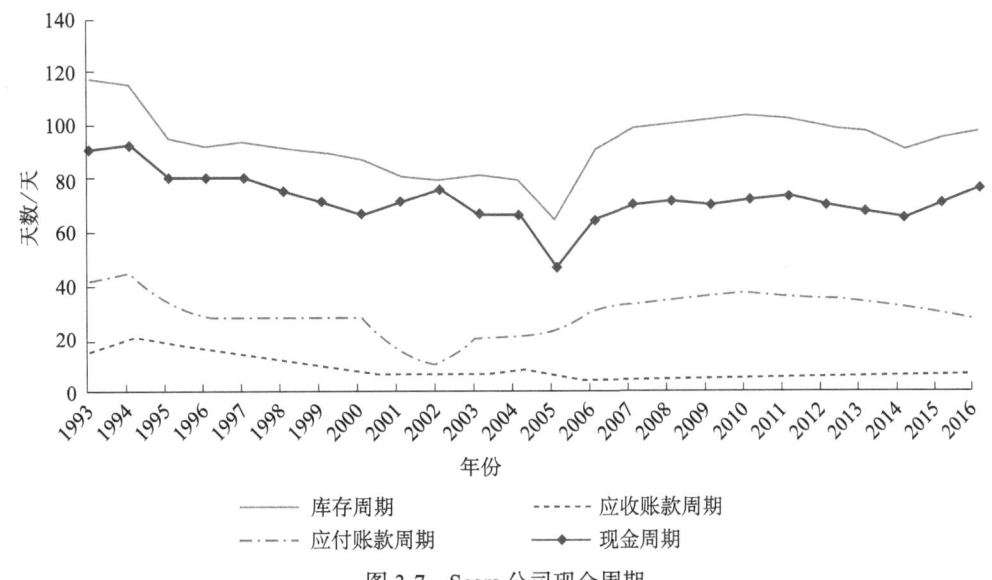

图 3-7　Sears 公司现金周期

3. 复杂的组织体系

兰伯特上任之后，对 Sears 的组织架构进行了大刀阔斧的改革，以金融行业的模式管理零售行业。公司被拆分成 30 多个部门，每个部门针对每个不同的销售物都设立了自己的高管，并作为主要负责人报告每年的利润。

这导致每个部门之间都存在相互竞争，为了获取公司的资金来提高自己的利润，部门之间的企业文化都变得不一样，这样的分工方法导致了进一步的内部分歧。同时公司缺乏整合、集中的供应链框架，而是为 30 多种产品的不同供应链配对不同的 IT 架构，这形成了一个竞争力不同的基础架构，其中包含了大量重复的系统，导致成本和效率低下。

Sears 的失败启示如今的企业，在现金为王的时代，现金流是公司内部的推动力，决定了企业生存和发展的空间。即使企业还有正的利润，但当现金周转过于缓慢时，还是会面临调度不灵的问题，这直接影响企业在生产运营过程中的决策和实施。同时公司偿还能力的薄弱会影响供应链上下游企业之间的合作，因此只有流动性强的现金流才能推动公司的发展，否则公司会陷入负债危机，多少年建立起来的基业也会因此陨落。

3.5　宝洁公司的供应链金融项目

3.5.1　项目缘由

宝洁成立于 1837 年，是全球最大的日用消费品公司。宝洁旗下产品涵盖洗发、护发、护肤用品、化妆品、婴儿护理产品、妇女卫生用品、医药、织物、家居护理、个人清洁用品等领域，品牌包括吉列、海飞丝、佳洁士、舒肤佳、帮宝适等，在日用化学品市场具有十分高的知名度。根据宝洁 2020 年的财年年报，尽管受到新冠肺炎疫情的影响，宝洁营业收入仍高达 709.5 亿美元，有机销售额增长 6%。在《财富》杂志评选出的 2020 年全球 500 强企业中，宝洁排名第 156 位。

2008 年全球金融危机严重影响了世界经济的发展，同样也影响到宝洁。宝洁营业利润从 2008 年起基本没有增长，甚至在 2012 年营运利润下滑了 14%。为了渡过难关，宝洁开始了一系列大刀阔斧的改革来削减成本。2012 年，宝洁 CEO 鲍勃提出了一项对宝洁具有重要影响的计划，该计划为期 5 年，旨在削减 100 亿美元的开支。与此同时宝洁将其财务指标与同行业的其他公司比较，发现宝洁的应付账款周期在 45 天左右，而同行业其他企业则在 75 天至 100 天。这一时间差影响了宝洁的现金周期，使资金的流动性变差。造成这一现象的原因在于宝洁采购人员相比于账期而言，更看重产品的价格、质量、时间和创新等因素。然而，随着公司将重心转移到公司利润，现金流管理也开始受到关注。

与同行业标杆企业的对比，宝洁决定在采购方面将原来的账期延长至少 30 天。延长账期虽然缓解了宝洁的资金压力和采购成本，但也意味着供应商需要等待更长的时间才能收到货款。为此，宝洁决定实施供应链金融（supply chain finance，SCF）项目以缓解账期延长给供应商带来的负面影响。该项目不仅旨在延长宝洁自己的支付账期，同时借助宝洁 AA- 的信用评级帮助供应商尽快收回资金。

为实现对自己、对供应商及对 SCF 银行都有利的"三赢"局面，宝洁专门设计成立了跨部门团队和项目委员会。跨部门团队主要包括财务、运营、法务、市场等部门的人员，而项目委员会则专门负责监督项目实施的进展。

3.5.2　SCF 项目的设计

SCF 项目的目标有三点：①延长宝洁账期；②缩短供应商收款时间；③使 SCF 银行盈利。为了实现上述三个目标，宝洁、供应商、SCF 银行三方需要两两签署双边合同，包括：①宝洁与供应商签订日常商业合同；②宝洁与 SCF 银行签订服务协议，宝洁在 SCF 银行开出应付票据；③供应商与 SCF 银行签订财务合同，SCF 银行有权利但没义务以无追索权的方式购买宝洁开出的应付票据，供应商可以以一定折扣的成本提前收到货款。

SCF 项目有四大原则来确保项目的顺利进行：①成本较低，确保参与方都不会额外增加成本；②维持供应商价格不变，虽然供应商的应收账款周期变长，但在同行业仍属于较低水平；③允许当地团队推动项目进展；④每个供应商都有至少两个银行参与到项目中，增加银行间的竞争，力求为供应商提供更低的融资利率。最终，宝洁选择了与花旗集团、德意志银行股份公司和摩根大通集团合作。

3.5.3　SCF 示例

为了说服更多供应商加入 SCF 项目，宝洁成立专门的项目小组前往世界各地解释该项目所带来的价值。通过具体案例，宝洁对比了以供应商融资利率为准的 1000 美元发票融资成本和以 SCF 项目融资利率为准的等额发票融资成本（表 3-2、表 3-3）。该案例显示，同样是供货后 15 天收到货款，SCF 项目能够帮助供应商降低融资成本。

表 3-2　宝洁 SCF 计算

注	项目	账期延长前	账期延长后	
			不参加 SCF 项目	参加 SCF 项目
[A]	供应商应收账款 / 美元	1000	1000	1000
[B]	供应商第几天收回现金 / 天	15	15	15
[C]	宝洁应付账款周期 / 天	45	75	75
[D]=[C]-[B]	供应商额外融资天数 / 天	30	60	60
[E]	供应商融资成本 / 美元	2.92	5.83	
[F]	发票折扣			0.22%
[G]	供应商所得净额 / 美元	997.08	994.17	997.83

资料来源：公司文件案例

表 3-3 融资成本计算

注	项目	计算结果
\multicolumn{3}{c}{A：供应商自身融资}
[A]	供应商融资天数/天	30 或 60
[B]	供应商融资利率	3.5%
[C]=[B]×[A]/360	供应商融资成本	0.29% 或 0.58%
\multicolumn{3}{c}{B：SCF 项目融资}
[D]	SCF 银行融资天数/天	60
[E]	伦敦银行同业拆借利率，60 天	0.3%
[F]	SCF 银行利差	1%
[G]=[E]+[F]	SCF 融资利率	1.3%
[H]=[G]×[D]/360	SCF 发票折扣	0.22%

资料来源：公司文件案例

该案例中，供应商希望在 15 天的时候收回货款。在延长账期前，供应商自身的融资成本年化利率为 3.5%，其借款 30 天需要支付银行 2.92 美元的利息，最终收到 997.08 美元。在延长账期后，供应商如果不参与 SCF 项目，以其自身融资成本计算，借款 60 天需要支付银行 5.83 美元的利息，最终收到 994.17 美元。如果参与 SCF 项目，则相当于以 2.3% 的融资利率融资，以 2.17 美元折扣的成本收到 997.83 美元。虽然延长了账期，但在 SCF 项目下，供应商反而获得了更大的收入。

SCF 项目的折扣由伦敦银行同业拆借利率和银行利差构成，前者代表银行的资金成本，而后者是为了弥补银行为宝洁承担的信用风险和管理开支。对于不愿意参与 SCF 项目的供应商，宝洁同样允许其提前收款，但需要以一定的折扣为代价。例如，供应商没提前 30 天收款，宝洁在应付账款中扣除 1% 的费用，以此类推。

宝洁认为 SCF 项目具有以下四大优点：①优化现金流动性，供应商可以根据自己的需求，在 15 天或 75 天收到付款；②更合理的资产负债表，加入 SCF 项目后，通过降低应收款项标准，减少其负债表中的负债；③更好的合作关系，加入 SCF 项目可以与全球范围内的银行建立合作关系，方便后续进一步合作；④提升关注程度，会提升供应商对现金流的关注程度。

起初，宝洁只是面向北美地区的业务提出了该计划，其后不久就面向全球 3500 家大型供应商提出了该计划。截至 2015 年，已经有 700 家加入 SCF 项目，另外有 100 家正在加入过程中。宝洁认为 SCF 项目不仅为公司带来了直接的利益，并且还让其意识到，过去与供应商之间的关系更多的是事务性或竞争性的，而 SCF 项目作为一个新的机遇，让宝洁与供应商建立了更密切的合作关系，让双方的合作更加丰富，并力求达到双赢的局面。

3.5.4 与菲布里亚纤维素纸业的合作

菲布里亚是一家位于巴西圣保罗的纸品公司,主要制造漂白纸浆。该企业 2014 年的营业收入为 71 亿雷亚尔,汇率折合后大概为 30 亿美元。2014 年宝洁与菲布里亚的订单高达 3 亿美元,占其总销售额的 10%,因此菲布里亚与宝洁的合作关系非常密切。

菲布里亚作为一家非欧美国家的制造商,面临着漂白纸浆价格、汇率等因素的持续波动。企业在美元升值时可以促进其营业收入的增长,但美元升值也损害了菲布里亚的利益,因为其公司的债务都通过美元计算。原本用来抵消美元和雷亚尔汇率波动的合约也让菲布里亚遭受了损失。

菲布里亚这类纸业公司,其生产销售过程是非常漫长的,这会导致现金周期相对较长。菲布里亚 2014 年前的平均现金周期为 100 天。从获得原材料开始到将其制造成纸浆,并运输至宝洁,预计需要 80 天。而菲布里亚与宝洁的合同规定的应付账款周期为 60 天,因此菲布里亚需要经过 140 天才能收到纸浆的付款。但菲布里亚公司本身的应付账款周期为 40 天,这意味着菲布里亚将独自承担 100 天的营运成本。

2008 年金融危机后,菲布里亚的现金周期变得更长了,尤其体现在应收账款周期的增加。此外,全世界范围内的经济低迷也降低了对纸浆的要求,这极大地打击了菲布里亚公司的财政状况。菲布里亚只能通过出售固定资产、投资自己的应收账款来改善企业的现金流动性。但许多客户不允许应收账款被菲布里亚用于保理和投资。以上原因促进菲布里亚于 2013 年通过其北美的子公司成为首批成功加入了 SCF 项目的供应商之一,并同意宝洁将原来的应付账款周期从 60 天延长至 105 天(图 3-8)。

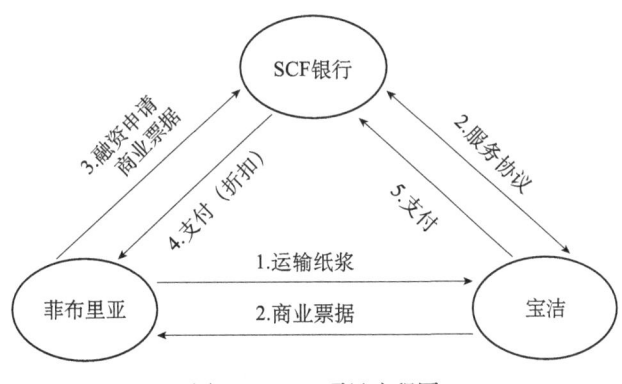

图 3-8　SCF 项目流程图

如图 3-9 所示,宝洁在 2008 年金融危机过后,开始关注公司的现金流管理。通过提高库存周转、延长应付账款周期的方式,宝洁的现金周期在 2008 年后开始下降。2013 年推出 SCF 项目之后,其应付账款周转天数显著上升。主要原因在于,借助

SCF 项目，宝洁将原有周期延长了一倍以上。借助 SCF 项目，宝洁的现金周期得到了进一步下降，在 2016 年变为负值。

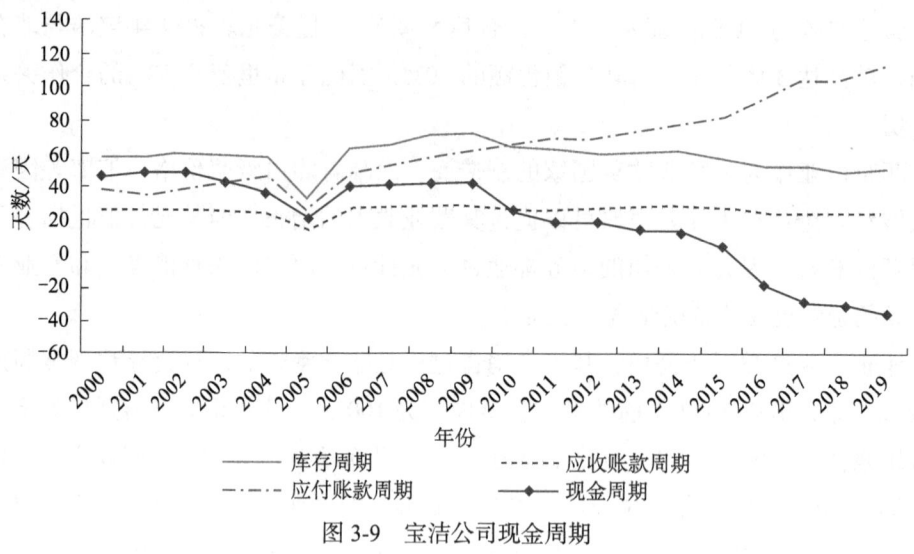

图 3-9 宝洁公司现金周期

本章要点

- 供应链中物料流是指原材料、在产品、产成品等物料从供应链上游向下游、卖方向买方的流动。供应链中资金流是指由于货款支付所产生的资金从供应链下游向上游、买方向卖方的流动。供应链中信息流是指从下订单开始到货款结算结束、伴随物料流和资金流所产生的一系列信息。除退货、退款等售后外，企业间的物料流和资金流往往是单向的，而企业间的信息流往往是双向的。
- 由于市场需求、企业竞争和环境风险等原因，企业战略经历了运营竞争战略、供应链战略和供应链金融战略的发展，从制造为王、渠道为王步入了现金为王的时代。
- 现金周期指的是企业从投入资金生产开始到销售完成收到账款所需要的平均时间。传统的现金周期计算是指应收账款周转天数 + 库存周转天数 - 应付账款周转天数，而调整后的现金周期还需加上预付账款周转天数并减去预收账款周转天数。
- 企业资金流的断裂可能会使财务数据表现良好的企业瞬间破产。优秀的企业往往拥有良好的现金周转以保证企业的日常经营所需。
- 盲目延长应付账款周期、缩短应收账款周期虽然会缩短现金周期，但也可能造成上下游企业的现金流恶化，导致供应链的破裂。良好的现金管理应不仅可以提高自身的现金流水平，同时要有利于上下游企业的利益。通过现金周期的调整，可以实现供应链整体资金成本最优，借助利益共享机制实现链上企业共赢。

思考题

1. 供应链管理经历了哪三个阶段，是什么主要原因促成了供应链管理的演变？
2. 现金周期的现实含义是什么？
3. 表3-4是一个企业的部分财务数据，请计算2019年该公司的（　　　）。

a. 应收账款周转天数

b. 应付账款周转天数

c. 存货周转天数

d. 现金周期

e. 预付账款周转天数

f. 预收账款周转天数

g. 调整后的现金周期

表3-4　某企业的部分财务数据　　　　　　　　　　　单位：亿元

项目	2018年	2019年
货币资金	1131	1254
存货	200	241
应收账款、应收票据总额	436	85
预付账款	22	24
资产总额	2512	2830
应付账款、应付票据总额	498	669
预收账款	98	118
负债总额	1585	1709
营业收入	1981	1982
营业成本	1382	1435
营业利润	310	296
净利润	264	248

第二篇

供应链金融典型模式

供应链金融运营模式是供应链金融最核心、最基础的知识，只有掌握这些模式，才能深切掌握供应链金融服务产品的设计思路和风险控制手段。这一篇内容包括三章。第4章介绍了供应链金融的概念，从国内外学者和机构给出的定义总结概念的本质，并结合中国供应链金融的发展实践梳理了相关发展阶段；第5章探讨了供应链金融服务产品的设计思路，从四个方向重点进行讨论；第6章从供应链金融最主要的服务商（金融机构）入手，分析供应链金融的具体产品设计实践，以及供应链金融的风险控制策略和基本框架。

第 4 章
供应链金融概念

开篇案例

UPS[①] 案例

当供应链执行官管理着变幻莫测的全球供应链时，每天都要面临着严峻的考验。他们主要的挑战和目标是要超出国内外客户的预期，以确保每次都准时发货，同时还要平衡成本、控制存货水平、提供完美的服务。

如果将资金流与物料流整合起来，挑战将增加难度，实现目标将变得困难重重。供应链已不再仅仅是一个由物流部门管理的战术考虑，因为通常一个组织的整体经济价值在这些流动整合到一起时才能最大化。供应链问题已经被提到执行董事会议事日程的首位，执行总裁和财务总监开始将供应链作为一项支持公司战略的竞争优势。企业正逐渐认识到同步供应链带来的好处，同步供应链是将这三种商业流——物料流、信息流、资金流整合起来以提高盈利的战略模式。当前全球化引起的供应链加长造成许多公司在资金流上存在压力，这种变化便产生了。资金流压力存在于许多从事国际贸易的公司，不管是一年装载 12 个集装箱还是装载 1000 个集装箱的公司。

供应链的加长要求企业寻求办法缩短其现金周转周期以缓解资金流压力。现金周转周期是一个计量单位，表示一个公司将资源投入转化为实际资金流所需的时间长度，以天计。理论上，它等于出售存货所需时间加上接收应收账款所需时间再加上公司能够支付账单而不产生不好后果所需的时间。

大型投资公司在资金流短缺或供应链混乱时往往能够与金融服务公司合作以获得追加资本，但是较小的公司往往没有能力从其金融合作伙伴那里获得追加资本。小公司若要增加资金流就需要一个能将全球贸易风险转移且能够整合商业流的同步

---

① UPS 即 United Parcel Service，美国联合包裹运送服务公司。

供应链方案来加快其现金周转周期。

下面是一个案例分析，描述美国一家矫形鞋零售商如何实现供应链同步，在缩短现金周转周期的同时提高客户服务水平。在本案例学习中，该公司称为"乐步"。

背景

乐步成立于1995年，通过研发矫形鞋并将其推向市场而发迹，其宗旨是：通向快乐的第一步应从健康的脚开始。令其引以为豪的是其为男女、儿童提供了最好的矫形鞋。它的产品是用弹性材料做成的，这使得鞋比传统的帆布鞋和皮革鞋更容易伸缩，保证了舒适度。乐步在美国主要通过一系列分销渠道销售产品——直销给客户、分销商、零售商、足科医生。

成立开始，乐步专利鞋都是在中国制造的。制造完成后，产品从工厂以离岸价运送到中国的盐田港，最后运送到美国的乐步经销中心。这是一条传统的物流供应链，包含了许多分支，并经由不同的供应商操作。这条供应链的主要焦点完全是战术上的——将成品尽可能地以最快、最便宜的方式运送到美国。在成立早期发展业务时，这个战术方法对于乐步是行之有效的。但是由于该公司正打算推出新产品并扩展业务到新的领域，该方法已经不再适用。

问题

与许多小公司一样，在进行国际贸易时乐步发现由于加长的全球供应链，其资金流捉襟见肘。尽管乐步的订单量很大，但是有限的资金流无法使其更快地补充原材料，最终导致资金与货物不同步。

根据目前的付款期限，乐步在货物离开中国之前基本都要付清货款。海运集装箱从中国运送到美国的乐步经销中心需要30～45天。另外，乐步产品的需求增长得过于迅速，以至于在运送阶段会不断出现延迟交货的现象，高达60%的海运集装箱在到达经销中心前就售完。

一旦货物抵达，乐步就要不分昼夜地工作三四天将所有的未完成的订单都装运出去。为了让重要的客户满意，乐步必须使用UPS隔天到达空运和2天达到空运等加急运输服务来减少延迟时间，因而要承担额外的运输费用。乐步在货物离开经销中心当天给客户开具发票，付款期限为标准的30天。这就是说，乐步付款给供应商的时间和收到客户账款的时间间隔了大约75天。由于各种供应链的干扰——国家法定假日、港口延误、海关-商贸反恐怖联盟、集装箱容量、海关问题和铁路延误，这个供应链间断时间将变得更长。

乐步意识到延迟交货的增加会造成开具发票延迟，从而导致利润下降。而且由于准时交货的需要，公司的客户也开始流失，转而向其竞争对手订货。然而，乐步无法预测其产品何时能够填补当前供应链缺乏运输可见度而造成的延迟交货缺口。这些供应链问题都影响了顾客满意度。

乐步问题的根源在于其有限的资金流,这使其无力支付中国供应商额外订单款项。解决这种资金流量限制的传统方法是在货物运送阶段以货物作为质押借款直至销售过程完成,但这种方法只有当货物位于一个允许出借方办理留置权手续的管辖范围内才可行。乐步觉得他们就如热锅上的蚂蚁,必须得想出一条解决之道。

解决之道

UPS Capital 是 UPS 集团企业下的金融公司。UPS Capital 与乐步密切合作,制订了一个独特的全球供应链融资解决方案,该方案采用了海运集装箱融资和 UPS 供应链解决方案公司的运输服务。这种物流和金融的解决方案是基于 UPS 同时管理商业的三种重要流——物料流、信息流、资金流的能力。该供应链解决方案如下所示。

物料流

UPS Capital 联合其姐妹公司 UPS 供应链解决方案公司重新制定了从中国制造地运送到美国经销中心的货物运输路径。第一步就是换掉多层运输商,转而使用 UPS 的海运业务。作为世界领先的无船承运公司,UPS 能够将路线和运输时间选择最优化,采用了"门至门"船运模式。端到端海运管理使得 UPS 能够控制货物。这种控制使得 UPS Capital 能够为其在途存货融资。

有了 UPS 预订船货,安排载货车、送货,提供货物保险,管理海运文件,在 UPS 全球可视化系统中记录的海运大事件可以供所有人浏览,乐步开始感觉自己控制了供应链。

信息流

由于现在货物已经流通于整个 UPS 海运业务网络,乐步和 UPS Capital 都能获得关键运输事件的重要信息。这些信息汇聚在一起,通过 UPS 全球可视化系统都能看到。这种可见度为乐步提供了货物到达计划的数据及货物到达估计时间,这样客服部的人就能放心地通知客户了。

资金流

三种商业流——物料流、信息流、资金流完美地整合到一起才能真正实现同步供应链,UPS Capital 为乐步提供在途存货融资后,乐步的运营危机就解决了。如果抵押品是境外存货或在途存货,金融机构一般不愿意贷款给企业。但是 UPS Capital 却愿意为 UPS 网络里的境外存货或在途存货提供融资服务。这是因为 UPS Capital 知道货物运输的具体细节,能够很好地处置货物。

UPS Capital 提供的这种融资使得乐步能够更快地付款给中国供应商,而且能够支付额外订单,解决延期交货问题。一般来说,UPS Capital 会在乐步货物装载离开码头 24~48 小时内，替其付清货物款项给中国供应商。

结果

乐步认识到与 UPS Capital 合作有许多好处。通过协同物流和金融的供应链，将物料流、信息流、资金流的供应链活动整合起来，乐步能够做以下内容。

（1）加快生产进度和付款时间从而加强与中国供应商的合作关系。

（2）减少超过 10% 从中国运送到经销中心的运输时间。

（3）通过使用 UPS 全球可视化系统获得运输可见度，使其能够与客户沟通确定以后的发货日期；借助 UPS Capital 的资金订购，支付额外的海运集装箱，从而减少延迟交货的情况。

（4）提高客户满意度，减少产品供应情况导致的客户流失。

（5）将花费在与多层物流供应商联系的时间和精力最小化，只需与 UPS 一个商家联系。

（6）增加现金流和应收账款——这是现金周转周期加快的结果。由于现在 UPS Capital 斡旋于乐步及其中国供应商的财务往来，乐步的资金流量增加了。这使得该公司能够发展、扩大其核心业务。

在肯塔基州路易斯维尔的物流会议上，乐步的财务总监表示："如果你能自信地计划每次订购单货物在哪里卸货、何时装船、何时到达，无疑能够增加现金流量。因为速度只要加快，即使是两三天或一周，钱回流的速度就会明显快很多。"他接着说："如果我们告诉中国的供应商'我们现在跟 UPS Capital 和 UPS 供应链解决方案公司合作，这些订单已经进港，我们将在这方面跟你们合作，你们会在这一天收到款项'，他就会掉头与我们合作，说：'很好！还需要我们为您提供什么服务？'这将会切实加强我们跟中国供应商的关系。"

案例思考题

1. 银行愿意借钱给乐步吗？请考虑具体的原因。

2. 从供应链范围来看，思考 UPS 所提供的物流金融集成化如何给参与者带来共赢的局面。

本章学习目标

- 了解供应链金融产生的背景，认识到供应链金融的目的是什么
- 了解供应链金融的各种定义，探究供应链金融定义中包含的三个重要因素的具体意义
- 了解供应链金融的本质与价值，探究供应链金融实践的相关管理启示

4.1 供应链金融的产生背景

4.1.1 物流管理降低融资信用风险

在银行传统的贷款业务中，使用固定资产作为抵押成为控制贷款信用风险的主要手段。然而这样的手段抑制了贷款业务的规模。尽管银行也尝试应用流动资产作为质押物来为企业提供贷款业务，但银行由于自身行业的限制，对动产质押物的物流管理、流动性管理等方面的能力有所欠缺。因而，在风险难以控制的情况下，银行不愿意为资金不足的企业提供贷款服务。然而，随着物流管理和供应链管理的发展，供应链企业、物流企业和金融机构发现，把物流管理和供应链管理的思想引入融资管理中恰好可以解决融资市场中出现的困境：企业想借借不到，银行想贷贷不出。

银行和物流企业经常面临着不同的顾客，而承担不同的业务。物流管理可以控制供应链过程中物料流、信息流，从而能够为金融机构提供质押产品的状态、信息，以及实时甚至可视化的监控管理，这就大大降低了金融机构的贷款信用。于是，在物流企业的支持下，银行就能为供应链中资金短缺的企业提供基于动产的质押贷款服务。这就解释了近年来出现物流企业收购银行，也出现了银行收购物流企业的现象，这种收购的背后蕴含着供应链金融服务的潜力和发展空间。

4.1.2 供应链管理降低融资信用风险

供应链管理关注的是物料流、信息流和资金流的协调和管理。然而，从当前供应链管理的理论和实践上来看，传统供应链管理仅仅涉及供应链中物料流和信息流的协调和管理，而缺失对供应链资金流的协调及供应链企业成员组织的信用分析。

在传统银行信用市场中，银行向企业贷款的决策多数是基于对借款企业的个体信用调查而做最后决定的。然而，这样的模式使得很多中小企业或新生的企业难以获得贷款服务，同时，这样的模式也抑制了银行业务规模的扩展。自21世纪以来，特别是2003年以来，随着供应链管理思想的不断发展，有创新意识的银行开始从供应链思想来考虑贷款的信用风险问题。也就是说，尽管借款企业的信用比较

一般，但其上游或下游企业的信用情况非常好，那么银行可以借助上游企业或下游企业的良好信用来为借款企业提供融资服务。当然，供应链管理思想还使得银行借助一家核心企业为基础，从而向其上游或下游提供融资服务，从而解决供应链全过程的融资困境。当前，这样的思想已成为银行业供应链金融服务创新的重要思想之一。

4.1.3 市场竞争促进供应链金融服务不断创新

从供应链金融定义可见，涉及的参与方包括供应链企业、物流企业、银行等。随着全球化经济和市场竞争国际化的发展，企业和单位均有动力进行业务创新，来提高自身效益及市场竞争力。这些参与方的不断发展促进了供应链金融服务的不断创新。

以上市公司建发集团有限公司（简称建发集团）的物流公司为例进行说明。当前，对中国的中大型物流企业来说，既面临着国内众多物流企业的低价、无序竞争，又面临着跨国物流公司健全的国际网络和先进的物流管理理念的巨大挑战。因此，它们必须不断地研讨新的适合中国国情的业务模式，寻找新的利润增长点，提升自己的市场竞争力。

为此，建发集团物流公司在2008年提出了贸易物流一体化的物流金融业务模式。贸易物流一体化模式是指通过对供应链成员间的信息流、资金流、物料流的有效整合，运用物料流和金融组合方式向供应链中所有企业（尤其是中小贸易企业）提供进出口贸易过程中的融资服务，从而提高资金运行效率的一种新型组合融资的贸易物流服务模式。

这种模式使得建发集团物流公司业务规模和利润得到了成倍的增长。目前，该模式已经成为该公司的核心竞争能力。

4.1.4 第三方物流企业的服务创新加速供应链金融服务的发展

供应链管理思想倾向于供应链各个企业发挥自己的核心业务，把非核心业务外包给其他企业。这样的思想促进了第三方物流企业的发展。第三方物流企业经常为供应链提供整体的物流服务，贯穿了采购、生产、销售等供应链全过程，可以得天独厚地收集供应链物理活动的信息。更重要的是，这些信息可能帮助供应链企业获得银行的信贷支持。

一般来说，银行信贷是供应链企业的主要融资渠道。银行信贷一般要求企业提供相关的信用担保。根据《中华人民共和国民法典》的规定，信用担保主要体现为五种方式，即抵押、质押、信誉担保、留置和保证金。近年来，银行业加强对信贷风险的控制，一般倾向于抵押和质押两种方式。抵押主要是以固定资产来为信贷提供信用担保，而质押则以流动资产来为信贷提供信用担保。由于固定资产是有限的，这种方式虽然是当前银行信贷的主要担保方式，但严重限制了企业的信贷规模，难以解决企业，特别是中小型企业的融资困境。质押融资往往具有广阔的前景，因为企业在运营过程中存在着大量的流动资产，如在途库存和仓库库存等。如果这些库存可以作为银行信贷的信用担保资产，将为解决供应链资金困境提供新的思路和方法。

但是银行作为金融机构，难以对库存等流动资产进行有效的监管，因而在实践的过程中经常产生流动资产信用贷款的信用风险，给银行业带来较大的损失。可以预见，如果在流动资产的信贷业务中，可以有效地监控流动资产的状态（如数量、质量、价值、地点等），银行会非常愿意提供这个领域的信贷业务。显然，第三方物流企业可以帮助银行收集融资企业供应链活动的信息，可以帮助银行来监管流动资产。第三方物流企业和银行相互合作，向供应链企业提供物流和融资的集成服务，这就是所谓的物流金融服务。

物流金融服务已逐渐成为第三方物流企业赢得竞争优势的重要武器之一，引起了业界和学者越来越广泛的关注。然而，随着实践和研究的深入，人们发觉物流金融服务所涉足的领域较有限，应该从供应链金融中挖掘更深入地创造供应链价值的机会。所以物流金融服务的发展将促进供应链金融的发展。

4.2 供应链金融的定义

近年来，供应链金融的课题逐渐成为业界和理论界共同关注的热点。在我国，供应链金融研究始于21世纪初，经过十几年的发展，它不再仅仅是商业银行的一项金融业务创新，在缓解中小微企业融资难、协调供应链管理和促进产业融合等方面发挥着积极作用，更是目前供给侧结构性改革中金融服务于实体经济的有效途径。一项调查显示，供应链融资业务成为国际性银行自2007年以来流动资金贷款领域最重要的业务增长点之一；《欧洲货币》杂志将供应链金融形容为近年来"银行交易性业务中最热门的话题"。然而目前学术界对于供应链金融还未形成统一的定义，国内外许多学者都曾提出过富有见解性的概念和理论。

国外学者中提出的比较具有代表性的供应链金融定义是 Erik Hofmann（埃里克·霍夫曼）在2005年提出的定义，他认为供应链金融可以理解为供应链中包括外部服务提供者在内的两个以上的组织，通过计划、执行和控制金融资源在组织间的流动，以共同创造价值的一种途径。另外，Atkinson（阿特金森）认为，供应链金融可以定义为一个金融服务与技术解决方案的结合体，这种结合体将买卖双方及金融服务提供者联系在一起，当供应链成立后，能够优化其透明度、金融成本、可用性和现金交付。

国内比较具有代表性的是在国内最早开展供应链金融业务的深圳发展银行与中欧国际工商学院"供应链金融"课题组对于供应链金融的定义：供应链金融是指在对供应链内部的交易结构进行分析的基础上，运用自偿性贸易融资的信贷模型，并引入核心企业、物流监管公司、资金流引导工具等新的风险控制变量，对供应链的不同节点提供封闭的授信支持及其他结算、理财等综合金融服务。

2008 年，复旦大学管理学院陈祥锋教授在《供应链金融服务创新论》中指出，供应链金融服务是指第三方企业（物流企业、金融机构、平台公司）及供应链核心企业，在供应链环境中，为企业提供的综合金融服务（如融资、支付、结算、保险、担保、退税、外汇管理和理财等）（图 4-1）。2016 年，中国人民大学宋华教授给出的定义是，供应链金融是一种立足于产业供应链，根据供应链运营中的商流、物流和信息流，针对供应链参与者而展开的综合性金融活动，其目的是通过金融优化和夯实产业供应链，依托产业供应链运营，产生金融增值，从而促进产业供应链和各参与主体良性互动、持续健康发展。

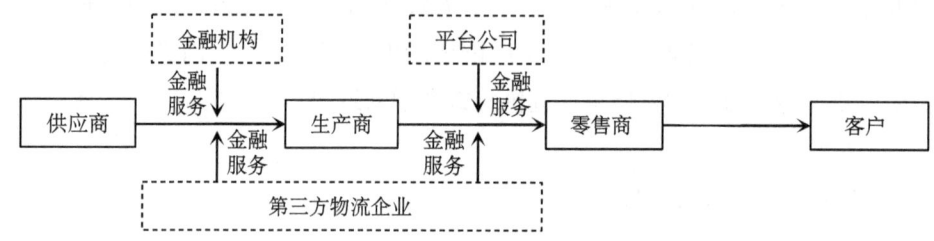

图 4-1　供应链金融的定义

国际组织的定义：根据国际商会（The International Chamber of Commerce，ICC）等国际组织共同制定的《供应链金融技术的标准定义》（2016 年），供应链金融是指利用融资和风险缓释的措施和技术，对投放到供应链流程和交易中的营运资本和流动资金进行优化管理。供应链金融通常用于供应链活动触发的赊销交易。贸易流对融资提供者的可见性是达成该项融资安排的必要因素，这可以通过一个技术平台来实现。

中国监管部门的定义：从中国监管部门的角度来看，2019 年中国银行保险监督管理委员会（简称银保监会）向各大银行、保险公司下发的《中国银保监会办公厅关于推动供应链金融服务实体经济的指导意见》中，将供应链金融定义为基于核心企业与上下游链条企业之间的真实交易，整合物流、信息流、资金流等各类信息，为供应链上下游链条企业提供融资、结算、现金管理等一揽子综合金融服务。

2020 年 9 月，中国人民银行、工业和信息化部、司法部等八部门联合发布《关于规范发展供应链金融支持供应链产业链稳定循环和优化升级的意见》（银发〔2020〕226 号），强调供应链金融是指从供应链产业链整体出发，运用金融科技手段，整合物流、资金流、信息流等信息，在真实交易背景下，构建供应链中占主导地位的核心企业与上下游企业一体化的金融供给体系和风险评估体系，提供系统性的金融解决方案，以快速响应产业链上企业的结算、融资、财务管理等综合需求，降低企业成本，提升产业链各方价值。

从国内外学者、国际组织及中国监管部门对供应链金融的定义可以看出，供应链金融强调供应链管理、物流管理和金融管理的集成服务。当企业出现了资金不足时，一般情况，企业首先会考虑通过正式信用渠道，利用银行信用，来解决资金不足问题。然而，银行通常需要借款企业提供相关的不动产作为抵押等。这造成了两个方面的问题：其一，中小企业由于不能提供相应的固定资产作为抵押以获得银行贷款，从而丧失了扩大再生产或再发展的机会，甚至导致企业破产；其二，银行业面临着更激烈的竞争，基于传统风险管理的贷款业务会受到贷款市场发展的挑战。于是，贷款提供方和贷款需求方均希望改变传统银行贷款的业务模式，进行创新，从而设计新的贷款产品。

传统的金融服务与供应链金融有什么不同？传统金融服务关注于企业的传统财务指标与数据，如公司的规模大小、盈利情况。传统金融服务如银行通过以上指标来判断企业的偿债能力。而供应链金融服务关注的主题转向了存货、某一次交易、某一批货物。尽管如保理公司等需要银保监会来进行监管，但其他的企业如互联网公司、传统金融公司，乃至对于物权法、合同法、担保法有相当了解和知识储备的科技公司、物流公司、供应链的核心公司都可以提供供应链金融服务给供应链上下游的各个企业。

从供应链的定义中可以知道，供应链金融服务包含三个重要因素（where——应用场景；who——谁提供服务；what——提供什么服务），不同的服务提供方具备不同的优势，所适用的应用场景也不完全相同，因此提供的服务也有所差异。以银行为主的金融机构拥有充足的资金及专业的风险管理知识和技术，供应链直接参与方拥有绝对的信息优势可以改善供应链的整体产出和效益，电商平台可以借助交易平台上产生的海量数据实现企业融资需求的精准定位及实时动态监控风险，物流服务提供商可以深入供应链的各个环节并可实现货物的有效控制及价值评估。

4.2.1 供应链金融的发展阶段

中国供应链金融近年来的发展大致经历了五个发展阶段，参见图 4-2。主要阶段描述如下。

线下模式为主阶段（1.0 阶段，2000~2008 年），这个阶段主要是以线下人工审批为主的"1+N"模式，同时库存等动产融资方式也是典型供应链金融模式，这个阶段效率较慢，但为解决中小企业融资难问题提供了新的发展方向。

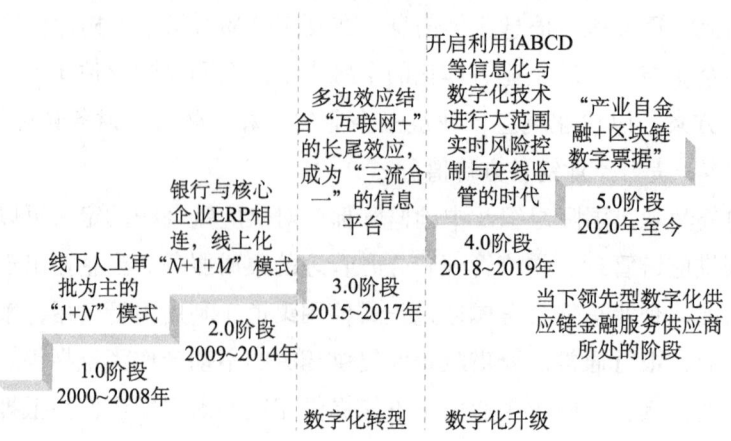

图 4-2　供应链的发展阶段

iABCD 中 i 表示 Internet of things，物联网；A 表示 AI，人工智能；B 表示 blockchain，区块链；C 表示 cloud，云计算；D 表示 big data，大数据

线上模式为主阶段（2.0 阶段，2009~2014 年），这个阶段以线上化"$N+1+M$"模式为主，库存融资也与信息化管理紧密联系在一起。这个阶段在后金融危机时代，更多企业意识到现金流的重要性，更加重视现金流管理，特别是核心企业。为提升自己现金流管理，以及帮助上下游中小企业解决融资难、融资贵问题，以稳定供应链，核心企业愿意通过线上化方式，与金融机构协助，为中小企业提供融资服务。同时，这个阶段库存融资也出现了很多爆雷实践，相关机构更加重视通过线上化管理来规范库存融资的流程，以降低融资风险。

平台模式为主阶段（3.0 阶段，2015~2017 年），这个阶段可以理解为"数字化转型"阶段，以平台服务模式为主，库存融资也以平台化管理为特征。在这个阶段，国务院出台了《"互联网+"行动指导意见》，明确了推进"互联网+"，促进创新就业、协同制造、现代农业、智慧能源、普惠金融、公共服务、高效物流、电子商务、便捷交通、绿色生态、人工智能等若干能形成产业模式的重点领域发展目标。"互联网+"国家行动计划推动移动互联网、大数据、云计算、物联网与现代制造业结合，促进电子商务、工业互联网和互联网金融健康发展，引导互联网企业拓展国际市场。

在这个阶段，供应链金融服务模式紧密结合了"互联网+"，以平台运营为特征，为"长尾效应"的客户提供服务，应用最新的信息技术和通信技术来建立风控体系，推动"去核心化"供应链金融业务发展。

数字化升级为主阶段（4.0 阶段，2018~2019 年），这个阶段是个过渡阶段，自2017 年开始，国家出台了很多政策来支持供应链、供应链金融的发展，供应链成为国家层面发展战略。同时，随着数字科技的发展，在供应链金融中开启利用 iABCD 等信息化与数字化技术进行大范围实时风险控制与在线监管的时代。

产融生态圈为主阶段（5.0阶段，2020年至今），这个阶段随着数字化升级，供应链金融进入了产融生态圈的发展阶段，这个阶段供应链金融以科技化、场景化、精细化、生态化为特征。首先，通过科技化实现业务数字化，让数据成为市场资源有效配置五大生产要素之一（土地、劳动力、技术、资本和数据）；其次，通过场景化实现交易活动的全生命周期管理，也是数据资产化的管理，数据与生命周期不同阶段紧密联系起来，提升了数字价值，成为企业的数字资产；再次，通过精细化把供应链金融与供应链管理联系起来，这也是资产产品化过程，一方面推进供应链更稳健发展，另一方面促进金融服务更便捷、更普惠，把金融服务与精准滴灌联系起来，推动产业的发展；最后，通过生态化，这是供应链金融的产品生态化过程，把不同行业相关单位联系起来，构建产融生态圈，促进产业生态可持续发展。

4.2.2 供应链金融服务的提供方

在介绍供应链金融服务提供方之前，首先来介绍一下供应链金融的服务类型。由于供应链金融服务属于金融活动的一种，而金融活动的开展则是针对产业中的业务来进行的，在不同产业和环节的具体业务及不同类型的参与主体都会对这一产业独有的金融服务有不同的价值诉求，不同痛点的出现也对这一产业内的金融服务提出了不同的要求。因此，供应链金融是针对供应链整体流转过程中的具体业务进行的。在供应链中，通常出现的金融服务类型包括融资、支付、结算、保险、担保、退税、外汇管理和理财。

按照本章的定义，在供应链环境中的第三方企业是供应链金融服务的主要提供商。这里的第三方企业涉及的范围比较广，主要包括供应链中的核心企业、金融机构、信息或平台企业及物流企业，具体包括供应链公司或外贸综合服务平台、B2B[①]平台、金融科技公司、非银金融机构、物流公司、金融信息服务平台、行业龙头、银行等。

1. 核心企业

传统的供应链金融是以银行和产业链中的龙头企业为核心，将龙头企业的高信用分享给行业上下游中的中小企业。龙头企业往往在过去的供应链中积累了深厚的行业背景和上下游资源，利用其行业的优势来发展供应链金融，能为企业拓展收入来源。同时，行业龙头转变为供应链金融服务商，能帮助供应链上下游中小企业良性运营，带动产业的持续发展。

2. B2B平台

电商平台积累了大量、连续的历史交易数据，包括交易对手、交易周期及履约情况等，根据交易记录进行风险评估，发展供应链金融具有天然的数据优势。电商

---

① B2B是business-to-business的缩写，表示企业对企业。

平台可以多渠道地接入资金，资金可以来自银行、P2P[①]平台或是平台自有资金。电商平台下的供应链金融模式基于真实的交易数据，确保贷款资金流向与交易行为一致的方向，明确还款来源，打造资金闭环。垂直B2B电商平台相对于综合电商平台而言更易打通线下流程，实现线下配套服务的专业化布局，因而在获客、运营及风控方面均具有显著优势，能够充分发挥核心企业的基础优势资源，满足贸易个别环节的融资需求，提升生产和流通效率。

综合电商企业旗下的小贷公司独立为其平台上注册的企业开展融资服务的一种模式，不仅拓宽了融资服务的渠道，还进一步扩大了融资企业的受众数量。其贷款资金来源于电商企业自有资金。基于电商平台的银行供应链金融是银行提供资金，同时利用电商平台为其平台上的注册企业开展融资服务的一种模式。总而言之，B2B平台通过构建生态圈将供应链金融的各方主体吸引过来，包括资金提供方、物流企业、资金需求方等，利用平台上积累的交易信息与服务信息为所有企业提供供应链金融服务。

3. 银行

银行传统的贸易融资是以信用证和票据为主，以在有效期内的信用证及未到期的票据进行融资借款为主，单环节融资的信息连贯度低，风控的关键点在于贸易背景的真实性。而供应链金融是通过对供应链企业客户垫付采购款及提前释放货权的赊销方式来进行融资，以供应链全链条为整体进行融资，信息连贯度高，风控的关键点在于供应链上下游的关联度。通过供应链金融可获得渠道及供应链系统内多个主体信息，制订个性化的服务方案，进一步优化供应链中的中小企业资金流及经营管理效率。

银行的供应链模式主要是围绕行业核心企业来开展的，通过核心企业的信用支持将服务对象延伸到上下游的中小企业，将单一的信贷业务拓展至现金管理等综合性金融服务，拓宽了业务空间，提高了盈利水平，并帮助解决了中小企业融资难的问题，但需要对整个供应链的交易风险做严格把控。同时，核心企业需要具有完善的供应链管理体系，建立起供应链的准入标准和退出机制。

4. 物流公司

物流作为连接供应链上下游的重要交付环节，其服务价值已经从单纯的物流服务逐渐衍生到电子商务、金融等衍生服务，物流公司通过物料流、资金流和信息流的结合，大力发展供应链金融。一方面以深圳市怡亚通供应链股份有限公司（简称怡亚通）为代表的一站式供应链管理服务商，整合供应链的各个环节，形成囊括物流、采购、分销于一体的一站式供应链管理服务，在提供物流配送服务的同时还提供采购、收款及相关结算服务。另一方面，银行也还在寻求物流企业的支持，利用

---

① P2P是peer to peer lending的缩写，表示互联网金融点对点借贷平台。

物流企业专业的仓储水平和质押物评估系统，通过物流信息对融资企业的抵质押物进行有效监管，从而降低供应链融资风险。

5. 金融科技公司

尽管供应链金融市场下的中小企业融资需求较大，但中小企业的信用体系尚未形成，其商业信用价值得不到更深层次的挖掘。依靠传统的抵押条件，很难将供应链中的资金流盘活。随着大数据、物联网、区块链及人工智能的快速发展，银行等金融机构开始寻找金融科技企业的专业支持。借助科技企业强大的技术力量去整合供应链的信息流、物料流及资金流等关键信息，搭建供应链金融平台，平台一端连接多个存在融资需求的企业，另一端连接多个资金提供方，如银行、保理公司、小贷企业、信托机构等。通过金融科技的赋能，授信主体的全方位数据被完全掌握，通过内外部数据归集、处理、传输、分析，摆脱了以往过度依赖核心企业信用的困境，可以有效消除供应链中信用传导的痛点，帮助金融机构等资金提供方进行高效的风险识别与风险控制。

4.3 供应链金融的本质与价值

供应链金融的核心思想主要体现在两方面：一是共赢；二是可持续发展。

供应链金融的共赢旨在优化整个产业的现金流，立足于供应链中核心企业的信用体系，让上下游各个企业都能以较低的资金成本实现较高的经营绩效。供应链金融不仅仅是融资借贷，它还包括更为广义的金融服务活动，运用各类金融产品和模式为整个产业供应链提供最优化服务。因此，供应链金融具有优化和发展供应链的能动作用，不仅能解决资金问题，甚至能帮助整个产业打造更具竞争力的供应链体系，实现全面的共赢发展。供应链金融的可持续发展是其内在的社会责任要求，体现在供应链金融必须保证合规经营并保障中小微企业的持续健康发展。

在开篇案例中，UPS 为乐步提供的整体供应链金融服务，较好地体现了供应链金融的共赢和可持续发展的本质。乐步作为一家开展国际贸易的小型公司，其现金流和现金周期一直是制约其发展的重要问题。然而，通过与第三方物流企业 UPS 开展深入合作，乐步得以将在途商品作为质押申请融资，大大地缩短了现金周期，提升了运营效率。同时，UPS 不仅监管着乐步的产品以提供担保服务，也为乐步提供商品的储存、运输、流转等物流服务，获得了丰厚的服务报酬，实现了双赢的局面。另外，UPS 提供的供应链金融服务优化了乐步的购货及销售方式，提升了上下游供应商的忠诚度，创造了广泛的用户黏性，最终实现了供应链的可持续发展。

供应链金融的引入给企业的供应链管理带来了新的价值，具体体现在三个方面：新手段、新溢出、新视角。

一是新手段，以往关注供应链企业的问题都局限在运营管理策略，而供应链金融为我们打开了其他的管理方式，即关注供应链中的"三流管理"，通过现金周期的概念，将供应链中的上下游企业连接在一起。例如，企业资产负债率高不意味着一定有问题，因为如果现金周转较快、现金周期较短，那么风险也并不一定会很高。我们可以用现金周期的新手段来检测一个企业或一个供应链的"三流管理"水平如何，进而找到业务流程中资金运转不畅的痛点并加以改进。

二是新溢出，意味着表面上某企业是在资金上给其上游或下游的企业予以支持，但实际上可以使得这个企业在其整个供应链上下游的黏性、忠诚度或可持续发展都得到新的提升和溢出。供应链金融不仅仅是为了创造财务方面的价值，还可以使供应链体系中上下游忠诚度更高、连接度更好，并通过可持续经营实现供应链企业更好的发展前景。

三是新视角，是指供应链金融让企业管理者用另一个角度去思考和改变企业与供应链的运作模式。例如，在食品安全问题上，可以采用供应链金融和金融激励的手段，让产业链中的核心企业借款给种植户到指定厂家购入农药等产品，最后再用农户收益所得进行还款，形成封闭健康的产业链。可以看到，供应链金融提供了一种新的激励手段，使得供应链中的所有环节能够围绕着核心企业的最优化方式进行生产运营活动，最大化各个厂商利润的同时还提升了整体供应链的效益。

在以上新手段、新溢出和新视角的影响下，供应链金融发展出了新的物流和金融服务、新的供应链金融模式及新的供应链金融业态。具体的描述将在本书后面的章节中展开。

本章要点

- 物流企业可为金融机构提供融资企业质押产品的信息数据，金融机构可以基于核心企业的信用为其上下游提供融资服务，因此，供应链管理和物流管理都可以有效地降低供应链企业的融资信用风险。同时市场竞争及第三方物流企业的业务创新都为供应链金融服务的发展提供了创新的动力。

- 供应链金融注重整条供应链交易的过程，因此供应链金融服务的提供方不仅仅局限于金融机构，还可以是第三方物流企业、核心企业及金融科技企业等。正是由于参与主体的多样性及信息技术的快速发展，供应链金融服务的应用场景也在不断发生着变化。业务数字化是未来供应链金融服务的发展趋势。

- 供应链金融的核心思想是共赢与可持续发展。共赢是指供应链金融可以优化整条供应链的现金流。可持续发展不仅对产业链绿色环保等提出了要求，还体现在供应链金融服务是中小微企业健康发展的保障。供应链金融的价值主要体现在三个方面：新手段、新溢出、新视角。

思考题

1. 什么是供应链金融，与传统金融存在哪些区别？

2. 供应链金融经历了哪些发展阶段，当前供应链金融正处在什么阶段，有什么特点？

3. 供应链金融的本质是什么，能列举一些例子来说明吗？

第 5 章
供应链金融服务产品设计

本章学习目标

- 理解并掌握供应链金融服务的主要分类并能够区分各种供应链金融服务之间的区别和联系
- 理解供应链金融服务的主要设计思路,掌握主要的供应链金融服务模式流程与区别
- 对供应链金融生态圈有更深入的认识,归纳并理解供应链金融总体框架

在第 4 章中讲到企业应当争做"三流"供应链企业,不做"一流"或"二流"的企业,即企业应当注重物料流、信息流及资金流的管理,实现三流协调。

要做好现金流的管理,需要着眼于企业生产运营的整个过程。从第一篇的内容可知,企业现金周期等于企业的平均库存周转天数加上平均应收账款周转天数减去平均应付账款周转天数,可见,现金周期的长短与库存周转天数、应付账款周转天数和应收账款周转天数有关。这三个周转天数的长短都影响了自身和合作伙伴的现金流情况,这也就造成了不同的企业在不同的时期面临着独特的融资需求去满足产生的资金缺口。

在采购阶段,若供应链中的供应商具有较强的谈判地位,则往往会要求下游经销商尽快完成货款支付,甚至在供货前就需要结清货款,先付款再提货,这对下游经销商造成了较大的资金压力。此时,一般基于强势卖方的回购担保机制,商业银行等金融机构会凭借买方企业的应付账款为其提供预付类融资服务。在生产与销售阶段,企业拥有一定的库存,这类库存占据了一定量的流动资金,在这个阶段如果存在资金需求,那么企业可以利用库存进行融资,这是一种较常见的库存融资模式。在产品售后阶段,如果销售企业在供应链中不具备一定的影响力,很多合作伙伴都会选择延长支付账期。这对该企业来说,在销售完成时产生了一笔应收账款,企业可以此为凭证向银行进行融资,构成了应收类融资模式。这种模式下的融资企业一

般为上游供应商（卖方）。由此可见，从企业采购、生产、销售，由于货款支付时间的长短，供应链中的企业会存在不同的融资需求，这也形成了供应链金融中几种主要的金融服务模式（图 5-1）。

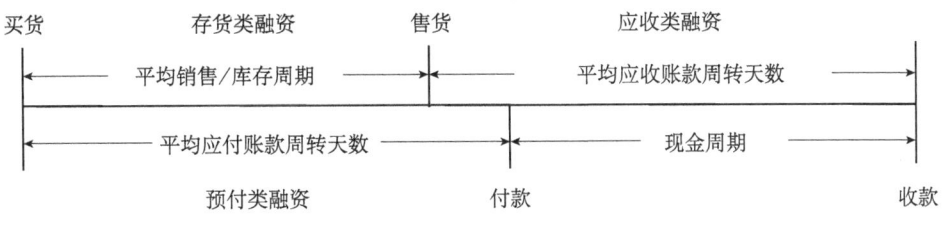

图 5-1　供应链金融服务分类

除了上述的三种融资服务类型外，还有一种常见的融资服务为信用类融资服务，即融资企业无须提供贸易凭证或抵押物，凭借与合作伙伴良好的交易记录或信用等方式即可获得相应的融资。这种融资服务的风险控制主要通过大数据等数字技术进行信用评估，不同于上述三类融资服务，信用类融资服务的融资方不再只局限于供应链中买方或卖方的一方，而是供应链中的任意一方都适用于这种融资服务。

基于上述分析与理解，本章首先将详细介绍供应链金融服务的四种主要分类，即应收类融资服务、预付类融资服务、存货类融资服务及信用类融资服务。在每一类服务中，将对其定义及主要的运营模式进行介绍或结合相关企业运营案例进行说明。其次，将会按照不同的设计思路对供应链金融服务进行分类，在每一种设计思路下，将介绍其独特的服务模式与内容。由于大数据、物联网、云计算、区块链、人工智能等金融科技技术的飞速发展，传统的供应链金融业务发生了天翻地覆的变化。据此，本章还介绍了数字化科技时代下的供应链金融服务模式。最后，基于不同的设计思路，将所有的供应链金融服务模式整合成供应链金融的整体框架图，探索供应链金融服务如何实现整条供应链的共赢，如何实现整个社会的可持续发展。

5.1　供应链金融服务的主要分类

5.1.1　应收类融资服务

应收类融资服务主要是指应收账款融资。在应收类融资服务中，一般来说，融资企业主要是上游企业。当上游企业对下游企业提供赊销时，上游企业往往会在交易结束后的较长的时间后收到下游企业的采购资金，这对上游企业的资金周转造成了严重影响，尤其是上游的中小企业，本身生产运营资金严重不足，如果下游企业不能及时交付贷款，会导致销售款回收缓慢，那么这些上游的中小企业会出现阶段性的资金短缺问题，应收账款融资是专门解决这类问题的一种融资模式。

因此，应收账款融资主要是指融资企业为了获得能满足生产运营所需的资金，基于与下游企业的赊销业务而形成的应收账款，融资企业有条件地将应收账款债权转让或质押给专门的融资机构，由其为企业提供融通资金、债款回收、坏账担保等单项或多项金融服务，加强资金的周转。下面通过一个企业间交易的案例来更清楚地了解应收账款融资。

A企业是一家光电产品的生产制造商，企业规模较大，在供应链中属于强势的一方。B企业是为A企业供应链提供相关生产配件的中小企业，B企业同时也会向日本的C企业订购相关生产配套设备的原材料。B企业是一家生产规模较小的中小企业，在供应链中并不具备较强的谈判力，因此日本C企业要求B企业在下订单的同时也对采购订单进行支付，但B企业此时尚未收到A企业的应付账款，由于A企业的优势地位，A企业与B企业签订的贸易合同约定A企业在B企业供货后四个半月支付货款。因此，处在供应链中间的B企业面临较大的资金压力，同时，中小企业大多不具有良好的信用评价及完整的交易记录，因此B企业很难从银行直接申请贷款。如果B企业不能正常生产运营，A企业也不能获得相关配件，从而自身的经营业务也会大受影响。因此，当B企业面临资金困难时，A企业拥有一定动机去帮助B企业获得一定的融资来维持生产运营。

为了帮助B企业获得相应的贷款，A企业采用应收账款融资模式，具体做法为：当B企业向A企业提供配件时，A企业向B企业提供一张付款单据。B企业凭借该应收账款单据向商业银行提出融资申请，而A企业会向商业银行出具付款承诺证明，以保证该应收账款的有效性。商业银行为B企业发放贷款，B企业进行其他生产经营活动。在A企业产品销售完成时，向商业银行支付相应的货款，银行在收到货款后为B企业注销应收账款。

显然，在这个案例中，商业银行正是基于下游企业商业信用来为上游企业提供融资服务。通常情况下，应收账款融资主要存在以下几种方式：保理、逆向保理及池融资等。

（1）保理（factoring）。保理是指卖方与买方签订交易合同，卖方将合同中所产生的应收账款债权转让给保理商（一般为商业银行等金融机构），保理商为卖方提供融资等金融服务的模式。从保理的定义中可以知道保理业务适用于以赊销进行贸易的企业，保理业务主要涉及保理商、买方和卖方三个主体，它是一种由保理商收购融资企业（卖方）的应收账款来为融资企业提供融资的供应链金融业务。保理的类别有很多。目前分类最为常见的有：①按照有无追索权，可以分为有追索权的保理和无追索权的保理。有追索权的保理指的是应收账款到期后，保理商无法从债务方处收回，此时保理商有权要求债权方（即融资企业）回购应收账款或偿还融资，而在无追索权的保理融资下,保理商承担应收账款的坏账风险。②按照卖方是否将应收账款卖给保理商的情况告知买方,可以分为明保理和暗保理。关于保理的具体业务流程介绍,将在后续章节详细展开。

(2)逆向保理(reverse factoring)。逆向保理也称反向保理,主要基于买方(核心企业)的信用进行模式设计。供应链中由于卖方存在资金约束并且很难直接从商业银行获得融资进行生产,所以供应链中的交易会受到严重影响,也会影响到供应链下游企业的运营安全。如果下游企业是供应链中的核心企业,由于其具有较好的贸易信用、交易记录及付款能力,只要其供应商持有的应收账款被确权,供应商就能将该应收账款转让给保理商从而获得融资额度进行生产活动,确保能向核心企业提供产品。整个过程中,保理商主要凭借核心企业可靠的支付能力和较低的信用风险来控制供应链金融风险,从而降低中小企业(供应商)的融资成本。

通过保理与逆向保理的服务模式可以知道,保理与逆向保理主要的区别体现在保理业务的申请主体是供应链中的卖方,一般为中小企业,保理业务主要就是对卖方的信用进行评估,同时保理商不会限制卖方对于所获资金的使用范围。逆向保理的申请主体为供应链中的买方,一般是供应链中的核心企业,并且保理商是针对该核心企业的信用评级进行业务办理,资金只用于贸易合同支付货款。

(3)池融资。顾名思义,池融资中包含了一个"池"的概念,这里的"池"指的是由融资企业(供应商或卖方)各种应收账款组成的应收账款"池"。在实际生产运营中,一个供应商不太可能只面对一个买方,可能存在多家买方企业,所以每一笔交易中都会产生应收账款。供应商将一笔或多笔具有不同买方、不同付款期限、不同应收账款金额的应收账款打包全部一次性转让给保理商,保理商根据应收账款池的具体情况确定对供应商的授信额度并提供融资。应收账款池中可能有同一个买方的多笔应收账款,与保理或逆向保理不同的是,池融资模式下,保理商只需要对买方一次性发出转让通知,而不是每一笔业务都进行告知。同时,池融资模式大大提升了供应商的融资效率,应收账款池中的余额只要高于一定的阈值,供应商就能获得一定的授信。池融资业务的最大价值在于该模式盘活了企业交易中各种零散的应收账款,保证了企业的生产运营资金具有良好的流动性,并且它可以通过多个买方的应收账款来抵消其中一个买方的应收账款还款风险,降低了保理商的坏账风险(图5-2)。

应收账款融资是目前国内应用较广泛的供应链金融模式。通过应收账款融资,融资企业可有效地提高自身的企业竞争力,有利于赊销业务顺利进行,对于扩大市场规模及产品或服务的销量提升都有着重要的意义。应收账款融资可以使企业不再需要通过产品的库存作为抵押来进行融资,这为融资企业节省了相当的库存管理费,以及降低了由去除库存引发的市场需求风险。

供应链金融

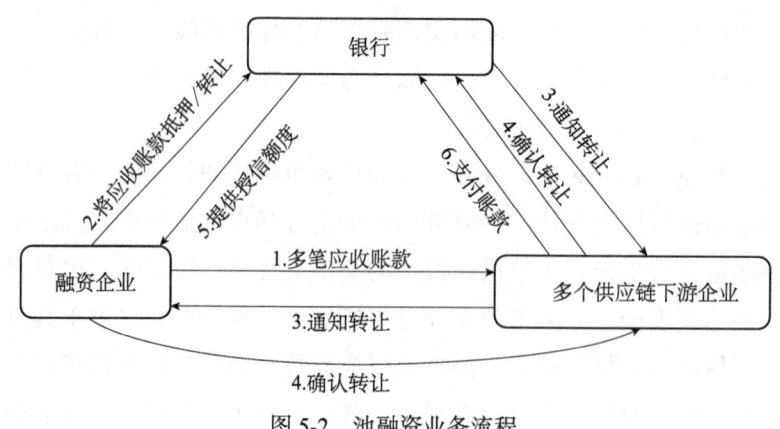

图 5-2　池融资业务流程

5.1.2 预付类融资服务

在供应链中，如果卖方较强势甚至是供应链中的核心企业，在与下游中小企业的交易过程中，很多卖方会要求买方必须先付款才能拿到货物，这种情形下，买方承受着巨大的资金压力，预付类融资正是在这样的环境下应运而生。

预付类融资服务主要是指融资企业与上游供应商签订真实贸易合同后，在上游供应商承诺回购的前提下，融资企业以银行等金融机构指定仓库中的既定仓单向银行等金融机构申请贷款的供应链金融服务模式。在整个过程中，银行等金融机构控制着融资企业的提货权。预付类融资主要发生在采购阶段，其主要的本质是基于供应链中未来的存货而进行的融资活动。一般来说，预付类融资中的融资企业为买方。与应收类融资相比，可以发现预付类融资中的买卖双方强弱关系恰好与应收账款中买卖双方强弱关系相反。应收类融资服务主要是为了解决供应链中处于弱势的卖方资金约束问题，而预付类融资服务是为供应链中弱势的买方提供融资。预付类融资服务的基本流程是这样的：首先，供应链中买方和卖方需要达成买卖协议，凭借该买卖协议，买方向商业银行缴纳一定保证金并申请融资。其次，商业银行向卖方支付预付款，卖方收到货款后向买方发货。最后，买方通过销售回笼资金并向商业银行偿还贷款。在实践中，供应链中各个参与方基于实际考虑，在交易方式和货权控制等具体合约约定问题上产生了各方需求的运营模式。通常情况下，预付类融资主要存在以下几种方式：保兑仓、先票后货（厂商银）、国内信用证等。

（1）保兑仓。保兑仓业务一般涉及上游生产商、下游经销商及金融机构三方。一开始，国内保兑仓业务主要应用于空调等家电行业，目前业务范围已经扩大至汽车、建筑材料等不同行业，成为多家金融机构，如中国光大银行、平安银行及中信银行等，主要提供的一项供应链融资服务。业务的核心在于金融机构对经销商的授信并由银行控制货权。在经销商和生产商签订相关条约以后，该业务需要由经销商向银行缴纳一定的保证金，银行通知生产商向指定仓库发出一定量的货物。下游经销商通过补缴保证金的方式实现分批付款、分批提货的模式。具体的业务流程会在后面的章节详细展开。在保兑仓业务中，银行通过货权的控制及生产商的回购对融资过程进行风险控制，融资企业（经销商）则通过分批付款提货的模式，有效地缓解了融资企业短期的资金压力。

（2）先票后货（厂商银）。先票后货又叫厂商银模式。与保兑仓业务类似，该业务的主要参与方也是上游生产商、下游经销商及金融机构三方。该业务主要是指经销商从金融机构获得授信向上游生产厂商支付货款（银票），上游生产商将产品发往金融机构指定的仓库作为质押。下游经销商通过提交一定比例提货保证金进行提货。与保兑仓业务不同的是，如果下游经销商还款出现问题，在先票后货模式下，金融机构需要自行处理仓库中的产品使之变现，而在保兑仓业务中，上游生产商需对仓库中的货物进行回购。具体的业务流程会在后面的章节详细展开。

（3）国内信用证。国内信用证业务主要是指金融机构（开证行）按照融资企业（开证申请人，一般为下游经销商）的要求与标准，对生产商开具保证承担支付货款责任的付款承诺凭证。生产商只需要满足融资企业的要求，便可以从银行获得货款。融资企业可以选择延期付款或通过销售收入来支付国内信用证款项，这大大减轻了融资企业的资金压力。该项业务可以有效解决融资企业与非长期合作伙伴企业交易过程中的信用风险问题。一般适用于国内贸易业务。具体的业务流程会在后面章节详细展开。

预付类融资是一种能有效缓解下游买方企业采购资金短缺压力的模式，因为当上游供应商将货物发往商业银行指定的仓库后，买方可以分批支付货款并分批提货进行销售，不用一次性支付全额货款。而由于上游供应商的回购承诺及商业银行等金融机构对质押物货权进行控制等风控措施，银行的信贷风险也大大降低，同时还为这些金融机构带来了收益，在供应链中实现多方共赢。

5.1.3 存货类融资服务

库存一直占据着供应链企业生产运营过程中较大的运营成本，但为了应对市场需求波动等影响，企业必须保证一定数量的库存，这些库存无疑对一些中小企业造成了巨大的资金压力，使其自身运营的持续性受到严重影响。这些中小企业渴望将库存转变为资金流，因此存货类融资成了提升供应链流动性的重要手段之一。

存货类融资又被称为库存融资或融通仓融资模式，主要是指融资企业将自有或经第三方同意的库存货物转移至相关的物流机构仓库中，并以仓单或存货为质押标，获得银行等金融机构融资的活动。在整个过程中，物流企业需要对质押物进行有效监管。存货类融资通常发生在生产运营阶段。从存货类融资的定义可以看出，存货类融资主要涉及三方企业，分别为资金提供方（通常为银行等金融机构）、资金需求方（融资企业）及第三方物流企业。存货类融资最明显的一个特征就是以库存为抵押物进行融资。融资企业通过完成生产销售或质押产品销售来向商业银行等资金提供方还款。当融资企业出现违约，无法偿还贷款时，商业银行等资金提供方具有存货处置的优先权，即将存货处置后的资金优先用于偿还违约贷款。

存货类融资服务主要包括静态质押融资模式、动态质押融资模式及仓单质押融资模式，在仓单质押融资中，基于仓单是否为期货交割，可以分为标准仓单质押融资与普通仓单质押融资。

（1）静态质押融资模式。静态质押融资模式主要是指商业银行委托第三方物流企业对融资企业提供的质押物进行监管，融资企业在获得贷款以后就不得再对质押物进行更换，直至清偿所有贷款后，质押物才能继续流通。在静态质押融资模式中，融资企业通过缴纳一定的保证金来赎回部分质押物进行生产或销售，因此静态质押融资模式适用于存货积压严重，渴望将存货上的资金盘活的企业，并且企业的购销模式以分批采购、分批销售为主（图5-3）。

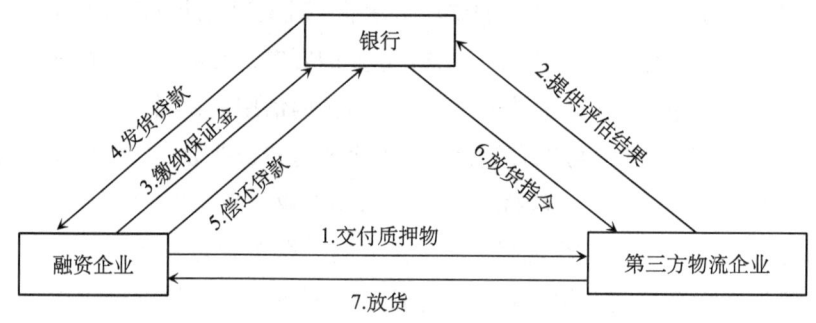

图 5-3　静态质押融资模式

（2）动态质押融资模式。动态质押融资模式是由静态质押融资模式延伸而来。由于静态质押融资模式限制了质押物的流通性，因此对于一些在生产运营中需要使用质押物的融资企业来说，静态质押融资会严重限制其产能或生产效率。基于此，商业银行对质押物的监管方法进行了改变。商业银行对客户质押的库存价值设定最低限额，如果仓库中的库存价值高于该限额，则仓库中的抵押物可以流通。动态质押融资模式适用于一些库存水平较为稳定或质押物频繁被交易的企业（图5-4）。

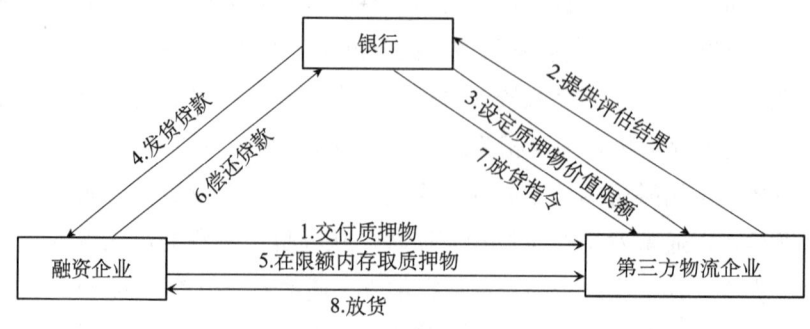

图 5-4　动态质押融资模式

由此，可总结出，静态质押融资与动态质押融资最大的区别在于质押物的流动性。在静态质押融资过程中，质押物不允许发生变动，直至贷款清偿后才能重新流通。而动态质押融资的质押物只需满足一定的库存量，在融资过程中就可以流通，因此，动态质押融资模式对盘活供应链中的存货具有十分明显的作用。

（3）仓单质押融资模式。仓单质押主要是指融资企业将质押物交由指定的仓储企业监管，并以仓储企业出具的仓单向商业银行质押进行融资，银行根据仓储物的价值向融资企业发放贷款。仓单是记载仓储货物的唯一合法物权凭证，仓单持有方可以凭仓单直接从仓储企业提取质押物。

仓单质押融资的分类目前应用较多的是由平安银行提出的按质押物是否为期权交割来分：如果质押物是期货交割仓单，则被称为标准仓单质押融资模式；如果质押物是非期货交割仓单，则被称为普通仓单质押融资模式。

5.1.4 信用类融资服务

信用类融资服务主要是指信用贷款，这一类融资服务无须融资企业提供相关的交易信息与数据，无须第三方担保，依靠企业的信用作为还款保证来获得金融机构的融资。信用贷款申请过程中，主要针对融资企业的经济效益、经营管理水平及市场份额等情况进行考察，以降低风险。应收类融资、预付类融资及存货类融资服务都是基于供应链中产生的真实贸易的资产而向商业银行等金融机构提出融资申请的供应链金融服务模式。这些供应链金融方案解决了供应链中部分企业交易过程中的融资难、融资贵和融资慢问题，但这些供应链金融方案很难实现企业信用的深层传递，因此供应链中的部分企业还无法通过合适的供应链金融方案获得融资便利。随着人工智能、区块链、云计算、大数据等技术的发展，企业信用的深层传递逐渐被广泛应用。大数据征信平台等可以通过对企业 3 年或 5 年内，甚至是更长时间的历史经营数据及交易数据进行挖掘、筛选、计算、分析，将企业真实的经营状况、业务发展等因素通过数据客观地展示出来。这些经营数据与交易数据在数字化技术下被量化，从而成为良好的信用说明。

不同于上述应收类融资、预付类融资及存货类融资服务，信用类融资服务是指依靠供应链参与企业之间长期合作关系所形成的信任或融资企业良好的信用资质而进行的融资活动。这一类融资服务最明显的特点就是融资企业无须担保、融资过程无须基于真实的抵押物。由于大数据等技术的赋能，供应链中的核心企业、金融机构和专业的金融科技公司都可以利用科技能力，将中小企业的交易数据转变为信用凭证，跨越资金的障碍。这些数字化科技的赋能使得供应链总成本进一步降低，效率得到更大的提升，新的利益给供应链中的核心企业和中小企业带来了全新的价值。大数据信用融资改变了通过抵质押从金融机构获取融资的传统方式，从结构上丰富了国家的金融体系。

总而言之，金融科技的出现与快速发展为解决供应链金融问题提供了新的技术支持，从科技的角度提供了新的解决方案，重构供应链金融的信息机制、信任机制、信心机制及信用机制。

按照供应链中使用大数据技术为信用贷款赋能的角色来分，可分为金融科技企业、金融机构、电商平台三种为企业信用赋能的模式。除了在企业融资方面，大数据技术还在消费金融方面有着较为重要的应用。

（1）由金融科技企业赋能。在该种模式下，金融科技企业一般独立于金融机构与核心企业。金融机构或核心企业会将供应链中的部分业务外包给金融科技企业，金融科技企业通过为金融机构或核心企业提供专业的科技服务来为融资企业提供融资帮助。目前，金融科技企业的业务主要围绕供应链中数字化债权凭证的拆转融，从而实现多级供应链的信用传递，对供应链中的信用机制进行重构。

下面我们以简单汇信息科技（广州）有限公司（简称简单汇）的金单为例，探索金融科技企业如何通过信用机制重构来为信用融资赋能（图5-5）。

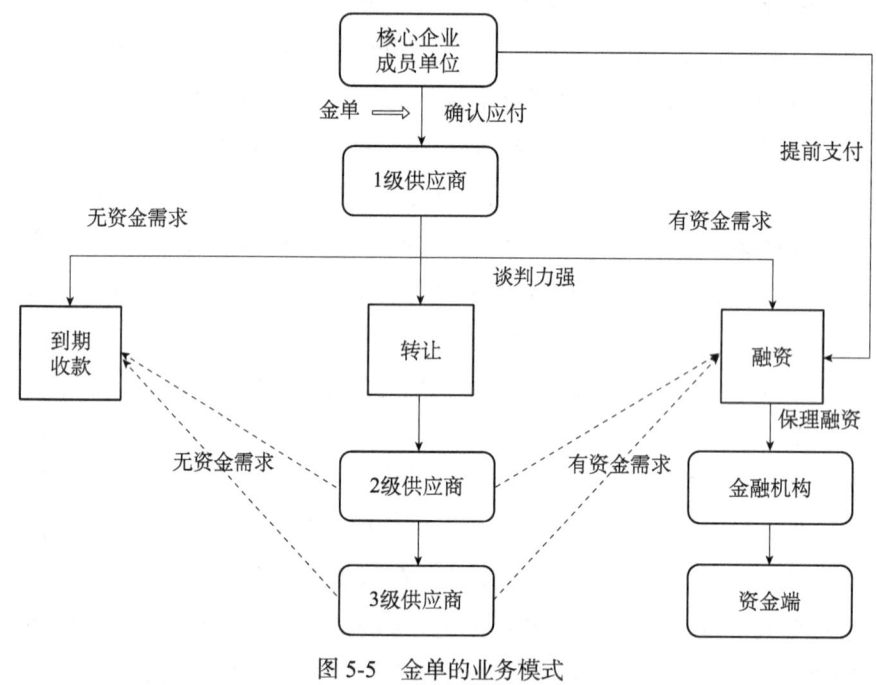

图5-5 金单的业务模式

简单汇是TCL科技集团股份有限公司（简称TCL）旗下的金融科技企业，致力于基于供应链场景的金融科技赋能，利用大数据、区块链及人工智能等技术，为企业提供供应链金融综合解决方案。其核心产品为金单。金单是供应链中的核心企业通过简单汇的系统确定需支付给供应商的应收账款凭证的一种产品。因此，金单的本质是基于真实贸易背景记录应收账款债权关系的电子凭证。

在供应链中，核心企业的供应商收到金单后，供应商可以根据自身贸易采购及资金情况，将金单进行拆、转、融或持有。若供应商无资金需求，则其可以选择持有金单，并到期兑付。若供应商有资金需求，则可以凭借金单去进行融资。供应商也可以将部分金单转让给 2 级供应商，同理，2 级供应商也可以选择持有、融资或再拆转至 3 级供应商，以此类推。这就实现了信用在多级供应链中的流转，打破了传统供应链中信用传递难的问题。在整个过程中，核心企业将自身的良好信用延展到了 2～N 级供应商，使得整个供应链的黏性增强。供应商不仅可以快速获得所需融资，并且融资成本低。金融机构可以获得更多中小企业（供应商）客户的优质资产，并且这也顺应了国家大力发展金融科技的政策导向。

除简单汇外，还有许多金融科技企业致力于数字化电子债权凭证的拆转融的实践运作，例如，中企云链（北京）金融信息服务有限公司（简称中企云链）的云信，上海欧冶金融信息服务股份有限公司（简称欧冶金服）的"通宝"，以及天星数科科技有限公司（简称天星数科）的"粮票"等。

（2）由金融机构赋能。面对资金需求存在巨大缺口的诱惑，商业银行等金融机构纷纷加入金融科技赋能的市场中。在该种模式下，金融科技赋能的提供方同时也是资金提供方。金融机构去承担金融科技服务主要有三个原因：①金融机构对整个金融行业熟悉，发展金融科技具有一定的优势；②金融机构一般与供应链中的上下游都保持着较为密切的资金往来关系，尤其是核心企业，因此在大数据等技术的帮助下，核心企业的贸易背景更加真实可信，金融机构与核心企业之间的信任也更为稳定；③金融机构资金实力雄厚，资金成本低。因此，金融机构利用金融科技赋能中小企业融资主要体现在信任机制的重构。

下面以中国工商银行（简称工商银行）的 e 链快贷为例，介绍金融机构如何发挥金融科技力量为中小企业融资赋能（图 5-6）。

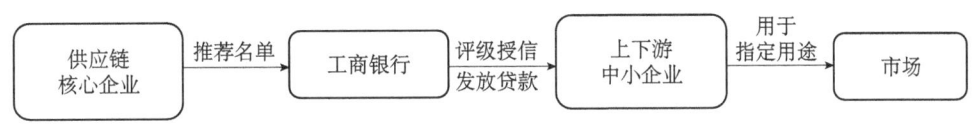

图 5-6　e 链快贷流程

e 链快贷是基于行业内龙头企业（核心企业）设计的一种信用融资模式。该业务采用纯线上模式，主要为龙头企业的上下游中小企业提供融资业务帮助。e 链快贷的核心就是金融机构凭借上下游中小企业与核心企业良好的贸易关系，基于供应链中的贸易流、物料流及资金流等多维数据，利用大数据等技术对多维数据建立模型，为中小企业提供信用融资，所获融资仅限于特定的生产经营用途。以农业供应链为应用场景，首先由供应链中的核心企业向工商银行提供一批良好的合作农户名单，通过大数据等技术，工商银行会对这些农户进行授信，为其提供贷款资金来采购指定的农资产品。同时，通过相关技术实现联动核心企业付款的联机支付和农户的受托支付，因此，工商银行在一定程度上可以确保较好地控制融资回款风险。这样的信用融资模式可以让供应链中更多的成员享受到供应链金融服务，实现普惠金融。

（3）由电商平台赋能。电商平台参与供应链金融服务最主要的原因在于其拥有平台上所有企业的交易数据。通过大数据等技术，可将这类交易数据转变为信用认证，以此给平台上相关企业画像，为它们授信。电商平台上的商家缺乏应收账款和足额的抵押物，因此很难从银行等金融机构直接获得融资。有些资金实力较强的电商平台会直接或间接为平台上的企业提供融资。在这种模式下，电商平台基于自身拥有的交易数据，自身或与金融机构合作为融资企业提供所需融资。因此，电商平台利用金融科技赋能中小企业融资主要体现在供应链交易中信息机制的重构。下面以京小贷为案例，探讨电商平台为信用融资赋能的方式。

京小贷是由京东数字科技集团（简称京东数科）推出，主要面向京东电商平台上的中小企业生产经营资金短缺问题，无须抵押，便捷申请，贷款快速到账，还款便捷的一种信用融资模式。京小贷的产品定位就是依托京东电商平台的大数据库为平台上的中小企业提供小额信贷。京东结合了平台商户的历史经营状况、商户规模、交易量数据、销售额数据及资金流动情况等关键因素，甚至也包括平台消费者对其评价的数据。基于这些关键数据，京东通过大数据建立风控模型，以此测算出每个平台商户的授信额度。由于平台商家的所有交易记录都会在京东电商平台上呈现，京东可以对商家整个销售流程进行监测，销售完成后获得的资金流也在京东电商平台的系统中流动，因此，京东的风险控制手段可以贯穿贷前、贷中及贷后整个过程（图5-7）。

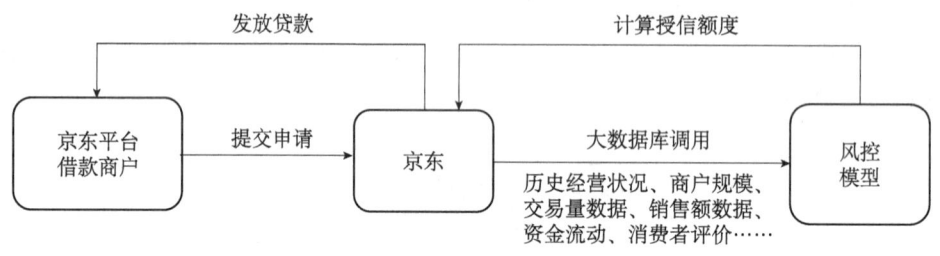

图 5-7　京小贷业务流程

除此之外，网商贷、阿里小贷等信用融资模式都体现了电商平台利用金融科技为平台上的融资企业提供信用融资服务。

（1）（2）（3）所提到的都是大数据等技术在企业之间信用融资过程中的应用。除了企业融资，大数据等技术在个人消费信贷方面也发挥着重要作用。

（4）消费信贷。这一类的信贷融资主要由商业银行等金融机构及互联网企业提供服务。基于消费者的消费数据进行建模，以此作为授信依据。以互联网企业提供服务为例，京东的白条和阿里巴巴集团控股有限公司（简称阿里巴巴）的花呗就是一种典型的消费信贷服务。以花呗为例，其应用场景主要是基于淘宝和天猫。淘宝和天猫等购物平台拥有消费者大量的网购情况、支付习惯及还款行为等信息。通过大数据运算及建立风险控制模型，为不同的消费者分别授予相应的额度。这些额度主要用来在天猫和淘宝等平台进行购物消费使用。因为用户在平台上的各种行为是动态和变化的，所以花呗授予的额度也是动态的。

通过花呗这样的消费信贷模式，阿里巴巴可以构建更为完善的诚信体系，有助于其构建阿里生态圈，同时花呗又蕴含了大量消费者消费数据，能对不同消费者进行精准广告投放。

5.1.5 四种供应链金融服务的区别与联系

下面总结一下上述四种供应链金融服务的区别与联系，主要从以下五个方面展开论述：①抵押物性质；②融资发生阶段；③融资企业类型；④融资用途；⑤风险控制重点。

（1）抵押物性质。从抵押物的权益上来看，应收类融资与预付类融资的抵押物都属于债权，只不过预付类融资的抵押物是实物，而应收类融资的抵押物是应收账款凭证。存货类融资的抵押物为库存，基于库存的评估价值进行融资。不同于前三类融资模式，信用类融资无须提供债权凭证或实物抵押，而是以供应链企业的信用为依据，这里的信用包括交易数据和支付还款能力等多方位标准。

（2）融资发生阶段。应收类融资的依据是应收账款凭证，因此，只有在上游企业收到下游企业的应收账款凭证或者结算以后才进行应收类融资，即销售结束后，等待下游企业付款的阶段。预付类融资一般解决下游企业在采购时面临的资金约束问题。存货类融资是基于库存价值展开融资活动的，一般发生在企业生产或销售阶段，这种融资方式解决了库存占用大量的运营资金影响企业经营的问题。信用类融资没有特定的发生阶段。由于交易信息等数据贯穿整条供应链，当交易信息等数据反馈结果满足一定条件时，任意阶段都可以利用信用融资的方式。

（3）融资企业类型。由于四种供应链金融服务模式发生的场景不同，其适用的融资企业也不一定一样。应收类融资一般是基于核心企业的应付账款展开的融资模式，因此其融资企业主要以上游供应商为主。同样地，存货类和预付类融资中的融资企业主要为下游采购商（分销商）。信用类融资由于对抵押物没有要求，更注重企业的信用价值，适用于供应链中所有企业。

（4）融资用途。融资用途一般来说都是用来满足企业生产经营需要，但基于抵押物性质的不同，其中还存在不同之处。在应收类融资中抵押物是应收账款类债权凭证，因此应收类融资可以帮助融资企业处理未到期债权，盘活供应链中的资金流。而存货类融资解决了库存占据大量资金而造成资金短缺的问题。预付类融资主要让下游采购商通过分批付款、分批提货进行销售的方式来缓解采购阶段缺乏资金的问题。信用类融资主要是将供应链企业的交易数据价值发挥出来，作为企业融资的信用依据，这中间离不开大数据等技术的支持。

（5）风险控制重点。在各类融资服务模式中，最重要的是如何进行风险控制。针对每种特定的融资模式，基于抵押物、融资企业等不同，其风险控制手段的重心也有所不同。在应收类融资中，抵押物主要以应收账款为主，因此这一类融资的风险控制重点主要在于供应链中核心企业对应收账款的支付能力。在存货类融资中抵押物是存货，因此如何评估存货的价值并对这些存货进行监管是风险控制的重中之重，因此这类融资一般离不开第三方物流企业的参与。在预付类融资中主要通过核心企业、金融机构及第三方物流企业共同控制风险。首先该服务模式是基于供应链中核心企业的回购承诺进行的，然后会将货物配送到金融机构指定的第三方仓库中。因此，与存货类融资相似的是，都需要第三方物流企业对货物进行监管，而金融机构控制着货物的提货权，融资企业采用分批付款、分批提货的模式进行交易。在信用类融资中，因为无实物抵押，所以无须对货物进行风险控制。该类融资模式最主要的融资依旧为交易信息数据。因此，如何通过大数据等技术对融资方的交易信息数据深入挖掘及追踪成了主要的风险控制手段。

基于此，表 5-1 展示了四种融资模式的区别与联系。

表 5-1　四种融资模式的区别与联系

项目	应收类	预付类	存货类	信用类
抵押物性质	应收账款	货物	存货/库存	无实物抵押
融资发生阶段	结算前/后	采购阶段	生产/销售阶段	任何时间
融资企业类型	上游供应商	下游采购商	任何企业	任何企业
融资用途	盘活贸易中未到期债权	分批付款 分批提货	盘活库存占用资金	盘活交易信息等信用数据的价值
风险控制重点	核心企业担保	提货权 质押物评估与监管 产品回购	质押物评估与监管	交易信息数据

从上述比较分析中可以看出，基于大数据技术的信用类融资应用场景更广，只要融资企业的信用水平满足风险控制要求，信用类融资就可以发挥更大作用，并免去了利用债权或存货作为融资的质押标的物。随着大数据等技术的不断成熟，信用类融资在解决供应链中小微企业融资问题中所扮演的角色将越来越重要。

5.2　供应链金融服务设计思路

供应链金融是运营与金融的交叉学科，从业务角度来看，供应链金融涉及供应链中的采购、生产、分销、物流等活动中的金融服务，通过对交易活动的把握及供应链结构差异的区分，设计不同类型供应链金融服务模式，盘活供应链中的信用价值以实现财务资源在供应链上的有效配置。结合供应链金融实践，企业管理者可以从供应链结构、物流阶段、合作伙伴及生态体系来设计供应链金融服务方案。

5.2.1 按供应链结构设计

在长期的交易过程中，由于企业规模、资金实力及业务量等因素影响，供应链中上下游企业逐渐形成了不同的市场地位和影响力。如果上下游企业谈判能力不同，那么融资企业所采用的融资服务也不同。简单来说，同样处于供应商销售产品到经销商的过程，如果供应商的谈判能力较强，则会要求经销商先付款再提货；而如果经销商的谈判能力较强，那么经销商不仅不会提前付款给供应商，还会延迟对上游供应商的货款支付。因此，当供应链中的上下游企业谈判能力不同时，供应链结构会发生变化，包括融资需求、融资方式等。

根据供应链上下游企业在交易过程中谈判能力的强弱，可以得出表 5-2 中的四种情形。

表 5-2　供应链企业权力结构

供应链结构		下游企业谈判能力	
		弱	强
上游企业谈判能力	强		
	弱		

下面介绍不同供应链企业权力结构矩阵，介绍供应链金融服务产品设计思路。

1. 上游强下游弱结构

当上游企业谈判能力较强，而下游企业较弱时，下游企业往往有更多融资需求与压力，供应链金融提供商可利用上游企业的信用进行产品设计。这种信用包括回购承诺、质量承诺、货权监管等。例如，基于上游企业对产品的回购担保，金融机构对下游企业提供融资服务，这样的融资风险较小。从该过程可以看出，抵质押物是下游企业的"未来货权"，而未来货权离不开上游企业的良好信用。在这一类供应链结构下，供应链金融服务为预付款类金融服务，常见的金融服务模式包括厂商银和保兑仓两种。下面对这两种融资模式进行详细介绍。

1）厂商银

厂商银模式是根据供应链结构设计的一种供应链金融服务设计模式。厂商银模式的流程大致如图 5-8 所示：银行利用上游企业的信用，当生产商与经销商签订购销合同并且申请厂商银服务时，产业的上游生产商与银行签订回购担保和质量保证协议；生产商在缴纳承兑保证金后，银行开立承兑汇票；经销商在缴纳提货保证金后，银行释放商品提货权给经销商；在经销商对生产商的商品提货完成之后，生产商对于银行的未销售货物进行回购，完成厂商银模式的服务流程。

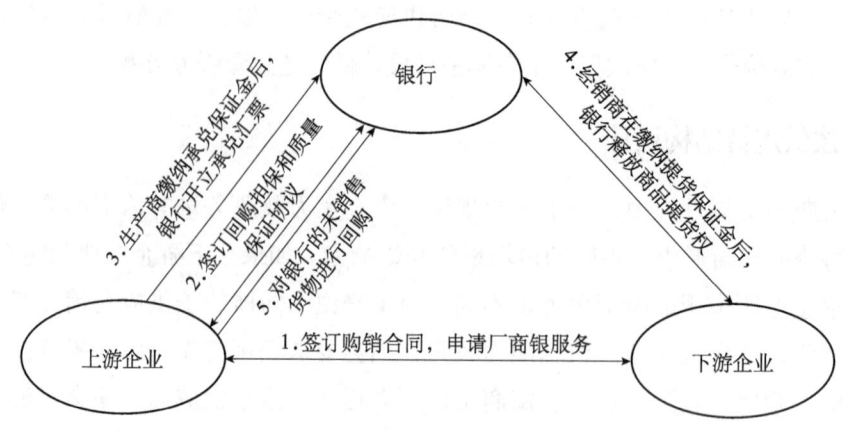

图 5-8　厂商银流程图

厂商银模式不仅能解决下游经销商的订购压力，还能对供应链中的核心企业流动资金进行有效补充。经销商通过银行融资，可以向核心企业预缴款项，并比融资前更快获得商品的未来提货权，因此这种业务模式既对供应商进行了融资，也让核心企业获得大量的预付款，使得供应链核心企业账上资金更为宽松，财务成本降低。对核心企业来说，厂商银资金的获得并不需要支付资金成本，并可能不会占用核心企业的授信额度。

在这一模式中，银行将授信资金向厂家定向支付，厂家将商品交予银行指定的仓储方之后，经销商以存入保证金或还贷方式来让银行向仓储方发出放货通知。厂家将回购或置换商品这一举措作为这一供应链金融服务的风险管理机制。

厂商银模式的意义在于，这一模式比单纯的动产质押业务有所提升。厂商银将信贷资金的投放点聚焦于生产和流动两大环节，并通过物流和资金流的有效匹配将企业的生产和流动有机结合起来。通常这一模式多用于使用预付款方式购买商品的国内贸易结构，采用的金融支付工具主要为银行承兑汇票和国内信用证。银行在这一模式中的参与并不需要和特定的供应链中的厂商合作，但从风险控制角度看，需要考虑银行、生产商、经销商、物流公司四方协作关系。在风险控制方面，需要考虑几个方面的能力，包括生产厂家按合同要求交付合格商品的履约能力、物流公司的监管能力和质押商品的滞销与实际变现能力等。因此，银行出于信贷资产的安全考虑，在实际操作过程中往往会选择优秀的上市企业、效益良好的大型企业作为核心生产企业，对其经销商提供集中融资。

2）保兑仓

当上游企业谈判能力较强而下游企业谈判能力较弱时，供应链下游企业在实际操作中往往需要向上游供应商进行预付来获取下游企业需要的原材料或产成品进行进一步加工以保证持续经营。当面对短期资金流转困难时，处在弱势地位的下游企业可以通过银行提供的保兑仓业务，对某一具体订单的预付账款进行融资。在供应商承诺回购的前提条件下，保兑仓业务得以开展，融资企业通过向银行申请贷款，额度为供应商在银行指定仓库的既定仓单的质押，将提货权交由银行控制，之后银行通过担保等方式，与仓储方、供应链上下游企业进行联络，完成服务流程。保兑仓业务适用于供应商回购条件下的采购。其基本业务流程设计如图 5-9 所示。

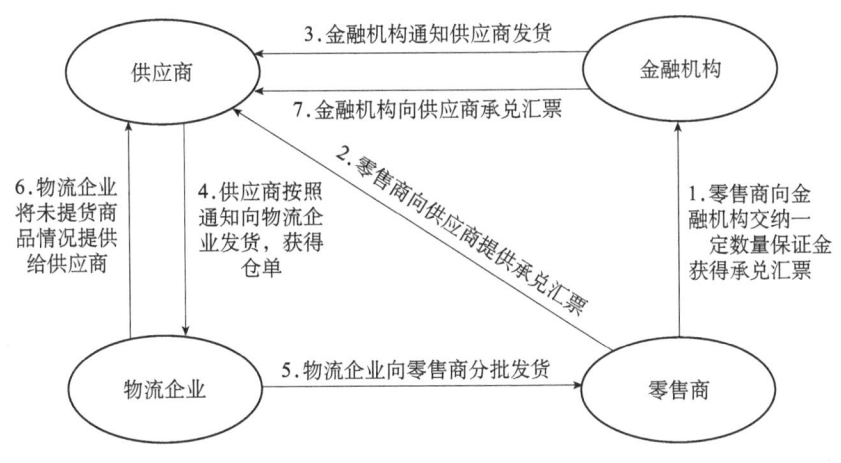

图 5-9　保兑仓流程图

保兑仓业务除了需要处于供应链中的上游供应商、下游制造商（融资企业）和银行参与外，还需要仓储监管方参与。其中，仓储监管方将主要负责对质押物品进行价值品质评估与监管。

保兑仓业务的优势在于，需要上游企业承诺回购，银行的信贷风险得以大大降低。融资企业通过保兑仓业务获得的是分批支付货款并分批提取货物的权利，因而对于某一笔订单并不需要一次性支付全额，并且可以通过这一金融服务缓解财务压力。就此，处于弱势谈判能力的供应链下游企业可以有效缓解企业本身存在的短期的资金压力问题。

保兑仓业务实现了融资企业杠杆采购和供应商批量销售，同时也给银行带来了收益，实现了多赢的局面。它为处于供应链节点上的中小企业提供了融资便利，有效解决了其全额购货的资金困境。另外，从银行的角度分析，保兑仓业务不仅为银行进一步地挖掘了客户资源，同时开出的银行承兑汇票既由供应商来提供连带责任保证，又能够在仓储监管方的监督下将物权作为担保，银行所承担的风险进一步大幅降低。

2. 上游弱下游强结构

当上游企业较弱，而下游企业较强时，上游企业往往承受更大的融资需求及压力。与第一种结构不同，这类结构下，下游企业不仅不需要提前支付供应商的货款，反而还会延迟支付供应商的货款，对供应商造成了较大的资金压力。对需要融资的上游企业来说，能作为申请融资的依据是与下游企业之间的应收账款。因此，通常在这类供应链结构下，常采用的供应链金融服务模式涉及应收类融资模式，包括保理、逆向保理、订单融资等模式。

1）保理

保理业务主要是为了以赊销模式销售支付为主的企业设计的一种金融服务。由于供应链中的上游企业谈判能力较弱而下游企业谈判能力比较强势，赊销普遍存在于中小上游供应商与供应链的核心企业之间，这部分中小企业由于规模和盈利水平往往难以达到银行的贷款标准。而核心企业作为这些中小企业的主要客户，中小企业对其的依存度较高，核心企业强势的谈判能力占压供应商资金，将会对上游企业的资金流带来巨大的负面影响。保理模式通过接收企业应收账款债权方式，为上游企业提供融资服务。保理业务的一般操作模式为：保理商从其客户的手中买入下游企业的应收账款债权。具体实现形式有多种，包括贸易融资、账款催收、坏账担保等方面的服务。其中，贸易融资是指银行在接受应收账款的基础上，再提供融资服务，特点是企业将以应收账款作为偿息方式。账款催收是指银行对被转让的应收账款进行催收。坏账担保是指若下游企业未能按时支付应付账款，则银行承担转让方对担保付款的责任或承担下游企业的信用风险，向上游企业履行担保付款的责任。

保理分类十分多样，保理商可以根据以上为客户提供的服务是否完全执行分为全保理和部分保理；可以根据是否有融资划分为融资保理和到期保理；也可以根据是否有无追索权分为有追索权保理和无追索权保理等。

在实际操作中，保理类服务主要由专门的保理公司提供，有银行保理和商业保理公司两种典型公司。一些银行中的独立部门会根据情况为客户提供保理服务。保理商是以客户的供货合同为基础承购应收账款的，这一融资方式主要的依据是上游企业的产品在市场上的被接受程度与其交易情况和盈利能力，更改了传统考察资产负债表状况来决定是否提供金融服务的模式。因此，保理融资可以支持急需资金支持来成长的中小企业提高营运能力和获利能力。保理服务还可以使服务接受方管理负担减轻、坏账风险降低。追索权可以使保理商的风险降低，而保理商对于无追索权的保理将进行足够的风险评估，在实际操作过程中，保理商为避免债务人违约，将会更主动地催货。

保理意义在于只要企业具有相对稳定的产品销售和客户关系，同时绝大多数购货单位付款情况良好，就可以通过保理得到融资，而不管企业规模如何，以及是否有足够抵押、担保。因此，保理服务模式主要契合需要解决流动资金短缺但在传统模式下难以融资或具有成长性的中小企业。保理也是一种较为安全的融资方式，在保理范围内应收账款可被视为一种资产来作为融资的抵押物，同时保理商的认真审核与收款期间的操作也可有效降低融资风险。

2）逆向保理

不同于传统保理服务，逆向保理是一种由供应链中地位强势的下游企业发起的，利用自身良好的信用水平，帮助上游供应商获得较低利率的应收账款融资的模式。从核心企业角度解释，即企业向保理商转移对上游的中小企业的应付账款后，上游供应商通过保理商获得融资服务。这样一来，核心企业就可以提高供应链的稳定性和安全性，通过与保理商、上游供应商达成有效的合作关系，达成与上游企业签订低价合同的目的，从而达到生产成本降低、利润扩大的目标。

逆向保理与传统保理业务存在两个根本区别。首先，逆向保理业务一般来说是由供应链下游企业主动发起的，即供应链核心企业或谈判能力强的企业。保理商在这一过程中，无须评估供应商财务状况，保理商收购的应收账款的合同违约风险或信用风险得以大大降低。其次，逆向保理比保理在信用方面更有优势：供应商应收账款融资是基于下游大企业的信用——核心企业往往是整条供应链中比较知名的企业或供应链中比较重要的企业，在价值链中有核心地位。这些企业通常而言信用评级更高，偿债能力也更强，往往是优质的信贷客户。中小企业可以获得利率较低的融资，融资成本降低了，核心企业就能降低成本，相对地改善现金周期情况。

随着互联网开始渗透金融和产业领域，逆向保理借助互联网平台开发区块链技术，业务处理从线下转到线上。新逆向保理模式随着供应链新生态环境的诞生而逐渐形成，业务流程如图 5-10 所示。核心企业先与保理商协定，成为保理服务的核心；核心企业向保理商提供优质供应商的发票等信息，即同意该笔债权在保理商与供应商之间转让；保理商将供应商按照核心企业提供的信息进行分类；供应商根据保理商的保理系统终端获得发票信息，可以申请发票按照低利率贴现；保理商根据整个系统流程，在双方均确认的款项上，对供应商的发票进行贴现并通知核心企业；核心企业根据系统上的贴现发票到期回款。

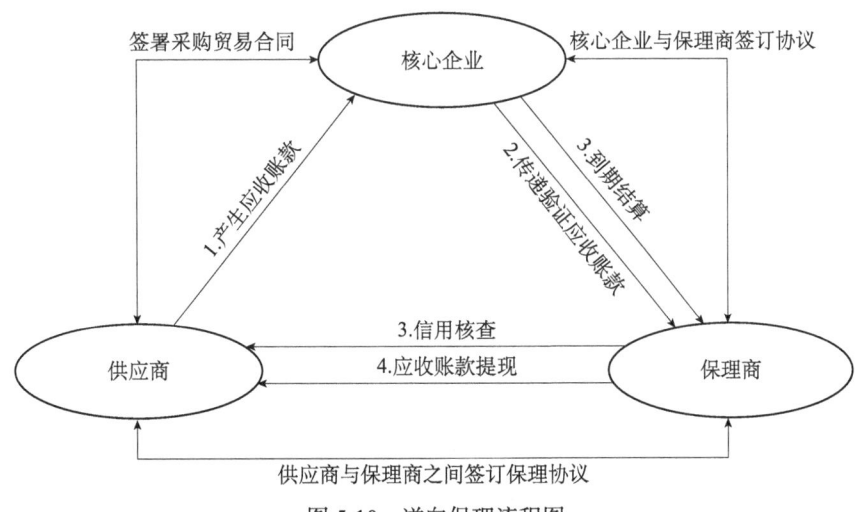

图 5-10　逆向保理流程图

在还未建立线上平台时，传统供应链中的上下游企业与保理商都很难实现信息即时共享。在区块链等科技的助力下，线上平台能覆盖各方网络的电子票据传递及关键信息。例如，核心企业向保理商提供优质供应商名单和债权转让通知在保理商与核心企业之间的传递被实现了。同时，在这一服务模式中，债权的转让债务人完全被告知，符合《中华人民共和国民法典》相关规定，具有法律效力。在传统模式下，三方合同签订将非常烦琐，保理系统的存在和区块链技术可以提高便利性和安全性。各方信息达成实时共享，信息不对称问题被有效解决。各种系统在大数据的支持下，核心企业和保理商都更易获取上游企业的往来交易记录，可以根据往来款项的交易情况及体现双方关系密切程度的指标，挑选助融资对象，信用风险被大幅降低。

3）订单融资

订单融资是一种面向银行、中小企业和物流公司组成的供应链系统的融资模式。在这种融资业务中，金融机构根据企业所签订的有效销售订单，对每一单订单进行融资。其风险控制办法可被简单描述为，对于每一个订单进行贷款融资，直到贷款被回款清场，结算才完成。整个贷款流程的资金流完全封闭。

在实际操作中，中小企业必须持合法有效的、已收一定比例预付款的销售订单向银行申请贷款；以此为基础借款企业、银行和物流企业围绕此订单签署融资合约；合约签订后，物流企业需要对订单有关的物流与资金流进行监控，银行则要求借款人开立结算账户，将受物流监督的销售回款作为还贷结算方式，保证贷款资金在该账户内的封闭运行。

订单融资的业务可以重复使用，并且在诸多融资模式中因为其涉及的只是单笔订单，授信流程和批复时间短，融资服务效率较高，并且能够满足中小企业对于流动资金的短时需要，使得银行不需要对中小企业主体本身的财务状况指标进行判断、控制风险，而是可以通过物流企业根据订单内产品后续销售的情况及时得到回款，资金流和物流成为风险把控的主要理念，因此可以有效解决供应链上需要单笔订单融资的中小企业的融资。但是，这种融资模式的设计需要对资金流和物流进行有效把控，监控难度也比较高，因此合约中的物流企业需要有效参与其中。

订单融资业务的意义在于，这种融资模式将一种商品从供应链最上游到最下游，包括供应商、分销商直到最终客户连成了一个整体，并基于同一订单的销售情况进行融资。为降低供应链牛鞭效应引发的库存风险，企业更期望订单的实时生产和销售，而当以核心企业为代表的供应链下游拥有强大谈判能力时，上游的中小企业可以通过订单融资的模式来改善融资困境。在下游企业信用较好，交易历史比较稳定，信息充分的条件下，这种模式利用中小企业只要完成订单业务，就可以获得信用良好的企业提供的销售收入这一特性进行融资。订单融资业务的贷款得到安全充分的保障，银行等金融机构将更愿意给谈判能力弱或运营资金短缺的中小企业发放融资贷款。

3. 上下游势均力敌结构

在上述两类供应链结构中，供应链中的上下游存在明显的强弱关系，这也导致了供应链金融中融资抵押物的差异，在预付类融资中主要基于下游企业"未来货权"进行融资，而在应收类融资中主要基于上游企业的应收账款进行融资。除了这两种供应链结构外，供应链中还可能存在上下游企业势均力敌的情形。当上下游企业都比较强势时，上下游企业可以获得银行的信用融资，也可以采用赊销等基于信用展开的一些融资服务。数字化技术的发展可以使得金融机构更容易获取供应链企业的交易订单信息及财务信息等数据，因此，在这类模式中，数字化供应链金融是主要的一种融资模式。当上下游企业都比较弱势时，由于无法提供良好的信用，这类模式下金融机构很难基于上下游中的某个企业的良好信用提供融资服务，因此在融资模式的选择上略有局限，也形成了融资难、融资贵情形。这一模式主要都是基于融资企业的库存资产或者厂房抵押、设备抵押等模式。由于抵押物的价值波动及流通性等限制，此类的融资风险相对较大，融资成本也相对较高。

于是，按照供应链权力结构矩阵，可设计供应链金融服务的模式如表5-3所示。

表 5-3 按供应链结构划分供应链金融服务

供应链结构		下游企业谈判能力	
		弱	强
上游企业谈判能力	强	预付款 厂商银/保兑仓	结算服务 赊账/商业信用
	弱	抵押/质押贷款 固定资产/库存	逆向保理/商票补贴 提前支付

5.2.2 按物流阶段设计

供应链金融的业务模式涉及供应链交易的整个过程。产品在供应链中的流通离不开物流的运输。在不同的物流阶段，供应链中能用来进行质押标的物差异较大。因此，基于物流运输的全生命周期，供应链金融的服务模式的设计思路可分为：装运前、运输中、卸货后。

1. 装运前

在装运前，物流过程尚未开始，即供应商的产品尚未交付。若供应商的生产存在资金约束且不能先从下游买方企业获得订单的货款，那么供应商需要获得融资。常见做法是供应商凭借从下游买方企业获得的订单来申请融资。图5-11描述了核心企业担保下的订单融资模式业务流程。

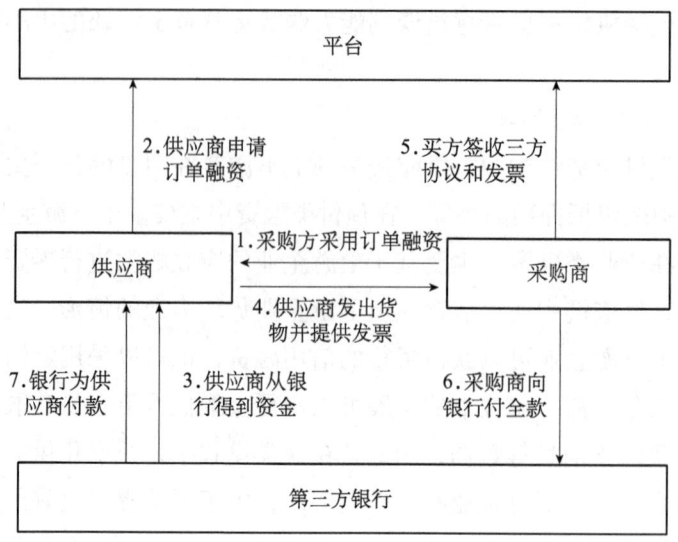

图 5-11　核心企业担保下的订单融资模式业务流程

2. 运输中

在运输中，即代表供应商已经将货物交付给物流企业进行运输，发往下游买方企业。在这个过程中，已经存在一定的库存，因此使用存货类融资方式。下面介绍几种常见的融资模式流程。

1）仓单质押

由借款企业、金融机构和物流公司或仓储公司达成三方协议，仓单质押贷款是指货主企业把货物存储在仓库中，然后依据仓库提供的货物仓储凭证（也称仓单）向银行申请贷款。由于仓单不仅充当了提取货物的证明，还是仓储业者接受客户委托，将货物收入仓库后发行的存单，依据相关物流法律，这类存单可以被执行转让或质押等操作。银行对于质押物的价值和其他相关因素进行审核之后向其提供一定比例的贷款。而仓库则负责在质押期间监管货物。仓单质押作为一种供应链金融服务的设计，在金融与物流的合作过程中，仓单可被看作以存货证券化的形式进行融资，为解决中小企业流动资金困难、融资困难提供了一种行之有效的解决方案。图 5-12 是仓单质押的供应链金融服务流程。

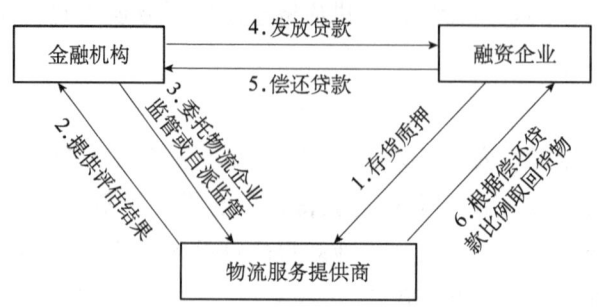

图 5-12　仓单质押业务流程

仓单质押的意义在于，对于供应商而言，上游供应商获得质押贷款融资，而原先持有购买原材料的应付账款，被贷款机构提供的库存融资转为一种信贷关系。当质押贷款到期时供应商将本息向贷款机构还付。在这一融资过程中，上游供应商有效扩大了自身购买原材料的能力，增大了产量，扩大了企业的经营能力和产量。此外，供应商获得质押贷款融资，其原材料采购模式与库存管理模式可以在基于这一贷款的长期条件下进行有效的重铸。例如，分批采购以减少原材料采购成本和仓储成本、运用原材料质押的融资资金对下一批原材料进行购买等，实现减少平均库存数量、降低平均库存成本的目标。

2）在途库存融资

在途库存的融资流程如图 5-13 所示。这一模式下的融资流程基本为：采购商向供应商下达订单需求，供应商通知物流服务提供商装运货物；然后，由物流服务提供商向供应商部分付款，提供融资服务，同时物流服务提供商将货物运送给采购商；采购商签收来自供应商的货物之后提供发票，向物流服务提供商付全款；物流服务提供商向供应商提供剩下的融资额；物流服务提供商再向供应商支付剩余贷款，完成融资服务。

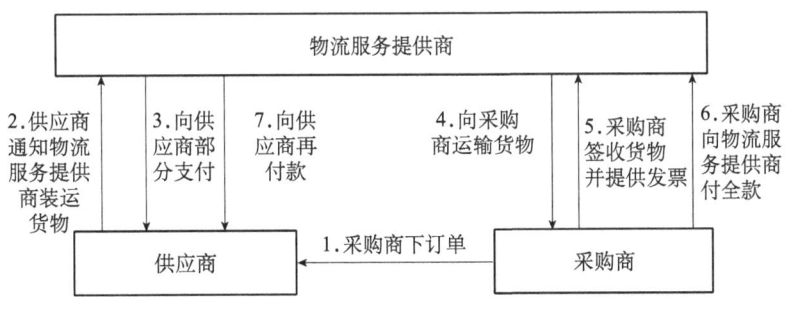

图 5-13　在途库存融资流程

3）融通仓

融通仓是指集金融、流通和仓储三位一体，综合协调并统一管理的服务模式。其基本业务设计如图 5-14 所示。

在实际操作过程中，融通仓的主要流程为：有融资需求的中小企业将自己的库存向商业银行进行抵押来申请贷款融资业务。商业银行在收到动产抵押和贷款申请后，将质押物评估、监管、仓储等环节的责任和工作委托给合作的物流企业。在收到相关物流企业提供的有效证明后，银行与融资企业签订合同并提供融资资金。而在银行贷款本息被归还之后，银行将通知并委托物流企业办理相关手续，将此前受抵押的动产或库存归还给融资企业。根据物流企业的业务表现，银行可以决定是否对第三方物流进行下一次的委托业务。

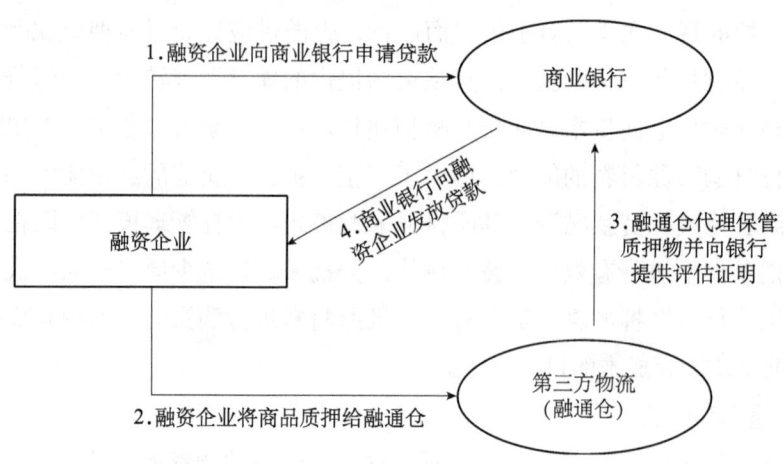

图 5-14 融通仓流程

在这一模式设计中,银行以企业的稳定存货、交易往来等综合运作情况作为参考进行授信决策。融通仓业务引入物流企业,其可协助银行进行风险控制与评估、货品的价值评估、拍卖等业务,并以第三方物流为中心打造一个融质押商品的一体化处理系统或平台。银行将一定的授信额度授予物流企业,通过物流企业的信贷额度直接向有关申请融资的企业批复贷款申请,达到简化业务流程,提高被融资企业的整体供应链运作效率的目的,同时也可以转移商业银行的信贷风险,降低经营成本。融通仓业务开辟了中小企业融资的新渠道。在供应链的背景下,通过融通仓业务,中小企业可以将以前银行不太愿意接受的动产转变为其愿意接受的动产质押品,从而架设银行与企业之间资金融通的新桥梁。

3. 卸货后

在卸货后,即代表完成了货物的交接,从卖方移交给了买方。因此,此时买方需要向卖方支付相应的货款。按照上文的介绍,此时产生的票据为应收账款。而在现实中,下游买方的付款可能不是很及时,因此上游企业的运营面临资金约束问题,常见的融资模式即采用应收类融资服务,如保理、逆向保理等。这些模式在前文已经详细介绍,故不再赘述。

表 5-4 展示了应收账款融资、保兑仓融资和融通仓融资的差异。

表 5-4 应收账款融资、保兑仓融资和融通仓融资的差异

融资模式	质押物	第三方参与	融资用途	融资企业在供应链中的位置	融资企业所处的生产过程
应收账款融资	债券	无	购买生产所需原材料或其他用途	上游、供应商债权企业	发出货物、等待收款
保兑仓融资	欲购买的货物	仓储监管方	分批付货款与分批提货权	下游、制造商、分销商	欲购生产资料进行生产
融通仓融资	存货	第三方物流企业	购买生产所需原材料或其他用途	任何节点上的企业	任何期间、有稳定的存货

综上所述，按照供应链交易过程所处的物流阶段差异，表 5-5 总结了不同物流发生阶段供应链金融服务的设计思路。

表 5-5 按物流阶段划分供应链金融服务

项目	装运前	运输中	卸货后
抵押物	订单	库存	发票
传统供应商融资方式	订单融资	质押贷款	保理
供应链金融采购方融资方式	核心企业担保下的订单融资	动产融资 仓单质押 融通仓	逆向保理

5.2.3 按合作伙伴设计

如果仅仅依靠商业银行等金融机构单独展开供应链金融业务，那么银行很难获取供应链企业的各种交易数据，很难对融资企业进行较全面的风险评估或信用评估，从而降低了银行实施供应链金融业务的动力。商业银行等金融机构都认识到围绕核心企业开展供应链金融业务的有效性。除了核心企业以外，由于物流企业掌握着整条供应链和交易过程中的物流信息与货物信息，物流企业也是银行非常重要的合作伙伴，可借助物流企业专业的仓储功能和货物监管职能，为供应链金融业务做好有效的风险管控手段。下面以金融机构为例，基于合作伙伴的不同，探讨不同的供应链金融服务设计思路。

1. 与核心企业合作

当金融机构与核心企业进行合作时，主要是基于核心企业的支付信用展开供应链金融服务。宝洁的供应链金融服务较为典型。一方面，宝洁宣布其对供应商的付款期限将延展 30 天，即从原先的平均近 45 天延长至 75 天。另一方面，宝洁宣布实施 SCF 项目，符合条件的供应商可与宝洁合作伙伴——花旗银行签订逆向保理合同，这些供应商可在 15 天甚至更短的时间内获得应收账款的融资服务。从宝洁实施效果来看，有了 SCF 项目，供应商在付款期限延长的情况下所获得的收益可能比原先较短的付款期限下所获得的收益更大。宝洁指出，参与合作的供应商还享有了以下益处：供应商有多种方式处置应收账款的灵活性；负债减少带来的资产负债表更加合理；SCF 创造了新的资金流，使得供应商更易获取资金；使供应商与至少一家全球性银行建立起银行业务关系，提升关注程度等。银行则在整个项目中，在宝洁的强大信用支撑下可以与更多中小供应商开展业务活动，提供融资和金融服务，并且在该模式中作为中介机构获取一定的利润。这与银行合作的供应链金融模式就属于本节提到的核心企业参与的逆向保理模式。

2. 与第三方物流企业合作

当银行采用与第三方物流企业合作时，常用的供应链金融服务包括保兑仓模式、仓单质押模式及信用证下的未来在途货权质押模式等。正如上文中对保兑仓模式和仓单质押模式流程的介绍，银行在其中需要与第三方物流企业及融资企业签订合同或合约，将一部分仓储的业务操作委托给专业的第三方物流企业，如对仓储进行监管、仓单提供与转让操作等。总体而言，银行作为合作者的身份与物流企业达成一定规定和协议，并且可以通过合作的满意程度和物流企业的实际业务表现决定银行是否需要与其进行进一步的合作。下面以信用证下的未来在途货权质押为例，简述银行与物流企业合作的典型模式。

某化工品贸易有限公司主要经营某国际品牌供应商的线性高压聚乙烯，公司由于自身自有资金量的限制，且难以凭固定资产从银行得到贷款，导致其难以给某国际品牌供应商下大批量订单。该公司的流动资金主要积压在从订货开始开出信用证，供应商按信用证约定装运货物直至到达中国港口的途中及清关后存放物流公司仓库直至全部销售完毕的销售周期。

为解决这一问题，该化工品贸易有限公司首先会缴纳一定比例保证金给某物流企业，物流企业向相关的议付行申请开证、交单，该化工品贸易有限公司通过补缴保证金的方式进行赎单，物流企业收到物流发货指令后，根据客户需求量分批结清货款向不同地区的消费者发货，有力地缓解了原先货物在库期间流动资金的压力。整个过程由物流公司全程提供相关服务，因此整个过程加强了对货物信息的控制与监管，相关业务流程见图5-15。

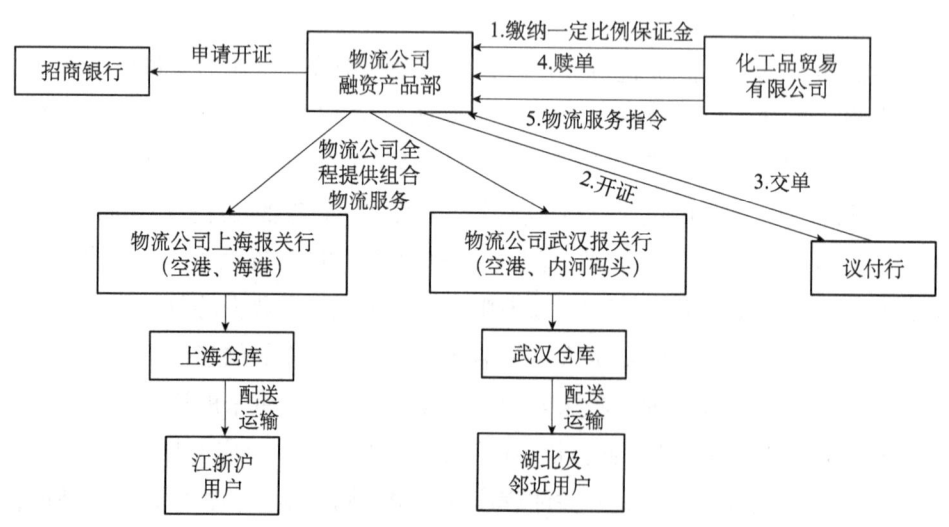

图 5-15　某化工品贸易有限公司的信用证下未来在途货权质押流程

3. 无合作伙伴

还有一些供应链金融业务并没有依赖核心企业的信用与物流企业的专业服务支

持，仅仅依靠供应链中融资企业自身信用，类似前文所提到的厂商银模式，就是基于供应链中买方的信用进行融资。同样地，这种模式下也大多采用支付一定比例的保证金分批发货的方式来展开。通过上述内容，按照合作伙伴不同，商业银行设计供应链金融服务的思路也不同，可参见表5-6。

表5-6 按合作伙伴差异区分的供应链金融服务

银行合作者	核心企业	第三方物流企业	无合作者
合作方式	提前支付 逆向保理	保兑仓 仓单质押	上下游信用 如厂商银等

5.2.4 按生态体系设计

通过对供应链金融服务模式分析，完整的供应链金融服务过程离不开以下几类主体：供应链金融服务提供方（包含资金提供方和服务提供方）、供应链金融服务需求方和监管机构。图5-16描述了由这几类主体组成的供应链金融生态系统。

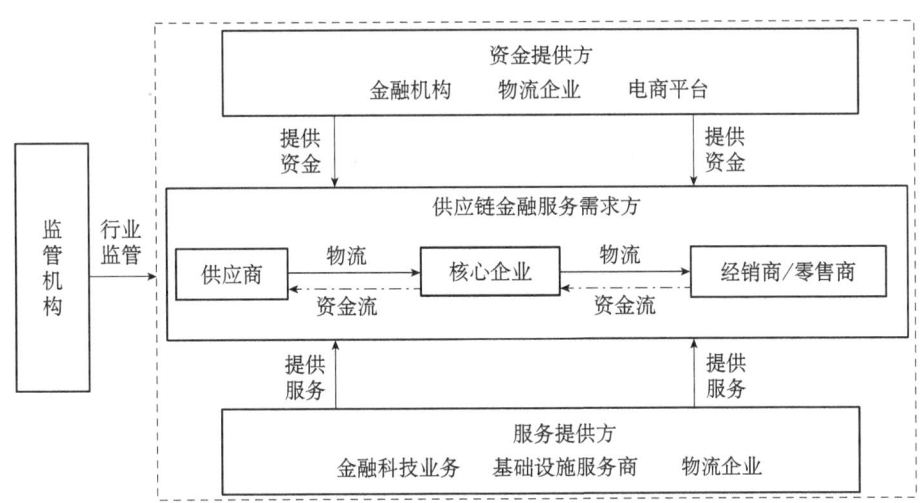

图 5-16 供应链金融生态系统图

1. 供应链金融服务提供方

1）物流金融

物流的观念最早产生于20世纪初至20世纪40年代，之后经过几十年应用推广及物流管理等概念的兴起，如今，我们已经进入了物流国际化与信息化迅速发展的时代。目前境内的第三方物流服务项目主要为客户提供不同生产经营节点之间的货物运输、仓储、管理等多个物流环节的综合服务产业业务。而物流金融就是贯穿于整个供应链物流阶段的运营环节，统一协调控制整个物流运营的资金，从而开发出与物流环境相适应的金融产品或服务。

物流金融的定义可分为广义物流金融和狭义物流金融。广义的物流金融是指在物流运营的过程中将保理、质押等金融工具运用到物流流程的供应、仓储、运输等各个环节，激发整个供应链中资金的活跃性，促使现金流能在供应链上下游之间正常灵活运转，提高供应链的运作效率。狭义的物流金融最主要的特点就是引入了第三方的物流企业，目的是在供应链物流的全过程中存在客观的第三方为客户提供监管、结算、保险等服务，保证融资项目的质押物情况能实时反馈给金融机构以控制风险。在实际操作过程中，就是企业将其所有的适应融资金融产品的货物作为抵押物向银行提出融资需求申请，并由第三方物流企业提供担保。第三方物流企业为保证融资款项的按时支付，需要对融资企业和质押物进行实时的监控和反馈，并将信息同步给金融机构以即期控制风险，最终物流企业从中收取一定的服务费作为报酬。物流金融服务涉及的主体主要有金融机构、第三方物流企业和融资企业。

金融机构是物流金融中金融服务和产品的提供方，主要以商业银行为主。在商业银行中资金较为灵活的股份制银行提供的服务最多，这是因为股份制银行"高风险、高收益"的经营策略使得其愿意为企业在相同质押物上提供更高但更贵的贷款，而这往往更符合中小企业在特定时期贷款量大而质押物价值不高的融资特点。对于商业银行而言，开展物流金融业务是银行创新业务模式、扩大贷款规模的有效途径，并且通过与第三方物流企业的合作还能有效监控抵押货物、降低贷款风险，是普惠金融政策推行下银行的金融业务能有效惠及中小微企业的重要渠道。

第三方物流企业是物流金融中相关物流服务的提供者，主要负责对质押货物的监控和存储，在融通仓等模式下一些大的物流企业还承担着企业的融资服务。第三方物流企业在物流运营中为金融机构和融资企业提供信息化仓储服务，确保在物流金融中物流、资金流与信息流"三流"统一，让货物的情况能实时得到追踪和反馈。通过开展物流金融的相关业务，第三方物流企业可以将现代化的物流信息化管理技术应用到质押物的监管过程中，用数字技术（如区块链和大数据）为产业赋能，丰富物流企业的业务模式和盈利手段，降低物流运营及货物管理的成本，从而进一步提高企业自身的竞争力和业务规模。

融资企业是物流金融中物流服务和金融服务的需求者。大多数中小企业由于自身在供应链中的地位较低，往往都会存在应付账款囤积等现金流问题，而资金流短缺又会造成货物周转慢、供应链效率低下等问题。同时，中小企业自身资产价值不高、信用等级较低的现象又阻碍其向银行借得足够资金用于周转，因此"企业用钱借不到，银行有钱贷不出"的矛盾恶化了供应链的效率问题。物流金融的出现为中小企业融资提供了便捷的途径，使得物流运营过程中的企业所有产品也能成为质押物进行融资，同时依托供应链核心企业的信用担保，大大降低了中小企业的信贷风险，解决了融资难的问题。

物流金融主要有两种运作模式：保兑仓模式和仓单质押模式。这两种模式的概念与流程在前文已经具体阐述。

以上对物流金融的介绍都是传统意义上的业务模式，而随着技术的发展和金融概念的更新，物流金融行业也取得了全新的发展。比如，在物流金融组织业务方面，传统的物流金融组织的概念是进行资金融通的组织和机构，而现代物流金融组织是在生产金融商品，提供金融服务，帮助顾客分担风险的同时，又有效地管理自身风险并获得利益的机构。可以说，物流金融组织盈利的根本来源就是承担风险的风险溢价。

未来物流金融的发展具有以下的趋势和特征。

（1）物流金融市场中的中小型客户比重上升。借助信息技术和网络金融的革新，贷款申请和评价过程将变得简单，金融机构的评价费用和风控费用也将得到很好的控制。中小企业将继续增加，金融机构也将通过物流金融系统获得业务处理的便利。京东金融可以轻松掌握申请贷款者（平台商户）的销售、利润水平、库存量等，以数据为基础分析借款人，最大限度地抑制贷款风险。

（2）物流行业越来越受资本市场的青睐。随着物流行业资本市场的进一步扩大，政府引导基金、物流创投基金、物流融资基金等多种投资基金将引入物流业，大量物流企业将上市。

（3）物流大数据金融服务创新不断。电子商务资金的结算、信托、资金管理等综合金融服务平台整合物流行业金融业务功能，推出定制产品，为物流企业提供创新服务。

2）贸易金融

贸易金融的理论依据是20世纪20年代至20世纪60年代的商业贷款理论，主要的观点是银行的资产业务应集中于短期自偿性贷款，即基于商业行为能自动清偿的贷款，以保持与资金来源高度流动性相适应的资产的高度流动性。在商品交易过程中，银行可以运用结构性短期融资工具，基于商品交易中的存货、预付款和应收账款进行贸易融资。

目前对于贸易金融的定义，很多学者都曾提出过深刻的见解。实际上，贸易金融就是银行根据企业真实的贸易背景和供应链中上下游企业的资信实力，以单笔或额度授信的方式并配合上一些短期金融操作，依托对物料流、信息流和资金流的控制或对有实力关联方的责任和信誉捆绑，在有效控制风险的前提下对中小企业的一种授信。

一般来说，贸易金融往往具有自偿性的特点，即借款银行规定融资企业所有未来将获得的销售收入首先应用于归还贷款本息，企业销售收入、存货销售或贸易所产生的未来现金流应作为第一还款来源。在贸易金融中这种自偿性的特征弥补了许多中小企业信用等级较低、贷款额度不足的问题,使得相关企业即使不持有足够市场价值的资产作为抵押,也能使用其商品交易中的存货和应收账款向银行进行抵押担保来取得融资,将信贷风险转而用融资的自偿性程度来评估和贷款人的供应链上下游企业资信能力来度量。

贸易金融颠覆了传统观念上对一个单独企业进行资信评估的授信模式,不再片面强调某一个授信主体的财务实力和信用水平,而是注重与真实的贸易背景相结合,并根据整个供应链中核心企业的资信状况,对授信主体进行全方位的评估。具体来讲,就是即使某一家企业目前的实力和规模尚未达到传统的信贷准入标准,只要其供应链上下游企业实力较强并与融资企业有紧密的供求联系,贸易产生的物流和现金流真实可控,银行就可以对其开放信贷融资业务,从而大大地满足了许多中小企业的融资需求,也在规定的风险控制下拓宽了银行自身的融资规模。另外,通过贸易金融的手段,银行能更有效地控制信贷风险,从整个供应链的视角全方位分析授信主体的实际贸易情况,解决了信息不对称的问题,最终使得银行与企业达成共赢的效果。

2. 供应链金融服务需求方

1)供应链上游企业融资

在全球经济一体化的大背景下,供应链中的核心企业为了降低支付成本,通常通过赊销的方式向上游供应商取货以延缓付款时间,将资金压力推给上游的中小企业。但是,这些供应商企业却往往不具备核心企业一般的财务实力和规模,反而大多供应商企业往往会因为信贷等级太低而得不到合适额度的贷款融资,最终甚至会引发资金链断流。当上游供应商出现资金不足的问题时,下游的购货企业就会面临缺货风险,从而影响买方企业和整个供应链的利润,大大降低了供应链的效率。为了提高供应链绩效,降低供应链资金成本,供应商融资的模式就为该类型企业提供了新的解决思路。

供应链上游企业融资主要是指融资需求发生在供应链上游的情形。一般情况下,这类融资服务是以供应链中核心企业为风险控制依托,以上游供应商与核心厂商签订真实供应合同为基础,以借款企业未到期的应收账款作为融资担保,以供应商已发货产生的应收账款或销售后将来产生的远期销售收入作为第一还款来源,为上游供应商提供的用于保证其连续生产经营的融资业务。因此,供应链上游企业融资主要的业务模式就是应收账款类融资,抵押物往往就是上游供应商持有的来自下游企业的应收账款。

供应链上游企业融资具有其鲜明的特点。第一,供应链上游企业融资具有还款的自偿性,即借款企业以自身的应收账款作为融资担保,与该应收账款相关的未来现金流就成为融资的第一还款来源,因此在实际操作过程中银行只需要确认应收账款的真实性和还款期限、按照融资合同保障应收账款的控制权和变现权,就能有效地控制风险、实现更高的融资收益。第二，该融资操作具有封闭性，金融机构拥有从出账到资金回收的全程控制权，应收账款融资下的每一次资金贷出都拥有专门的授信用途，这样确保了贷款回收的安全性和可控性。第三，该融资方式的融资期限较短，一般以中短期融资方式为主，旨在解决短期内中小供应商企业应收账款囤积所致的资金流周转问题。

在供应链背景下，下游核心企业保障自身持续经营的前提就是其上游供应商也能同时保证高效运营，因此该类型供应商融资中的应收账款不会被轻易违约，只是在现金支付时间上有所延迟。由于供应链上下游中各企业成员之间长期合作的稳定性，供应商持有的应收账款比一般独立企业的赊购应收账款更具有稳定性，对于金融机构而言也具有更小的融资风险。事实上，这种融资方式有利于资金有限的供应商更好地运作资金，易于控制一定风险的前提下减少了现金周期的长度，并形成与核心企业的长期合作，增强了核心企业的供应链管理能力，也为银行提供了新的业务增长点。比较常见的供应商融资模式有保理、逆向保理及订单融资等应收类融资模式。

2）供应链下游企业融资

从本质上来讲，供应链下游企业融资就是指融资需求发生在供应链下游企业时的情形。由于处于供应链下游，相比供应商更接近消费市场。因此，供应链下游企业的融资会涵盖更多的服务模式。在国家普惠金融政策推行的大背景下，由于其面对的对象的广泛性，供应链下游企业融资成为新一轮发展普惠金融的支撑点。本书按照供应链下游企业融资的服务对象将其分为三大类——对公、对私及其他，并分别阐述了其中的内涵。

（1）对公业务。对公业务主要就是指供应链金融中的零售金融，其中主要包括保理、小额贷款、动产融资、对公理财等。由于供应链中零售商往往处于下游位置，因此该模式的零售金融可以定义为针对供应链下游的零售商或客户开展的融资服务。在实际情况中，供应链下游的中小企业由于其供应链中较低的地位，在向上游的核心企业支付货款后往往不能立即收到现货，而是在一定期限之后才会到货，但是在这段时期内零售商却已经拥有了这批货物的实际货权。如果下游零售商不能及时利用这些未到库货物的实际价值，那么将会大大影响其资金周转的灵活性，影响其生产经营活动的效率。

零售金融就是以下游零售商为主要贷款对象的新型供应链金融模式。在这种模式中，如果上游核心企业供应商承诺回购，那么下游零售商就可以卖方指定仓库的仓单为质押向银行进行融资申请，相当于利用企业的预付账款并交由银行控制其货物来开展融资业务。零售金融不要求融资企业一次性支付全部贷款，而是可以根据与银行签订的融资合约，从指定仓库中分批提取货物并用其实际销售收入分批次偿还金融机构贷款。与供应商融资很大的不同点在于，零售金融的融资风险较大，因为预付款货物未来的销售情况并不确定，其是否能利用这些货物的未来销售收入还清贷款的能力存疑。因此，上游核心供应商承诺回购的前提往往在零售金融中十分必要。另外，零售金融业务要求除了银行、上游供应商、下游零售商参与之外，还需要有第三方企业对预付账款货物进行仓储监管，保证银行对于质押物的有效控制。

供应链下游的零售商通过进行零售金融的融资，在很大程度上弥补了其供应链弱势地位引发的资金周转问题，确保了其采购资金的充足，增强了供应链之间企业的信任和货源的稳定性。其上游的核心企业在评估了相关货物的未来销售状况之后，为了保障供应链的稳定和效率，也会对销售乐观的零售商采取承诺回购、提前货物资金支付等手段，降低供应链风险。从银行的角度来看，在零售金融的融资过程中不仅获得了利息收入、开拓了客户资源、增加了用户忠诚度，也通过供应链上游企业承诺回购、货物质押监控等手段降低了银行进行信贷融资的风险。可以说，该业务的参与方各取所需，为了共同的利益打造出了稳定的供应链金融生态。

（2）对私业务。对私业务主要是指消费金融，如今市面上的支付宝花呗、京东白条等都属于消费金融产品。消费金融是指为各阶层消费者提供消费贷款的现代金融服务方式，是一种针对银行贷款难以惠及的个体消费者信贷领域推出的新型金融产品。近年来，随着我国经济水平的不断提升，我国居民的消费水平和消费规模实现了爆发性的增长，以个人消费者为主体的消费信贷领域出现了新的需求缺口。借此机会，除了传统商业银行的信用卡业务外，各种消费金融公司、互联网电商平台等服务机构纷纷推出了不同种类的消费金融产品，旨在以更便捷的贷款方式实现提前支付、分期付款等备受青年消费者青睐的消费模式。可以说，消费金融聚焦于个体消费者的切入口弥补了实际情况中大量的现金与消费需求不匹配的问题，实现了普惠金融政策下最快速的业务规模增长。

当然，由于贷款业务便捷性与安全性的矛盾和信息不对称的问题，消费金融行业仍存在较高的风险和许多实际问题。虽然目前该行业得到了政府的一些关注，如已出台的《消费金融公司试点管理办法》就严格规定了相关消费金融公司的成立条件和贷款用途等，但是系统性的法律与信用体制尚在建设中，目前的消费金融服务平台缺乏足够的制度约束。另外，由于当前消费金融平台普遍采取信用贷款的方式，缺乏对借款人信用风险的评估与控制，信贷人的质量也难以保证，从而进一步为规避风险而提升利率或缩小借款范围。这些相关的手段又会与相关产品便利的初衷相悖，引发消费者与平台间的矛盾和冲突，最终制约消费金融产品的发展。

从当前情况来看，消费金融的发展仍任重道远。首先，还是要健全法律法规体系，从根本制度上规避违规现象的发生，杜绝某些平台为扩大规模而进行的随意授信或违规调整利率的行为，保证行业健康发展。其次，平台自身也要制定完善合理的授信体系，确保授信金额和还款时间合理便捷，在确保低风险的情况下适度增加授信范围和规模，保证借款人的质量。当然，随着大数据、区块链等多项现代化技术的发展，将数字技术与消费金融融合也有望成为该行业新的突破口。

（3）其他业务。除了对公和对私的零售金融业务外，其他类型如众筹和农村金融也是当下较流行的零售金融模式。

众筹一般被认为是互联网上的一种多人筹资的行为，通常是由某个企业或个人在互联网上发布自己的项目或创意来吸引关注，进而面向大众筹集项目资金的一种融资方式。当前中国的众筹规模呈不断扩大的趋势，众筹平台的数量也在不断增加，有望成为未来零售金融发展的新趋势。由于众筹具有明显的风险分散和产品运营的优势，加之当下存在特定金融机构对小微企业授信额度较小、创新创业者资金需求存在巨大缺口等问题，该模式逐渐成为小型企业或个体进行创新项目筹资的热门选择。另外，随着经济水平的提高，越来越多的人加入到金融市场的投资热潮中，众筹成为较股票投资外更为直接且富有互动性的项目投资方式，符合一部分投资者的投资偏好，形成了强大的供给力量。在这样供给与需求相互匹配增长的情况下，众筹在零售金融行业中确实具有不可忽视的地位。

纵观整个供应链生态体系，在营造健康和谐发展的供应链金融生态时，不同的生态系统成员需要保持各自不同的发展理念。对核心企业来说，要以场景和交易结构为起点重新梳理、整合、布局供应链条，打造个性化和定制化的供应链管理方案，积极与外部供应链服务公司合作。积极应用财务供应链管理工具，发挥自身的能力优势和信用优势，自内而外地分享给供应链外部合作伙伴，重视战略目标协同、业务流程协同及信息共享协同。对金融机构来说，金融机构的业务重心不仅仅是供应链中的核心企业，还应联合外部渠道方、链属企业甚至是政府部门的力量，积极发展供应链金融新生态。对科技公司来说，科技公司的工作重心在大力发展金融科技技术，与核心企业、金融机构紧密合作，发展商业生态的线上化、自动化及智能转型，赋能供应链中链属企业的数字化能力。对政府等监管部门来说，最重要的是建立完善的监管制度，如出台相应措施鼓励并监督企业主动确权、确定付款期限等，同时要摆脱传统思维，积极搭建供应链金融公共服务平台，提升生态资源的供给。

5.3 供应链金融总体框架

5.1节主要介绍了供应链金融服务的主要分类，可分为应收类融资、预付类融资、存货类融资及信用类融资，并总结了这四类融资模式在抵押物性质、融资企业类型、融资发生阶段及风险控制重心等方面的区别与联系。5.2节提出了四种不同的供应链金融服务设计思路，分别按供应链结构、物流阶段、合作伙伴及生态体系来设计服务方案。因此，同一种供应链金融服务适用的场景并不唯一。同样地，在供应链经营交易的任意节点，都能找到针对不同企业的供应链金融模式。

图 5-17 描述了供应链金融的总体框架，对 5.1 节、5.2 节内容中提到的供应链金融服务模式进行了系统的概括。从图中可以看出，整个供应链金融系统由供应链金融服务提供方和需求方组成。具体来说，供应链金融服务需求方主要就是指供应链交易过程中的各方成员。能提供供应链金融服务的不仅仅只有金融机构，还有物流企业和金融科技企业，它们都已经开始布局供应链金融业务，并在现实中应用，从中衍生出许多特有的供应链金融模式，5.2 节已经对各种业务模式的流程进行了详细介绍。立足于供应链金融服务需求方，由于各个企业之间的企业规模、交易情况及市场占有量等不同，供应链中上下游企业的交易地位并不对等，当下游企业较强时，往往会延长对上游的货款支付时间，而当上游企业较强时，又需要下游企业必须先支付一定的货款才可以提供产品。无论是哪一种模式，都对有资金约束的中小企业造成了较大的压力。与以往传统供应链金融的业务模式不同，近年来，由于金融科技的快速发展，金融机构也逐渐开始寻求金融科技企业的业务支持。较为典型的就是区块链技术的应用，由于区块链技术的不可篡改性和分布记账式特点，可深入挖掘供应链中每一层的交易信息，使得供应链核心企业的信用价值被再一次放大，让核心企业的信用延伸到更远层级的供应链企业。同时，物联网、大数据等技术也为监管部门提供了风险识别、风险度量及风险控制的新手段。因此，金融科技的赋能使得原有的供应链金融系统更加完善，业务更加丰富，风险管理更加科学有效。

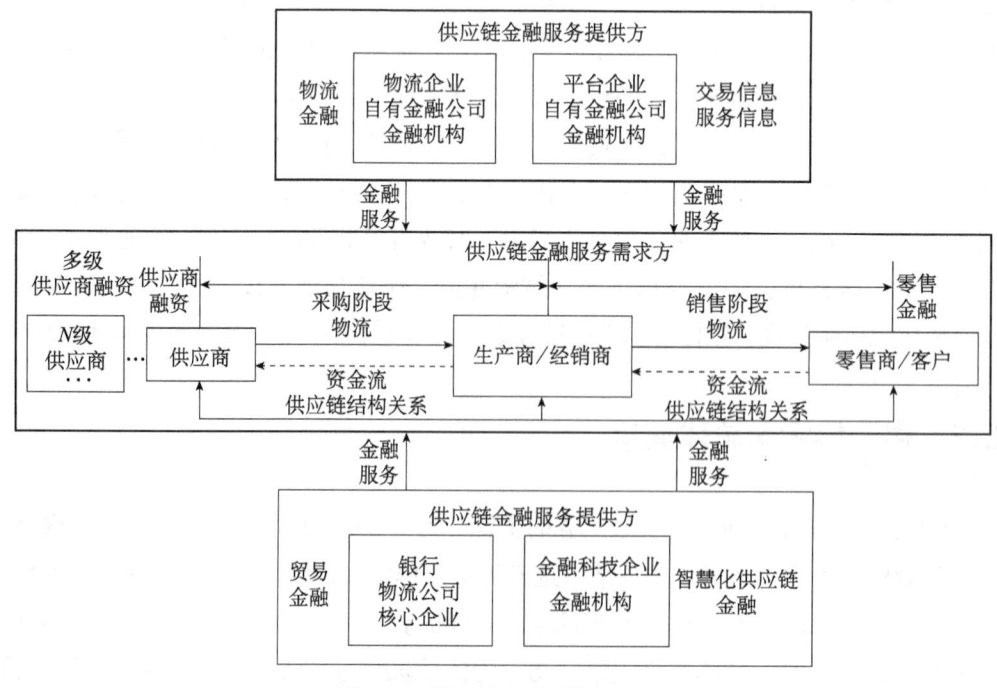

图 5-17　供应链金融总体框架图

本章要点

- 通过现金周期图，本章对供应链金融服务产品进行了分类。供应链金融服务产品主要有四类：应收类融资服务、预付类融资服务、存货类融资服务及信用类融资服务。这四类融资服务在抵押物性质、融资发生阶段、融资企业类型、融资用途及风险控制重点五个方面存在较大的区别。
- 由于各种供应链金融服务发生的场景、主体企业及供应链企业关系的紧密度不同，供应链金融服务产品可以按照不同的标准去划分。本章分别按供应链结构、物流阶段、合作伙伴及生态体系来讨论各种供应链金融服务产品的设计思路。
- 整个供应链金融系统主要由供应链金融服务提供方、供应链金融服务需求方及监管机构方组成。供应链金融服务需求方和供应链金融服务提供方的多样性使得供应链金融服务产品越来越丰富。

思考题

1. 供应链金融的主要分类有哪些？
2. 如何应用供应链结构来设计供应链金融的产品服务？
3. 金融机构如何设计供应链金融服务产品？
4. 数字科技的发展对供应链金融的产品设计产生了哪些影响？

第 6 章
金融机构供应链金融服务

开篇案例

工商银行供应链金融

发展现状

自 2009 年开始，工商银行凭借先进的风控技术和金融科技，不断创新产品，改善服务，深耕供应链金融，累计发展供应链超过 3600 条，为 1.5 万户中小企业排忧解难，发放融资超过 10 000 亿元。工商银行整个供应链金融服务的产品涉及整条供应链的交易过程，包括发货前、运输中及销售后，也包含了供应链中的所有参与企业，供应商、核心企业、经销商等，所提供的供应链金融服务有应收类融资（保理融资）、预付类融资（下游买方融资）、存货质押类融资及信用类融资等（消费端的个人信贷等）。同时，工商银行也开始布局金融科技的应用，在金融科技的赋能下，实现了核心企业信用在供应链中的拆分与多级传递，让供应链中更多的企业获得供应链金融服务。在消费端，工商银行也为消费者提供个人信贷服务。目前，工商银行大力发展数字供应链金融服务，从"三流"供应链管理的角度，分别对物流运输环节进行有效监管、实现资金流的闭环管理及信息流的正确对接。相比于传统业务，数字化供应链所具备的优势较为明显。传统业务的贸易背景由人工传递、上下游之间难以了解真实经营状况、回款无法控制、资金用途需要事后监测，但数字供应链的贸易数据全程可获取、采用模型测算、智能审批、系统控制回款路径、资金用途可实现实时监测。

此外，传统供应链授信融合多重保障以降低授信风险发生概率，依托贸易项现金流为第一还款来源，核心企业承担连带还款责任，风险比较低。但是在供应链上存在多重分销商的情况下，传统供应链融资较多服务于一级供应商与经销商，融资的穿透性较差。除此以外，数字化供应链还可以将各个业务环节形成业务闭环，严格把控风险；可以打破地域限制，以核心企业为中心，异地开户、放款、还款；整个过程都可以在线上发起，无纸化操作，全流程极致体验，进一步简化了传统的业务流程；审批效率高，通过预设核准参数，利用系统自动审批的功能，实现"一触即贷"。

供应链金融产品

在资金方面，工商银行资金实力雄厚，资本成本低。工商银行提供的线上供应链融资利率优于线下、优于同行业，可为实体经济注入低成本资金。在牌照方面，传统财务公司融资主体仅限于本集团内成员企业，而工商银行可利用自身持牌优势，有效服务集团内外的供应链客户。在数据方面，工商银行深度利用大数据技术，与大数据公司合作，并引入税务、海关、个人反欺诈等多维度、立体化数据，提高供应链内企业风险评估能力与准确度。工商银行打造严密的"天眼"+"地网"风控体系，线下全国有1.7万家境内网点，全球有超400家境外机构，线上有超50个智能风控模型，打造独特的行业内专业优势。

下面介绍几种典型的供应链金融产品，如工银e信、e链快贷等。

（1）重点产品——工银e信。工银e信由核心企业基于应付账款及贸易背景在工商银行数据金融服务平台上在线签发、用以证明供应商到期债权的数字信用凭证，见图6-1。该产品主要侧重应用延伸，具有可转移、可流通、可拆分、可变现的特点，改变了传统供应链金融模式仅能支持核心企业上下游客户的融资需求，达到了真正将核心企业信用向产业链深度延伸的效果。工银e信将优质核心企业的信用注入整个产业链中，实现穿透式供应链融资。

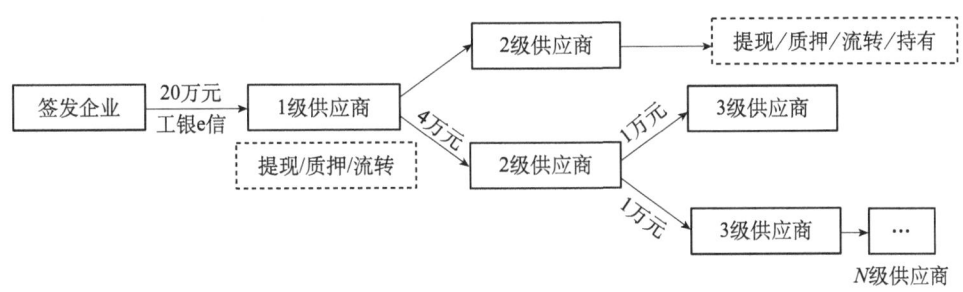

图6-1 工银e信业务流程

工银e信采用信用穿透式供应链融资。供应链中的核心企业通过出具电子债券凭证等方式，将自身信用通过贸易链条，传导至最上游的小微企业。工商银行采用分布式记账等数字化手段，实现信用的多级流转，将超大型企业和小微型企业联系起来。工商银行通过评估核心企业履约付款能力和贸易背景、偿贷能力，越过中间环节，实现对供应链全链的金融融资服务。

在提供这一服务的同时，工商银行采取了一系列措施，包括下发产品制度、供应链管理办法、上游供应商、下游经销商、数字信用凭据、电子集采、合作贷款等。这些措施一方面降低了银行在传统贸易融资服务过程中所面临的风险，另一方面让工商银行作为该模式下的签发者与资金最终提供方，降低银行资金的对接难度，具有资金自由组合、转移方便等优点。

（2）精准扶贫——e链快贷。e链快贷是指基于供应链多维在线数据，为供应链个人客户（小微企业主、个体工商户、农户等）提供的线上供应链融资渠道。

e链快贷的产品优势在于，国家乡村振兴局在相关部门支持下，针对贫困农户家庭状况、发展水平、生产规模、生产周期等特点，量身定制、科学设计"5万元以下、3年期以内、免担保免抵押、基准利率放贷、财政贴息、县建风险补偿金"的扶贫小额信贷。

例如，L公司向工商银行提供推荐名单，请求工商银行向L公司上游农户提供专项贷款资金用于采购农资，经过工商银行的系统审批与调查核实之后，工商银行即向L公司上游农户（e链快贷的主要目标客户）共1000余户提供融资，融资规模户均1万元，有效实现了金融活水有效滴灌，精准支持小微企业发展。

（3）重点产品——交易融资。工商银行推出产业交易链场景融资模式：针对交易链场景下选择大宗属性较强的商品和管理较规范的平台，配合先进的物控模式，围绕大宗农产品的存储、交易环节，依靠交易平台搭建的交易体系及沿物流上溯的产业链各环节物流、资金流和商流数据，为平台交易商、生产商、经销商及农户提供的在线金融服务。产业交易链场景融资模式包括电子仓单卖方融资、电子仓单买方融资、电子仓单订单融资三类。电子仓单卖方融资是指针对工商银行以交易商在农业大宗商品交易市场平台或工商银行认可的仓储平台形成的电子仓单项下的商品作质押，为其提供的在线融资服务。电子仓单买方融资是指依据交易商在农业大宗商品交易市场平台中所达成的订单，在现货仓单已锁定、资金流可控的情况下，为买方交易商提供的在线融资服务。电子仓单订单融资是指买方交易商在农业大宗商品交易市场平台与卖方交易商达成未来农产品种类、定金、价格、交货期和结算方式等要素的订单要约后，工商银行为买方交易商提供的在线融资服务。

业务展望

展望未来，工商银行将使用1主动力+3新引擎的方式打造市场格局。主动力是指关注公共设施建设、交通运输、能源版块，新引擎是指使用新技术实现产业升级、新业态助力消费升级、新模式加速技术升级，打造先进制造业、幸福产业和物联互联的市场新格局。主动力可以有效发挥逆周期调节作用对抗风险，新引擎则立足于夯实客户基础并在此基础上挖掘潜力客户，打造市场新格局。

另外，工商银行业将在多个应用场景下提供供应链金融服务，包括自平台、第三方平台、线上交易及大数据赋能的场景。目前，在自平台场景下，已有多种相关产品，如中建集采贷、工银集采贷、融e购及个人住房按揭贷等。在第三方平台场景下融资主要通过供应链平台加快推动第三方供应链平台对接，落地场景为大宗商品交易平台，如北京棉花交易市场等。在线上交易场景下，工商银行通过银企信息互联，自动获取交易数据、核实贸易背景，有效防范风险，覆盖品牌汽车、现代农业、装备制造、通信、生活快消品、医药、电子集采等产业链。基于大数据赋能，工商银行的供应链金融服务模式与之前的应用场景有所区别。工商银行主要基于行内外多方数据挖掘和分析的小额信用贷款，构建八大场景模式下小额信用贷款：结算、纳税、跨境、用工等。

大数据赋能下的场景需要工商银行具备与时俱进的科技实力与创新意识。融合 FTP（file transfer protocol，文件传输协议）、邮件、API（application program interface，应用程序接口）接口、O2O 数据采集、银企互联、网银上传，打造开放式银行，通过物联风控手段，用大数据技术和思维重塑物流模式、用商品字典信息和盯市技术支持在线交易，将商品标准化、电子化形成仓储物流数据、用视频技术和 RFID（radio frequency identification，射频识别）射频技术可视化监管仓库等，秉承"用户即客户"的理念，全面实施数字化战略转型，提升跨界服务能力。未来的供应链金融服务系统一定是一个集客户系统、供应链平台、ERP 企业及大数据公司等多方合作从而获得共生共赢的生态系统。

案例思考题

1. 工银 e 信、e 链快贷的模式设计思路有何异同？
2. 数字化技术对工商银行供应链金融产品服务的设计思路产生了什么样的影响？
3. 在每种供应链金融产品中，工商银行的风险控制重心是什么？结合数字化技术的影响，金融机构该如何制定风险控制措施？

> **本章学习目标**

- 了解金融机构供应链金融服务的发展过程
- 分析不同金融机构供应链金融服务的设计思路
- 了解金融机构供应链金融服务的风险管理模式

6.1 金融机构供应链金融服务的发展阶段

在供应链企业贸易往来中,资金的重要性不言而喻。如果没有资金来源,供应链企业之间的交易流程将不能顺利进行。在企业贸易过程中,银行等金融机构一般可作为交易过程中运营资金融资的提供方。比较常见的是银行提供的传统信贷服务。传统信贷服务一般仅仅关注融资企业的资质是否良好,融资企业的该笔交易情况是否真实。然而,供应链中生产资金约束的企业往往资质较差,交易规模较小,因此在银行的征信系统中没有足够的信用水平来获得银行融资。

与传统贷款不同,供应链金融是连接产业与金融资本的服务。商业银行通过为供应链企业提供生产运营所需的资金,为供应链上下游的贸易提供资金保障,以确保供应链的流动性,同时,银行也能从资金服务中获得一定收益。供应链金融服务不再仅仅关注单个企业的交易与规模,而是站在整个供应链贸易的角度,将关注重心放在与融资企业进行交易的企业或融资企业的合作伙伴,更关心整条供应链中的交易是否稳定。所以,商业银行在最初供应链金融业务流程中,一般都会立足于供应链企业之间的交易过程进行供应链金融服务设计。具体来说,可以将供应链企业之间的交易过程分为交易前、交易中及交易后。正如第5章中提到的,由于不同阶段可以用来抵质押的物品的性质不同,商业银行可以分别设计出不同的供应链金融服务产品,满足不同企业在不同交易阶段的资金需求。因此,按照物流阶段来进行供应链金融服务产品设计是商业银行初期开展供应链金融业务的重要思路。

同时,商业银行的供应链金融业务一开始主要着眼于供应链中的核心企业。在这样的模式下,银行依托核心企业的信用,基于真实的供应链交易背景,通过供应链中的应收账款、库存货权等方式为供应链中的中小企业提供资金服务。除了和供应链中的核心企业进行合作,银行还对第三方物流企业有着一定的合作需求。因为在以库存货权为质押物的融资模式中,银行往往对这些质押物的流动性、保值性及货物实际价值等信息不了解,因此银行相对于专业的物流企业,较为缺乏针对质押物的专业监管能力。如果由银行来承担质押物的监管风险的话,在整个融资过程中,存货类融资的风险会增大。第三方物流企业在这个过程中具有较为明显的优势:首先,第三方物流企业可以掌握质押物的状态与价值;其次,第三方物流企业作为连接供应链上下游企业物流业务的企业，非常了解上下游企业的交易状态。因此，很多银行开始选择与第三方物流企业合作，在原本提供的物流服务的基础上开展相对应的供应链金融服务。

除了对供应链中交易过程的细节进行把握来设计供应链金融服务产品外，银行后来也开始关注供应链结构的特点，并以此为依据进行供应链金融服务设计。这样的服务模式一方面解决了供应链中相对弱势的企业融资难及供应链地位失衡问题；另一方面，在供应链中也可以将银行信用融入上下游企业，促进供应链企业之间建立长期的战略合作伙伴关系，从而提升整条供应链的竞争能力。

这些业务，银行等金融机构基本上可以在线下进行操作完成。这些供应链金融服务模式的设计思路离不开供应链核心企业的强大信用。随着互联网技术的快速发展，其中一些环节的信息被转移到了线上，包括供应链中的商流、物流、信息流及资金流等，实时掌握供应链企业的经营状况，更及时地控制供应链金融风险。线上业务的开展也离不开相关金融科技技术的支持。中国人民银行会同工业和信息化部、司法部、商务部、国务院国有资产监督管理委员会、国家市场监督管理总局、银保监会、国家外汇管理局于2020年9月出台了《关于规范发展供应链金融支持供应链产业链稳定循环和优化升级的意见》。在该意见中，明确了数字化、线上化及生态化是未来供应链金融发展的主要方向，其中针对线上化和数字化的业务提出了具体的政策指导意见。通过数字化科技技术为中小企业及金融机构赋能，结合外部大数据及数据仓库来搭建大数据融合平台，实现数据互通和数据互用，包括一些可分享的数据，流程算法及交易信息等实现共享，使得金融机构以"数据＋金融＋场景"方式提供数字化供应链金融服务。数字化技术可以帮助金融机构在整个行业中形成较强的竞争力，可以连通供应链乃至整个贸易环境中的所有利益方，如政府、电商及物流企业等，建设供应链金融平台，形成合作多赢的供应链金融生态，更好地实现供应链整个生态体系的可持续性发展。

6.2　金融机构供应链金融的产品服务

2019年3月，国家发展和改革委员会等多部委联合发布《关于推动物流高质量发展　促进形成强大国内市场的意见》。在该意见中，肯定了物流业对于国民经济发展的战略地位，支持物流企业为供应链企业提供融资渠道，同时还鼓励持牌金融机构开发基于供应链的金融产品，引导和支持资金流向实体企业，加大对小微企业融资的支持力度。

本章的开篇案例详细介绍了工商银行的供应链金融服务模式，以工商银行的产品体系为参照，这一节对金融机构的供应链金融产品服务进行讨论。从工商银行整个供应链金融产品体系来看，供应链金融产品涵盖了供应链经营管理的整个流程及所有成员企业，以核心企业的强大信用为依托展开供应链金融服务，为核心企业及其上下游企业提供全面的应收账款类融资、预付账款类融资、存货类融资、信用证及票据等供应链金融产品，如图6-2所示。在产品创新方面，工商银行积极应对"互联网+"的时代变革，依靠大数据、物联网、区块链及人工智能等数字化技术，基于供应链中的数字信用凭据实现核心企业的信用在供应链中的拆分与多级流转，解决传统供应链金融中的业务风控、效率难题。工商银行的供应链金融产品在行业选择上，不仅涵盖了传统的生产制造与资源能源型企业，还拓展到了零售行业，为多个大宗商品交易平台提供了全产业链的金融服务。在风险控制方面，可以看出，工商银行大力发展金融科技，更精确地获取供应链企业的历史交易信息、行业背景、财务情况及经营情况等信息，可以为融资企业进行更准确的画像，得出风险评级标准、授信审批额度、还款风险预警等判断，解决供应链中信息不对称导致的信用风险与道德风险问题。

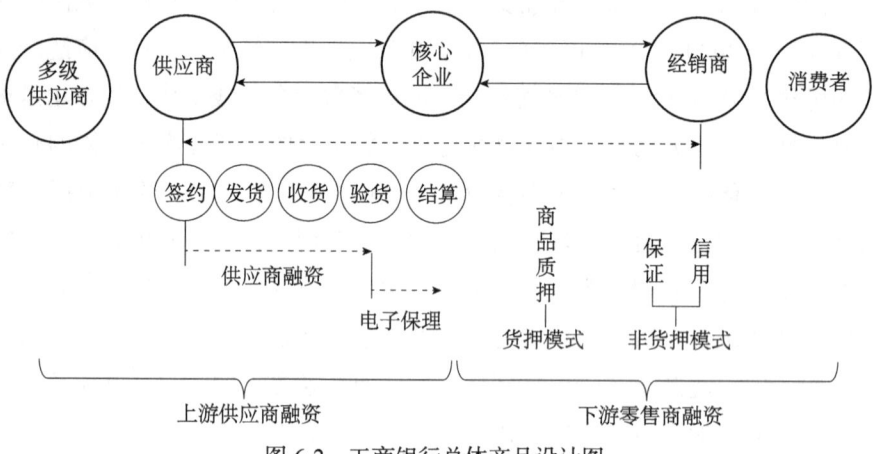

图6-2 工商银行总体产品设计图

从以上的分析来看，并结合市场实际运营与业界的实践，金融机构供应链金融服务呈现出以下几个重要特征：①服务主体多元化；②服务渠道线上化；③服务模式数字化。本节主要从国有银行、股份制银行及地方农商行三类银行的角度出发，介绍其供应链金融服务产品的设计思路与服务内容。

6.2.1 四大国有银行的设计思路

随着大数据时代的来临和供应链金融概念的兴起，越来越多的金融机构看到了依托供应链的融资贷款业务中巨大的潜力，希望可以将供应链核心企业的信贷额度更多地分享给所有供应链企业。在这样的机遇之下，四大国有银行搭上了"业务模式"创新的班车，推出了各种形式的供应链金融产品，旨在在运用数字技术和前沿理念控制风险的前提下扩大业务规模。凭借着自身强大的经济实力和技术优势，四大国有银行都选择了自建并自运营平台。在开篇案例中，已介绍了工商银行的相关案例。从该案例中，可以了解到工商银行自身搭建了 e 信平台，其供应链金融服务覆盖面较广，针对供应链中上下游不同的融资需求都可以提供相应的融资服务。通过金融科技的辅助，供应链金融服务的范围能延伸得更广，实现核心企业信用在供应链中的拆分与多级传递。接下来本节将重点以中国建设银行（简称建设银行）的供应链金融产品——善融商务为例，较详细介绍国有银行供应链金融业务的设计思路。

建设银行作为四大国有银行，也具备工商银行的财务实力和业务基础，其供应链金融业务也已经较为成熟和完备。由于很多产品与工商银行的供应链金融产品原理类似便不再赘述，本节重点介绍由建设银行开创的"善融商务"电子商务金融服务平台。

在互联网和电子商务迅猛发展的大背景下，越来越多的中小企业和个体商户选择在网络上进行商品交易。由于线上交易多为零售，资金流具有流动快、频率高、额度小等特点，加之商户本身财务实力往往不强、质押担保能力弱，因此很多电子商务零售商面临融资困难的问题。为了解决零售商的需求，同时也为进一步拓宽融资业务渠道，建设银行在 2012 年 6 月首次上线善融商务电子商务平台，旨在通过银行搭建电子商务平台的模式，为电商群体提供更个性化的融资服务。

善融商务是建设银行基于传统的电子商务，搭建并推出的以专业化金融服务为依托的电子商务金融服务平台，融资金流、信息流和物料流于一体，为客户提供信息发布、在线交易、支付结算、分期付款、融资贷款、资金托管、房地产交易等全方位的专业服务，其特色就在于融合了供应链金融的相关服务，使得平台在具备基本的电子商务、在线交易功能之外，还拥有独特的支付结算、信贷融资等功能。简单地说，善融商务就是由国有银行——建设银行自建的电商融资平台，面向广大的中小企业和个人提供专业化的电子商务服务和金融支持服务，旨在利用其庞大的客户群体挖掘潜在的消费融资机会，从而在互联网大数据时代谋得一席之地。我们以善融商务的个人商城为例进行了解。

建设银行善融商务的个人商城聚焦于 B2C（business to consumer，企业对顾客电子商务）的金融支持服务，可以简单地理解为是银行将线下信用卡业务转移为线上电子商务贷款业务的革新。由于该模式主要面向线上消费者，个人在商城内注册完成后，即可拥有一定的信用额度，在一定的信用额度下，消费者可以使用网银、电子券、信用卡或综合积分等方式进行购买、支付。不同的支付方式本质上都是快捷的个人贷款业务，个人不需要提供担保即可立即使用，为习惯于线下信用卡交易的用户提供了便利的电子商务途径，也为习惯于使用电子商务的个人提供直接的小额贷款服务，拓宽了适用用户的规模。另外，平台内还融合了其他的个人融资业务如建行快贷等，用户可以利用自身在建设银行内办理过的业务及在平台内交易过的数据为依托，提高自己的信用额度以办理更长期、更高额的个人贷款，从而将银行业务通过善融商务平台扩散至平台之外的领域。

产品设计思路：由于国有银行原先信用卡贷款的客户群体规模庞大，而在电子商务迅猛发展的时期却没有发展出相应的线上个人贷款业务，建设银行决意推出自建的电商金融平台。从早期与阿里巴巴等专业电子商务企业的合作中，建设银行发现电子商务平台不仅是为了获得线上的交易量，也是为了获取交易背后的信息和数据。为了应对越来越多的电子商务个人融资需求和参差不齐的个体消费者信用风险问题，建设银行利用自身强大的科研技术和财务资本自建了善融商务电子商务金融服务平台，以此获得更大规模的个人贷款业务和忠诚用户群体。

与传统的电商平台不同的是，善融商务不赚取平台商户的租金和商品差价，而是赚取消费者进行贷款消费时的利息，也就是银行传统的盈利模式。该模式的好处在于卖方拥有了更低的进入成本，便于平台吸引更多优质的品牌商户入驻以建立强大的集聚效应；而对于买方层面不仅有了更多优质产品可供选择，也因为有了更快捷的贷款流程而保持长久的平台忠诚度。可以说，该平台通过服务个人电子商务的贷款需求，实现了个人—电商—银行三方共赢的结果。

结合开篇案例中工商银行的案例，对国有银行供应链金融模式展开分析，可发现，由于它们都拥有雄厚的财务实力和客户基础，都更愿意自建系统或平台来提供服务和产品，对于新型领域也多采取与龙头企业合作的形式共营平台。在这种模式下，银行本身参与平台程度较深，因此可以较有效地规避风险和监控资金，也能更准确地获得融资业务所需的信息和资源。在传统的概念中，国有银行相较于一般的商业银行最大的劣势在于其融资业务的严格性，也就是所谓的"拥有很多成本很低的资金，却不愿意借给中小企业"。但随着互联网技术的不断发展，从国有银行的创新产品中发现，它们也在控制原有风险一定的情况下提升所有资金的灵活性，无论是借助供应链核心企业的信贷担保还是借助数字科技削减信息不对称性。供应链金融和相关数字技术的发展定会推动国有银行融资业务创新内容的发展。

6.2.2 股份银行的设计思路

本节通过股份制银行供应链金融业务中具体的产品应用来讨论其产品设计的思路。下面以上海浦东发展银行（简称浦发银行）的供应链金融业务为例展开讨论。

浦发银行早在2007年就推出了"企业供应链融资解决方案"，为核心企业提供信用服务、采购服务、存货周转及账款回收等业务。浦发银行与多个核心企业和物流公司进行合作，如中国移动通信集团有限公司、神龙汽车有限公司及中国远洋物流有限公司等，实现了信息流、物流及资金流的深层整合。近年来，浦发银行也加快了线上化业务的布局，围绕客户融资需求，结合物联网、5G[①]、区块链等技术，推出了较多的供应链金融产品，为不同行业的融资企业提供了全新的融资服务。

以浦发银行区块链服务平台的业务流程为例。浦发银行应用区块链技术主要完成了供应链中应收账款的拆分与多级流转，见图6-3。首先，浦发银行针对供应链中的核心企业授予一定的信用额度，核心企业凭借被授予的信用额度向其一级供应商开立数字凭证。数字凭证是一种信用凭据，以数字化的形式在线开立、确权、承诺在未来确定日期支付，持有者可凭此凭据进行债权的转让、申请融资等业务，从而实现产业链上下游企业全方位的普惠金融服务。若一级供应商存在融资需求，则可以凭借该数字凭证从浦发银行获得融资。若一级供应商不存在融资需求，可以将数字凭证进行拆分并转让给它的上一级供应商。同样地，若上一级供应商存在融资需求，则可以凭借获得的数字凭证申请融资，若无融资需求，则可选择持有或者继续拆分流转。当数字凭证到期兑付以后，浦发银行负责将区块链上的数字凭证清除。

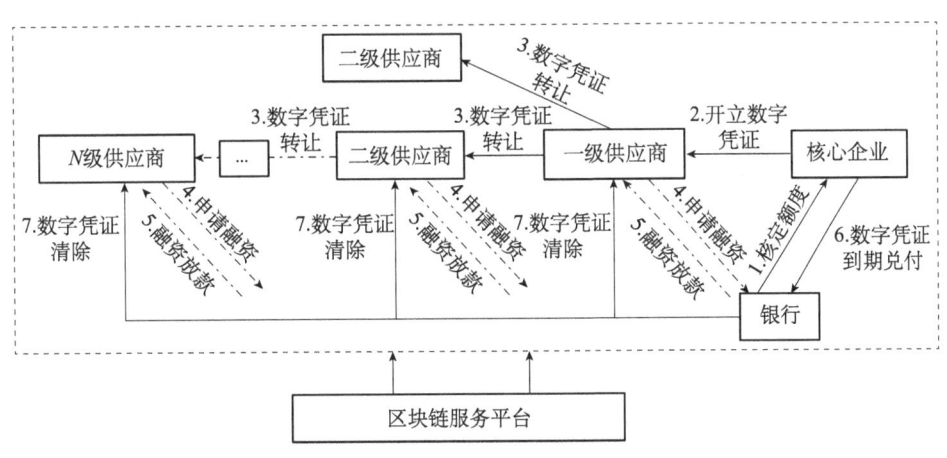

图6-3 浦发银行区块链业务流程图

产品设计思路：浦发银行区块链业务的过程也是基于贷前—贷中—贷后全过程的流程管理模式。在贷前，对核心企业进行授信，由核心企业邀请其业务中可靠的供应链加入注册并开立账户。这个过程主要用来创建企业对应的区块链地址，实名认证的上链机制能有效抵制信用不良的企业加入。每个企业的区块链账户地址都是用来作为区块链记账、对账及合约清除的基础。在贷中，主要涉及的流程有数字凭证的开立、转让及融资等过程，依据企业不同的经营状况与资金情况，可以对数字凭证选择持有、拆分转让或申请融资，这些信息都会在区块链上创建，并不可篡改，

---

① 5G表示第五代移动通信技术，5th generation mobile networks。

协议在线签署。在贷后，主要针对还款问题。在区块链服务平台，融资还款信息上链，同时数字凭证会同步更新，形成新的数字资产，而融资企业兑付清除的消息也在区块链上体现，银行负责将数字凭证上的借贷信息清除。

在所列举的例子中，供应链金融服务是基于供应链交易中的应收账款展开的，对应收账款进行拆分流转，这使得供应链中更多企业可以获得供应链金融服务。类似的产品还有浦发银行的"政采e贷"等。从中可见，整个供应链金融产品的设计离不开供应链中核心企业的强大信用，依托数字科技的支持，将核心企业的信用进行深层传递，覆盖到更广的供应链企业。除了浦发银行，还有其他一些股份银行也有类似的供应链金融服务，如上海银行股份有限公司与联易融数字科技集团有限公司（简称联易融）共同打造的"上行e链"平台，该平台也是主要处理供应链贸易过程中的反向保理业务。

这些"e链"业务形式，通常是将区块链技术与供应链金融结合，运用区块链不可篡改、可追溯、多方参与和共识等技术特点，将企业贸易过程中产生的应收账款转换为电子债权数字凭证，从而为核心企业的上游中小微企业提供电子债权凭证拆分、转让和融资等服务。在这个业务过程中，供应链中流转的主要是数字凭证，它具有可流转、可融资、可拆分及可兑付的特点。这个业务将智能技术融合到前端营销服务和后端的管理、经营决策等领域，解决业务痛点，如供应链中企业权责利不对等，线下操作复杂，确权意愿不强，信息不对称，面临重复质押风险及传统汇票难拆分流转，使用场景受限等，从而大幅提升借款企业融资便利性和操作体验，提升普惠金融服务水平，打造共享、互赢的供应链金融生态圈。

6.2.3 地方农商行的设计思路

本节通过地方农商行供应链金融业务中具体的产品应用来讨论其产品设计的思路。下面以杭州联合农村商业银行股份有限公司（简称杭州联合银行）的供应链金融业务——E农贷为例展开讨论。

杭州联合银行对公业务往供应链金融方向开展以来，从农业供应链入手，试图搭建具有农商行特色的供应链金融体系。在2015年底，杭州联合银行形成了较齐全的基础产品库。杭州联合银行将供应链金融按照物流阶段分为订单、存货和应收。其中，订单方面包括预付款保函、履约保函等产品；存货方面包括存货质押、厂商一票通等；应收方面包括应收票据质押、保理、票据贴现、票据质押等基础产品。在基础产品的基础上，银行再推出对于特定行业的供应链金融服务产品。

供应链核心客户F公司成立于2008年4月，注册资本为1.8亿元。F公司以服务"三农"为宗旨，以连锁经营为手段，主营化肥、农药等。在浙江、江苏、安徽等省均有业务开展和连锁经营网点铺设。F公司目前是杭州联合银行优秀的长期合作客户，在杭州联合银行授信额度为2.3亿元，但未占用杭州联合银行表内贷款资源。

在该产品中，银行首先与F公司签订合作协约，规定授信情况与还款方式，F公司执行协约时按批次向银行提供准入客户，银行无须单独进行调查或下达授信通知书，只在清单上加盖公章之后导入系统。客户需要在贷款时通过浙江农资集团有限公司（简称农资集团）的电商平台中农在线线上申请，订单按照F公司提供的白名单批次等信息发放融资资金，客户仅能使用贷款资金支付给银行或F公司，在信用期限到期前，客户向银行完成还贷。

产品设计思路：E农贷属于核心企业担保下的订单融资的一种应用，其产品设计主要依赖于核心企业的信用支撑。不同于浦发银行应收账款类融资，E农贷所针对的融资对象主要是有资金约束的供应链上游企业。当上游企业获得下游订单时，缺乏足够的生产运营资金，由此产生融资需求。因此，E农贷所发生的阶段一般在装运前。基于银行与供应链核心企业较好的信用合作关系，银行可以通过核心企业得到一些关于可信赖的上游客户的交易情况，从而通过这些中小供应链上的企业的交易情况进行信贷的发放而非通过这些企业的经营财务指标进行信贷还款能力评估。银行在其中设定特定利率并按月在客户借记卡上自动扣款扣息，资金流将在线上封闭运行，风控流程涉及贷前—贷中—贷后的全流程。客户如需贷款，可通过农资集团的电商平台中农在线直接实现线上申请，接口将自动对应订单贷产品，贷款额度按线上订单金额控制发放，贷款资金仅能定向支付给F公司及其下属公司在杭州联合银行开立的账户，从而实现资金流闭环。同时，核心企业强有力的担保支付也是E农贷服务模式顺利推行的重要原因。

E农贷产品与在前文中提到的核心企业担保下的订单融资相比，创新点在于：由于银行与F公司之间长期保持着良好合作关系，E农贷产品在用户审核方面减少了流程和时间冗余，银行资金得以提前介入，从而有效提高企业接收订单的能力。F公司提供的白名单内的客户可以在自己的系统上自行申请贷款，而这部分贷款由于经过中农在线，即农资集团的电商平台，并被限制为只能用于F公司在行存款账户或银行，因此可以完成资金闭环，提高了资金的安全性。与此同时，申请贷款到期时的自动扣费方式与提前还款方式由线上系统自动操作完成，减少了相关的人力成本。

由于供应链金融信息系统还不够完善，供应链金融产品也是全新的尝试，在风险控制和风险责任占比方面还需要进一步改进。并且，目前银行在获取相关信息时的成本较高，而供应链金融又要求物料流、资金流和信息流在一定程度上的对称和匹配，这些大大地限制了商业银行在该项业务上的拓展。另外，各地尚未建立起统一的公共金融信息服务平台，信息获取难度大，大部分银行的供应链金融业务无法有效开展。虽然杭州联合银行的供应链金融产品体系较为全面，但是尚未有完整的供应链管理信息系统对融资过程中的应收账款、动产质押进行系统化、网络化和自动化管理。除票据外的供应链金融产品均停留在手工管理阶段，这极大地阻碍了业务的发展。在互联网时代，由于信息技术的日新月异和大数据分析的应用，急需搭建一个功能齐全、可以实现数据实时更新、可以根据风险规则进行实时预警的自动化电子信息管理系统。

6.2.4 非银行金融机构的设计思路

前面已经介绍了商业银行的供应链金融服务产品的设计思路，无论是国有银行，还是股份银行或地方农商行，其供应链金融服务主要是基于供应链中的应收账款展开，围绕核心企业的信用展开，其服务对象主要是供应链中受资金约束的供应商企业。按照前文讨论的服务设计思路，主要发生在卸货后的过程中，对于产品在途运输业务，则较少提供相应的供应链金融服务。本节将针对一些非银行金融机构供应链金融服务模式展开分析。

下面以盛业商业保理有限公司（简称盛业保理）为例，来讨论其如何在货物在途运输过程中提供供应链金融服务，如何通过数字科技提升风控水平，把供应链金融服务内容拓展到整个交易过程。

盛业保理以产业科技和数字金融为双驱动发展动力，通过信息科技的创新应用重塑供应链金融模式，运用大数据分析打通信息壁垒，平台化链接资产端和资金端，从而高效地解决上下游中小微企业的供应链融资需求。盛业保理聚焦三大行业生态：基建工程、医疗医药、能源化工。历经多年的行业积累，深入挖掘客户的资金痛点，从而为客户提供供应链全流程专业而灵活的融资产品。下面通过基建行业的例子来说明盛业保理的供应链金融服务设计思路。

基建行业具有工程量大、占用资金多、工程计量复杂等行业特性。建材如水泥、砂石及泥土等占据了整个工程大量的运营资金。通常情况下，工程承包商与建材供应商签订订单以后，建材供应商会及时备货，然后运往工程承包商指定的工地。当建材到达工地并被工程承包商所接收以后，工程承包商并不会及时支付建材供应商相应的货款。此时大多的建材供应商会利用从工程承包商处获得的应收账款进行融资，缓解资金压力。盛业保理还为建材供应商提供了一种不同的应收类保理服务。当上游中小微企业备货完成开始运往工程承包商处时，这中间的在途运输时间则为货物的到货期。相比于到货以后的账单期，盛业保理立足于到货期提前为建材供应商提供相应的融资服务。在该模式下，建材供应商不用再等到账单到期来申请融资服务，在货物运输过程中就可以通过装货视频、运输视频及卸货视频等验真资料来获得相应的融资，这种方式加速了上游中小微企业的资金运转效率，同时视频验证交易的方式也降低了风险控制的成本并提高了货物监管的效率。这些视频资料包括交易发生定位数据、交易货物品种数据、车牌号码、工地信息等。盛业保理通过核心企业收验货系统数据，进一步验证交易真实性。

产品设计思路：盛业保理所提供的供应链金融服务涉及供应链全流程，如图6-4所示，当上游中小微企业和核心企业签订订单以后，中小微企业可以向盛业保理申请订单保理融资来获得生产运营所需的融资。当中小微企业的产品完成生产，向核心企业发出后，中小微企业获得核心企业的应收账款。因此，在这个阶段后的融资服务都是应收类保理融资。一般而言，只有当货物运输到目的地，核心企业与中小微企业完成对账以后，应收账款类保理才开始应用。可以看到，应收期可以分为到货期和账单期，很多保理公司或银行等金融机构都集中在账单期提供相应的保理服务。而盛业保理针对到货期也提供了相应的融资服务，这部分的融资服务主要与在途库存类融资有关，通过交易视频的核实来验证交易的真实性。盛业保理通过与核心企业搭建的相关平台，链接核心企业的交易数据系统，并通过全面线上化审批、自动化数据处理，从供应链合同全流程的视角设计供应链金融服务产品。

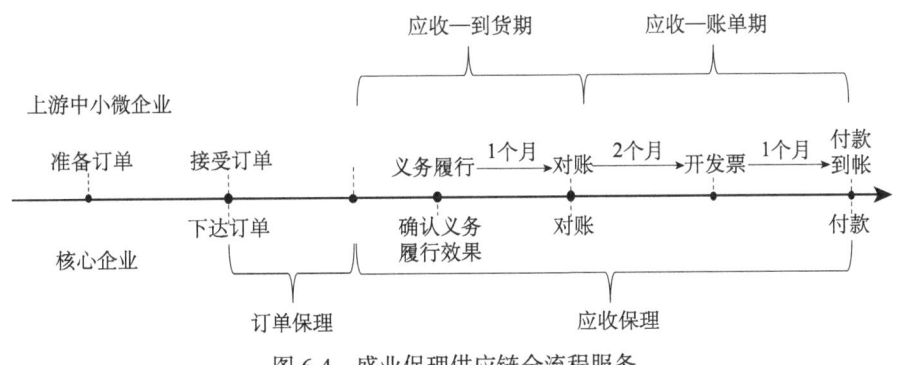

图6-4 盛业保理供应链全流程服务

通过银行与非银行金融机构的供应链金融服务相互比较，可以发现，当前商业银行的供应链金融服务一般都基于供应链中的应收账款展开，所以金融服务所发生的阶段也是在交易结算完成后；也有针对货物装运前，为受资金约束的上游供应商提供订单融资服务。这两类供应链金融服务模式主要都是基于核心企业的信用展开，或是通过银行自建的交易服务系统，通过对客户交易数据的捕捉，借助数字化技术的赋能，为不同客户画像，发展其信贷业务。

不同于银行的供应链金融服务设计思路，部分非银行金融机构的供应链金融服务模式提供了另一种设计思路与风险管理思路，即基于供应链中的在途运输过程对供应链中的下游企业提供融资。融资过程主要发生在货物的在途运输过程中。在这个过程中，盛业保理通过让货车司机拍摄装货、运输及卸载的短视频作为融资风险依据，明确在途货物的物权、货物状态等问题，极大地提高了在途库存融资的效率，同时也降低了风控成本。这一类融资模式设计丰富了金融机构的供应链金融服务模式。

6.3 数字化时代下金融机构供应链金融服务产品变迁

本节从企业的信用高低及企业之间的关系紧密程度来对不同的供应链金融服务进行分类，从而阐述金融机构供应链金融服务产品在数字化时代下的变迁过程。

对金融机构来说，最初的业务主要基于供应链中企业主体信用的考量，并且服务于合作关系相对较为紧密的供应链企业。商业银行的传统贷款服务就属于这一类型下的供应链金融服务产品。基于供应链上下游较为紧密的合作伙伴关系，金融机构的供应链金融服务还可以延伸到供应链中信用较低的一些企业，基于供应链中核心企业强大的信用支持，应收类融资和预付类融资等供应链金融服务产品应运而生。这些供应链金融服务产品在前文中已经有详细的阐述与讨论，故在此不做赘述。而当供应链中上下游企业合作不紧密并且企业的主体信用较低时，在传统供应链金融业务中，融资服务只能依靠融资企业所提供的抵押物展开。图 6-5 展示了传统供应链金融业务服务矩阵。在图 6-5 可见，第四象限中，没有合适的融资模式，这就说明，在传统供应链金融业务中，即使供应链中核心企业主体信用较高，但与核心企业关系不太紧密的供应链企业依然很难获得供应链金融服务。

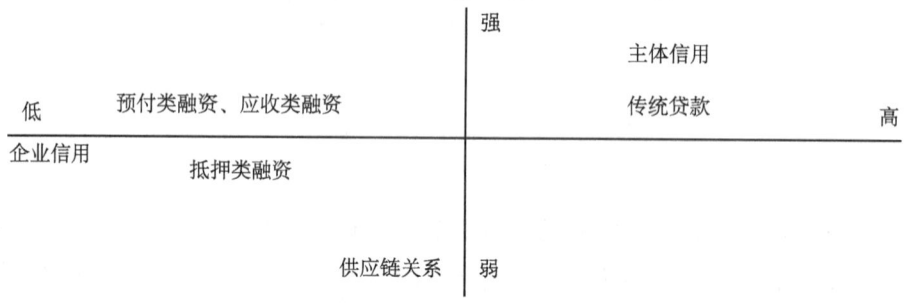

图 6-5 传统供应链金融业务服务矩阵

图 6-6 表示的是数字化时代下金融机构供应链金融服务矩阵。和图 6-5 相比较，最明显的差异就在于数字化技术的赋能使得核心企业的信用可以延伸至其 N 级供应商或 N 级经销商的业务中。在这个过程中，供应链金融服务，可以通过利用供应链中的应收账款构成电子债权凭证或电子供应链票据，在多级供应链企业中实现拆分、流转、融单或持有的业务操作。这部分业务体现的是信用传递的价值。同样地，尽管传统供应链金融业务中也可以依靠紧密的上下游企业合作关系来为供应链中信用较差的企业提供融资，但数字化技术依旧为这一类业务赋予了不同的特色。正如 6.2.4 节中盛业保理为建材供应商提供的融资服务，建材供应商不用再等到与工程承

包商确认收货的时候才能获得融资，而是在建材运输途中就可以获得相应融资，这大大地缓解了建材供应商的资金压力。在这个过程中，供应链金融服务关注的是供应链中的商流，即核心企业与上下游企业之间的贸易关系、交易行为等问题。因此这部分业务体现的是关系传递的价值。

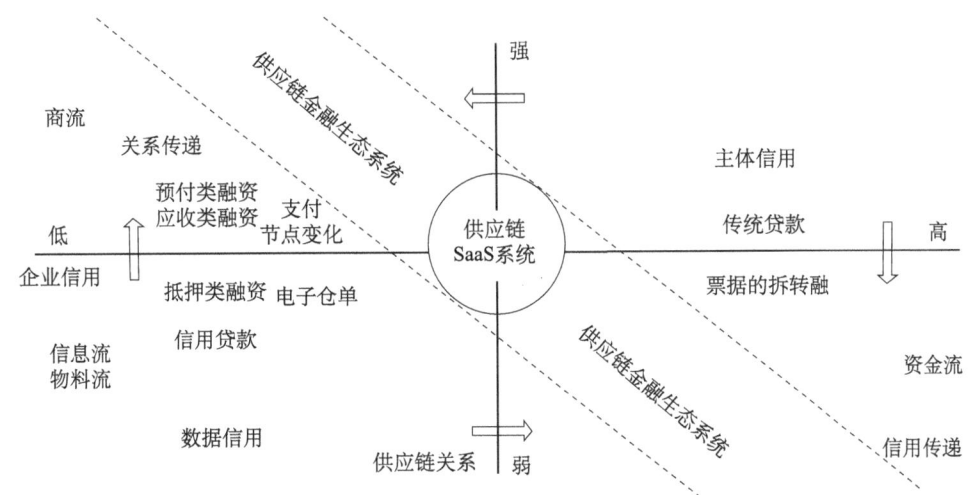

图 6-6 数字化时代下金融机构供应链金融服务矩阵

数字化技术的发展也为信用较差且与核心企业关系不紧密的企业提供了新的融资渠道，即信用贷款，在本书 5.1.4 节中，已经详细介绍了几种主要的信用类融资。数字化技术的发展，可以有效地抓取这一类企业的交易数据与交易信息，而这些数据信息可以作为金融机构为其提供供应链金融服务的依据。在这个过程中，主要关注供应链中的两个流：物料流与信息流。信用贷款的良好应用离不开对融资企业的数据获取并将这些数据转变为可以申请融资的信用资产。因此，这部分业务体现的是数据信用的价值。同时，数字化赋能为原来的抵押类融资提供了新的融资思路。例如，中仓仓单服务有限公司通过物联网技术、视频监控技术和标签芯片与仓单加密技术等实现了全新的仓单质押融资服务。中仓仓单服务有限公司可以让大中型仓储企业以基础仓储业务附加电子仓单服务的形式直接从金融机构获得融资。而电子加密签发和电子认证等技术也有效地提高了仓单真伪辨别效率及权属变更认证效率等。

从图 6-6 中可见，基于数字化技术的支持，金融机构从以主体信用为主的传统贷款模式分别向不同企业延伸，提供不同的融资服务。例如，金融机构会利用数字化技术将核心企业较高的信用延伸至更多级的供应链企业中，又或者基于供应链企业之间较强的合作关系将融资服务延伸至信用较差的企业，并对供应链融资企业获得融资的节点进行优化设计。数字化技术的发展也促进了供应链中信用较差且合作不紧密的企业信用贷款业务的发展。当数字化技术更成熟时，供应链金融业务已经不再满足于只关注供应链中的信息流和物料流，同时会关注供应链中的商流和现金流的管理与协调问题，最终形成较为稳定的供应链金融生态系统，使得供应链中的企业都能选择与各自业务匹配的供应链金融服务。

6.4 金融机构供应链金融风险控制

> **案 例**
>
> **青岛港事件**
>
> 2014年6月初，青岛港地区被曝出发生大宗商品融资诈骗案件，该地企业青岛德诚矿业有限公司（简称德诚矿业）涉嫌利用同一批金属库存重复骗取融资贷款而遭到调查，多家银行牵涉其中。青岛18家中资商业银行集体中枪，德诚矿业的母公司德正资源控股有限公司及其关联公司在18家银行的贷款金额超过160亿元。其中，仅中国银行、中信银行、恒丰银行、中国农业银行（简称农业银行）、日照银行、兴业银行、招商银行、华夏银行、潍坊银行、建设银行、威海商业银行、中国光大银行、齐鲁银行这13家银行，针对"德正系"起诉的立案金额就已近52亿元。而据《华尔街日报》消息，包括渣打集团、花旗集团在内的多家外资银行都为青岛港的抵押品提供了数亿美元的贷款，标准银行也启动法律程序以保护其在山东的港口库存。
>
> 青岛港始建于1892年，是世界第七大港、我国第三大外贸口岸，2013年完成货物吞吐量4.5亿吨，完成集装箱吞吐量1552万标准箱；其进口原油吞吐量居中国港口第一位，集装箱装卸效率、铁矿石卸船效率保持世界第一。2013年11月15日，当地成功创立青岛港国际股份有限公司，2014年6月6日在香港上市，发售7.76亿股，发行价3.76港元。然而，由于骗贷融资案的影响，青岛港股价一直保持在破发状态。
>
> 2014年6月2日，英国《金属导报》(Metal Bulletin)报道称青岛港存在制作铝、铜、铁矿石等大宗商品假仓单质押融资骗贷。之后，标准银行宣布因此蒙受损失，渣打银行宣布停止一切"仓单质押回购"业务，青岛港大约1万～2万吨铜已经装船运至韩国伦敦金属交易所（London Metal Exchange，LME）仓库制作仓单。仓单融资是一项十分普及的金融活动，接受融资主体多为银行、仓储贸易公司及投资公司。由于它们多为国外主体，质押利率普遍较低，质押融资后将钱投入国内市场赚取利差便成为很多投机者的首选。但是，如果交叉重复质押，某一处资金链断裂的后果都将造成多米诺效应，引发信贷危机。
>
> 在此次青岛港事件中，德诚矿业采取的手段被称作融资贸易。传统的贸易融

资是为了贸易而融资；而融资贸易则反其道而行之，是为了融资而贸易。以铁矿石为例，如果为了进口铁矿石用于销售、炼钢而叙做的融资，就是传统的贸易融资；而如果为了融资而进口铁矿石，相应地便容易出现囤积铁矿石，则是融资贸易了。通过融资贸易，企业希望将融到的资金投到贸易以外的项目，并以贸易以外的项目作为还款来源，以实现较高的投机利益。在该事件中德诚矿业通过"控货授信"开证，将质押给银行控货中的货物变现的资金作为融资获得的资金。但在实际操作过程中，该企业为了实现其融资贸易的目的，在银行控货下的存货和仓单上做文章，伪造仓单，操作重复质押和空单质押，使控货名存实亡，实现非法的最大化融资。事件调查顺序进展如表6-1所示。

表6-1 事件调查顺序进展

时间	进展
2014年5月31日	青岛港大港分公司接到公安机关的函件，称其正在调查一宗欺诈案件，涉及一名货主以第三方货运代理的名义储存于青岛港大港分公司的若干铝及铜产品
2014年6月2日	贸易和仓储方面的消息人士表示，中国青岛港因调查案件暂停金属铝和铜的运出，这让提供金属融资的银行人士和贸易公司感到担忧，并打击了本已低迷的铁矿石市场
2014年6月3日	英国《金属导报》报道称，青岛港上周开始专项检查，调查通过重复质押仓储收据获取贸易融资的行为
2014年6月4日	青岛港务局出面辟谣，表示目前青岛港的各项运转正常。但承认有关集团或司法部门对融资骗贷进行专项调查或有其事
2014年6月4日	新华社报道，青岛港正在调查铁矿石仓单是否被用于重复质押从不同银行骗取贷款，调查重点在一家持有铁矿石仓单的贸易商身上
2014年6月4日	总部位于新加坡的物流供应商GKE Corporation警告股东，正在"评估针对旗下合资企业GKE Metal Logistics所进行调查带来的潜在影响"。全球大宗商品贸易商路易达孚持有GKE Metal的51%股权
2014年6月5日	有消息证实此次调查是针对德诚矿业，该公司与四家不同的仓储公司分别出具仓单，然后利用银行信息不对称的漏洞，去不同银行重复质押，实际的银行贷款敞口超过10亿元，其中仓单与实际仓库有缺口，涉及10万吨氧化铝和两三千吨铜
2014年6月5日	标准银行在一份声明中称，已经开始着手调查青岛港潜在的违规行为，但是目前还无法完全确定具体的损失额。该行为意味着它成为第一家承认蒙受损失的银行
2014年6月6日	渣打银行叫停针对部分中国新客户的金属融资业务。一位渣打银行客户被告知，该行已经对新客户暂停"库存质押融资"。现有客户质押到期之后，也不会获得展期
2014年6月6日	因银行和贸易商对该港口金属融资调查事件采取预防措施，部分滞留在中国青岛港的铜船货被运往监管更严的LME仓库。一位实货交易商估计，从青岛港出发的装有1万~2万吨铜货的船舶或将在未来几周抵达LME韩国仓库
2014年6月9日	中国青岛港大港保税仓库已被关闭，该地的金属交割暂停，目前正值当局对铜、铝和氧化铝融资欺诈进行调查

续表

时间	进展
2014年6月10日	渣打银行承认在中国的大宗商品融资方面存在问题,该公司正密切关注形势,没有撤出中国的大宗商品融资业务。有消息称,其已暂停为中国客户提供新的金属融资服务,并且现有客户的合约到期后不再展期
2014年6月11日	包括渣打银行和标准银行在内的至少两家在中国开展大宗商品融资业务的全球性银行已经要求他们的部分客户将作为抵押品的铜和铝转移至运营商直接拥有的仓库,而非第三方租赁的仓库

青岛港国际股份有限公司(简称青岛港)被卷入此次漩涡当中,原因系贸易商利用同一批货从青岛港大港分公司辖区内的几家仓储公司开具不同仓单,通过重复质押仓单骗取银行贷款,涉及金额过百亿元。这起骗贷事件涉及多家银行,一家银行人士告诉记者,"目前进入保全阶段,应急预案已经上报总行"。此前,青岛港发出公告,"陷入上述欺诈案件的货主及代理均为公司的独立第三方,公司并非货主与代理间协议的订约方。除装卸及仓储服务外,青岛港并未向代理提供其他服务,且对涉及调查的金属产品不拥有任何权益"。

青岛港重复质押仓单骗贷融资事件,最早是由媒体爆出的。报道称,青岛港存在贸易融资骗贷事件,也就是贸易商将同一批货,开具出不同的仓单,向银行骗取贷款。报道还称,青岛港已开始专项调查通过重复质押仓储单据获取贸易融资的行为。但青岛港方面没有透露涉事货主及第三方货运代理的名称,《中国青年报》记者向青岛港提请采访事宜也已经被拒绝。此前媒体报道曾多次提到,涉事企业为德正资源控股有限公司旗下的德诚矿业。公开资料显示,德正资源控股有限公司成立于2004年9月,法人代表是陈基隆。公司主要从事钢材、木材、有色金属、金属材料、建筑材料、化工产品(危险化学品除外)批发。而德诚矿业成立于2005年10月,法定代表人也是陈基隆。中国银行山东分行是此次事件中贷款最多的一家银行,贷款约为20亿元,仅目前已经立案的金额可能就接近13.44亿元。

6.4.1 供应链金融的风险来源

正如开篇案例中的青岛港事件所描述的,供应链金融业务中暗藏了许多危机,稍有不慎,供应链中的企业便可能发生风险。由于供应链中的参与主体众多,业务流程复杂并且环环相扣,任何一个环节的企业运营出现问题,该风险通过供应链中的交易传递至整条链,导致整条供应链无法正常运行。除了案例中所介绍的青岛港事件外,还有2012年"上海钢贸事件"及2019年"诺亚财富踩雷承兴国际""闽兴医药""ST华业踩雷"等一系列风险事件,这些都使得原本被认为能有效解决中小企业融资问题的供应链金融模式再次受到质疑,也使得各行各业意识到风险管理的重要性及迫切性。供应链金融是运营管理与金融相交叉的学科,因此供应链金融的风险也主要源于运营管理过程的风险及金融风险。对上述多起供应链金融风险事件进行分析，可以发现供应链金融服务主要有以下四种风险来源：①市场风险；②信用风险；③操作风险；④法律监管风险。

1. 市场风险

市场风险主要是指利率、汇率及商品价格波动等因素所导致的风险。根据巴塞尔银行监管委员会在1997年发布的《利率风险管理原则》中关于利率风险的定义，利率风险是指利率变化使商业银行的实际收益与预期收益或实际成本与预期成本发生背离，使其实际收益低于预期收益，或实际成本高于预期成本，从而使商业银行遭受损失。利率风险受很多因素的影响，如宏观经济环境、央行政策及国际经济形势等。简单来说，当经济发展较好，市场上投资机会较多时，利率就会增大；央行收缩货币政策，减少货币供给的时候，利率就会增大。汇率风险则主要是在跨境交易过程中发生的汇率波动会导致供应链中产品的销售数量、价格、成本等发生变化，从而引起供应链企业在未来时间内收益和现金流量的损失。在供应链金融业务中，最能明显体现价格风险的是融资企业用来抵押的货物发生价格波动，这将会给银行等金融机构带来较大的风险，这种风险通常发生在存货类融资模式中。除了抵押物的价格波动，还有供应链中产品在销售阶段发生的价格波动风险。商品价格波动是正常的市场现象，因为商品价格本身就受市场上供需关系以及生产成本等因素的影响，这两个因素是不确定的，因此商品价格波动也较为常见。

2. 信用风险

供应链中的信用风险主要包括供应链中的买方信用风险和卖方信用风险。在供应链金融中，买方信用和卖方信用是银行等金融机构针对交易中的买卖双方提供融资的一种信用手段。买方信用和卖方信用通常都基于供应链企业交易过程中的协议或凭证。买方信用风险主要是指买方企业经营不善导致无法及时付清货款。卖方信用风险主要是指卖方无法及时供货及不对产品进行回购等。同时，供应链中的买卖双方也可能是核心企业或融资企业。作为核心企业，其面临的风险影响是较大的，因为供应链金融业务就是主要依靠核心企业的信用在供应链中进行流转与传递。因此核心企业如果发生违约，其对供应链的影响会被一层一层放大，导致整条供应链崩溃。作为融资企业来说，企业的贷款偿还能力、行业竞争地位及运营情况等，都是影响其信用风险的关键因素。从上述可以知道，供应链金融中的信用风险不能单独去看供应链中的买方企业或卖方企业，这样是有失偏颇的，而是需要进行系统性的综合评价。

3. 操作风险

供应链金融的风险控制体系通过利用企业上下游交易的债权评价来解决供应链中中小企业主体信用不足的缺陷。然而，供应链融资过程需要根据实际交易设计特定的业务模式，这就使得在整个融资过程中存在很多操作环节，操作的复杂程度也越来越高，因此，操作风险也越大。这里的操作风险是指在供应链系统中，过程不完善、人员或外部事件导致的直接或间接损失的风险，主要包括人员欺诈风险、流程风险及技术风险等。人员欺诈风险和流程风险主要是和供应链金融业务过程中的业务员有关。因为供应链金融业务的特殊性，业务员需要在贷前、贷中及贷后完成审查、放款与贷款回收等管理工作。因为人都是具有机会主义的，所以在运营过程中，极有可能为了追逐自身利益而出现骗取、盗用财产或套利等违反规章制度的行为。因而这两种风险都是由人员造成的主观的行为因素所引起的，如"诺亚财富踩雷承兴国际"事件就与供应链金融业务员的线下欺诈行为有关。这些行为都是难以预估的，人员、信息及外部事件如果不能进行有效地管理和相互匹配，供应链金融中债权的实现就会有风险，这对当下的供应链金融风险控制措施提出了挑战。技术风险在数字化供应链金融服务中尤为突出，主要是因为在数字化供应链金融服务模式中会引入大数据、云计算及人工智能等风险控制技术，而这些风险控制措施有可能面临技术故障或者数据丢失等风险，为供应链企业提出不当的风险管理建议。因此，只有不断完善数字化技术及加快金融科技的应用步伐，才能最大化地规避其中的技术风险。

4.法律监管风险

法律政策的变化对行业甚至整条产业链的发展都至关重要，国家支持或限制某个产业的发展，那么整条产业链上的所有企业都会受到影响。法律监管风险主要包括物权债权认定风险、合同有效性风险、浮动抵押制度风险及政策风险等。物权债权认定风险主要是指对供应链中的应收账款、预付账款等债权或库存融资中的物权等的认定问题。债权或物权是开展供应链金融业务的重要保障。如果选择用库存作为抵押物，则需保证货权的归属清晰、易变现、便于存储等要求。如果选择将应收账款作为抵押物的话，则需确认交易的真实性并且便于转让。如果将预付款作为抵押物，则需要对上游的发货与回购进行监管。关于合同有效性的风险主要是指交易合同的真实性风险。在供应链融资过程中，区别于传统的银行贷款，银行等金融机构作为资金提供者，对风险的评估不再只关注对借款主体的评估，更关注对整个交易的风险评估。所以，交易合同的真实有效性非常重要。供应链企业之间的合同并非只能通过合同书来判断真伪，还可以通过企业之间的贸易过程中的某些节点来判断供应链企业之间是否存在合同关系。这类风险往往与人员的操作风险分不开，像前面提到的"ST华业踩雷"和"诺亚财富踩雷"等事件都存在虚假合同的情形。与普通的抵质押制度相比，浮动抵押制度所具备的最大特点是浮动抵押物具有流动性。按照《中华人民共和国民法典》中对浮动抵押特征的介绍，可以发现浮动抵押物不仅包含融资企业现有财产，企业的未来财产也可以作为浮动抵押物的一部分；另一个重要的特征就是抵押人在货物抵押期间依然可以对抵押物自主经营。因为抵押物价值是不断变动的，所以这对提供融资的一方来说蕴藏了巨大的抵押风险。

在前几个章节中，从现金周期的角度分析了供应链金融服务的种类，介绍了主要的四种供应链金融服务类型：应收类融资、预付类融资、存货类融资及信用类融资。又从不同的分类角度，如供应链结构、物流阶段及供应链生态体系，对供应链金融服务进行详细介绍。因此每一种供应链金融服务都对应着特定的发生阶段、场景及应用对象等。上述的四类供应链金融风险来源也都来自企业现金周期图的不同阶段。例如，在存货类融资模式中，抵押物的归属权与价值不确定是该阶段最主要的风险来源。而在应收类和预付类融资模式中，交易的真实性与可靠性是比较重要的。应收类融资中需要关注的风险是应收账款类凭证的可流转性或是否已经被流转；而预付类融资中需要关注的风险则是上游生产厂商的供货能力是否充足，并且上游生产厂商缺乏回购能力也是可能的风险来源。纵观整个供应链运营过程，整个过程需要各参与主体加入到业务中来，因此始终避免不了操作风险与法律监管风险。

6.4.2　不同行业的供应链金融风险控制机制

1. 大宗商品

大宗商品的一般定义为可进入流通领域，但非零售环节，具有商品属性，用于工农业生产与消费使用的大批量买卖的物质商品。在金融投资市场，大宗商品一般是指同质化、可交易、被广泛作为工业基础原材料的商品，如原油、有色金属等。另外，大宗商品具有价格波动频繁且波动幅度大、商品标准化程度较高的属性，同时由于其交易规模大、运输方式多样的交易特点，大宗商品市场也面临着更复杂多样的风险。

很多供应链金融产品在涉及大宗商品时都会有其针对性的管理手段。以工商银行钢铁供应链经销商的融资业务为例，该业务就是在钢铁行业核心企业对下游经销商采取预付款结算的模式下，工商银行对下游经销商提供的短期融资业务。大宗商品往往具有交易量大的特点，因此钢铁的供应链金融业务也被限制在厂商银的模式下，并由核心企业负责融资项下商品物权的管理。在该模式下，供应链中发生预付账款交易后将由下游经销商申请办理融资业务，并由核心企业确认并进行担保，最终银行在掌握货物货权的前提下发放贷款。为应对大宗商品行业中特殊的风险，工商银行在该产品中加入了对融资项下商品价格波动情况的审查机制，该机制贯穿于整个融资过程，贷前、贷中、贷后都有对应的商品价格波动情况评估报告，以便银行随时确定项目风险。另外，工商银行还明确要求核心企业提供交接货物的手续和证明方式，并要求核心企业只有在接收到银行放货指令后才可以放货，以此来降低质押物控制权的损失或不同运输方式造成的物流信贷风险。还有一些条款如"核心企业去年资产负债率、总资产周转率应优于行业平均值""核心企业担保中需要引入回购担保条款"等,虽然都是非硬性要求,但是属于提高授信等级的关键条件,也在一定程度上反映了工商银行对于大宗商品行业供应链金融产品更严格的风险控制。

从工商银行的钢铁供应链金融产品例子中可知,对于大宗商品绕不开的关键词就是"价格"和"运输"。因此,对于大宗商品的风险控制,金融机构往往都要分析当前该类商品的价格波动情况,并持续跟踪后续贷款期限内是否会出现较大的价格变动,最后以"不超过六个月"的融资期限规定来规避价格波动的长期影响。同时,由于供应链中核心企业和上下游企业间紧密的关系,在融资过程中不能排除有核心企业提前放贷资助供应链企业周转的情况。因此金融机构必须时刻监控质押物的实际情况,在大宗商品行业中主要反映为对运输渠道的控制和对核心企业的约束。

另外,现实中关于大宗商品的供应链金融服务还有很多实例。在传统意义上,浦发银行业内首推的"大宗商品综合金融服务方案"就是围绕大宗商品行业服务的金融服务综合体,其中的融资服务就是以仓单融资业务为主的供应链金融服务,依托产业链向大宗商品的生产、加工及贸易类客户提供融资支持,并进一步融合了独特的风险管理理念,如对于已开展套期保值的大宗商品融资提供融资便利。在数字技术的推动下,也诞生了越来越多新型的大宗商品供应链金融服务模式,如国外的石油区块链平台VAKT和国内由中国人民银行深圳支行牵头的"湾区贸易金融区块链平台",它们都是区块链技术运用于大宗商品供应链金融服务的实践,帮助供应链中非核心企业有效地降低信用风险,并利用平台更直接地向银行提交融资申请。通过区块链技术,这些平台能够更有效地简化贸易发生后单据和凭证的流转处理,让质押货源的信息有迹可循,最大限度地提高效率并降低风险,是未来可预见的发展趋势。

建立大宗商品行业风险控制机制最关键的步骤就是健全客户的准入体系指标(量化考核)和建立风险控制的综合平台(由不同的部门合作组成)。风险控制的原则有三条:第一,通过"人不接触"的方式规避道德风险,如利用计算机技术和信用量化考核体系来程序化流程,减少人的参与并消除人为影响的空间;第二,秉持地区柔性的理念进行地区差异化管理,例如,利率和信用体系的设定都要实地考量地区的差异性,不同行业的大宗商品也要建立不同的考核机制;第三,金融机构应时刻注意物权控制的问题,通过定期贷款管理考核和检查机制,保证质押物存储运行于"阳光之下",防范质押物损毁缺失、违规重复质押等情况的发生。

大宗商品的供应链金融服务是一个重要的课题,然而大宗商品以其特殊的商品属性和行业特点,一直是供应链金融服务谨慎介入的版块。当前该领域供应链金融服务仍存有法律体系不完善、仓库存储监管难度高、传统交易习惯仍落后等问题,严重地阻碍了相关业务的正常发展。在数字技术发展的背景下,网络化、批量化、标准化、信息平台化、服务集成化成为供应链金融在大宗商品行业中未来的发展趋势，希望数字赋能下的大宗商品行业能为供应链金融的发展注入新的活力。

2. 快消品

快消品（fast moving consumer goods，FMCG）即快速消耗品，是指使用寿命较短，消费速度快的消费品，如个人护理用品、食品饮料、保健品、烟酒医药等，与人们衣食住行各个方面密切相关。这类商品具有用户分布范围广、消费频率高、需求变化快、忠诚度低、对消费便利性要求高的特点。从整体行业来看，快消品SKU（stock keeping unit，存货单位）数量巨大，普遍保质期短，处置渠道比较少，风控模型难以建立。

近年来，我国快消品行业飞速发展。在互联网经济大幅崛起，在实体经济逐渐唱衰的背景下，快消品的供应链资源优化配置可以在很大程度上决定企业的成本结构与现金周期问题。因此，快消品供应链正逐渐开始受到企业管理层的高度重视。在该行业中，供应链主要包括产品原材料的取得、生产、流通到客户——消费者消费的一系列过程，供应商、制造商、分销商和用户是其核心成员要素。下面我们通过京东与蚂蚁科技集团股份有限公司（简称蚂蚁集团）[①]的例子来分析一下快消品供应链金融风险管理的具体情形。

1）京东——管"数据"和管"物"

对于京东而言，推动快消品供应链金融的主要需求在于京东希望从传统业务模式向互联网金融进行探索和变革。作为传统的网商平台和供应链巨头，互联网金融被京东管理层视作京东作为核心企业开展面向全供应链的金融服务。京东开展的解决方案目的是提供全套供应链的解决方案及系统，解决传统保理企业信息化升级和风险策略的提升；另外可以提供后端资产处置解决方案。容易看出，京东开展这一解决方案，前者需要大量的企业系统的出现与数据的共享，属于管理"数据"，而后者则面对京东商家在京东管理的仓储系统中以各类商品存货为依据，推动"物"的管理，提供库存融资或采购融资服务。

在京东的供应链金融服务链条中，相关方主要包括作为供应链核心企业和保理商的京东、供应链其他位置的各大中小企业、合作的保理公司。

在京东保理服务中，京东数科应用数字科技和通信技术，获取供应链交易的全过程，根据交易过程的时间节点来评价风险水平，利用强大的数据管理能力，把供应链金融的风控管理落实到具体的订单管理上；在京东的信用贷款或小额贷款中，京东充分利用人、货、场的数据管理优势，结合交易数据、产品数据、商家数据进行客户画像，并以此为基础提供相关信用融资服务；在动态库存融资或采购融资中，京东依据

---

① 2014年10月，浙江蚂蚁小微金融服务集团有限公司成立，2016年12月，更名为浙江蚂蚁小微金融服务集团股份有限公司，简称蚂蚁金融，2020年7月，更名为蚂蚁科技集团股份有限公司，简称蚂蚁集团。

其强大仓储信息管理系统,监管动态质押的货物,为商家提供动态库存融资服务。

2) 蚂蚁集团——管"物"和管"数据"

蚂蚁集团通过打通淘宝和天猫体系上的商家在菜鸟仓内的存货融资数据及交易数据等,为这些商家提供随借随还的融资服务(年化利率为8.5%~12.6%)。

蚂蚁集团面对商家在菜鸟仓内的存货融资服务,可以从信息流、资金流和物料流三个"流"在围绕蚂蚁集团的风控模型系统中的循环作用来直观理解。

从信息流角度看,天猫商家在天猫官网平台上展示商家的商品并且面向消费者。消费者开展线上销售时,天猫商家在确认订单之后确定出库信息并且将出库信息传送给菜鸟仓。

从物流角度看,天猫商家与菜鸟仓之间的主要物流联系是商家采购完商品后将货物入仓;商品销售,商家确认订单之后销售出库;再通过指定的联盟内配送公司来执行快递配送业务服务。

从资金流角度看,天猫商家通过蚂蚁集团平台从网商银行申请贷款。经过风控模型的信息处理之后,网商银行即可由商家的支付宝对商家发放贷款,天猫申请贷款的商家也可以通过支付宝平台对商家的贷款进行偿还,达到实时放款、轻松还款的功能。

由此,菜鸟仓掌握所有参与菜鸟网络的、菜鸟仓存放的天猫商家的订单信息,货物入仓与出仓的物流信息,可以对天猫商家提供存货的控制信息。与此同时,信息流中的天猫交易数据、菜鸟存货数据、支付宝客户数据、网上银行的历史风控数据可以被输入至风控模型中,从而对天猫商家在菜鸟仓中的存货商品进行估值,对于客户准入提供反欺诈预测,对于贷款额度进行实时控制并提供贷后控制。

在这一过程中,菜鸟仓的信贷模式属于动产融资业务的一部分,其风控流程主要也是覆盖管"物"和管"数据"两方面。其中,网商银行与菜鸟仓进行合作,各自承担一部分的风险控制职责。网上银行主要承担风险控制、信贷流程、资金提供和天猫券业务流程打通的职责,而菜鸟仓则承担控货、仓库管理协调与监管、仓储数据对接和客户推荐等职责。整个业务流程一共可以分为六个大阶段,分别是商品入仓、仓库准入和类目准入、商品估值、客户准入(贷前)、客户支用(贷中)及客户支用(贷后)。

在蚂蚁集团的供应链金融服务中,菜鸟仓主要需要承担的职责包括:在商品入仓阶段执行菜鸟入仓服务,进行抽检;在仓库准入和类目准入环节提供仓库信息、仓库管理规范、类目仓储数据;在商品估值阶段提供商品出入库数据;在客户准入阶段提供客户推荐引入服务;在客户支用(贷中)阶段提供实时库存数据和贷后巡检;在客户支用(贷后)阶段定时提供客户库存数据,根据指令进行库存控制并且出险后配合处置货品。

网商银行需要承担的职责包括：仓库准入标准建立、行业研究和商品类目准入判断；在商品估值阶段提供商品估值、全网范围内的公允价值、价格预测、商品级白名单、处置成本评估服务；在客户支用（贷中）阶段提供实时库存数据和贷后巡检；在客户支用（贷后）阶段定时提供客户库存数据，根据指令进行库存控制并且出险后配合处置货品。

经过估值模型的多次版本迭代之后，菜鸟网络的风控模型已经具备了货品认定能力、处理组合商品能力、提取公允价格能力和价格预测能力等。货品认定利用淘宝及菜鸟数据，无须人力参与；采用众包式的商品认定思路；可以提供平台主要的前端商品销售模式和后端物流发货模式的支持。处理组合商品的能力不依赖人工鉴别，无须知道商品主次关系，而且可以处理平台内各种商品组合业务模式。提取公允价格能力依托天猫达尔文体系对商品进行标类和归一化，通过全平台提取价格，防止一次营销活动造成的价格过低问题。价格预测能力利用二次指数平滑算法，利用平台过去售价进行价格趋势预测。

6.4.3 数字科技：机遇还是挑战？

经过多年的理论与实践探索，供应链金融的商业模式和产品体系逐步成熟，但同时也根据市场的实际需要与变化，供应链金融产品的创新从未停歇。目前，供应链金融主要面对以下两个方面的问题。一方面，供应链中的中小企业数量众多，资金需求巨大。而供应链金融主要还是依赖核心企业的主体信用，由于核心企业的主体信用很难在其上下游进行多级穿透，核心企业的多级供应商或经销商依然无法获得供应链金融服务资源。另一方面，供应链金融中的信息不对称问题依然存在，由此引发的信用风险和道德风险也是传统的供应链金融服务存在的最主要的两个缺点。

2017年被称为金融科技年。这一年，国有银行开始布局金融科技为自身在新型的竞争格局中谋求一定的行业地位。同时，互联网头部企业开始用科技来改变传统的供应链金融服务模式，信息技术和金融开始了更深层的融合与发展。近年来，随着大数据、人工智能、物联网及区块链等数字化技术的发展，供应链金融服务模式也逐渐往金融科技方向转变。金融机构可以通过相关技术手段对融资企业的生产经营数据进行分析，从而缓解了银企之间的信息不对称问题。区块链等技术可以在供应链中记录所有企业的交易数据，因此核心企业的信用可以通过这些数据进行有效的传递，让供应链中更多的企业获得供应链金融服务资源。金融科技为传统的供应链金融服务赋能，促进金融走向智能化，促进普惠金融的发展，具有重要的战略价值。

本节首先介绍供应链金融中传统的风险管理机制；其次聚焦于数字化科技赋能的角度，讨论金融科技下的供应链金融风险管理机制的不同之处。本书的第五篇将详细介绍金融科技下的供应链金融服务模式。

1. 传统的风险控制机制

传统的供应链金融业务对线下风控能力要求较高。在整个融资过程中，供应链企业必须具备一套较完善的风控体系，对其中的每一个细节都进行仔细核查。供应链金融风险控制的核心目标是为合作银行、金融机构或服务平台识别风险可控的客户，以金融联动贸易，带动物流，实现贸易金融物流相互促进协同发展。识别优质客户主要是指当前银行的风控模型尚未覆盖到的客户群，对不同客户按照违约概率的阈值来进行等级划分，将客户的风险等级细分，具体量化风险管控策略。同时也需要对不同客户的放款额度进行量化，不能采取统一的标准进行管理。根据不同的交易场景与融资模式，一般来说，供应链金融风险管理主要包括六要素：①企业授信准入体系；②核心企业；③合作监管方；④操作平台；⑤动产/担保物权；⑥风险预警和应急预案。具体内容见表6-2。

表6-2 深圳发展银行供应链金融风险管理六要素

企业授信准入体系	操作平台	动产/担保物权	风险预警和应急预案	合作监管方	核心企业
— 供应链准入条件 　准入制度 　违约成本 　利益共同体 — 债项评级 　预付 　应收 　存货	— 前台营销 — 中后台审查 　授信审查 　出账审查 　价格管理 　应收款管理 　⋮	— 应收款选择 　可转让 　特定化 　时效性 — 存货选择 　货权清晰 　流动性强 — 预付款选择 　在途责任清晰 　上游责任清晰	— 风险预警 　预警标准 　明确红线 — 应急预案 　措施齐全 　明确分工 　及时处理	— 准入标准 — 分类管理 — 限额控制	— 准入评级 — 信用捆绑

企业授信准入体系主要关注债项评级及供应链交易背景的准入区分。债项评级是用来衡量某个特定的债项所存在的信用风险大小的。债项评级有两个主要阶段，第一个阶段主要是对授信人的评估，第二个阶段主要是在第一阶段的授信人评估基础上根据债项的特点进行调整。准入体系指标是由多个维度的评价组成。例如，有政治和法律环境（各地方政府的行政干预程度）、企业主体资质（经营能力、营收情况、财务报表披露质量等）、交易对手的资质（行业特征和地位、销售情况、货品的价值与流通性等）。基于最初的债项评级，还需要急用结构化评估法对债项评级标准进行优化。比较常见的有，对可能遭受的国家风险、债项的用途及抵押等进行统筹考虑，对原有的标准进行微调。还可以对原来不同维度的评价指标赋予不同的权重系数，通过加权得出最终的债项评级结果。供应链交易背景差异化的准入区分主要是指因为融资企业在不同的供应链中，所以贸易过程中的风险节点也不同，因此，授信的准入评级体系有所差异。按照贸易类别，大体可以按照应收类、预付类及存货类来进行评级。在应收类融资业务中，主要关注应收账款的真实性、有效性及可

转让性；在预付类融资中，主要关注上游的信用与回购担保、货物的在途风险等问题；在存货类融资业务中，主要关注货物的所有权、货物价格波动、货物的流动性、货物品质和数量及货物在监管上的可行性。

核心企业在供应链中扮演着资金流、物料流及信息流的集散中心，银行的授信业务离不开核心企业，中小企业的融资也离不开核心企业，因此，在交易过程中，银行等金融机构对核心企业的经营状况及资信水平是非常关注的。一般来说，对于核心企业的风险管控，主要有以下几个方面。首先，做好间接授信额度管控工作。多数情况下，银行都是基于核心企业的信用对其上下游中小企业进行授信，因此这过程的授信额度需要根据不同的中小企业背景进行测算。其次，核心企业的信用捆绑作用。这主要指核心企业参与的一些融资模式，如先票后货、保兑仓等。最后，做好与核心企业之间关于信息沟通的工作，一定要确保信息沟通的即时性和准确性，这样才能使得核心企业的交易信用及融资信用互相配合，建立起高效率的双重信用体系。

关于合作监管方的风险控制措施，主要针对监管方的准入资质，对抵押物的价值评估、分类，对融资企业的融资额度的控制。金融机构可能缺乏对抵押物价值的正确判断能力，因此，金融机构会来选择第三方监管方来对抵质押物进行监管，依据第三方监管方的专业水平、监管能力等设定其监管存货的总价值上限，避免出现评估过高而造成融资风险的情况，金融机构根据其对抵质押物价值判断做出融资决策。

目前，商业银行操作平台体系主要由前台、中台和后台三部分组成。前台主要是负责为客户提供全方位的一站式金融体系服务，进行相关的业务营销工作；中台主要根据国内外宏观经济和政治形势，再结合银行等金融机构的实际财务情况制订发展规划和发展方向，对前台的营销业务进行必要的指导与支持，在过程中实时管理和控制各种风险；后台的主要工作就是交易核算和信息运维等内容，包括授信协查、出账审查、价格管理、抵质押物操作、应收账款管理及监督监管等工作。这种分层的业务模式有利于金融机构对仓库和上下游厂商的统一管理，业务信息更加透明、清晰，同时也有助于标准化流程建设，减少人为因素对授信风险的影响。

相比传统的信贷融资，供应链金融业务让银行降低了信贷的准入条件。因此，为了应对潜在的坏账风险，银行等金融机构必须对债权、物权等首要还款来源的质量进行严格审查。动产担保物权也是风险管理中的一项重要因素。首先是针对质押物的选择，一般会偏向选择货物市场价格相对稳定的产品，因为价格波动较大的产品需要金融机构不断进行监视，并且在交易发生风险后不利于用来偿还坏账；其次，质押物的所有权一定要清晰，这就需要对融资企业提供的动产进行所有权认定，在这个过程中应当注意作为质押物的货物是否在法律上被认可；最后，抵质押物需要具备较好的流动性，因为如果不具备较好的流动性，一旦交易发生风险，质押物的价格必然会降低，这就使得金融机构承担了较大的融资风险。基于这样的要求，金融机构在选择质押物时一般优先选择基础材料、大宗商品及初级产品等。

针对预付账款的选择，首先主要关注上游的信用与责任捆绑，如及时发货、货物价格下降时进行补偿及对货物进行回购担保；其次，金融机构需要明确在途货物的责任归属，在订立融资合同的时候，将在途运输中可能发生的风险进行详细分类，细化不同情形下的责任承担方，避免发生额外的纠纷。

针对应收账款的选择，首先需要关注的是应收账款的可转让性，因为有些应收账款可能存在事先约定的不可转让情形，这时候就无法作为供应链融资的依据；其次关注应收账款的转让人是否具备法律认可的提供担保的资格；最后关注应收账款的债权是否还有效，因为债权存在一定的时效性，如果超过了这个时效，法律不再对该债权进行支持与保护，因此，为了避免发生债权无效的问题，应该保证供应链融资时的应收账款凭证还在诉讼时效期内。

供应链金融业务还需要有准确的风险预警机制和应急预案。由于供应链中的中小企业都依赖于核心企业存活，其经营发展的稳定性及应对风险的能力都较弱，因此对这些中小企业建立授信业务的风险预警机制就显得非常重要。以存货类融资为例，主要通过借款人经营状况、质押物状况及监管状况三个方面来进行风险预警。经营状况主要关注企业日常运营情况、有无停工停产或出现亏损等问题。质押物状况主要关注质押物的市场价格是否低于银行的抵押价格、质量与保管安全等问题。监管状况主要是关注存货出入仓库的手续是否正常等问题。实际情况下，企业可以根据行业特点与行情变化对预警信号进行补充。应急预案主要是为了应对未来可能会发生的一些突发事件，如融资企业发生司法纠纷、质押物安全、债权未能到期兑现等问题。常采用的应急方案一般有暂停授信、冻结融资企业资产、通过法律申诉等。

2. 数字科技赋能下的风险控制机制

对于传统的供应链金融风险管理来说，最大的挑战就是不完整信息下的信用风险和信息不对称下的道德风险。随着数字化技术在供应链中的不断渗透，供应链金融的风险管理模式也发生了巨大的变化。物联网、大数据、人工智能及区块链等技术使得供应链风险管理的效率更高、供应链中的信息也变得更加透明。这些金融科技的应用也将使传统供应链金融业务中凸显的问题逐一得到改善，在降低供应链企业融资成本的同时，也实现了供应链信息化、智能化、集成化及自动化的综合风险管理模式。基于不完整信息下的信用风险和信息不对称下的道德风险这两大最主要的挑战，金融科技在供应链金融风险管理中的应用具体体现在以下四个方面。

首先，大数据赋能可以降低不完整信息下的信用风险。大数据赋能首先需要将供应链金融风控模型数据化以及保持能获取实时动态数据的状态。在传统的供应链金融中，中小企业可以用来进行融资的依据较少，缺乏完整的报表信息，而通过大数据赋能以后，中小企业的财务数据、生产数据、水电消耗情况、员工薪酬水平、资产负债、企业现金流情况、产品数量和周期及销售数据等都可以被金融机构发掘并进行全方位捕捉。这是反映融资企业的重要客观数据，可以为金融机构提供实时的风险评估数据，降低了供应链金融中融资企业的信用风险。

其次，区块链技术有助于供应链金融业务中的信息透明度。区块链具有分布式数据存储、点对点传输、智能合约等关键性质，该技术有助于促进贸易发展，并通过点对点传输来实现端到端的信息数据透明化改进流程和提高流程自动化水平。区块链本身所具备的不可篡改及可追溯等特点可以提高供应链金融整体的效率和质量，降低信任成本，进而有可能为供应链中的多级供应商进行授信并进行合理的风险管理。不可篡改性也使得区块链赋能成为解决供应链金融纠纷的新方式。通过区块链的智能合约系统，可以实现交易在区块链共识认证下自动完成，这样有利于降低供应链金融中信息不对称下的道德风险。

再次，物联网等技术为动产质押和监管赋能。对银行来说，物联网技术解决了传统供应链金融业务中的动产质押物、在途物流和库存货物的监管问题，降低银行的监管成本和融资风险，从而降低了供应链企业的融资成本。物联网技术可以通过传感技术和定位技术等将交易中的相关数据传递到金融机构的风控系统中，这个环节也避免了人为的信息获取错误，提升了供应链融资效率。

最后，人工智能让供应链融资交易降本增效。人工智能技术可以将交易系统的流程自动化并实现线上化操作，供应链企业及市场的相关数据都能被实时捕捉，金融机构可以对这些数据进行深度分析与实时检测，使金融机构对供应链企业的融资需求把握得更准确，对企业的经营能力和风险状态也认识得更精确，从而提供更合适的供应链金融服务。自动化的流程省去了银行贷前审查、贷中审批及贷后监管的工作，这有助于降低融资企业的融资成本，提升整条供应链的交易效率。

通过一些数字化技术在供应链金融风险管理中的应用，可以发现，在数字化时代，供应链金融的风险管理要素依然还是以传统供应链金融风险管理中的六个要素为主，同样也是由风险识别到风险度量再到风险控制的流程进行风险管理。区别于传统的风险管理手段，由于数据的赋能，为供应链金融的风险管理提供了新的应用场景，立足贷前—贷中—贷后的风险控制全过程，在风险识别、风险度量及风险控制三个主要流程中注入了新的风控元素。

在风险识别方面，数字化技术可以帮助金融机构基于多维数据的聚合进行风险排查，这大大提高了风险识别的效率和能力，注重将风险管理前置，倡导金融机构在贷前通过金融科技公司利用量化的风控模型进行定量分析与比对，深层掌握企业的历史生产数据和资金使用效率，降低了因为融资企业信息不透明而导致的市场风险与经营风险。

在风险度量方面，数据赋能下的新场景为供应链金融风险管理提供了新的风险度量方式。风险度量是基于风险识别的结果进行的分析与评估。在一些度量模型的参数获取上，金融科技会使得获取过程更具效率，参数的数据质量更高，从而能得出更客观、更精确的风险评估结果。

在风险控制方面，数字化技术可以使得金融机构能基于融资企业或供应链核心企业的实际生产运营数据来实现贷中—贷后风险的实施管控，有效掌握信贷主体的生产现状和回笼资金使用情况，实现信贷融资的分段投放和精准滴灌，分散和降低融资过程中的风险，提高资金使用效率，提高盈利能力的同时还控制信贷过程中贷中—贷后的风险。

概括来说，无论是传统的供应链金融风险管理机制还是数字化科技赋能下的供应链金融风险管理机制，供应链金融风险管理都围绕以下五个方面：①管"人"；②管"物"；③管"数据"；④管"钱"；⑤管"事"，而展开相关工作。其中，区别最大的是管"数据"，由于数字化技术的赋能，供应链企业的交易数据更容易被获取，无论是金融机构，还是供应链企业，都可以接收到更多的相关数据，通过数据可以对潜在风险进行评估，为自己的决策提供帮助。特别是新零售企业，目前新零售企业的供应链金融全都是从数据方面来管控风险。如何运用好这些得来的数据是一个值得金融机构与企业去探讨的问题。

罗马帝国并非一日建成，供应链金融的发展也是如此。尽管数字化时代下各种金融科技的快速发展为传统的供应链金融业务不断赋能，为传统的风险管理手段增添新的管理控制措施。与此同时，数字化科技也带来了三个主要的风险与威胁。首先，信息安全与隐私风险。一直以来，数据安全问题始终是大家关注的重要话题。数据泄露可能会对企业造成巨大的财产损失，大数据技术虽然方便了企业和金融机构对数据的搜集，但同时也给企业带来了更大的安全隐患。对个人的信息安全也同样具有威胁，大数据赋能下供应链金融需要全面收集供应链成员的信息，从而提供更有针对性的服务，但数据挖掘过多就会侵犯供应链成员的隐私，而涉及隐私的信息保护边界还不明确。其次，大数据等技术会为企业和金融机构带来大量的交易数据，但和传统的供应链金融中的数据不同，大数据技术下获得的数据也包含了很多无用数据，这也为验证数据间的真实关联性增加了一定难度。如果参考了错误数据下的融资建议，风险反而可能会被放大。最后，法律风险。目前国内还没有一部专门的法律来约束管控针对个人信息数据的非法收集、使用等行为。已有的证券法、银行法以及保险法等对大数据下的供应链金融服务模式约束力较弱，不存在明确的条文，因此，容易引发一些法律纠纷问题，这对我国的金融行业监管体系提出了一个亟须解决的问题。综上所述，数字科技对于供应链金融来说是一把双刃剑。如何利用数字化科技的赋能在供应链新场景下重新设计供应链金融新服务模式，这是一个值得探索和学习的过程。

本章要点

- 供应链金融服务关注的是整个供应链的贸易过程，所以金融机构立足于交易前、交易中和交易后，为不同的融资企业提供融资服务。核心企业的信用对供应链金融服务的发展至关重要，围绕核心企业在供应链交易中所处的位置，金融机构可以设计出各种不同的供应链金融服务产品。数字化技术可以加强金融机构的供应链金融业务水平，将供应链中参与方的信息数据连接在一起，形成合作多赢的供应链金融生态系统，并促进整个生态系统的可持续性发展。
- 在传统的供应链金融服务中，金融机构主要基于供应链中核心企业的信用展开供应链金融服务。数字化时代下，金融机构借助大数据、人工智能及区块链等技术将供应链金融服务延伸到供应链中信用较低或与核心企业合作不紧密的企业中。同时，由于数字化技术的赋能，金融机构的信用贷款业务也获得发展的动力。
- 供应链金融服务的风险主要有四种类型：市场风险、信用风险、操作风险及法律监管风险。无论是传统的供应链金融风险管理还是数字化时代下的风险控制策略，风险管理的重心就是做好五个"管"：管"人"、管"数据"、管"物"、管"钱"和管"事"。数字化技术在风险识别、风险度量及风险控制三个主要流程中注入了新的风控技术。

思考题

1. 金融机构的供应链金融服务有什么特点？
2. 金融科技对金融机构的供应链服务产生什么影响？
3. 金融机构应该怎样构建供应链金融风控策略？

第三篇

可持续供应链金融

随着物质需求得到满足，人们对精神层面的需求不断提升，于是道德消费的需求越来越高。对企业而言，就需要比以前任何时候更加关注可持续发展。可持续发展，包含着经济收益、环境友好、企业社会责任三个层面。企业为满足消费者不断攀升的道德消费需要，必须从供应链整体来追求可持续发展，需要有新的发展思路。可持续供应链金融则是应用供应链金融手段，来推动企业所在供应链可持续的发展，这为供应链可持续发展提供了新的研究内容。

供应链金融的根本意义与应用主旋律是从产业中来，到金融中去，再回到产业中。随着供应链金融在中国走过了十余个年头，与各行各业进行融合后，如今，其实用价值与意义仍在各行各业中不断进步、持续拓展，并且逐渐渗透到产业运营中。本篇包含3章。第7章重点介绍可持续供应链金融的价值，指出供应链金融可以作为一种新思路用于推动供应链可持续发展；第8章以物流供应链行业为例，分析供应链金融为该行业的可持续发展带来了怎样的变革，以及该行业未来发展格局是怎样的；第9章以农业为例，探讨供应链金融如何助力农业可持续发展，推动乡村经济的发展。

第 7 章 可持续供应链金融创造共享价值

本章学习目标

- 了解供应链金融、可持续发展以及创造共享价值的相关基础概念知识
- 探讨供应链金融促进行业可持续发展,实现社会价值和经济价值共赢的可行性
- 对可持续供应链金融的应用进行初步案例研究
- 了解实践可持续供应链金融的发展与面临的挑战

7.1 可持续供应链管理

7.1.1 可持续发展

在当今快速发展的世界下,不论是企业组织的发展,还是人类社会的发展,越来越重视可持续发展这个概念。可持续发展(sustainable development)最早作为强调科技、经济、社会、自然等多方面人类生活与发展因素共同协调、可以长久维持的发展状态的理论,最早出现于 1980 年国际自然和自然资源保护联合会的《世界自然资源保护大纲》,它包含了环境、经济、社会等方面的可持续性。"必须研究自然的、社会的、生态的、经济的以及利用自然资源过程中的基本关系,以确保全球的可持续发展"。

随着时代的发展与可持续发展观念向人们生活过程中的渗透,企业可持续发展的观念应运而生,该概念是在 1984 年世界工业环境管理会议上提出来的。企业可持续发展将维持生态持续、社会发展及以企业为主体的经济发展相结合,它主要是指企业在追求业务拓展、经济利益增长的情况下,既要考虑企业的经营目标,包括企业盈利能力、市场地位、市场份额等经济指标,同时还需要考虑企业在未来发展过程中长盛不衰的能力,以及企业合理配置和有效利用资源的能力,与企业在社会与环境中

承担的社会责任。企业的可持续发展包含三个层面,即社会责任层面(social aspect,如员工工作条件和福利等)、环境责任层面(environmental aspect,如环境保护、绿色运营等)及经济责任层面(economic aspect,如经济利润、经济增长等)。

7.1.2 企业实施可持续管理

对于企业来说,多方利益相关者对于可持续性的关注度的提升都使得企业开始把可持续性纳入企业运营的决策中。基于企业可持续发展概念,企业在制定发展战略时就需要考虑社会与经济环境、企业资源配置和目标、企业及行业的生命周期等多方面因素。在可持续发展与社会环境结合方面,随着大众对于环境保护、可持续发展等概念意识的提高,客户在挑选自己产品时,也会将是否对环境友好纳入考虑范围之中,消费者在购买企业产品或服务的过程中,也会综合考虑企业的社会形象与企业文化。另外,投资者在评估企业时,也会考虑企业社会责任意识和可持续发展战略,能够与当前经济、社会、政策环境相适应的企业才具有可持续发展的能力与投资价值。还有,许多新兴科技产业和高新技术企业本身在研发的产品就将资源利用、能源消耗、新能源等方面因素作为产品价值和能力的部分进行规划与考虑。这些利益相关方对于可持续性的关注使得其对能够实现可持续发展的企业青睐有加。

企业在发展和转型过程中,也从传统追求单一经济增长的粗放型经营模式转变为经济发展与可持续发展相结合的绿色可持续发展模式,这也是企业运营决策的一个重要方面。从企业经济利益方面而言,企业生命周期和核心竞争力也是企业可持续发展的重要因素,它们说明了企业在可持续发展过程中应对经济波动风险的能力以及从众多竞争者当中脱颖而出的竞争优势。

为了能够有效地衡量企业可持续发展的能力,英国学者约翰·埃尔金顿提出了三重底线(the triple bottom line,TBL)模型(图7-1),该模型旨在描述经济、社会、环境三个方面的有机统一,即如果企业在发展的过程中能够实现这三个方面的平衡,那么企业组织或社会的发展是具有可持续性的。

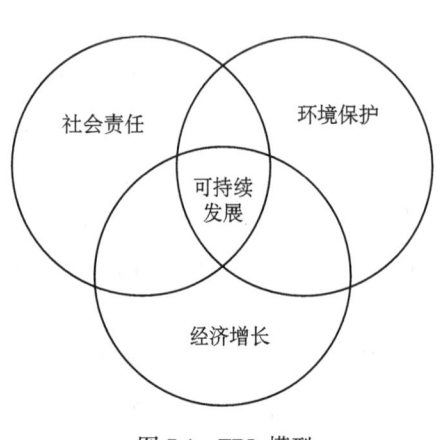

图 7-1 TBL 模型

(1)经济增长率及在经济利益上的损失衡量指标是企业能力传统的衡量指标。TBL模型认为衡量企业能力的经济指标主要包括微观方面的收入、支出、税费等,该指标具体表现在企业的经营绩效、市场份额及财务绩效方面。供应链的可持续性经济责任主要表现在满足利益相关者、员工、客户、经济机构及其他为生产和服务提供资源的经济实体的财务需求，经济责任指标是企业维持正常运行的基础底线之一，也是大多数企业在经营过程中的主要目标。

（2）企业社会责任指标要求企业能够满足社会的道德标准及社会形象的表现，在大众教育、健康、生活品质及社会资源分配等方面实现社会平等，即大众对于各类社会资源有可获取的渠道，从而提高大众的幸福度，保持社会平衡，其具体表现包括企业在经营过程中遵守法律，善待员工，构建平等、尊重、多样化的文化，提供符合社会标准的优质产品与服务。

（3）企业环境保护指标要求企业首先要尽可能最小化人类发展过程中对环境造成的损害；其次要提高资源的有效利用；最后达到环境的健康治理和内外平衡的目标。脱离环境保护只图发展的企业在法律要求、社会认可、消费者偏好方面都不具备优势，其生产的产品也是低质、低效的。衡量企业的环境保护指标主要从企业污染排放、环境保护措施及对资源的合理高效利用等方面进行。

因此，对于一个企业或者公司来说，当它们想要追求可持续发展时，它要考虑的不仅仅是自身经济方面的提高，还要兼顾环境和社会的利益和发展，只有当三个指标都能满足时，它才是一个被社会各界认可和青睐的、具有可持续发展能力和潜力的优质企业。为了使企业或公司能够为实现更好的世界承担共同的责任，联合国全球契约组织制定了"全球契约"（global compact），见表7-1，旨在号召全球企业遵守国际公认的价值观和原则，实现共同可持续发展。

表 7-1 联合国全球契约

项目	原则	内容
人权	原则 1	企业应支持并尊重国际公认的人权保护
	原则 2	企业应确保不成为侵犯人权的同谋
劳工标准	原则 3	企业应维护结社自由，承认劳资集体谈判的权利
	原则 4	消除一切形式的强迫和强制劳动
	原则 5	切实消除童工
	原则 6	消除就业和职业方面的歧视
环境	原则 7	企业应支持采用预防性方法应对环境挑战
	原则 8	采取促进环境责任的措施
	原则 9	鼓励开发和推广环境友好型技术
反腐败	原则 10	企业应努力反对一切形式的腐败，包括敲诈和贿赂

当今时代，企业所面临的是与时俱进的市场和消费者的要求。消费者会从有责任心的、可持续发展的、环保的企业买到环保、健康的产品，已经变成了市场的刚需。传统的高污染排放行业和企业，如传统制造业，都在进行转型与发展，逐步引入更为清洁环保的能源资源及生产方式，研发能耗更少、更优的新兴技术，以实现

企业环境可持续发展的目标。例如，大型汽车制造商沃尔沃，以可持续发展作为核心价值，迅速进行了智能化与电动化的转型；能源企业施耐德电气，贯彻可持续发展理念，部署数字化方案实现节能降耗。

在实施企业可持续发展的经济与环境效益共赢方面，数码士（HUMAX）、沃尔玛、雀巢咖啡等各行业优秀企业都进行了实践，并取得了有效的成果。通过相关企业的实践可以发现，要想进一步落实企业可持续发展的理念并实现这个目标，企业需要建立可持续的优势与核心竞争力：在经济效益方面，通过技术变革、创新管理等方式，确保公司能够积极研发产品，保证其在相关产品与竞争者中的独特性与竞争优势；在环境可持续与社会责任方面，企业需要考虑环境保护管理、以人为本的企业文化管理、透明管理、双赢管理、创造共享价值（creating shared value，CSV）管理等几个方面，实现社会价值与经济价值的关联与统一。

7.2 可持续供应链金融

7.2.1 可持续供应链金融的定义

可持续供应链金融是供应链金融与可持续发展战略在企业高质量发展方面的结合，是借助供应链金融手段和措施来实现企业的可持续发展。企业在供应链金融服务模式设计时，要考虑经济效益、环境友好和社会责任三个方面的影响。

传统供应链金融主要侧重于企业融资需求与供应链上的物流、资金流配置与优化的问题。供应链金融服务的行业更多集中在制造业。与其他行业相比，制造业特征较为明显，为供应链金融的大规模运用提供了良好的条件，相比之下，供应链金融在农业、服务业、医药行业等较少涉及。如果想要将供应链金融运用到这些行业中，相关服务商不仅需要发掘行业本身的特点，还要针对不同企业自身的特征来开发专属于某个企业的供应链金融解决方案。这主要是因为许多行业本身并没有太大的一般性特征。各个企业发展自己的独特模式，供应链金融无法有效地形成一般性解决方案。例如，农业由于各种农产物本身物流特点、季节性特点及产品风险波动等特征使得各企业有鲜明的区别，导致单一的供应链解决方案无法满足企业需求。

企业的可持续管理离不开供应链整体的可持续发展，根据TBL模型，由于供应链本质上是一个互相关联的过程，任何促进供应链管理发展的措施都能够为其中的企业带来一定收益与利润，并使得企业在高竞争的市场中更好地发展；从环境责任角度考虑，需要对产品的生产或加工的所有供应链环节进行整合，然后在产品使用寿命结束时对它们进行再加工，以再制造产品或回收材料的形式产生附加价值，或是在产品生产过程中进行节能处理并优化资源分配，从而实现供应链的环境可持续发展；可持续发展的社会责任还影响了企业很大一部分行为，企业可以选择在人道主义与后勤（humanitarian logistic）方面实现社会的可持续发展责任。集成供应链可以促进可持续管理措施的实施，因为在供应链流动的过程中，已经建立了企业完备的沟通和物流体系，企业跨职能部门和公司间可以通过合作来应对可持续发展过程中面临的挑战。

可持续供应链金融的模式旨在用供应链金融支持供应链的可持续性，它是一种能够协助实现供应链环境中资金、物料、信息的有效配置，而且能通过激励手段推动供应链及供应链上企业相关者可持续发展的服务。在供应链金融中应用可持续发展的思路对于供应链本身的竞争力具有一定影响，它可以提高供应链财务金融信息透明度，通过供应链管理整合和协调降低供应链财务成本，提高财务绩效；也能够加强供应链上下游合作，实现供应链多方参与者共赢，从而实现供应链整体可持续发展的重要目标。

在可持续供应链金融的实践中，应当着重强调"激励"和"共赢"的概念，其中"激励"是手段与措施，"共赢"是目标与本质。核心企业通过借助对供应链资金流的管理，为该供应链金融塑造可持续的理念，应用不同的激励方式，让其他企业自愿对可持续发展进行投入，从而推动供应链整体的可持续发展，以提升供应链产品的服务品牌和社会效应，创造供应链的新价值。通过资金流的上述激励活动，实现供应链参与企业的共赢，这种"共赢"会增强供应链上下游企业的稳定性、忠诚度及共同成长性。可持续供应链金融将改变可持续发展的传统思想，很多可持续发展的管理实践表明，可持续方面的投入是可以直接获得正向回报的。

7.2.2 可持续供应链金融的可行性

1. 供应链金融对于产品产业链可持续发展的作用

传统的产品产业链由于产品制作流程周期较长、上下游中小企业数量多等原因，具有产业链较长、上下游行业集中度不高、中小企业资金运转困难等特点，而供应链金融则从以下几个方面使得产品产业链能够达到可持续发展要求。

（1）非银金融机构提供的丰富的金融产品使得中小企业资金链能够达到持续稳定的发展。中小企业由于其自身体量的问题留存资金往往不足，通过内部融资的方式来满足短期集中的资金需求是不可持续的。因此，中小企业短频多的融资需求是必须寻求第三方金融机构解决的，并且这个融资需求是刚性长期的。在传统融资方式下，中小企业由于其资产少的问题，难以通过资产抵押形式向银行获取融资，纯信用的融资也没有形成良好的市场秩序，中小企业融资困难是一大难题。供应链金融的发展使得产业链中的重要环节——资金流能够稳定发展。首先，非银金融机构的介入为中小企业提供了多样化的融资渠道。其次，授信不再是通过传统银行下重资产抵押的方式进行，非银金融机构可以通过中小企业现有库存等运营资产及过往经营、信用信息来给中小企业提供贷款。同时，非银金融机构获得回款的方式也灵活多样，如中小企业的应收账款的转让、未来营业收入的现金流等。中小企业在传统方式下难以获得融资的一大原因是资金链信息不透明度高。供应链金融下的融资方式将会"强制性"地提高透明度。另外，非银金融机构对供应链中中小企业进行授信融资的基础之一是供应链整体的资金流向和具体到某一中小企业的资金流特点。只有在基于这些资金流的信用之上，非银金融机构才会愿意信赖供应链中的某一中小企业，进而为其提供融资。

（2）产业链交易成本、融资成本的下降使得产业链能够达到持续稳定的发展。在供应链金融模式下，不仅供应链中某一中小企业得到了融资，整个供应链的交易成本也都将下降。这一方面是得益于数量多、体量小的中小企业的刚性融资需求得到了满足，另一方面是非银金融机构的介入使得供应链的资金流能够变成半公开化的金融资产，这对于供应链中的各企业来说也是非常有价值的。供应链中的企业能够借助资金流梳理物流、信息流等链条，使得供应链不仅在现有模式下呈现清晰的面貌，还可能找到新的发展或者突破方向，真正地做到可持续发展。

2. 供应链金融对于供应链整体协调关系的可持续发展作用

（1）供应链金融对于供应链的关系具有垂直整合作用。供应链金融对于供应链可持续发展的作用不仅体现在对资金流的整合上，还体现在对于整个供应链的整合作用上。供应链由于其本身产业特点突出、参与企业数量庞大、体量不一、关系复杂等特点，难以形成跨行业的普惠金融式的解决方案。在这种情况下，供应链金融对于供应链作用体现在对产业供应链的垂直整合。供应链金融想要对供应链真正起到作用，首先就是要摸清供应链所属产业的特点、上下游生态、发展方向等。其次，供应链金融并不只是对资金流产生影响，对于物流和信息流都会有整合作用。资金流与物流是紧密结合的，都能体现出供应链中的交易过程。例如，顺丰是在物流的基础上发展了融资，京东则是一个大的生态圈，在这个生态圈中，京东为上游企业及下游客户搭建了物流体系进行服务，并且基于物流信息、信用信息等为生态内企业提供融资服务。供应链金融的作用不会局限于资金流，而是对供应链整体进行整合。

（2）供应链金融的应用能够拓展和巩固供应链客户群。在供应链金融模式下，供应链上下游企业都会进行重新整合。一般来说，供应链上下游普遍存在中小企业过多导致网络错综复杂的特点，经过整合之后，一方面为优质的中小企业提供融资使得它们能够持续发展，另一方面淘汰了一部分运作不良、没有过多发展前景的中小企业。在整合过后，并不是说供应链就能如此长期健康运转下去，而是说供应链上下游都可能发现潜在的目标群体，尤其是下游客户群体。供应链基于其产品、周期、整合过后的效率等特点也许可以发现新的客户群，如原先因为运输效率无法满足的客户、原先因为资金不充足无法拓展的客户等。在经过整合之后，供应链金融对于供应链拓展客户群也会起到良性作用，只有在拥有不断扩大生态环境的能力之后，供应链才会更加接近可持续发展的目标。

7.2.3 可持续供应链金融的模式

可持续供应链一方面使得中小企业能够以较低的资金成本生产经营，实现中小企业成长的可持续性，另一方面使得产业链实现可持续发展。

目前从激励措施来看，可持续供应链金融的典型模式主要分为三种。①融资激励模式，即根据企业上下游可持续发展投入水平与实施力度对企业制定不同的融资利率与方案，如彪马的供应链金融服务与供应商的可持续和社会责任绩效挂钩模式；②支付激励模式，即通过提高采购定价或提前支付等支付手段引导上下游企业实施可持续发展的战略措施，从而提高供应链产业产品质量价值，如星巴克联合发展的咖啡与种植农公平惯例准则（coffee and farmer equity practice，CAFE）；③信用激励模式，即通过购买指定品牌产品，赋予借款企业购买信用的措施，规避供应链中的信用风险和道德风险问题，从而实现企业可持续发展。这三种模式都是由供应链核心企业倡导的市场化行为，其本质都是从资金流机理方面开展的采用供应链金融的手段进行供应链协调管理方向的创新。

7.3 物流供应链企业可持续供应链金融

物流业是国家的战略基础行业。然而，物流行业整体产业集中度低、发展不平衡，可持续发展问题面临着较大的挑战。目前我国的物流业正需要一份新的助推力，经济效益与环境效益的统一和共赢逐渐成为未来发展的主要趋势及方向，因此现代物流的可持续发展势在必行。可持续供应链金融在物流行业的应用是第三方物流服务新的发展方向之一。供应链金融或物流金融应用于物流供应链行业，能够从资金的配置和利用效率角度提升企业竞争力，从供应链产业一体化的方面促进物流供应链行业整体可持续发展。

7.3.1 物流金融的理念与背景

（1）解决中小企业融资瓶颈问题：与各种模式和类型供应链金融类似，物流金融最本质的理念和作用在于解决中小企业融资难的问题，其独特的优势在于物流行业作为核心企业介入。传统企业借贷融资模式更青睐房地产等不动产或大量的资本力量等风险较小的抵质押物。然而据统计，在目前中国的中小企业中，应收账款和存货类型等动产占比较高，超过60%，而且相关动产主要产生于上下游的交易进行过程中。

因此对于银行等传统金融机构而言，中小企业存在的操作风险、信用风险都较高，中小企业面临着上下游交易需要大量运营资金，但是库存、应收账款等动产难以变现造成的不平衡情况，供应链金融的应收账款质押、动产质押融资模式的出现和发展有效解决了中小企业的融资瓶颈，盘活了企业的流动资产，不仅能够增加企业融资的途径，降低了融资的门槛，对于金融机构而言也提高了供应链的信用评估。

（2）加强金融机构与供应链的沟通和协同的关系：这样的关系主要包括"三流"的沟通和信用的沟通。在传统金融模式中，物料流掌控于供应链自身，银行主要提供资金流动的动力和资源，供应链中各个环节的信息流较为局限，缺乏信息的沟通和互动，上游仅掌握自身的产品制造和发货信息，物流、仓储信息由第三方物流公司掌握，下游掌握自身的市场对接信息，外部金融机构对于信息的掌控能力较为薄弱和被动，供应链内部各环节之间信息也趋于不透明。物流金融的引入在于使第三方物流公司作为信息中心成为供应链的整合者，在新时代科技的发展下，区块链等金融科技的应用更加推动了供应链的信息透明化与流动性。银行通过第三方物流公司的介入对于信息流的掌握能力提高，从而更加具有推动供应链资金流的动力，并且愿意为低风险的供应链注入更多资金。随着资金资源的充分投入，供应链上下游企业对于产品的生产、经营资金约束减少，从而能够有更多的资源和精力投入产品生产和运输方向研发，以及供应链整体物料流动性增强。物流金融业务在整个过程中把物流、信息流、资金流"三流"进行了有机结合统一，银行以物流公司作为中介和核心企业对供应链进行监管，也更加看重 3PL（third-party logistics，第三方物流）对于物流通道和供应链上方贸易的产品与市场情况的信息把握。

（3）促进物流企业和供应链可持续发展：在当今时代经济双循环背景下，物流业是国内经济大循环、国内国际双循环相互促进的有力支撑，物流企业已不满足于单纯物料运输、库存仓储服务提供等有限职能，物流企业随着信息价值的提高，在供应链中也成为不可替代的第三方重要角色，物流业贯穿第一、二、三产业，衔接生产与消费，涉及领域广、带动作用强。物流业供应链金融迎来了巨大的市场发展前景，物流企业在金融服务模式的发展中逐渐向多方面、多维度、多层次协同发展的现代物流体系转变。

7.3.2 物流企业应用供应链金融的价值

供应链管理和服务模式的创新与应用随着经济全球一体化的加速而焕发了新的生命力，越来越多的企业在保持自身竞争优势的情况下，开始将供应链服务的提供作为企业转型发展的方向与机会点之一，这个过程中既有传统物流企业的转型，也有新兴的供应链服务者的加入。当前物流服务企业既需要与传统的采购及经销商在供应链外包领域内存在一定的竞争，又要与一些新兴的供应链综合服务商特别是一些已有多年供应链服务提供历史的国外大型物流企业进行竞争。因此这些物流服务企业开展物流方面的供应链金融业务是促进企业和物流业可持续发展的重要驱动力和措施。

对于整个供应链的中小企业而言，一方面它们面临着融资借贷用于购买原材料进行生产和销售的问题，另一方面它们还同时存在着原材料、半成品与成品在物流与仓储过程中的库存问题，因此，利用库存进行融资是很多供应链中小企业的需求。在传统融资情境中，银行对于企业的规模、抵质押物、经营资产等情况进行风险评估，然后做出是否借贷的决策，这样的模式对于中小企业而言具有较高的门槛与障碍，物流金融的提出能够使金融机构委托第三方物流企业对中小企业抵押的库存进行监督与管理，从而降低金融机构与借贷企业间信息不对称风险，提高金融机构对中小企业风险能力的信任。

物流业能够了解供应链上下游产品实体流动的真实活动，它的存在高度契合了供应链金融的业务特征和发展规律。基于物流金融的理念与背景，物流金融还能够通过对供应链资金流的优化与合理配置，有效地提高供应链上资金的利用效率，以解决当供应链中存在过多库存时对于资金成本的不合理占用，利用这些库存资产进行融资可以为供应链中小企业提供流动资金，激活供应链资金流，提高资金的结转效率。

此外，物流金融作为第三方物流企业的衍生附加业务，能够加强物流企业对供应链的介入与管理，对于供应链中资金流的管理与控制能够提升第三方物流企业在供应链中的价值与竞争力，同时物流金融业务也是物流企业的主要利润来源。

因此，物流金融能够通过向物流与供应链提供信息流和渠道的保障，物流效率和资金流效率的支撑，以及整体供应链的增值作用，实现供应链三流服务互相促进的共赢。值得注意的是，在现实生活中，3PL 作为核心的供应链融资受到了广泛应用，并且该创新金融模式在预算受限的零售商中很受欢迎。

在 3PL 提供供应链融资方面，很多物流服务提供商，如 UPS、FedEx、DHL、EXEL、TNT Logistics、施耐德电气和 NYK Logistics 等，除了传统的物流服务外，都有提供物流金融或供应链金融增值服务。

物流与金融服务一体化（integrating logistics and financial service，ILFS）是物流服务与金融服务集成的创新服务模式，该创新模式能够通过两种方式使整体供应链运营与其中的参与者实现多方受益：①帮助预算受限的中小公司以低门槛的供应链融资模式筹集运营资金；②帮助大型企业进行外包服务管理与供应链方案设计，协调供应链中的物流、资金流和信息流。基于上述优势，一些主要的 3PL 公司，如 UPS 和 FedEx，为客户提供物流金融一体化战略方案设计，从而提升了自己在供应链服务提供方面的竞争优势。例如，UPS 除了提供传统的物流服务，也在对外提供其 UPS Capital 的供应链金融服务及产品,它向客户提供全球基于资产的贷款（global asset based lending, GABL）和库存融资服务。此类全球范围内的以资产为基础的贷款是在存在抵押品为担保的协议中提供贷款的一类业务,借款人可以采用所拥有的库存、应收账款、设备或其他财产来进行担保,这些供应链金融服务使客户能够将离岸或在途的库存货币化,从而增加其运营资金流动性。ILFS 的做法也可以在发展中国家的市场中得到应用。从 2006 年起,中国主要物流公司之一的中国对外贸易运输（集团）总公司（简称中国外运）开始与工商银行在物流金融领域开展合作。截至 2007 年,中国外运已与 10 多家银行结盟,为客户提供 ILFS 服务。

一家拥有 ILFS 的 3PL 公司将如何影响存在资金缺口且融资难的中小企业零售商所在的供应链呢？由于这些下游的客户预算受到资金限制,其可能会从传统金融机构如银行或提供供应链金融服务的 3PL 公司借入资金。当零售商从银行借款时,3PL 公司仅提供供应链中的传统物流服务,但零售商在此过程中承担了额外的财务负担,并且背负着向银行还贷的义务,因此很有可能会由于预算不足,导致整体供应链效率被削弱；然而当下游客户向 3PL 公司寻求贷款时,这种低效率也可以因此得到改变。3PL 公司对于整条供应链及其中的"三流"具有更强的监管及掌控能力,对于零售商的风险评估及抵质押物的要求相对较低,因此可以通过提供较低的利率更好地协调供应链。此外,物料流和资金流的结合可以提升供应链中信息流的效率,3PL 公司在这个过程中能够更好地监控产品的交易,从而防止零售商潜在的预算信息隐瞒。

7.3.3 物流金融的发展方向

物流金融具有标准化、信息化、远程化与广泛性的特点。在第三方物流企业的统一管理之下,产品及其物流的模式与程序都更加统一、规范与标准,整体物流行业服务体系也遍布全国,企业与银行的信息网更为广泛,地域性逐渐受到削弱,产品和服务的种类也随着不同的应用场景解锁得到推广,各企业针对自身应用场景不断对物理金融模式进行推广和创新,新型金融科技技术的应用也为物流金融的发展起到了进一步促进作用。

物流金融未来具有以下几个应用与发展方向。

（1）物流金融与电子商务和新零售的结合与应用：作为最流行的零售渠道之一,近年来,电子商务在全球范围内以迅猛的速度增长,并颠覆了我们的生活方式和购物方式。电子商务的快速发展也极大地促进了我国经济增长,根据中国电子商务研究中心数据显示,截至 2017 年中,中国电子商务交易额达 13.35 万亿元,同比增长 27.1%。电子商务使零售业加速变革并已成为最重要的零售渠道之一。它带来了更多的机遇和挑战,对中小企业而言,由于电子商务的优势,企业初期无须花费太多资金投入生产设备、基地工厂及经销渠道等方面,即可轻松地在电子商务平台上建立零售渠道，行业固定资金成本准入门槛较低。对于供应链而言，电子商务如今已促进零售商向全球客户销售商品，并通过消除大多数中间环节极大地提高了供应链效率。然而，随着业务范围的扩大和商品流通的加速，普遍导致中小企业零售商在订单履行过程中存在资金短缺的问题。零售商受众范围的扩大有助于实现销售额的显著增长，但随之而来库存水平的增加会导致占用更多的资金，电子商务通过消除分销渠道中的中间环节，明显加快了商品流通速度。原有模式下的共享资金压力全部转移到了最终的零售商身上，尤其是为了从核心公司获得供应，中小企业的话语权及议价能力较为薄弱，它必须接受不平等的不利条件，从而造成下游财务负担。此外电子商务中质押多样性也阻碍了中小企业满足物流金融的融资需求，与此同时对客户端的物流，即快递服务业务也是电子商务和新零售的核心与基础之一。因此物流金融模式在电子商务和新零售的业务方向具有较大的发展潜力。

（2）物流金融与金融科技的结合与应用：技术已经在各行各业掀起了巨大的波澜，在物流运输行业，面对前所未有的变革时代，人工智能、大数据分析和区块链等新技术正在推动物流企业在物流运输技术方面具有更成熟的成本控制能力和风险杠杆能力。同样地，在未来物流金融的发展也将与金融科技息息相关。近年来，随着加密货币和数字资产的发展，区块链备受关注，作为加密货币的底层技术，区块链具有去中心化、集体维护、防篡改、可追溯、匿名等诸多优点，该技术在金融领域应用的潜力也得到了业界和学界广泛认可。

7.4　可持续供应链金融为农业企业创造共享价值

如何平衡企业与社会的关系，长期以来一直是一个热门话题。现在供应链金融很少涉足农业领域，供应链金融如何帮助农业产业链实现可持续发展是当下及未来一个很重要的课题。农业供应链各类参与主体分散、个体化程度强、业务流程周期长，分散化的农户无法有效应对市场波动的风险，不能根据市场的需求进行农业生产，不能在保障自身利益基础上有效供给农产品。因此，供应链金融一方面可以探索如何将现在分散的农户组织成农业的供应链，另一方面可以通过金融服务帮助农户解决资金问题，使得产业链内部资金流通畅。农业企业和行业应用可持续供应链金融的主要目标是在维持企业经济效益可持续发展的同时，推动企业所在供应链社会责任和环境保护的可持续发展。

7.4.1　企业社会责任

关于企业社会责任（corporate social responsibility，CSR）的研究可以追溯到20世纪60年代初期，CSR被认为是企业应在进行经营和业务的过程中采取的负责任的商业决策和行动，该决策不仅仅局限于直接的经济或技术利益。它主要说明企业在创造利润、对股东和员工承担法律责任的同时，还要主动对经济、社会和环境目标进行综合考虑，强调要在生产过程中对人的价值的关注，主要是对员工权益、消费者、环境保护、社区关系、社会公益的贡献。CSR是企业自律和道德组织政策的一种形式，是企业形象和声誉对消费者和社会的一种信号。如图7-2所示，Carroll将企业社会责任分为四种：慈善责任、伦理责任、法律责任和经济责任。

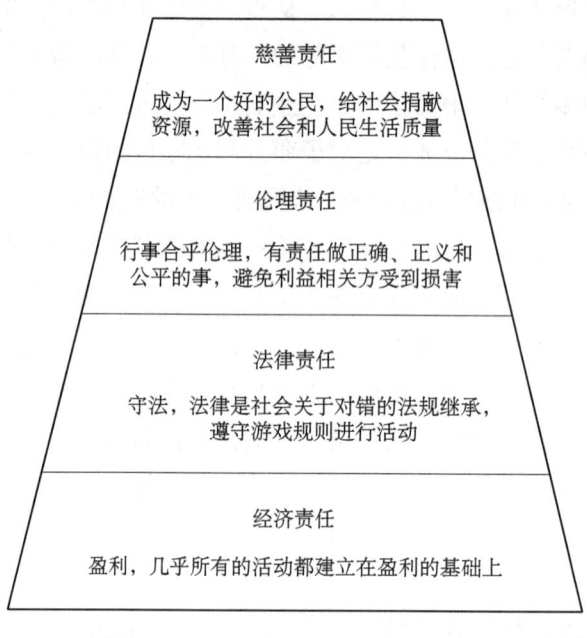

图7-2 Carroll的企业社会责任金字塔

企业的社会责任是企业管理及企业与各种利益相关者的关系对经营产生实际影响的过程，它在商业中的应用非常显著。因此，CSR应该像质量管理一样，被视为投资而不是成本。企业可以采取包容性的金融、商业、社会方法，将不确定性相关风险降至最低的长期战略，并且除了自身以外，通过整个供应链追求社会责任。

CSR与企业竞争力之间的关系已成为常识，CSR战略对企业竞争力有积极影响，此类战略对行业内领先龙头公司的作用更为重要。此外，基于国际经济和战略管理的综合分析框架，CSR与竞争力之间的相关性远远超出了业务层面，在一些特定的领域，企业的行为甚至能够上升到国家的政策和法律实施情况守序问题。CSR旨在通过积极和正面的公众声誉、道德和伦理来增加长期利润，通过对企业行为和社会承担责任来降低商业和法律风险并增加利益相关者对于企业和品牌的信任。CSR战略鼓励公司积极影响自然和社会环境及利益相关者，包括消费者、员工、投资者、社区等。随着企业规模、业务的拓宽和扩大，企业在发展过程中对CSR的投资也会随之显著增加，并且在多样性和环境意识方面变得更加负责。人们认为，客户对服务质量和 CSR 的认知都会影响客户对于公司形象与企业文化认同，进而影响对企业消费产品或服务的满意度和忠诚度，并且随着时间的推移，这种影响也会逐渐增强。

最近，随着人们对生态学认识的增加，消费者对高农业生产标准、亲和环境的农业生产、粮食安全及创造工作岗位等农业活动和农业事业的批判也在增加，从社会和生态角度来看，这与人们对于农业活动对社会负责任的理解程度提高有关。相关研究表明，健康和安全被视为农业和食品供应链中最重要的 CSR 领域，而环境则被列为第二，这些责任具体表现在以下几点。

（1）生产特定品质和分量的食物。

（2）保障农村居民的生活水平（技术基础设施、提供工作及公平收入）。

（3）保护环境（保护土壤、水、空气、维持生态系统的稳定性和生物多样性）。

（4）确保人和动物的健康和福利。

当前全球农业环境正面临快速变化和日益增加的挑战。农业驱动的经济增长可以对减少贫困和饥饿产生强烈影响。开发者有必要考虑支持农业，以满足人们对高价值作物和加工品日益增长的需求。

7.4.2 创造共享价值

CSV 是指改善经济或社会条件，同时加强商业核心竞争力的一系列企业政策和经营活动，共享价值是提高企业竞争力的企业政策和实践，同时提高企业所在的社会和经济条件。这个概念由迈克尔·波特（Michael Porter）和马克·克瑞默（Mark Kramer）于 2006 年首次在哈佛商业评论中系统提出。他们认为，如果一个企业只追求有利于自身利益的政策而以牺牲他人利益为代价，那么发展将是不可持续的。

研究学者提出了实现 CSV 的策略：定义核心竞争优势、重新构思综合目标、重新定义价值链中的生产力，以及实现本地或全球集群发展。社会发展和经济效率不是均衡关系。社会问题根本的缺陷是规模性（scale）缺陷。解决社会问题的资源、资金有限，而且正在不断减少。另外，政府支出具有再分配性质的政策，社会发展所需资源和资金来源于企业（依靠企业创造财富），只有企业才能创造共享价值，才能持续性地解决社会问题，企业具有根本的机会和价值，因此企业今后应该努力实现"社会价值＋经济价值"的本质资本主义。

今天的竞争发生在供应链与供应链的战斗中，而不是传统的公司与公司之间的战斗，因此，价值供应链成为产业的优先竞争力。通过目前对食品价值链方面的研究，CSV 的应用能够提高利益相关者之间市场情报和战略的透明度与协作程度，从而对提高企业和产业的市场成功具有积极作用，供应链中各环节与参与者共同参与共享价值链将有利于产品细分和专业化发展。

7.4.3 CSV 与 CSR 的关系

随着企业的发展，企业对 CSR 和 CSV 的日益重视也与消费者行为的变化有关。马斯洛（Maslow）的需求层次理论表明，消费者的需求随着其社会、经济等地位的变化而变化：在生理、安全、归属感、爱、尊重等基本需求得到满足后，消费者就会出现自我价值和意义实现的需求。因此，随着消费者开始关注道德和慈善，企业也应该寻求满足消费者更高层次的需求。因此 CSR 和 CSV 的概念也成为企业社会与经济共赢的战略。

CSR 和 CSV 的概念既存在差异，又具有一定的共同点。CSR 和 CSV 的区别在于是否与商业联系。CSR 是将企业已经创造的部分利润用于社会回馈和慈善活动，它常常被企业理解为费用支出的部分，但 CSV 从一开始就考虑同时创造经济价值和社会价值双赢的方法，是一种经济效用的实现，也是对企业整体战略和措施的规划基础。从企业利益的角度而言，CSV 是 CSR 概念的延伸与创新，CSR 归结为共享为创造社会价值而创造的经济价值。CSV 是企业成果和创造社会价值的投入之间关系变化的过程，即通过创造社会价值来创造经济价值的一种措施和思路，创造共享价值不仅仅是慈善或企业的社会责任；CSV 追求的是社会价值和经济价值的双重实现，这是一种通过商业模式解决社会需求和课题的战略与目标，而不仅仅在于牺牲企业的经济利益来实现社会责任的承担。

CSV 更加侧重于推动创新和增长，它将推动全球经济下一波创新和生产率。从企业自主性而言，CSR 是以企业的公民精神、可持续性等为重点的企业的先行（doing good）活动。在这个概念被提出和应用的初期，企业是为了应对政府或公民团体等外部压力，或根据企业的独立判断自由裁量实施来考虑的，与追求收益无关。而 CSV 的目标是创造与投入的费用相比较高的社会及经济价值，它是以企业追求收益和加强竞争力为目的的自主企业活动规划。另外，从具体的活动措施上来看，CSR 以志愿服务、捐赠、活动等市民意识为前提，通过慈善活动，尽到企业的社会责任，管理企业的声誉；而 CSV 是生产、流通、销售等从经营全局出发，创造企业和共同体共同价值的活动，目标是相生、成果共享、竞争力强化。

与 CSR 相比，CSV 概念和策略的局限性在于，在实行过程中会产生相当程度的短期支出，而并不是在所有领域都能创造共享价值，CSV 只注重利润最大化的经营战略，很有可能会导致短视的企业只关注价值链内的问题，而对市场之外的问题漠不关心。

CSV 和 CSR 概念提出的最终目标都是相似的，都是为了在消费观念改变的当今提升企业的综合竞争力。企业竞争力是指企业能够有效地为消费者和市场提供产品与服务的可持续、稳定的自我发展能力或综合素质。两者是可以弥补彼此局限点的互补关系，有必要追求协调。如果说 CSR 是应适用于整个企业经营的原则和政策，那么 CSV 是实现这一目标的商业战略工具。根据马斯洛的需求层次理论，需求层次应该是层次化和结构化的，消费者基本消费需求的满足及公民社会经济地位和消费者消费能力的提高会加速消费者对道德与价值型消费的需求。消费者正在追求更可持续、无偏见、以人为本和全球化的行业和公司，他们要求购买的产品除本身的经济价值之外，还应该符合道德，包含人文理念和社会价值观念。因此，企业的战略应该随着市场需求的发展而转变，基于消费者更高层次的这些信念和消费需求，拥有现代商业模式的公司创造了更具竞争力的社会和经济价值。

如图 7-3 所示，企业发展的金字塔可以分为三个部分：合规、可持续性和创造共享价值。一切战略和创新都应在遵守国家制定的法律、政策的基础上推进，各产业各企业都应该对消费者的安全和社会的安全及标准负责，在守法守序的基础上通过应用协调和整合的供应链管理和供应链财务机制，为利益相关者的权利实现企业盈利的初级目标。经济绩效是衡量企业经营活动及其资源利用效率的基本指标。只有合规的供应链才能导致具有可持续运营资源的可控公司，从而实现可持续发展的利润。在金字塔的上半部分，金融和非金融价值创造在 CSV 和 CSR 战略中相互关联。以可持续性为基础，在不牺牲产品质量和环境保护的情况下满足利润和发展的需求。自然资源和金融资源都应该是可持续的，这些资源要得到充分利用，在生产过程中必须组织好社会要素，才能创造共享价值。只有将组织资源、流程和战略联系起来，才能促进进一步的创新和价值创造。

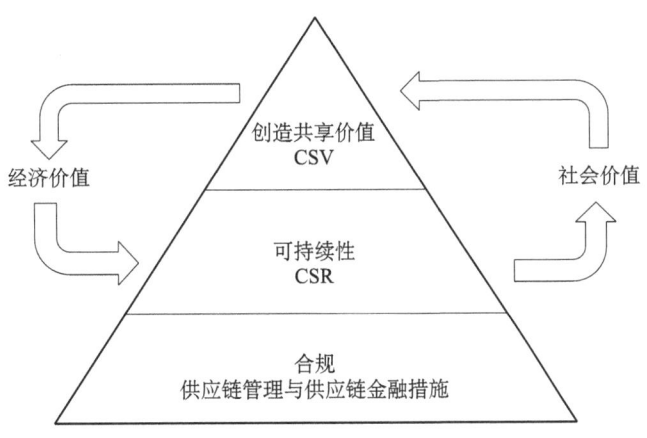

图 7-3　企业 CSV 与 CSR 协同发展金字塔

7.4.4　CSV 与 CSR 在农业中的应用

现代农业行业具有产业链越来越复杂的特征，实现种养加、产供销、贸工农一体化生产，农业的内涵不断得到拓宽和延伸，农业的链条通过延伸更加完整，农业的领域通过拓宽，使得农工商的结合更加紧密。一种食品从农场到餐桌，要经过生产、加工、流通等诸多环节，食品的供给体系趋于复杂化和国际化，农业企业也面临着更加复杂和困难的挑战。

（1）经济挑战：食品安全、生产率的下降、不稳定的价格、高投入价格带来的生产成本压力、农民在食品供应链中的地位恶化。

（2）环境挑战：资源效率、土壤及水质威胁、人口、经济及社会发展、人口减少。

为了应对这些挑战，农业企业采取了较多的途径与措施。为应对经济挑战，从技术上而言，大多数农业企业和农业发展地区都采取了农业创新和现代技术的应用实现的智能化增长；从经济上而言，供应链金融模式逐渐进入人们的生活，许多大型企业针对农业市场的蓝海，催生出了大量的普惠金融服务及农业供应链金融产品。例如，阿里巴巴2014年宣布启动"千县万村计划"，即未来3~5年内投资100亿元，建立1000个县级服务中心和10万个村级服务站，以及推出"旺农贷"项目；京东2015年为了农业供应链金融项目专门成立"农村金融部"及推出"京农贷"项目；苏宁2016年成立"农村金融事业部"及推出相关的惠农贷款项目等。这些都是有效解决农村农业农户面临的经济挑战的应对方案。

从环境及企业社会责任角度而言，农业企业以提高农业食品和林业竞争力、提高食品质量和安全、应对气候变化为目标，以合理的土地管理，生产公共产品，减少CO_2排放为基础，实现可持续发展，改善自然资源管理（生物多样性、水资源及土壤保护）；通过向遵守优良农业、环境惯例的农民提供支援，创造新工作岗位，开拓地区市场，实现农村多样化，提高生存率，防止社会排斥，促进地区间的合作，可再生能源和绿色化肥技术应运而生，农业食品部门和林业研究开发相关知识，并特别关注创新和技术相关性；农业企业提高资源和劳动力等生产要素的投入与分配的质量、数量、成本和可靠性，同时充当必需自然资源的管理者，并推动经济和社会发展。

> 📖 案 例
>
> **星巴克公司企业社会责任**
>
> 星巴克公司是世界上最大的特种咖啡零售商，高品质咖啡豆的价格和供应存在着不确定性，给星巴克的经营带来了较大的影响。为了支持星巴克门店、员工和营业绩效的高增长率，星巴克公司未来的成功将主要取决于确保高品质咖啡豆的安全供应。自2014年开始，星巴克携手保护国际（Conservation International）——一家非营利性的环境保护组织，联合发展CAFE来帮助咖啡种植农户改善生计，并长期保证高品质咖啡的生产。该项目的核心理念在于保护高

品质咖啡豆农场货源，避免贸易剥削并以此获得稳定、持续、高质量的咖啡豆供应，并且对咖啡种植环境进行规范化，要求土地按照合乎环境要求的方法耕种，以及农户的家庭要生活在健康、安全、有保障的社区中。基于以上的准则，咖啡种植农户更愿意、更有精力和资本投入于高品质的咖啡生产活动，从而确保成为稳定持续的咖啡供应源。CAFE的主要目标在于：提高特种咖啡产业在经济、社会及环境方面的可持续性，包括保护生物的多样性；通过经济上的激励手段和优先购买特权鼓励星巴克的供应商执行CAFE；在2007年之前，实现依据CAFE指导购买大多数的星巴克咖啡；与供应商协商长期互惠合同来支持星巴克的发展；构建与供应商互惠且更加直接的关系；在咖啡供应链内促进透明度和经济公平性。该准则项目是一系列对购买咖啡进行指导的方案，也是CSR的成功实践经验，在保证农户的权益、环境的规范前提下，也致力于保证咖啡供应链的可持续性和公平性，并采用一系列激励机制来实现这种目标，同时也实现了产品的高质量稳定供货，确保了星巴克在咖啡豆竞争市场中的原材料竞争优势，也确保了农户与星巴克和整条咖啡供应链之间的经济透明度。

在CAFE下，农户及其他咖啡种植环节参与者都必须遵守项目准则，为了成为符合CAFE的供应商，供应商必须被独立审核并达到最低社会责任标准，只有达到了相关标准，供应商才有资格获得星巴克将来的咖啡购买中的优先权或进一步成为战略供应商，并获得特惠合同。除此之外，星巴克还采用供应链金融的措施和服务为咖啡种植农提供所需成本和资金，为种植农提供技术支持和培训。在CAFE下，咖啡种植户和供应商可能会为了达到准则所制定的标准和要求进行资源投入，从而与星巴克保持共赢的供需关系。由于星巴克的采购周期很长且包含在农作物收割之前签订购买协议，在应对咖啡市场的波动时这些供应商具有更好的风险应对能力。对星巴克而言，项目准则带来的实惠将同样在供应商中提升星巴克的声誉和企业社会形象，提高了用户对于星巴克产品的品牌印象及忠诚度，星巴克也能够通过对于上游供给产品的掌控能力实现产品从源头的质量把控，保证运营所需资源的高稳定性高质量的供应。从市场营销的角度来看，项目支持星巴克CSR的企业目标，越来越多的社会群体和消费者群体对星巴克的品牌产生了更高的认知度和认同感。

📖 **案　例**

雀巢咖啡创造共享价值

作为另外一家咖啡企业，雀巢的目标是通过对社会和环境产生积极影响、改善农民福利、促进咖啡种植和消费环境可持续性来创造共同价值。为此，雀巢制定了42项承诺，并且应用和推广了雀巢AAA可持续品质™项目（Nespresso AAA sustainable quality™ program）。对上游，雀巢通过投资咖啡上游农业，确保供货的恢复力和可持续性，在此过程中，雀巢实施以人为本的策略，为咖啡农户付出更多努力，考虑咖啡农户的养老问题，保护自然环境。对下游，雀巢努力确保为企业提供高品质咖啡。雀巢的CSV策略侧重于营养、水和农村发展三类。在包装食品和饮料行业，雀巢凭借150年的行业经验，成功从单一咖啡生产商转型成为一家营养、健康和保健公司，并在21世纪初明确了其CSV战略，旨在将CSV战略完全嵌入公司的运营活动中并将其传达给股东和外部利益相关者。2020年，作为COVID-19救济基金的一环，雀巢向需要帮助的地区提供了疫情检测资源、卫生工具和食品。在新冠肺炎疫情的背景下，雀巢还同时找到了确保农民收获的解决方案，帮助种植农户及其家庭和社区在动荡的时代实现财政稳定，随着高品质、可持续的咖啡的持续供应，雀巢实现了消费者数量和营业收入的持续增长。

雀巢咖啡的CSV战略的实施主要侧重于产品营养、环境与水资源和当地发展几个方向，并且将符合当地法律法规及可持续的发展作为CSV实施的基础（图7-4）。

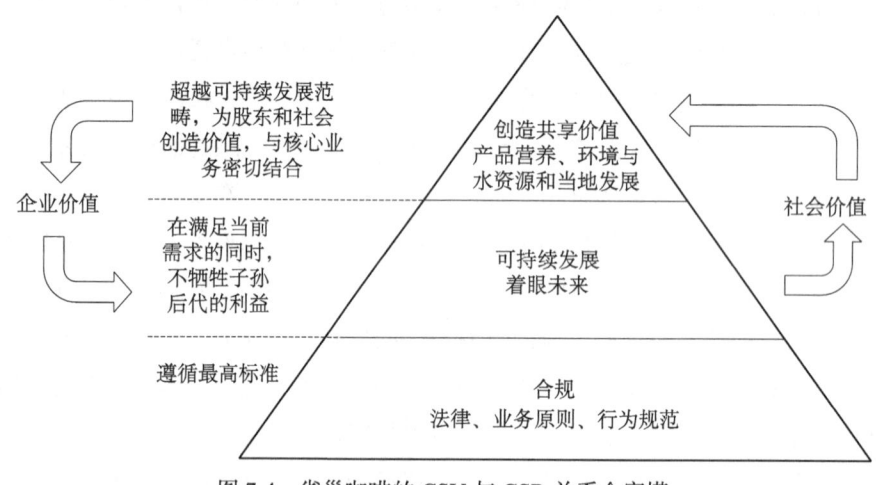

图7-4 雀巢咖啡的CSV与CSR关系金字塔

本章要点

- 企业实施可持续发展的管理是指企业在制定发展战略时应综合考虑社会与经济环境、企业资源配置和目标、企业及行业的生命周期等多方面因素对企业发展的影响。可持续供应链金融是指供应链金融与可持续发展战略在企业高质量发展方面的结合，企业可借助供应链金融的手段和措施来实现与推动企业供应链可持续发展。

- CSR 是指企业应在经营过程中，主动对经济、社会和环境目标、人的价值等因素进行综合考虑，承担对股东和员工的法律责任及对消费者、社区和环境的社会道德责任；CSV 是指企业在创造经济价值，提高企业竞争力的同时，改善企业所处的社会和经济环境的政策与实践，是一种双赢战略思维。
- 物流金融是指第三方物流企业利用自身优势，提供物流和金融集成服务，解决中小企业融资瓶颈问题，加强金融机构与供应链的沟通和协同的关系，促进物流企业和供应链可持续发展。
- 农业企业实现可持续的重点在于实现 CSV 与 CSR 的平衡，在经营合规的基础上，通过供应链金融等手段，实现社会与经济价值的双赢。

思考题

1. 为什么企业要实施可持续发展的战略？这对企业有什么帮助？

2. 物流企业与农业企业应该如何实现可持续发展？其他行业能否借鉴相关的经验与措施？

3. 供应链金融的应用如何帮助企业实现可持续发展？企业在可持续供应链金融的应用方面应该注意哪些问题？

4. 传统的供应商—零售商的关系总是会面临着财务方面的困境，很难实现双方的共赢，如今多数企业都在实施可持续发展的管理策略与金融方案，在这样的新业态下，供应商—零售商的关系发生了什么样的变化？

5. 除了教材中提到的案例，你所了解的目前可持续管理或可持续供应链金融的实际运用案例还有哪些，并讨论这些案例的管理启示。

第8章 物流供应链企业可持续发展

开篇案例 1

"怡亚通"的供应链金融方案

公司的介绍

深圳市怡亚通供应链股份有限公司（简称怡亚通）成立于1997年，先后经历了"单一代理通关"和"IT物流"的服务模式，最终成长为一家整合型供应链综合运营服务商。怡亚通在逐步发展一体化供应链服务中，营业收入迅猛增长，从2012年的75.55亿元快速上升至2014年底的338.1亿元，从2015年的399.4亿元上升至2020年的682.6亿元。

运营的特色

在物流行业中，企业的资产负债率一般都在40%~50%，然而怡亚通却经常维持在80%左右（表8-1），这种资产负债率甚至超过房地产行业，逼近银行业。

表8-1 怡亚通资产负债率

项目	2016年	2017年	2018年	2019年	2020年
负债总额/亿元	346.0	386.1	347.6	334.8	341.0
资产总额/亿元	423.8	472.6	433.9	419.0	423.3
资产负债率/%	81.64	81.69	80.10	79.89	80.57

资料来源：Wind数据库

这么高的负债率，表面上看起来是很有风险的企业，却在早期赢得了众多投资商和银行业的青睐，其中的原因需要从怡亚通独特的运营模式进行解释。

怡亚通独特的运营模式，主要体现在它以供应链平台为基础，提供物流服务、金融服务、品牌服务等一体化服务，打造供应链生态圈，提高企业的盈利能力。

传统的供应链服务商大多只是在供应链单个或多个环节上提供专业服务，如物流服务商、增值经销商和采购服务商等。怡亚通则通过整合供应链的各个环节，形成囊括物流、采购、分销于一体的一站式供应链管理服务,并在此基础上延伸出与上下游相结合的供应链生态圈,使得商流、物流、信息流、资金流有效整合,形成了怡亚通独特的竞争力。

在怡亚通提供的服务中,供应链金融服务是重要的一环。通过流程、资源、服务的整合,帮助供应链中的企业提升交易效率,进而优化整个供应链的效率。

怡亚通提供的与供应链金融相关的业务模式

1. 采购及采购执行业务

采购是指供应链管理中从原材料供应商(或设计所等)到生产企业的环节,主要帮助企业进行供应商管理及采购运作管理,裁减中间不必要的代理环节,怡亚通采购模式见图8-1。

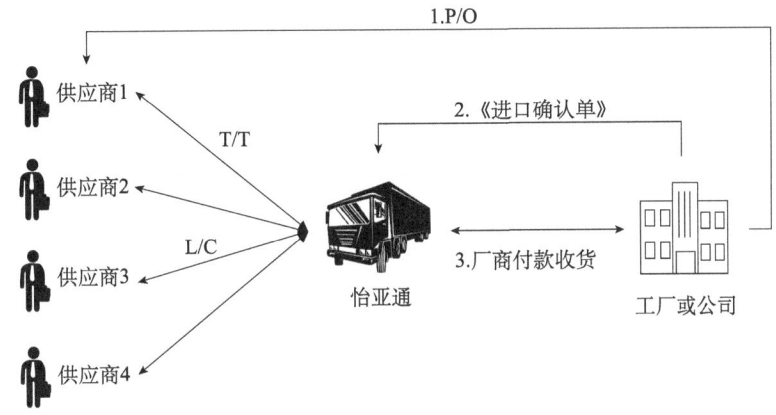

图8-1 怡亚通采购执行运作模式

P/O表示采购订单;T/T表示国际汇款;L/C表示信用证

2. 分销执行业务

分销是指产品从生产企业到最终用户(消费者)的环节,可帮助企业管理众多客户,包括订单管理、商务管理、物流管理、结算管理、信息管理等,分销模式流程见图8-2。

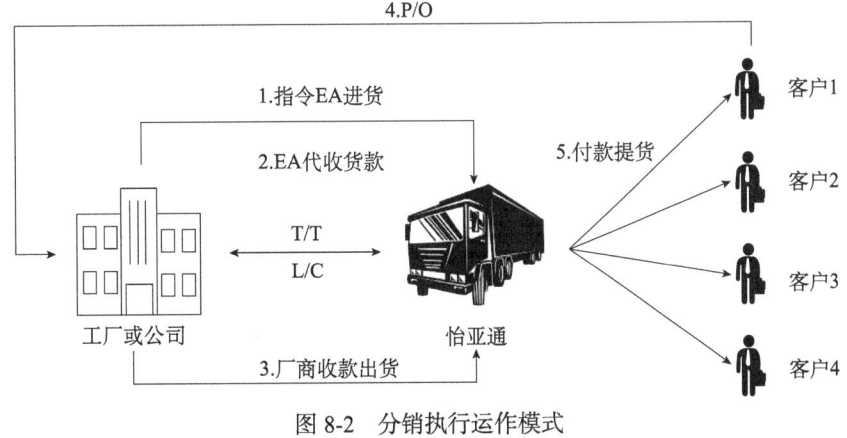

图8-2 分销执行运作模式

EA表示Eternal Asia,怡亚通

— 179 —

怡亚通通过提供相关分销业务来减少供需双方之间的层级代理，使得某500强企业生产效率提高进而提高市场竞争力。

该企业原先通过多家国内总代下单，由总代选定进口公司，分别完成产品的物流、资金流的运作。这样的初始运营模式（图8-3）运作的缺点在于以下几点。

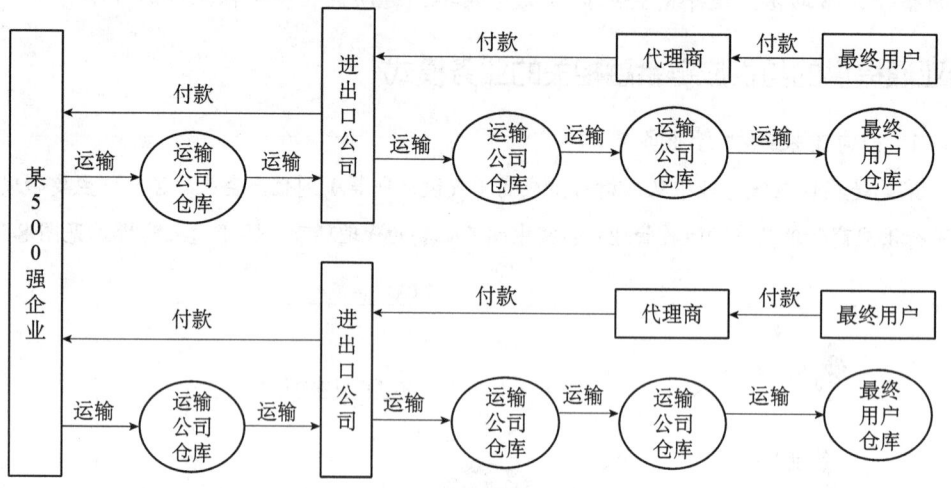

图8-3　怡亚通初始运营模式

（1）涉及服务商和环节过多，运作复杂，合同管理和结算工作量都非常烦琐，管理难度和管理成本高。

（2）物流及供应链成本较高。

（3）核心企业缺乏信息流。

该企业选用怡亚通的供应链管理服务后，整个供应链变得相对简单和高效（从一对多到一对一），更新后的运营模式如图8-4所示，新模式大大降低了物流及供应链成本，增强了其产品在中国市场的竞争力。

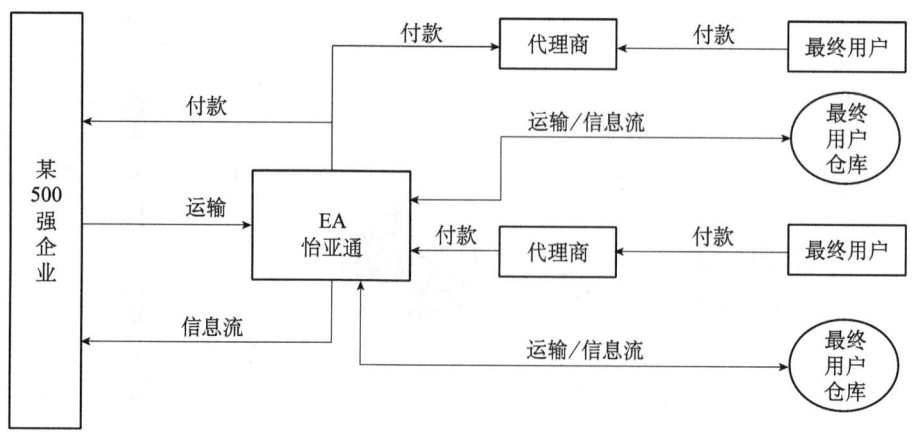

图8-4　怡亚通更新运营模式

怡亚通也因此得到了这个大客户，每年对其业务量均保持在2亿美元以上，占该企业在中国销售总量的40%左右。

3. 供应链金融结算服务

供应链结算配套服务（图8-5）主要是供应链管理服务环节的资金配套，在实际运作过程中，资金配套方式有信用证、电汇、保函；配套资金大小则是根据客户的实际情况出发。在结算服务中，公司主要面临的风险有外部的信用风险及内部风险。

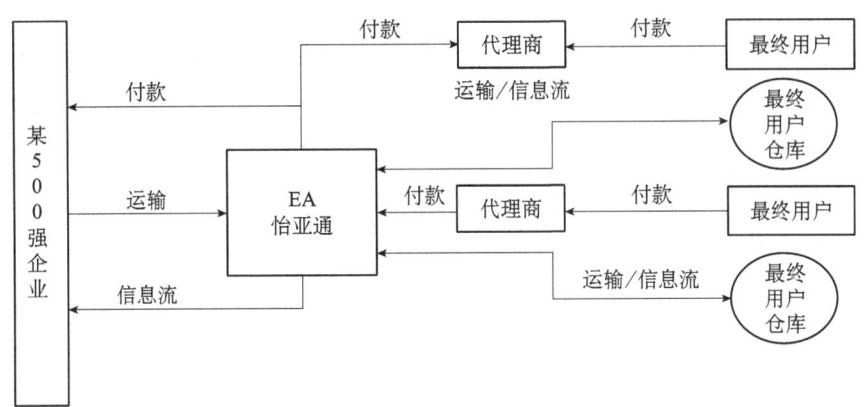

图8-5 供应链金融结算服务示意图

针对信用风险的控制措施有以下几点。

（1）事前对客户及产品选择进行控制。公司选择的客户一般为行业内有一定知名度，产品市场份额在国内外处于前列，且业务量稳定、信誉好的大、中型企业。同样的，选择的代理服务产品一般为行业里价值较高、市场竞争力强、市场变现能力好的产品，如IT产品、精密仪器、医疗设备等。从源头上保障可能发生的应收账款能及时全额回收。

（2）采取严格的信用服务控制措施。公司信用额度为业务量的20%~30%，且在业务连贯持续性的前提下才提供。

（3）服务中进行货物控制及担保措施。公司通过物流和仓储等服务环节，始终保持对货物的控制权。保证在极端异常情况下，公司可以通过合法处置，在订金的保证下迅速收回成本。公司还通过收取订金，要求所服务的企业提供相关集团企业担保或提供相关资产进行交易保证等办法控制信用风险。

（4）事中事后全流程监控。公司设立专业的风险控制部门，该部门由专业的律师、熟悉银行风险审查的专业人员、熟悉企业进出口业务的专业人员组成，实时检查及反馈信用控制情况，保证应收账款平均周转期间控制在30天以内。

（5）实施完善的法律措施。公司也通过建立完善的法律手续，确保在异常极端风险出现时可以通过法律手段处理货物，安全收回款项。

针对以结算风险为重点内控项目的内部风险的控制措施有以下几点。

（1）前期把控。所有业务开展前，必须通过风险部门与财务部门会同评估和审核，签订合同，并约定包括业务模式、结算方式、信用、保证措施及产品类型在内的详细《结算条款》，作为具体业务操作依据和指引。

（2）流程控制。资金结算业务操作严格按流程操作，各岗位的审批人必须根据授权批准的规定，在授权范围内进行审批，任何组织和个人不得超越授权做出风险性决定。

（3）人员控制：岗位控制、限制性接触控制、考核评价。公司对涉及结算的岗位有严格的岗位分工，明确各部门、岗位的职责权限，建立重要岗位权力制衡，确保办理资金业务的不相容岗位相互分离、制约和监督。同时，由于资金结算量大，对资金业务实行"限制性接触"。各核算主体不得由一人办理涉及资金业务的全过程，严禁未经授权的机构或人员办理资金业务或直接接触货币资金。公司还设立内控考核评价，将业务单位风险管理执行情况与绩效薪酬挂钩。

（4）风险项目专案管理控制。在前期审核中认为在可能存在较大风险的项目设置"项目经理"，进行持续不断的监测，及时发布预警信息，制定应急预案，并根据情况变化调整控制措施。

供应链金融服务的盈利分析

1. 提高应收款周转数以增加利息差

通过存货融资获得的"息差收入"是怡亚通重要的利润来源。实践表明，开展基于供应链的金融服务，对客户、金融机构、怡亚通都是一个多赢的选择。

对于客户而言，通过代付服务，可以减少交易成本、加速资金回流速度；对于金融机构而言，降低了对客户不能充分了解所产生的信息不对称风险；对怡亚通而言，通过成为客户与金融机构之间的桥梁，可以"低吸高贷"赚取"息差收入"。

2. 外汇衍生交易贡献企业利润

怡亚通在提供服务过程中常常涉及大量的美元购汇和结汇，因此其利用衍生金融工具，以管理外汇及利率风险，降低购汇成本。

怡亚通在进行衍生金融交易时一般将人民币存款质押给银行，用于获得短期银行美元外汇借款，还有一部分人民币存款用于远期外汇交易保证金，以提供等值且有追索权利的融资额度及开具银行承兑汇票的质押。在人民币升值的背景下，该举措为公司初期带来不菲的收入。

案例思考题

1. 与其他物流企业相比，怡亚通有什么优势和竞争力？面临什么样的问题和挑战？

2.如果你是银行经理,你愿意为怡亚通提供贷款服务吗?如果愿意的话愿意提供多大规模的贷款服务?

3.怡亚通在采购分销的过程中,应该实施什么样的对下游定价和收费的模式?

4.在当前的时代背景下,怡亚通应该实施什么样的供应链金融策略和创新?

开篇案例 2

郑明物流：从脆薯项目看领先的专业供应链解决方案

上海郑明现代物流有限公司（简称郑明物流）自创始之初多年来深耕于冷链物流领域，在发展过程中，公司提供的服务由传统的冷链运输转变为温控仓网、工业品物流、商贸物流、供应链金融等多样服务，将商流、物流、信息流和资金流整合为一体，朝着"领先的专业供应链解决方案提供商"的战略目标迈进。郑明物流的成功转型还要从脆薯项目说起。

脆薯项目引发的模式创新

一年一度的土豆收割季马上又要开始了，郑明物流的杨总和他带领的脆薯项目组正在为打好今年这一仗而充分地准备着。

脆薯商机的发现源于两年前的呼伦贝尔大草原之旅。2016 年 8 月，黄总一行人来到呼伦贝尔大草原，却发现几户豆农坐在田埂上，愁眉不展。原来豆农在为这些新鲜土豆需要运到一个叫脆薯的食品公司而发愁。

脆薯公司坐落于哈尔滨，为全国的麦当劳、肯德基等快餐连锁供应薯条。每年 8 月底 9 月初，这里都会有大量土豆需要运往哈尔滨。距离远、车辆少、运输水平不专业，而土豆保质期又短，如果不能及时运到脆薯，土豆就可能会因为破皮、薯肉变质等情况被脆薯拒收，那豆农一年的辛苦劳动就白费了，所以，每一年的土豆丰收季反倒成了豆农的焦虑期。运薯难问题既困扰着薯农，也令脆薯十分头疼。作为专业从事冷链物流 20 年的郑明物流老总，黄总发现了这个商机。于是，郑明物流与脆薯的合作一拍即成。

随后，黄总带队前往脆薯内蒙古产区、黑龙江产区及脆薯工厂进行市场调研，对于运薯难这个问题获得如下重要信息。

（1）运输任务重、时间短。每年的土豆收购季节（8 月中旬到 9 月底）的一个月时间之内，脆薯要完成 20 万吨的土豆收购。每辆货车装运 30~45 吨土豆，共需 4500~5500 车次的运输，平均每天要完成 150~200 辆货车的收购任务，短期集中的运输任务难于应付。

（2）运输车辆杂、难以统一。脆薯寻找了几十家供应商的车队承担运输任务，工厂、农场、车队关系复杂，再加上各个农场收割时间不统一，车辆运输缺乏统一调度，造成车辆资源的浪费。

（3）远距离运输导致温控难。脆薯的土豆生产基地分布在内蒙古的多伦、蓝齐和呼伦贝尔等地，距离主产区平均距离在 1000 公里（1 公里 =1000 米）以上，而土豆又是会呼吸的生命，温控不合适太热太冷都会影响土豆质量，远距离在途质量控制存在挑战。

（4）土豆集中入库流程滞缓。每天 200 辆左右的运薯车集中到达哈尔滨，在厂区门前排起长龙等待入场前质量检验与入库作业，造成道路堵塞，黄牛盛行，夹号、插队现象严重，偷土豆、偷车油、偷轮胎等事件时有发生，秩序难于维持。土豆入厂、质检、入库协调存在困难。

（5）脆薯短期资金需求大。为维护货源，脆薯要于年初与豆农提前签订采购合同，并于春季土豆播种季节提前预支 30% 货款供豆农完成种植任务。完成交易后，豆农根据交易数量、土豆鉴定等级的单据，于 60 天账期之内拿到交易款项。一等品每吨 1300~1500 元，破损严重的 650~780 元。每个收购季脆薯要集中支付 2 亿元多的货款，造成脆薯短期资金筹集与账目处理的压力。

（6）半成品库存积压严重。在半成品销售方面，脆薯的客户基本上都按照自己的采购计划，按期按量采购，半成品积压严重，有的甚至积压了两年之久，库存资金占用巨大。

（7）土豆的质检质控任务重。脆薯对土豆的质量要求很高，土豆淀粉、糖分含量等都需要控制在一定的标准之内，所以，在土豆的成长过程中，脆薯随时需要调用大量的人力为豆农提供土豆品质质量抽样检验，土豆的质量检验与控制也是牵涉脆薯很大精力的一件事情。

郑明物流的解决方案

脆薯的问题远不止运输土豆那么简单，既然脆薯公司在采购、运输、销售、质量控制、资金链等多个方面都存在问题，那郑明物流应该在多个环节大有可为。这有可能就是公司打破传统业务模式，寻求转型创新发展的突破口。黄总思考后立即召集公司副总们和郑明研究院的教授们开起了项目研讨会，研讨会的主要目的在于郑明物流应该通过什么样的方式介入脆薯项目，看如何帮助脆薯解决经营之困，同时又能开拓郑明的业务，如果能够有创新的点子突破传统服务方式就更好了。

公司郑副总首先发言："脆薯的土豆运输紧张，收货现象混乱，等待时间长，很多时候是缺乏运输资源整合与计划的原因。郑明物流作为有二十余年专业冷链物流经验的公司，我们有实力签下这块运输整合业务。"

作为陪同黄总发现脆薯项目的杨总接着说："郑总说得对，我们公司在冷链物流的专业水平和运输能力，应对脆薯的运输峰值问题应该没有问题。但是其他问题如土豆的集中入库问题、土豆的质量控制问题、脆薯短期的资金需求问题等，这里面有没有我们也能做到的一起打包到项目中呢？"

这个时候，设身处地为郑明物流动脑筋、出主意的老杨总发言了。他说："现在是到了郑明物流要突破自己的时候了，大家都知道当前中国冷链物流企业绝大部分都停留在提供仓储、运输等最基本的服务层次上，我们郑明物流当前的业务也是传统的仓储、运输，随着市场环境的变化和生产要素成本的提升，郑明物流当前的盈利能力面临下降的风险。郑明物流要有更大的野心，应该有更大的作为与胆识尝试更先进的业务模式。我们不妨在脆薯项目上动动脑筋。不知道研究所的教授们有没有好的注意？"

"郑明物流业务转型升级是必须要走的路啊！"黄总说。

这时，郑明研究所的孙教授提出了攻关方向："我们不妨把土豆种子到消费者口中的薯条这个过程的链条梳理出来，找到链条中不协调、不通畅的环节和涉及的相关利益方，针对问题考虑郑明物流可以为谁提供什么服务使得这条链变得更通畅、更高效，同时实现郑明物流的盈利，这就是供应链的思维。我们不妨尝试提供一站式的供应链解决方案。"

"一站式供应链解决方案？"大家一听，都起了兴致。

研究所的储教授继续解释道："当下，物流业的发展不再仅仅停留在传统业务上，物流与制造业、物流与金融、物流与贸易的融合发展趋势越来越明显。针对制造业物流服务商，从原材料采购到产成品送到客户手中，甚至产品回收的整个供应链条所涉及的各个环节都有可以掘金的盈利点。拿脆薯项目来说，郑明物流经过几轮融资现金流充足，我们可以尝试为脆薯提供供应链金融服务吗？以我们的专业冷链质控水平，我们可以为脆薯提供土豆全程质量控制服务吗？总之，我们的思维要转变到为客户提供服务，尽量让客户解放到其核心业务上去，我们来做供应链服务解决方案提供商。"

与会人员对这想法都满脸赞叹，郑明物流对脆薯薯条供应链的改造方案也最终形成。

从前端的土豆种植、采购，到中间的运输、收货，再到末端的销售、配送等环节，郑明物流都融入了自己的足迹，使得这些环节紧紧相依。公司还根据脆薯的需求，增加了贸易代理、垫付、结算、质押、分销执行等金融物流增值活动，参见图8-6。

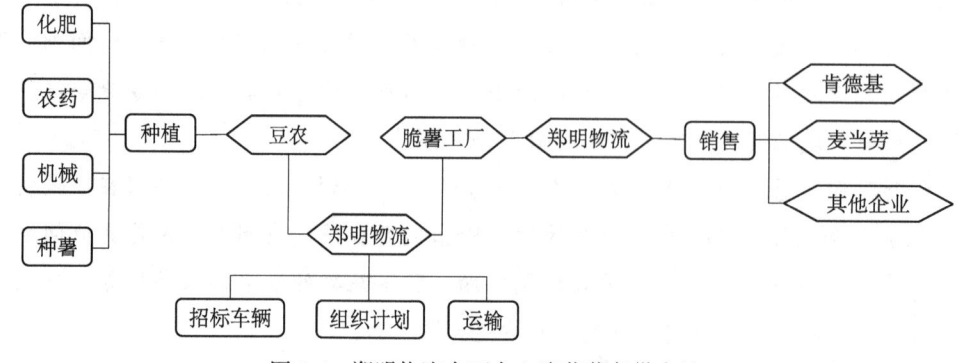

图8-6 郑明物流全面介入脆薯薯条供应链

1. 种植环节——资金垫付

为缓解脆薯资金紧张问题，郑明物流为脆薯垫付土豆种植培育期间支付豆农的20%的预付款，并承包下土豆成熟后采购运输环节。在土豆成熟后，郑明物流公司对土豆的保鲜运输、仓储等"早期质量"环节提供重要保障，也是初步尝试农产品冷链"最先一公里"的商业模式。

2. 采购环节——车辆整合

郑明物流通过招标运输车辆，形成专业的运输团队并合理安排运输计划与时间，满足车辆需求的同时也对车辆进行了整合，也在一定程度上缓解了操作人员的工作强度，使每辆车等待时间由原来的24小时缩短到19小时内。

3. 收货环节——供应链金融物流

郑明物流通过动产质押金融物流活动，承揽下为脆薯支付剩余80%款项的重任，而且将支付账期由60天缩短到15天，提高了豆农的积极性，同时解脱了脆薯资金流困境。

4. 销售环节——贸易执行

在脆薯将土豆加工成薯条半成品之后，郑明物流通过贸易执行业务解决脆薯的库存积压问题。郑明物流一次性买下脆薯的所有薯条半成品库存，再根据麦当劳、肯德基等下游客户的采购计划，进行全权销售。郑明物流通过物流金融工具实现货物配置控制权，在自身物流网络优势下实现了基础物流业务的整合，再加上半成品的购销差价，有效保证了自己的盈利，同时也解决了脆薯巨大的库存占用资金和仓库管理费开支。

郑明物流未来的道路

"领先的专业供应链解决方案提供商"是郑明物流的战略定位，然而何时又如何才能达成这个目标呢？每每想到这里黄总的紧迫感就会油然而生。还好脆薯项目开了一个好头，相当于万里长征已迈出成功的第一步，公司之后的战略发展研讨会议主要研究的下一步发展方向在于如何将脆薯项目上实现的创新与突破，发扬到公司战略目标的迈进中去。

会上，杨总首先总结了一下脆薯项目："可以说脆薯这个项目在中国冷链物流领域是绝对创新的。在绝大部分的冷链物流企业还沉浸在仓储、运输等传统业务的时候，我们已经做通了从农民那里的'最先一公里'到产成品的末端配送'最后一公里'整个业务链条，车源、运输、销售、配送等不同的环节都有针对性的方案设计，实现了供应链链条式方案设计，同时还渗透了供应链金融、物流与贸易的融合等高端物流增值服务业务，成功地做到了行业里的专业领先地位。这也是公司朝战略目标迈出的一小步。"

"杨总做得很好，总结得也极好！"黄总说，"脆薯项目是朝向战略目标迈出的一小步，也是公司实现自我转型的伟大一步！我们已经在其他几个相似的项目上推广复制，但距离我们成为领先的专业供应链解决方案提供商还有很长的路要走。如何在此基础上向前迈出更大更快的步子，是我们接下来迫切要考虑的问题，大家有什么想法？"

一直沉默的于总插话道："我们要尝试推广脆薯经验，但不能停留于复制推广。脆薯项目产品单一，从原材料到成品配送的链条关系比较简单，而郑明目前的物流服务项目达两百多个，业务涉及领域众多，产品结构多样，物流服务需求网络复杂，需求个性化、专业化要求突出。我们如何切入这些项目提供领先的专业供应链解决方案呢？"

"于总说得很有针对性啊！"坐在右侧的郑总开口说道，"如果我们能够成功地将脆薯项目的优秀经验发扬光大，公司需要做什么改变呢？如组织框架需要调整吗等，这些也是我们在转型过程中需要考虑的点啊。"

黄总会心一笑："两位老总说得都非常好，这几点都是至关重要的。我们如何具备领先的、专业的、个性化的供应链解决方案提供能力，才是我们最终要实现的目标。我们应该不断根据市场需求创新我们的商业模式，为市场提供满意的服务型产品。大家去看一看国外没有类似的传统物流企业成功转型为专业供应链服务的企业标杆，是否有值得我们借鉴的地方？建设领先的专业供应链解决方案提供商要认真规划，一步一个脚印地迈进，革命尚未成功，同志仍需努力呀。"

说完，大家都陷入了沉思之中……

案例思考题

1. 脆薯公司面临的困境是什么？你认为有什么解决方案？
2. 你认为郑明物流应该怎么样能够更好地为脆薯公司创造价值？
3. 从案例中，你对物流行业的未来发展有什么建议？

> **本章学习目标**

- 了解第三方物流的含义与职能，了解业务外包的意义
- 掌握三流管理的供应链内涵，认识第三方物流企业在三流管理过程中承担的责任与义务
- 阐述财务指标对供应链管理的指导作用

物流业可持续发展的引擎是供应链金融模式，物流与供应链金融模式的结合通过较强实力的物流企业以市场中风险和波动较小的物流产品作为抵质押物品，对供应链上的资金流、物料流和信息流进行整合与优化，从而实现为中小企业融资，管理供应链的目标。

8.1 物流供应链行业转型升级方向

8.1.1 物流供应链行业现状及背景

中国物流行业仍呈现持续增长的趋势，2020年我国社会物流总额达300.1亿元，社会物流总费用达14.9万亿元，物流业总收入10.5万亿元，快递业务量突破500亿件，行业整体竞争情况越来越激烈，2019年物流企业前50强的营收门槛提升至37.1亿元。然而与此同时，我国物流效率（物流成本占GDP的比重）低于全球平均水平，2019年我国物流效率约为14.7%，比发达国家如美国7.6%和日本8.5%仍高出不少。物流中间环节过多，导致我国物流效率不尽如人意，物流企业在转型为一体化供应链服务提供商时也可以提高物流效率。对于物流服务的需求产业众多，物流企业服务的客户范围广、跨度大，既有农产品运输需求，也有消费电子等生活用品的需求；从物流企业的经营模式来说，既有第三方物流企业专注物流运输，也有新兴的第四方物流企业、供应链等越来越多地参与到上下游企业的其他业务如融资中。从物流的细分类型来说，电商物流、冷链物流、航空物流及物联网都是物流行业快速发展的方向。因此目前较多物流企业都选择了转型以实现业务和行业的可持续发展。

物流行业的发展趋势主要包括以下几个方面：同行业或跨行业方向的重组，如阿里巴巴公司的科技物流发展方向，以及京东的新零售发展转型方向；行业整体国际化趋势，如海外仓的发展；物流业带动制造业及其他行业协同发展的跨行业趋势；最终以物流行业为代表的第三方将逐渐成为供应链上具有重要战略意义和作用的新型角色。

8.1.2 物流供应链企业转型创新发展方向

物流企业尤其是头部物流企业从原来的单一运输业务逐渐转型为综合的供应链服务解决商。传统物流企业更多的是考虑如何为供应链企业提供高品质的仓储和运营等服务，部分物流企业也会为供应链企业提供质量检测、顾客管理等增值服务，更多的服务活动体现在物料流和信息流的协同管理上。随着时代的变化，顾客需求发生了变化，企业的价值规律也发生了变化。

企业价值的第一层（制造为王）是产品领导力（production leadership），也就是提供最好的产品或服务；物流企业相应的服务是关注物料流活动，提供高品质的物流服务。企业价值的第二层（渠道为王）是卓越运营（operational excellence），也就是从供应链角度考虑更好的整体运营成本；物流企业相应的创新服务是关注物料流和信息流活动，为客户提供最佳成本的物流服务，带来更好的价值。企业价值的第三层（现金为王）是顾客亲密度（customer intimacy），也就是建立更好的顾客关系，让客户有更好的体验，给客户带来更高的价值；物流企业的转型创新更多体现在物料流、信息流和资金流活动，为客户及客户的客户提供更好的物流与金融集成服务。

物流企业具有独特的优势，对供应链各个环节的活动最为熟悉。很多物流企业在设计或提供物流服务过程中仅仅考虑把客户的产品从 A 地搬运至 B 地，并提供一些增值服务，形成了同质服务，竞争越来越激烈。于是物流企业不得不从价值规律的角度重新考虑企业的服务转型，以提升企业的竞争力。物流金融给物流行业带来了新的创新机会。物流企业的转型创新发展方向主要包括：提供运营与金融的集成服务、物流与金融的集成服务、供应链的三流协调管理三个方向（图 8-7）。

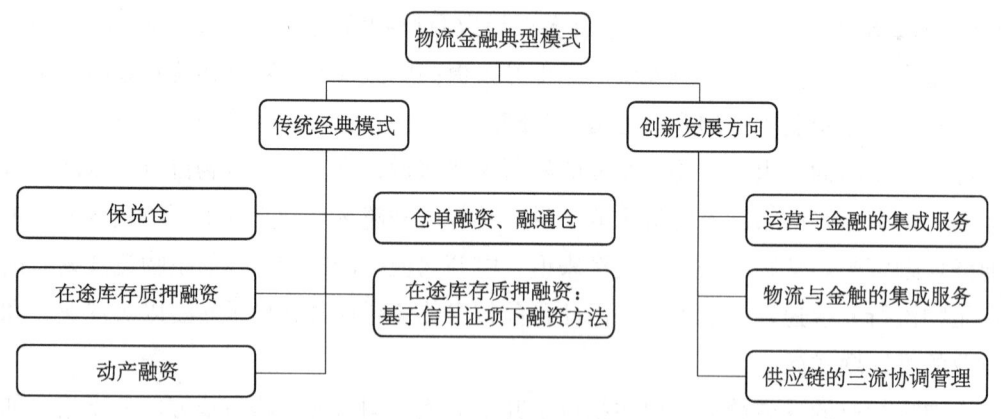

图 8-7　物流金融的模式与发展方向

8.2　物流供应链企业的角色变化

随着全球经济日益开放和技术的进步，一些 3PL 供应商，如怡亚通，已成为供应链上的协调者，它们将买家与全球制造商联系起来，提供除了传统的运输服务外的代采购服务和财务支持，主要以这些供应网络中的买家，特别是发展中国家的中小型企业为主要客户。

自其1997年成立之后，怡亚通逐渐从单一小型货代企业发展为国内最领先的供应链专业服务商，并于2007年在深圳证券交易所上市，是中国第一家上市的供应链管理公司。它的运营模式主要采取了国际物流企业采用的"一站式"供应链管理服务模式，即不仅作为第三方物流行业，还整合了物流服务商、增值经销商，采购服务商等多种服务功能；这种模式的主要职能是将供应链核心制造外包出去的非核心业务进行整合，为企业提供包括替代采购、替代分销及其他运营流程和信息流程相关的整体服务。

传统的3PL公司通常被视为供应链的辅助组成部分，主要承担从供应商（以下称为制造商）购买的产品交付给买方的运输作用。买方通常在订购产品时向制造商付款，然后在产品发货时向3PL公司付款。然而，现实世界的情况正在发生变化。随着3PL行业竞争的加剧，仅运输和仓储服务已不再产生可观的收入。因此，3PL公司寻求将其业务扩展到传统服务之外。由亚洲大型3PL公司怡亚通提供的创新采购服务脱颖而出，见开篇案例1。

在这种新的商业模式中，怡亚通连接着核心制造商企业的上下游，一方面，它代表买家向制造商下订单，制造商无须预先（在下订单时）向每个买家收取订单付款，而是允许怡亚通稍后通过特殊贸易信用期限或信用证（通常为30天）付款，怡亚通将产品交付给买家时，会向买家收取货款和物流费。这样，买家不需要直接与制造商沟通，3PL作为订购和支付的中介提供付款服务，能够在一定程度上减少因为买家规模不足等原因带来的信用风险。然后，怡亚通能够将优惠的信贷条件部分地扩展给买家，其中许多是中小型企业。3PL的中介作用，即综合采购和物流服务包括为中小企业融资，这在新兴经济体尤为重要，因为这些企业获得银行贷款的渠道有限。

另一方面，大型制造商或核心企业在处理客户关系时通常会采取"二八法则"。这个法则源于20世纪初意大利统计学家、经济学家帕累托提出的"80/20原则"，该原则认为在一定群体中，重要因子一般占该部分的少数，剩余的大多数都是不重要的因子，在企业运营管理中，该法则主要表明了企业80%的利润与收入都来源于20%的重要客户，其余20%的利润或营收由80%的普通客户创造。在这个原则上，帕累托又研究出了"ABC分类法"，即通过合理分配时间和维持客户关系的努力到A类客户中，也就是总数中的少数优秀部分中，企业将会得到更好的结果。当然忽视B类和C类也是危险的，但在帕雷托规则中，它们得到与A类相对少得多的注意。以怡亚通企业为主的3PL企业能够集合大多数B类或C类的普通中小企业客户在一起，成为主要的 A 类客户。于是，这些 3PL 企业便可以从财务实力雄厚的制造商那里获得付款延迟的优惠政策或具有规模效应的优惠进货成本，并且 3PL 又可以将这些优惠部分扩展反馈到其集合的中小企业买家中，从而减轻他们的高额资金成本。同时，怡亚通作为按照原价进行产品售卖，以服务费营收的中介服务机构，并不会像其他差价售卖产品的贸易公司一样，与这些客户形成竞争关系，这也从另外一个方面减轻了客户的风险，提高了竞争优势。

自 1998 年以来，怡亚通一直为中国中小企业采购商提供采购服务，主要从思科（Cisco）、通用电气（GE）、宏碁集团、联想集团和海尔等老牌制造商及其他较小的供应商那里购买零部件（其具体模式如图 8-8 所示）。根据新浪财经（2016 年），怡亚通 2016 年的营收为 579.1 亿元（截至 2017 年 6 月的估值为 27 亿美元），其利润增长率为 14.12%，而行业平均为 8.12%。

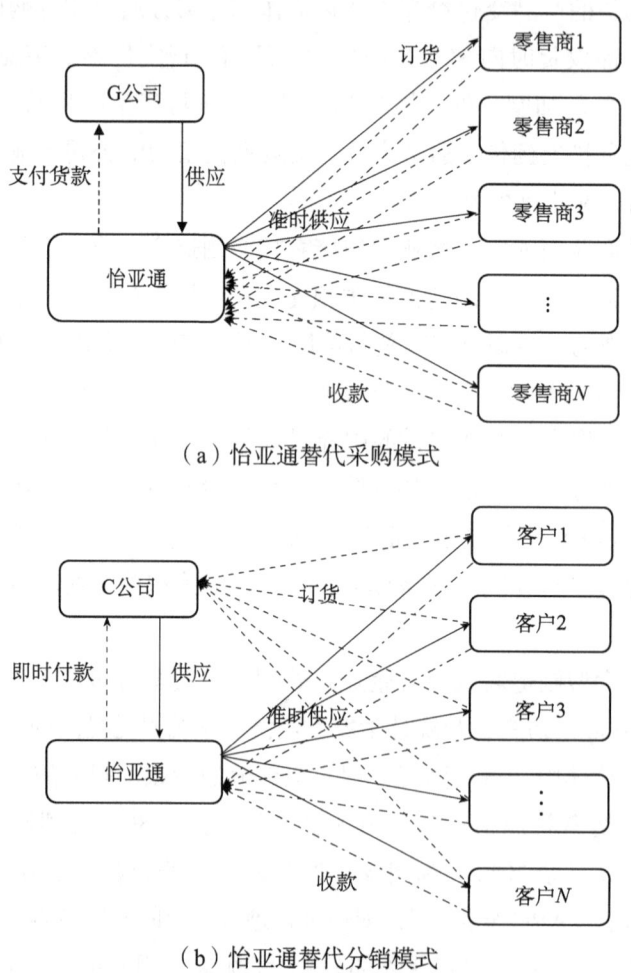

（a）怡亚通替代采购模式

（b）怡亚通替代分销模式

图 8-8　怡亚通替代采购与分销模式

实线表示物料流；虚线表示信息流；点虚线表示资金流

制造商、上下游客户和 3PL 公司共同组成了新型的供应链模式（图 8-8），该模式优化了供应链上的现金流、资金流与信息流动态。物流企业利用自身在供应链"三流"活动中的服务优势，慢慢把自己演变成"三流"供应链管理企业。在物料流方面，提供运营流程外包（operations process outsourcing，OPO）服务，为企业提供设计、研发、制造、分销、售后等服务；在信息流方面，提供信息技术流程外包（information and technology process outsourcing，ITO）业务，为企业提供信息咨询、信息管理等服务，如货物动态信息查询、运输管理系统或仓储管理系统服务等；在资金流方面，提供财务流程外包（finance process outsourcing，FPO）业务，为客户提供支付、收款、结算、融资、发债及理财等服务。这三类外包（OPO、ITO、FPO）活动构成了商业流程外包（business process outsourcing，BPO）这一业务创新模式。

实践表明，商业流程外包模式成为物流企业转型创新的重要路径之一。很多有创新意识的物流企业，除为供应链交易服务提供传统物流服务外，还会结合自身的独特优势和具体情况，进一步转型成为商业流程外包服务提供者，并逐步向全球供应链管理平台和供应链总协调师发展（图 8-9）。显然，任何物流企业都不可能覆盖运营流程外包、信息技术流程外包和财务流程外包所有的服务内容，但对物流企业而言，需要涉及每一类的一项或多项服务，这样才能充分体现发挥"三流"服务的价值，才能突出"1+1+1>3"的服务效果。

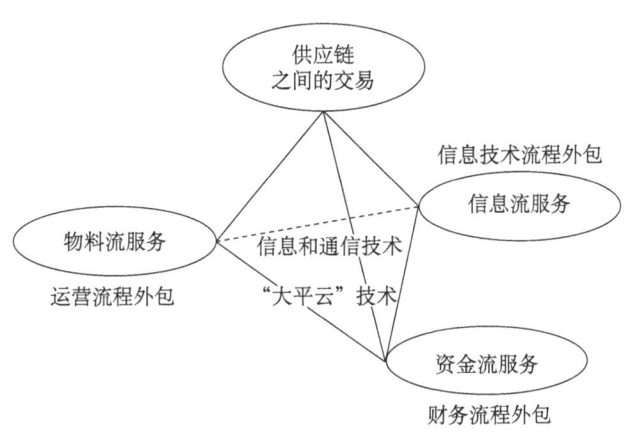

图 8-9　3PL 企业服务拓展

随着当今时代的发展，"三流"协调管理也受到了新型科技技术的支持，包括人工智能、区块链、云计算、大数据、物联网和 5G 技术组成的现代金融科技。这些技术也进一步催生了行业的金融科技和监管科技。正是由于数字科技及 5G 等通信技术发展，物流供应链企业的商业流程服务外包提供商的转型发展才更加稳健，其在供应链贸易中扮演的角色越来越重要。

8.3 物流供应链行业的供应链协调与可持续发展

在 8.2 节中，3PL 企业从横向服务发展的角度探索了自身商业模式的变化，并通过资金流、物料流和信息流"三流"的外包服务创造了自身的价值。结合物流企业的创新实践，本节讨论物流企业从纵向服务发展的角度探索价值链方向拓展业务的服务转型模式。

8.3.1 微笑曲线与物流业

微笑曲线（smiling curve）理论是由国内重要科技业者宏碁集团创办人施振荣先生在 1992 年为了"再造宏碁"项目计划所提出的。该理论将供应链上的各个环节与流程进行了附加价值的计算与判断，从产品的研发到生产，到组装、运输，最后进行销售和售后服务几个环节，其中价值最丰厚的区域集中在价值链的两端——研发和市场，处于中间环节的制造、仓储、运输的附加值最低，因此最终的价值曲线表现出来的左右高、中间低的凹线形式就是微笑曲线，如图 8-10 所示。

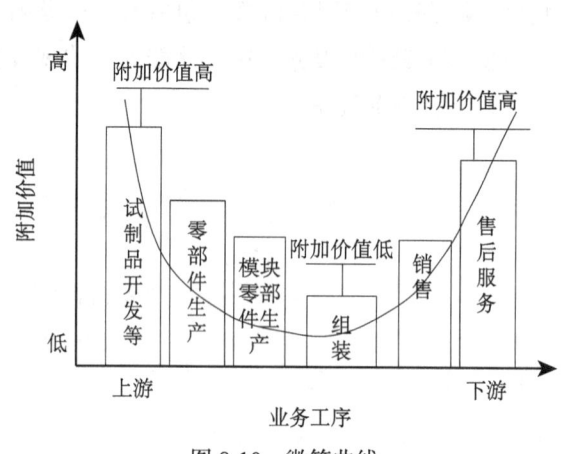

图 8-10 微笑曲线

微笑曲线给物流行业发展提供了新的发展机会。物流行业以服务物质资料从供给者到需求者的物理性运动为主线，包括物流信息沟通和传递、物资供应、产品生产、运输、仓储、搬运堆码、包装、流通加工、销售及后期、服务等服务流程和服务功能。对物流企业而言，从微笑曲线角度来看，位于中间的仓储和运输行业的附加价值是最低的，然而在初始端对物流方案的设计或物流信息平台的搭建，以及终端供应链信息的提供对于产品和供应链上下游的客户而言所能获得的附加价值是最多的。由此可见，物流行业的价值链也是一个弯曲向上的微笑曲线。

与微笑曲线不一样的是 2004 年日本索尼中村研究所所长所创的武藏曲线。武藏曲线主要以制造业为对象进行调查和分析，结果发现在制造业的整体业务流程中，低附加价值创造区间的组装、制造环节具有较高的利润，因为这些步骤运营成本较低，同质活动内容单一，活动重复率高；反之，高附加价值创造区间的原材料、销售、售后服务的环节企业营收的利润反而较低，企业在创造高产品或服务价值的过程中需要对这些环节进行更多的研发或营销投入。如此，若以利润高低为纵轴，以业务流程为横轴，将上述的调查结果绘成曲线，将可以得到一个"左右位低、中间位高"的凸线，这就是武藏曲线（图8-11），这一曲线的特性与微笑曲线在形式表现和价值意义上完全相反，根据武藏曲线所显示的信息，中间环节的第三方企业可以更好地掌握市场的变化从而确定出最佳的生产、进出货物计划，并对材料和零部件进行最佳采购，从而减少库存，改善收益。

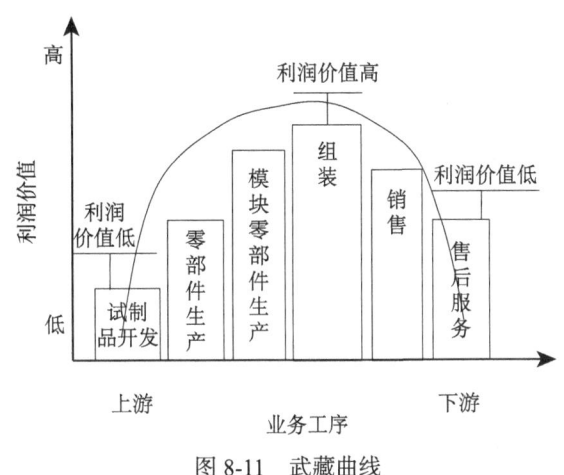

图8-11　武藏曲线

结合武藏曲线与微笑曲线的理论和发现，对于高利润低附加价值区间技术的发展，对数字化曲线的倒"U"形反转，将对于这些区间的第三方企业产生巨大的价值空间。根据2013麦肯锡的预测，到2025年这些技术的颠覆创新将创造14万亿～33万亿美元的市场价值。对于全球制造业而言，数字化网络化技术及紧密相关的移动互联网、物联网、云计算等技术将具有最为显著的创新应用能力，因此装配运输环节的信息化与智能化也是供应链工业化的重要进程。

物流企业可以结合微笑曲线和武藏曲线，为供应链所在企业的价值创造和降本增效设计出更多的解决方案，集成式供应链服务将不断升级。

8.3.2　基于郑明物流案例的第三方企业价值链创造

郑明物流的主营业务是冷链物流。目前我国的冷链物流市场具有较大的发展潜力和前景，2014年我国冷链物流行业市场规模为1500亿元，此后的流年时间市场规模逐年增长，到2020年我国冷链物流市场总规模为3832.0亿元，与2019年相比增长了440.8亿元的总额，同比增长13.0%。在未来的行业预测中，多数行业研究企业及研究所对于冷链物流的发展都持积极态度，认为行业后续仍将保持增长，但是与此同时，冷链行业目前也存在着产业分散化较为严重的问题。据统计，中国物流与采购联合会冷链物流专业委员会的会员企业中有超过一半的企业人数规模在200人以下，其中少于50人的企业数量占比达到了27%，50~200人的企业数量占比为31%。

与整体2B端物流行业类似的，冷链物流行业中的这些中小企业同样面临着行业孤岛、集约化偏低、科技含量低的运营现状。基于微笑曲线的理论我们可以看出，物流行业作为整个供应链上所有环节中，对于产品附加价值创造较低的部分，要想获得更好的发展，中小企业的第一个思路就是通过降低物流行业的成本，来提高附加价值的创造能力，从减少的成本中获得更多服务收益。2020年中国也出台了一系列产业政策推进冷链物流产业快速发展，包括《关于开展首批国家骨干冷链物流基地建设工作的通知》《关于加快农产品仓储保鲜冷链设施建设的实施意见》《关于进一步降低物流成本的实施意见》等，其最终目标也在于对冷链物流整体产业进行整合与规范化管理，流通产业中的资源，提高冷链物流集约化、组织化、规模化、网络化的行业水平，从而达到降低冷链物流成本的最终目标。

郑明物流作为冷链物流行业的龙头企业之一，除了基础的物流业务提供，也在进一步考虑冷链物流企业发展转型的潜力和方向，就如该公司负责人所言，其客户的困境就是郑明物流的机遇。冷链物流主要是指产品在生产、运输、储存到销售前的各个环节始终处于固定的温度区间，以维持产品的质量、减少运输过程损耗的一项工程与服务。我国目前整体的城镇化进程处于加速发展的阶段，消费者的食品安全意识和对食品的质量要求在不断提升，随着京津冀地区、粤港澳大湾区等区域合作步伐加快，生鲜电商产业发展迅速，随之也带动国内农产品、冷链食品相关产业的发展。这些产业的产地、加工地和消费市场也正在经历产业重塑的过程，对于冷链物流的需求正在快速增加。我国目前冷链物流的技术前段、后端设施相对而言不够完善，使得大多数生鲜商品在运输过程中得不到规范的保温、保湿、冷藏，加大了流通损耗，对于分销商和经销商等中间企业而言，层层运输环节的损耗都加大了中间过程价格的增加，也存在许多产品品质不稳定、不可控的因素。目前，我国初级农产品冷链运输率相对发达国家而言一直偏低，果蔬、肉类、水产品冷藏运输率分别仅有15%、57%、69%。在郑明物流案例中，脆薯就是果蔬类产品对于冷链物流要求较高的分销商之一，它在采购、运输、销售、质量控制、资金链等多个方面都存在较多痛点与问题，那郑明物流作为想要进一步拓展业务范围的物流企业，就应该在多个环节发掘空间，寻找转型创新发展的突破口。

从外部市场和上下游用户的需求来看，冷链物流行业处于一个迅速发展但仍未饱和的市场中，消费者不断提升的生活品质需求对冷链物流提出了更高的要求，生鲜产业也在迅速发展，然而受到城市的交通状况和政策的制约、市场的变化，给冷链企业及生鲜商品产业带来了许多意想不到的问题。在供应链管理中，对供应链利益相关者的协同管理是外部市场和企业面临的挑战的有效解决方案之一，为此郑明物流提供了一站式的供应链服务解决方案。从纵向供应链流程方面，郑明物流对于供应链从最上游的与农业种植户进行协同管理，从土豆种植、采购进行监督管理，到中间的土豆冷链物流运输、收货，以确保土豆的质量及运输的损耗问题得到解决；从横向郑明物流的业务拓展方面来看，企业从传统物流公司介入多方环节服务，包括末端的销售、配送等环节及贸易代理、垫付、结算、质押、分销执行等金融物流增值活动，使得采购、存储、配送、融资等环节紧紧相依，从改变传统的机制作为初始目标，通过对业务和流程的规范化管理，提升了郑明物流作为第三方供应链企业的一站式服务体系，实现快速发展的业务和企业发展战略之间的平衡。

本章要点

- 微笑曲线是根据科技业供应链流程中，对不同环节产品附加价值创造的能力绘制的曲线，其中业务两端的产品研发和销售流程具有较高附加价值，中间组装、仓储、运输等环节的制造附加值最低；武藏曲线是根据制造业供应链过程，不同环节产生的利润大小做出的图形发现，业务流程中组装、制造阶段的流程有较高的利润，而零件、材料及销售、服务的利润反而较低。
- 第三方物流企业主要是指为产品核心制造商或分销商等提供全部或部分物流服务的外部供应商，随着企业职能的增加，第三方企业逐渐承担了运营流程外包（OPO）、财务流程外包（FPO）、信息技术流程外包（ITO）的服务。
- "三流管理"的主要理念在于结合供应链中的物料流、信息流、资金流，充分发挥自身优势，物流企业应当利用物流能力与信息流资源，为供应链盘活资金流利用率，从而提高自身企业和整体供应链的可持续发展能力。

思考题

1. 现代物流企业面临着哪些机会与挑战？有什么解决方案？
2. 物流企业对供应链金融的运用分别解决了中小企业、物流企业与供应链企业的哪些问题？所有的利益相关者是否都实现了共赢？如果不是，有哪方的利益受到了损害？
3. 物流与供应链金融的运用对于企业的管理与运营模式带来了什么改变与创新？
4. 物流与供应链金融对于行业与市场是如何创造价值的？
5. 请说明物流金融的模式是如何对供应链金融进行创新与应用的？

6. 除了教材中提到的案例，目前物流与供应链金融的实际运用案例还有哪些？我们能从这些成功的案例中得到什么经验，或失败的案例中得到什么启发？

7. 你认为物流金融未来的发展方向与趋势是什么样的？

8. 你认为区块链在物流与供应链金融中的运用是否真的能够创造价值，还是只是当前社会背景的潮流与时髦用语？

第 9 章
农业可持续供应链金融

开篇案例 1

鸿轩农业价值链整合中的金融服务创新

2018 年因中美贸易大战,中国对于大豆和玉米等农产品提高税率,这对蛋鸡行业也会产生影响,农业领域不确定风险影响了资本市场投资兴趣,作为以鸡蛋生产为主营业务的江苏鸿轩生态农业有限公司(简称鸿轩农业)也可能因此受到影响,为此鸿轩农业需要考虑下一步的融资计划与发展。

行业背景:体量庞大却高度分散

我国蛋鸡产业是仅次于养猪的第二大支柱产业,蛋鸡存量和鸡蛋总产量长期排名世界第一,并且近 30 年来一直保持增长趋势。有相关数据测算,基于中国 14 亿人口的基数,目前中国蛋品产业规模约为 3000 亿元,其中种鸡养殖约 40 亿元,用于培养青年蛋鸡养殖和分销的市场规模大约为 2600 亿元。虽然我国蛋鸡养殖和鲜蛋消费总量规模已处于世界第一,但整个行业仍处于高度分散的状态,品牌企业的集中度不足 3%。如同大多数农业、种植业一样,蛋鸡行业发展的一个无法规避的问题是,商品的价格波动明显。以 2017 年为例,中国商品蛋鸡市场经历了跌宕起伏,1~7 月份,鸡蛋和淘汰鸡价格同比呈断崖式下跌,跌破十年历史记录。全国蛋鸡主产区的各月均价是 2.43 元/斤,比上年同期的 3.37 元/斤下降了 0.94 元/斤,同比降幅达到了 27.9%。商品蛋鸡场和父母代蛋鸡场陷入严重亏损。从全年的价格来看,鸡蛋价格最低在 1.9 元/斤,最高峰的价格在 4.5 元/斤,价格波动率高达 60%~70%。

企业定位:迎合消费升级的品牌蛋鸡

鸿轩农业成立于 2008 年,公司以生态养殖、品牌蛋品销售为主体,功能饲料研发、蛋品深加工、生物科技、环保新能源为辅助的全产业链现代农业集团企业。鸿轩农业总裁徐鸿飞引入第一轮外部资本4000万元，选址南通建立了第一家自主养殖基地，成为生产和加工贸易融合的企业，公司正式更名为"江苏鸿轩生态农业有限公司"。2014年，为了吸引投资人，打造具有广泛认知度的蛋品品牌，鸿轩农业将原有品牌统一成以创始人徐鸿飞的头像和名字命名的"徐鸿飞小鲜蛋"，鸿轩农业先后获得海尔产业金融、味千拉面领投的B轮投资。2017年，鸿轩农业成功获得超3亿元的C轮融资，经历近10年的发展，鸿轩农业始终专注深耕蛋鸡行业，其在上海市场的占有率为39%，在整个华东地区的市场占有率为2.3%。鸿轩农业2018年销售收入达到30亿元。"我们的目标是成为中国蛋鸡行业的领头羊，打造鸡蛋行业的生态系统，并酝酿向主板IPO[①]上市，成为科技农业的典型。"

市场地位：鸿轩农业针对的消费者有三个类型：食品烘焙加工企业（如雀巢等）、大众群体消费的互联网产品和订制产品，从下而上呈金字塔状。区别于处于金字塔顶层的订制产品具有更高的利润率（图9-1）。以当前鸿轩农业每年30亿枚鸡蛋计算，每个鸡蛋多卖出1分钱，就能给公司增加3000万元的收益。徐鸿飞认为会掏钱购买高品质鸡蛋的用户越来越多，因此他把目标用户定位为新消费时代下的消费群体，关注生活和食物品质，以及购物环境和舒适度的年轻一代，他们位于"金字塔"结构的上层，意味着这些人对品牌的需求逐渐强烈。这就是鸿轩农业自2015年起打造"徐鸿飞小鲜蛋"的初衷。

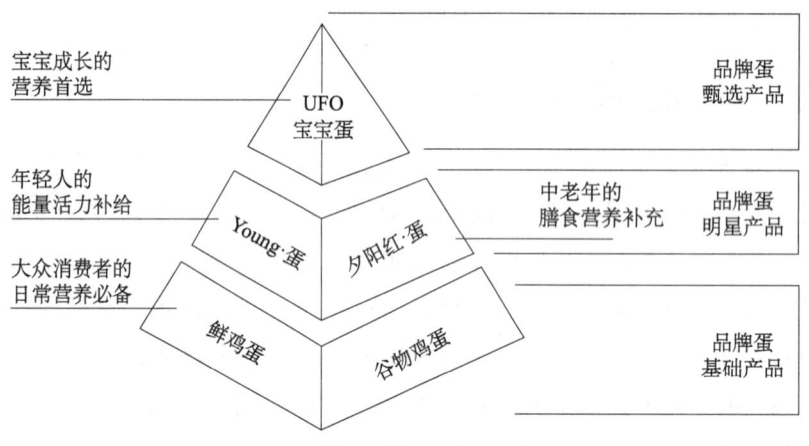

图9-1 鸿轩农业小鲜蛋品牌与市场地位

产品研发：蛋鸡产业的产品研发是多方面的，可以是蛋鸡养殖、产品包装和配送，甚至其他延伸产品的开发等。不同鸡种、不同饲料转化而成的鸡蛋具有不同的营养元素，可以满足不同人群的需求，这就产生了蛋品的订制生产；淘汰后的老母鸡，还可以开发成不同的营养品，丰富了消费者的选择。针对不同的消费群体，鸿轩农业开发了不同功能性的蛋品品类。比如，针对婴儿、孕妇及老人补充营养的无添加宝宝鸡蛋，针对上班族和青少年的无添加营养鸡蛋、适合烹饪烘焙的新鲜谷物鸡蛋和鲜鸡蛋系列。

---

① IPO表示initial public offering，首次公开募股。

作为徐鸿飞小鲜蛋产品的延伸,结合中国传统营养理念,鸿轩农业还将520天日龄的老母鸡开发成"520心选冻球鸡汤"产品,让消费者感受最纯正的鸡汤享受。

科技养殖:为了确保蛋品品质和安全性,徐鸿飞小鲜蛋只来源于自家农场,引进国际化的管理方式,建立蛋品溯源系统,每一枚鸡蛋都必须通过荷兰MOBA检测,确保蛋品品质达到欧盟SGS(Societe Generale de Surveillance S.A.,通用公证行)标准。鸿轩农业还是中国蛋品行业唯一拥有自有物流系统的企业,全部运输车辆专车专送,除鸡蛋之外,不再运输别的物品,避免交叉感染,车队覆盖整合华东地区。在蛋鸡养殖过程中,鸿轩农业充分重视动物福利。鸿轩农业的UFO(unidentified flying object,不明飞行物)观光体验是亚太地区第一家引进荷兰认证的福利阳光鸡房项目,为宝宝蛋的诞生提供了最佳养殖环境,当前鸿轩农业建立了4个养殖基地。

在养殖方面,除了自营以外,鸿轩农业还采用了原始设备制造商(Original equipment manufacturer,OEM)方式,以及"云养殖"方式,通过"互联网+"的思路,对蛋鸡生产过程进行全程监控,以保证鸡蛋品质饲料占蛋鸡养殖生产成本的70%以上,并且对最终蛋品的品质和口味起到决定作用。所以,鸿轩农业也介入了饲料生产环节。在鸿轩农业的产业链中,除了上游的祖代孵化厂,还包括了从饲料生产、鸡蛋养殖、鸡蛋销售、蛋品深加工及深加工产品的销售、有机肥的生产和销售,再到老母鸡产品的生产包装和销售这样一条完整市场供应链(图9-2)。由于在鸡场和饲料方面投入更多,徐鸿飞小鲜蛋的生产成本在每公斤7.5元左右(1公斤=1千克),比工业蛋鸡养殖、农户散养的成本还要高。

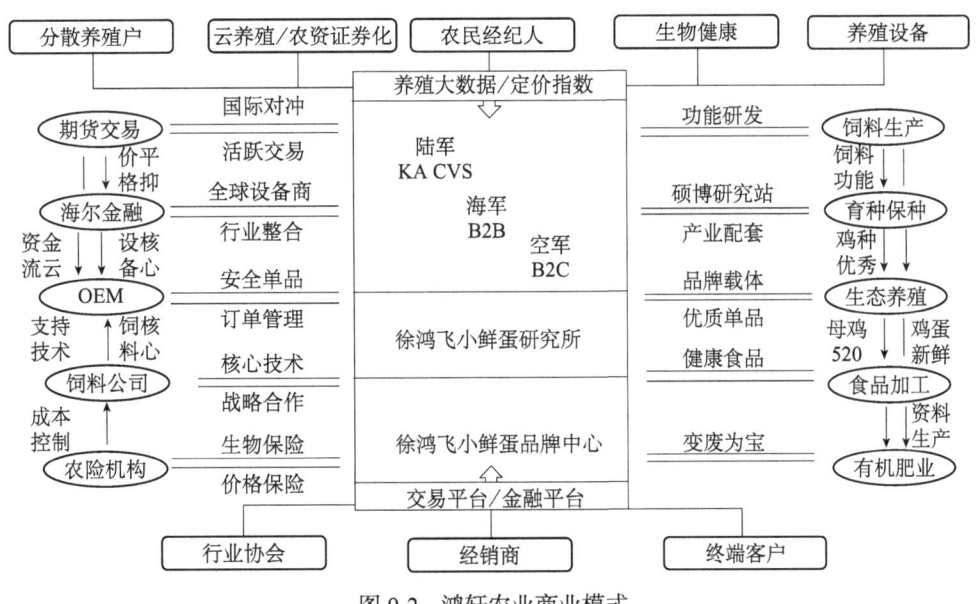

图9-2 鸿轩农业商业模式

KA表示key account,重点客户;CVS表示convenience store,便利店

渠道与物流：除了在传统的超市、烘焙工业渠道销售产品外，鸿轩农业也开始考虑如何搭上"互联网+"的列车。然而，鸡蛋具有易碎、不易储存、不易运输三个特点，这给鸡蛋的电商之路造成很大的障碍。为了克服这些障碍，自2014年开始，鸿轩农业启动了线上营销鸡蛋的模式，选择与顺丰云舱合作，研发了适合空运的抗震包装。2017年，鸿轩通过打造自身的互联网销售平台"小鲜蛋的旅程"，让消费者通过网络下单，用快递将鸡蛋送达消费者手中。

当前，鸿轩农业与传统超市卖场如大润发、家乐福、乐购、沃尔玛、欧尚、永辉合作，以及与新的线上渠道如天猫、京东、盒马、淘鲜达、掌鱼生鲜合作，打通线上线下零售业态，实现线上线下全渠道覆盖。鸿轩农业计划做现代化物流和可视化农业，让商品鸡蛋上架环节做到可追溯，消费者只需扫描商品的二维码就可以追溯这盒鸡蛋生产的时间、生产基地，产于哪一排鸡舍，在运输环节里做到全程可监控。

资金之战与供应链融资

鸿轩农业想做的是整个农业生态链的整合，从卖鸡蛋、养鸡、做上游鸡种，再到蛋品深加工和功能饲料的研发。鸿轩农业已经陆续把前期融资投向了养殖基地的建设，资金流动性很差。而无论是养殖基地的扩大、市场研发投入，还是产品的宣传推广，农业全产业链的整合都需要有持续大量的资金投入。鸿轩农业目标在三年内达到50亿枚鸡蛋产能，为实现这个产值，必须进一步采用整合方式扩大产能，才能提升自己品牌、效率和竞争力。融资渠道主要有股权融资、债权融资及创新融资（如信托等），鸿轩农业迫切需要多个融资通道来解决资金需求挑战，然而由于行业的特殊性，在融资渠道探索方面存在很多问题。

吸引外部资本的探索，"养殖基地建设动辄就是上亿元级的资金，如一套完整用于检测鸡蛋的设备就达上千万元。2012年拿到的第一笔股权投资4000万元，几乎全部花在建鸡场和买设备上了。如果都靠这种融资方式的话，那么从流动性、抗风险性、可持续性来说都很差"，徐鸿飞谈到了他的困惑。

为获得更多的股权融资金额，鸿轩农业必须从蛋鸡行业的实际挑战入手，进行更多商业模式的创新，吸引资本市场投资者的兴趣。

传统银行贷款渠道的探索：通常情况，银行贷款融资是企业最常用的渠道。徐鸿飞在找银行贷款时，因为他可以拿得出的资产就是那些养殖设备，但是这些养殖设备的专用性太强，变现能力弱，银行不感兴趣，就连保险公司也拒绝为他提供保险。

融资租赁的探索：在产业链整合的过程中，徐鸿飞需要提升生产效率和养殖效率，并最大限度地降低成本，实现资本的价值，那就得通过养殖现代化，这需要更多的设备投入。徐鸿飞找遍了国内所有的融资租赁公司，没有一家公司愿意做，因为这些融资租赁公司普遍关注问题是，一旦鸿轩农业破产倒闭了怎么办。

供应链金融的探索：所谓供应链金融服务，即指供应链核心企业、第三方机构（物流、金融机构）或平台公司，在供应链环境中为供应链企业提供融资、结算、担保、税收、理财等金融服务。徐鸿飞也在探索是否能跟上游设备商商讨，应用供应链金融的思维为鸿轩农业提供设备资产采购的融资服务。

风险管理的探索：蛋鸡行业发展的一个无法规避的问题是，商品的价格波动明显。以2017年为例，鸡蛋行业的成本和价格断崖式下跌导致许多小规模企业倒闭；2018年，因中美贸易大战中，中国对于大豆和玉米等农产品提高税率，这对于蛋鸡行业也会产生影响，农业领域不确定风险影响了资本市场投资兴趣。徐鸿飞将要找到应对这种不确定性、控制原材料价格、稳定最终产品价格的方法。

鸿轩农业未来的道路

关于融资方面的挑战，徐鸿飞需要考虑三个问题：第一，怎样说服投资者对蛋鸡行业产生兴趣，投资鸿轩农业，推动农业第一、二和三产业的融合发展；第二，怎样说服金融机构为鸿轩农业提供融资资金，保证稳定发展；第三，找创新型的供应链金融方案，推动共赢与持续发展。所以，他需要进一步总结鸿轩农业独特的运作方式，提出创新的融资方案，说服自身，说服客户、说服投资者，一起想象鸿轩农业的未来。

案例思考题

1. 请分析中国鸡蛋产业面临的机遇与挑战，以及应该如何应对这些挑战和机遇。
2. 鸿轩农业目前已经进行了哪些创新？这些创新是如何实现的？
3. 鸿轩农业价值链整合的理念和策略是否合适？还是外包会是更好的选择？请说明原因。
4. 如果你是保险公司或银行的负责人，你是否愿意为鸿轩农业提供相关的融资或保险产品？为什么？

开篇案例 2

克明面业：农业供应链金融探索之旅

位于河南省南部的遂平县是全国优质小麦标准化示范区和商品粮生产基地县，2017年，上市公司克明面业股份有限公司（简称克明面业）[①]（002661）开始在这里投资建立了旗下最大的挂面和面粉生产基地，并作为自己的主要办公地。2020年突发的新冠肺炎疫情和后续影响加剧了克明面业总经理陈宏开创亮点和突破口的决心。疫情及各项管控措施导致生产、物流受阻，蔬菜、粮食等居民生活必需品一度供应紧张。为了保障疫情防控和生产生活需要，湖南省发布了疫情防控重点保供企业名单，克明面业获列榜首。克明面业2020年第一季度实现营收8.86亿元，同比增长12.83%，延续了2018年（28.56亿元）、2019年（30.33亿元）连年增长的势头。但即便如此，订单的满足率仍不足50%，原材料供应、招工复工、物流运输等问题亟待进一步解决。疫情在带来销售红利的同时，也给现任CEO陈宏敲响了警钟：面对不确定的商业环境，克明面业该如何确保上游农产品的稳定供应？到底该如何建立持续稳定的供应链优势？在公司获得持续成长的过程中，怎样让上下游的合作伙伴更好地分得一杯羹？

公司概况

克明面业由陈克明在1984年创立，总部位于湖南长沙，是一家以生产销售挂面为主的民营食品科技企业。2007年荣获"中国驰名商标"。2012年，克明面业在深圳证券交易所挂牌上市。2016年和2017年，公司先后进军方便湿面和中高端非油炸方便面市场，从而与公司主力挂面产品形成互补。目前，其产品除了面条，还包括面粉、大米、粉丝等原料及非面条产品业务，现公司旗下拥有"陈克明""五谷道场""金麦厨""来碗面"等四大品牌。克明面业在全国建设了10个生产加工基地，挂面产能达到每天2200吨，年产量约70万吨。

公司建立了全国范围内较为完整的营销体系，拥有2500多家地区分销商，与包括沃尔玛、家乐福、麦德龙、大润发等在内的几千家大中型连锁超市实现对接合作，同时还在天猫、京东建立了电子商务平台。克明面业的产能、销售额、市场占有率均名列全国挂面行业前茅，也是农业产业化国家重点龙头企业。

---

① 克明面业于2021年7月正式更名为陈克明食品股份有限公司。

打造中高端品牌

我国是世界上最大的面条消费国和生产国。根据智研咨询发布的《2020-2026年中国挂面行业产业运营现状及发展战略研究报告》，2012～2018年国内挂面行业总产量从462万吨提高到839万吨，6年间增长82%，新增产能集中在行业内的龙头企业。

挂面行业技术门槛较低，上下游产业链比较分散，同质化严重，企业往往陷入无法把控前端原料而终端销售竞争过度的困境。全国挂面企业总数已从2015年初的2000余家减少至目前的850～900余家，55%以上数量的企业被淘汰。而现存的850～900余家面条企业中，基本以生产中低端产品为主。根据测算，位列超市销售前五名的挂面品牌占挂面总收入份额的49%，其中克明面业以19.85%的占有率居于首位。

陈宏判断，国内挂面行业的集中度不高，还需要进一步整合。从我国挂面产品价格结构来看，目前主要以低端产品为主，其中单价在5元以下的挂面市场份额占比达60%，单价5～8元的挂面占比30%，单价达到8元以上的挂面市场份额占比仅为10%。一方面低端挂面占据了主力市场，另一方面随着收入的提高和健康理念的形成，消费者在选购食品时开始更加注重品牌和品质，市场对中高端挂面产品的需求越来越大，为中高端挂面产品带来了成长机会。

陈宏介绍了公司基本战略："基于克明面业中高端的定位，我们要把一些差异化的东西做出来，除了有机产品、进口产品，还有荞麦、燕麦等不同营养层面的融合。"陈宏认为，向消费者传达克明面业中高端品牌定位主要来自这三个方面：首先是原料的高标准。其次是工艺水平，如温度、湿度以及和面时间、干燥环境的控制等，都会对面条口感产生影响。最后与产品包装有关，产品包装需要向消费者传递出差异化的感觉。在陈宏看来，中高端品牌在产品端的体现，最关键的就是原料，而随着品牌集中度的进一步加强，要确保挂面的品质稳定及整体协同，克明面业必须加大对上游原材料的把控。

自建面粉工厂

面条的直接上游是面粉，以一包挂面为例，面粉占到了总成本的大约75%～80%。如果面粉价格上涨2%，挂面利润将损失1.6%。出于稳定原料价格的初衷，克明面业决定自建面粉工厂。陈宏认为，做面粉要解决两个重要的问题：上游供应链及下游销售。面粉的上游供应链不复杂，就是单一的小麦，而下游客户是面条厂，克明面业自身就有强大的需求。目前面粉加工设备主要来自欧洲，经历了数百年的打磨，技术非常成熟。

克明面业面粉事业部总监陆金明介绍，目前公司已经投资三家面粉工厂，日处理小麦能力达到4500吨，年均将近150万吨。目前，克明面粉工厂处理小麦规模在行业内排名全国前九。

自主生产面粉之后，克明面业在2018年当年就实现营业利润23 074.07万元，同比增长57.18%。对此，陈宏感到非常欣慰："面粉厂建立之后，第一，确保了稳定的供应，能帮助我们控制上游价格带来的波动风险；第二，可以更有针对性地抓好质量管理，并使用自己的技术；第三，面粉厂和面条厂可以共享物流，大幅减少运费、装卸费等成本，提高了整体效益。"

向小麦种植进军遇到的困难

在陈宏看来，自建面粉工厂还不够彻底，更希望直接触到最前端的小麦种植，但单一的小麦种植，在选择到底是市场采购还是自主种植时，也是一个需要权衡各种条件的难题。

陈宏分析，小麦成本直接影响面粉的价格。"小麦占到整个面粉成本率的95%，小麦要波动两个点，对面粉的影响几乎就是两个点，所以我们现在想帮助农户规模化地去种植小麦，好处是稳定货源，避免价格波动，保证品质"。克明面业常规的小麦采购渠道包括三类：第一是向市场公开收购；第二是贸易收购；第三是向中储粮这样的粮食保底机构购买。对于克明面业来说，这类贸易商的优点在于省时省力，但最大的问题就是价格随行就市，波动较大。而第一个渠道的缺点是产品质量良莠不齐，沟通及业务手续繁杂。第三种渠道虽然价格比较稳定，但中储粮的出货顺序是先往年陈麦再当年新麦。

基于中国的土地承包和经营权绝大多数还分散在广大农民手中的现实，挂面生产企业难以进行普遍的大规模集约化种植，从而难以保证小麦品种和质量的稳定性。2018年克明面业提出"追求小一体化模式，建立供应链优势，实现成本领先"的战略，即围绕挂面、面粉业务需求向产业链上游逐步延伸，推行小麦订单种植业务，建立高效、精细化、流程化的小麦收储模式。

陈宏说，打造"订单种植＋仓储＋面粉厂＋面条厂＋销售"的产业链一体化优势，有利于提升克明面业的核心竞争力。陈宏所言的订单种植，即克明面业与农村种植大户、土地经营合作社签订订单种植与收储协议，后者按照克明面业订单的品种、数量及质量要求，定向种植小麦品种，在收获季节以约定价格销售给克明面业。2019年，克明面业国内订单种植达到5.5万亩（1亩=666.7平方米），境外的哈萨克斯坦实际完成25.6万亩。

但订单式种植的主要困难在于从购买种子到农机设备、农药化肥等前期过程需要投入大量的资金。无论是个体农户还是合伙承包，都存在一个明显的痛点就是资金不足，但克明面业的资金有限，需要流转。从这个角度来看，银行更有优势。

不过，克明面业希望为种植户提供技术、农业生产、农业供应链服务等。以供应链采购为例，克明面业因为有庞大的采购需求，能比农户拿到更优惠的农资产品价格（种子、化肥、农药、设备等）。要妥善地解决这个问题，克明面业希望联动银行，一起推动农业供应链金融服务（图9-3）。

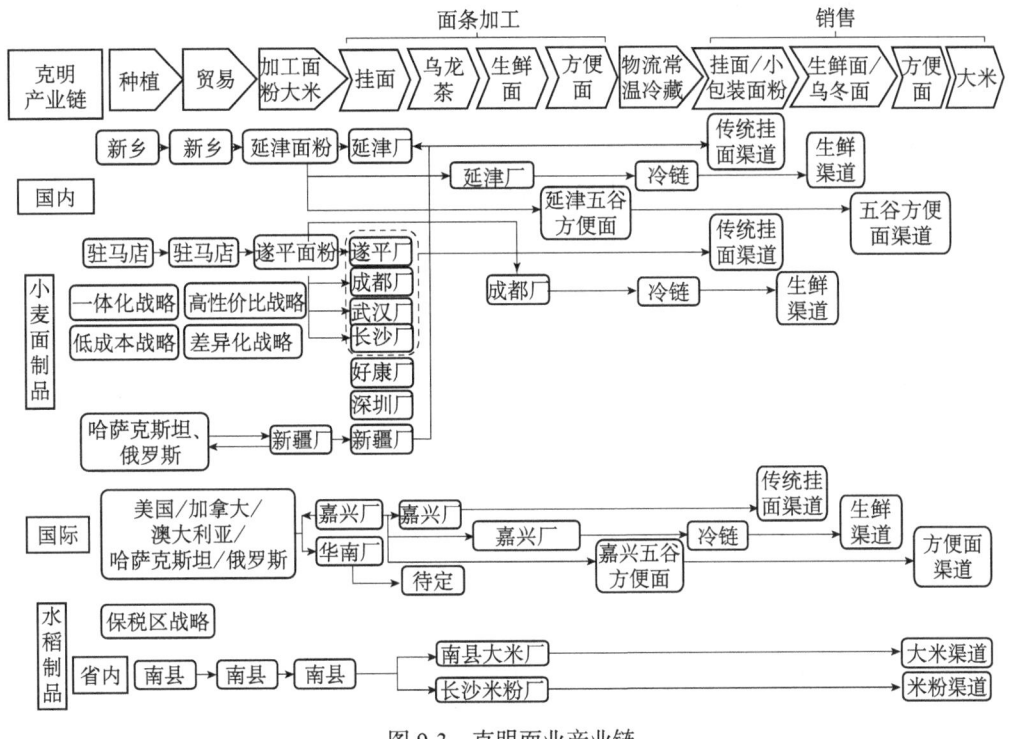

图9-3 克明面业产业链

从订单种植到供应链金融

2018年，克明面业正式设立金融部，安排专业团队负责供应链金融业务。

为了协助订单种植的农户解决银行融资问题，克明面业以与种植大户的订单为核心，联合地方性的中原银行达成合作协议开始新探索：银行根据业务订单向种植户提供农资所需贷款，政府对农户贷款有相应的政策支持，保险公司则向银行提供农业保险服务。待到小麦成熟时，克明农业再向种植户收购，款项直接打给农户在合作银行的指定账户。整个过程，克明农业仅提供订单信息，并不提供担保。如果可行，它将通过整合银行、保险、农机、政府等相关各方，形成一个产业链风险闭环，引进银行资金有利于助推订单农业发展。根据这种构想，银行凭借订单及收割抵押就可以把贷款发放给农户。这个过程虽然操作比较复杂，涉及的流程很多，如银行、保险公司、农户、产品、核心企业、收割等，但基本能确保履约能力。不管是农户的销售数量还是销售价格，都消除了风险，并且把资金需求从种子到整个农业生产服务，包括耕、播、田间管理等中间环节要产生的资金问题都解决了。陈宏认为，银行对农民的种植担保品、收益权是不认同的，但我们和银行、农户一起来做，银行把钱借贷给农民，由我们这边提供担保，农民的担保品收益权交给我们，所有问题都迎刃而解，在这个过程中，克明面业相当于承担了咨询公司的功能。

但如何处理农户在种植过程中的经营风险？这需要保险公司的介入，更重要的是建立一套专业的标准体系，对此陈宏认为："要建立一整套种植户的能力评估体系，这可以作为信用评估的一个参考数据，因为农户的经营能力决定了风险程度。这样的话，即使在整个过程中没有给对方提供担保，我们还是可以帮助上游的种植户企业增加融资能力。"

除了订单种植外，陈宏也在考虑将存货应用于供应链金融。克明面业2018年末存货达到4.3亿余元，占总资产比例为10.94%。陈宏希望能够通过金融工具处理存货资产，增加投资者信心。

克明面业金融部为了实现资源整合，盘活季节性存货，克明面业探索出了一套新的业务模式即原材料代采，相对应的金融产品为订单融资。在这套模式中，克明面业引进大型国央企战略合作企业，减少库存资金占用，分批次逐步赎回采购原材料，盘活存货，提升资金使用效率、资产负债率、资金周转率。

克明面业的下游经销商多达2500家，规模相对较小的经销商由于自身资产及信用相对较弱，存在资金的刚需。为稳定经销商渠道，提升货款回笼，克明面业金融部拓展了中小银行（如微众银行、网商银行等）资源渠道，依托自身核心企业资源，将现有合作经销商分级进行筛选，选择合作年限较长、交易金额相对稳定、具有成长性的经销商纳入贷款准入"白名单"并向金融机构推荐。金融机构通过自身大数据系统对入选"白名单"经销商进行信用评级，核定贷款融资额度，并将贷款直接打入克明面业相关销售账户（图9-4）。

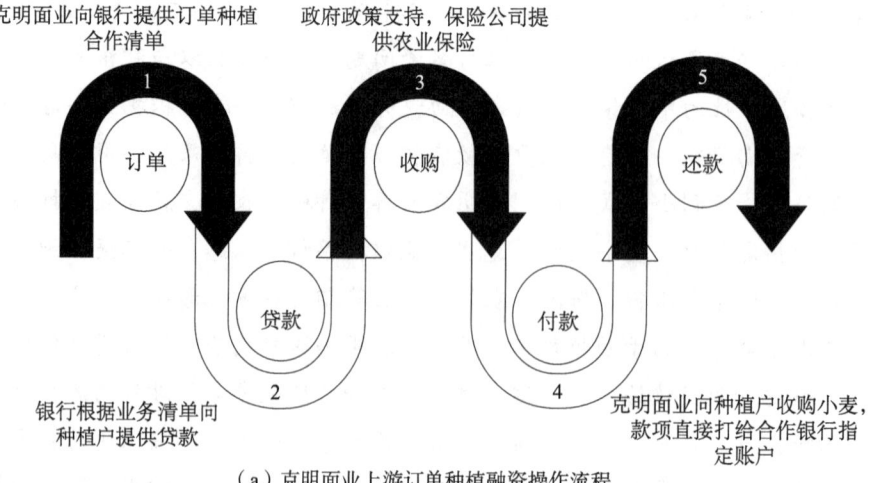

(a) 克明面业上游订单种植融资操作流程

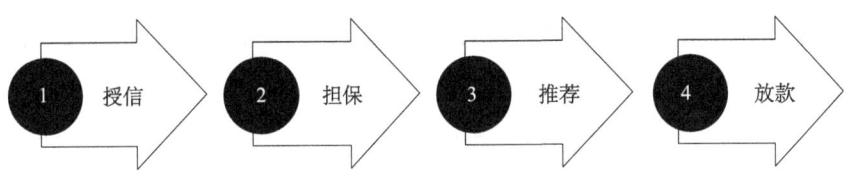

(b) 克明面业下游经销商融资核心流程

图 9-4 克明面业上下游融资流程

农业供应链金融的挑战与机会

长期以来，我国农业供应链金融因风险高、低收益、有效需求抑制与信贷配给并存等因素，与农业经济水平不匹配，发展比较滞后，"融资难、融资贵、融资慢"的现象普遍存在。农业产业融资难一直是困扰农业发展的关键问题。而要推动农业供应链金融的发展，还需先破解以下难题。

风险高：首先，传统商业银行发放贷款需要抵押担保物，但农业固定资产较少，农民个人财产、集体资产难以入市交易。其次，我国信用体系还不完善，特别是农村地区信用体系构建缺失比较严重，农民基本没有信用卡，缺乏征信记录，金融机构与供应链上的成员间的信息不对称，导致金融机构蒙受损失。此外，农业脱离不了"看天吃饭"的属性，农业生产受自然影响巨大，一旦发生自然灾害，农业的生产经营就会受到影响，导致减产减收，从而进一步影响到整个农村金融体系；市场及行业也存在周期性，农产品价格波动大。

收益低：目前，我国农村金融市场主要依赖农商行、农信社等传统金融机构，而其网点往往停留在镇一级，很难深入农村市场，严重阻碍农业集约化规模效应的产生和农业生产效率的提高。农村金融机构面临很多现实困难，如农村信息化程度偏低，很多环节都须人工操作。其次，服务成本高。农村地区较城市而言收入存在差距，个体生产者与中小型企业资金流量较小，这使得农村贷款业务单笔贷款金额低、交易量密集且周期较长，这些特点使得金融机构面临放贷成本高、回报率低、管理困难等问题。

资源错配：农民传统意识认为借钱不光彩，对借贷存在认知偏差。抵押担保、申请贷款需要烦琐的手续，使得农民不愿意借贷，抑制需求。

总的说来，农业供应链金融体系较为脆弱，风险易扩散，如农产品受大面积自然灾害影响减产或者链上某一个成员出现资金流或物流不畅等经营问题，必然会顺着供应链影响链上每一个成员，包括核心企业，这将影响农村金融供应链的资金安全性、营利性。

业内人士认为，克明面业的订单种植探索供应链金融实践，在很大程度上有望解决以上风险问题。

农业在我国一直被视作第一产业，作为国之根本有着不可撼动的战略地位。2004年至2020年，中共中央连续十七年发布以"三农"（农业、农村、农民）为主题的中央一号文件，强调"三农"问题的重要性。由于农业具有典型的重资产、长周期、回报低、风险大等特点，如能通过对农产品供应链的整合，将农业与第二产业、第三产业融合，是一条促进行业健康发展又给全社会带来福祉的路径。

作为挂面行业的领军企业，克明面业从面条生产到向上游的面粉、小麦进军，再从订单种植到尝试引入供应链金融，并由种植领域向存货、销售端扩展，正在探索打通传统农业供应链条的各个死结。

但克明面业能否借助供应链金融建立核心优势，尚待时间验证。

案例思考题

1. 克明面业的挑战与机遇是什么？应该如何应对挑战、把握机遇？
2. 克明面业不仅进入上游面粉环节，甚至还进入到小麦种植环节，这样做有什么风险吗？你同意克明面业一体化价值链整合策略吗，为什么？
3. 什么是供应链金融？供应链金融如何助力克明面业的发展？
4. 对克明面业的供应链金融方案的设计，你还有什么建议吗？

> **本章学习目标**

- 了解农业供应链的现状、问题及成因
- 认识农业供应链金融主要解决的目标，以及实现的价值
- 了解农业供应链中企业社会责任与创造共享价值的结合与应用

农业也是一个值得供应链市场关注的行业之一，农业作为第一产业在我国具有重要的战略地位。然而，从农业供应链的环节而言，种植或养殖、加工、再加工，到销售环节往往时间长、步骤多，行业较为分散，可持续方面的管理发展缓慢；从农产品本身而言，产品及生产过程以重资产为主，成品也具有价格波动性和风险较大的特点，因此关于农业企业的融资与农业行业的发展一直是研究与实践的重点。对于农业企业而言，农产品的特殊性质也使得融资难问题成为限制行业进步发展的主要问题之一，据有关统计资料显示，整个农村金融存在 3.6 万亿元的资金缺口，传统的金融模式很难使得农业企业和农民获得政策性鼓励以外的传统金融机构融资机会。我国也出台了一系列惠民惠农的政策和措施，其中推动产业扶贫是解决"三农"问题的重要手段之一。根据目前国内外企业、研究者的实践和研究经历可以看出，农业行业对于新型的供应链金融服务的应用可有效帮助农业企业解决融资难的问题，还能够帮助农业企业降低营运资金的成本，从而提高企业整体盈利能力，进而提升产品的市场竞争力，让农业企业可以获得更大的发展空间和更大的市场利益，达到企业与行业共同实现可持续发展的目的。

可持续供应链金融可以缩短从田间到餐桌的距离，为中小农业企业提供更多的融资机会，也可提升食品供给安全。

9.1 农业行业现状

9.1.1 中国农业行业背景

2020 年，农业生产克服新冠肺炎疫情冲击、洪涝灾害等影响，各农业细分行业进入回春阶段，粮食生产再获丰收，生猪产能快速恢复，禽蛋奶产量稳定增长，农业生产好于预期。

（1）种植产业链。目前全球从业以育种、制种、销售为主，形成了较为成熟的产业链。受天气影响，供应商的需求波动频繁，农产品价格继 2020 年暴涨后，2021 年将继续保持高位运行，符合品种、种子、土地等经营环境。种植链整体迎来向上周期，其中种子板块机会或转基因政策并行促进。玉米，进口大增，价格大跌；大豆，

国产豆预期减产，美豆库存上升难，价格保持高位；水稻、小麦，替代需求增加，价格继续上升；白糖，外强内弱。进入21世纪以后，得益于生物育种技术的发展，全球种子市场迅速发展。近年来，中国政府出台了很多有关种子行业的政策，对转基因种子研发企业持支持和保护的态度。生物育种技术是中国种子产业未来的重要发展趋势。

（2）养殖产业链。生猪价格反弹行情持续，积极抓住养殖板块反弹机遇。饲料和疫苗是养殖投入品，在利润累升的时期，会带来数量的增加。养猪聚焦生长，在头均估值底部布局；养鸡价格要磨底，还要看旺季的回升。从长期来看，养殖利润仍需反复磨底，才能带动下一轮禽类价格上涨周期。屠宰及肉制品部门适应下游餐饮公司供应链升级需求，食品行业对外餐饮体系竞争优势明显，呈现持续快速增长的趋势。

9.1.2 农业企业融资现状

目前中国农业中小微企业同样面临着融资难的困境，究其原因，主要是难以找到符合中小企业发展阶段、能够满足融资条件的金融机构和金融产品，以及市场上缺少连接中小企业和资金提供者的供应商中介机构。

许多农业中小微企业起步阶段技术低、资金投入少、规模小、技术含量低。与此同时，由于大多数农业小企业都是个体企业，在人力资源方面存在不足，而且由于缺乏完整的管理体系和业务体系，信息处理不足，企业生产、成本、库存、购买、资金、市场等信息共享不畅，无法迅速流通。信息不对称是一个小企业融资难的本源，企业的规模与信息可得性成正比，企业规模越小，关于企业的信息就越不容易获得。因此，银行和中小微企业之间的相互作用出现了障碍。同时中小企业税负较大，费用名目也较多。适合中小微企业的创业指导、技术革新、融资担保、教育培训等服务还远远不够。

融资风险大，融资成本高。农业小企业的生产受自然条件的影响较大，自身具有不可回避的脆弱性，融资存在较大风险。另外，农业小企业的经营规模小，对外资需求小，但业务频繁发生，季节性危险突出，呈现出贷款少或频率快的特点。

抵押资产规模小。信用保证体系不足对于中小微企业贷款条件非常严格，由于不少中小企业的资产主要是流动资产，没有可以作为担保的固定资产，信用等级不高，因此很难满足银行的贷款条件。而且农业小企业由于缺乏高质量的资产，很难得到第三方担保。

信息不对称。许多农业中小微企业远离城市，而且其大多不具备现代企业制度，因此农业中小微企业很难识别自己的经营状况和财务状况，银行无法准确掌握企业的经营状况和资金需求。另外，由于低经营和财务管理能力，大多数农业中小微企业对金融机构的融资制度、担保制度的信息和技术不了解，缺乏构筑对外信用度的经验和能力。

政府对农业中小微企业的支援不足也是造成农业中小微企业融资难的主要原因。虽然近年来国家多次出台促进农业发展的政策，商业银行也积极调整职能，探索拓展新业务的方法，但其支持范围仍局限于粮食购销企业和粮油深加工企业，对农业的支援仍然不足，缺乏统一的农业小企业服务管理机构。另外，融资的法律环境不健全是农业小企业融资渠道不畅和融资方式单一的主要原因（图9-5）。

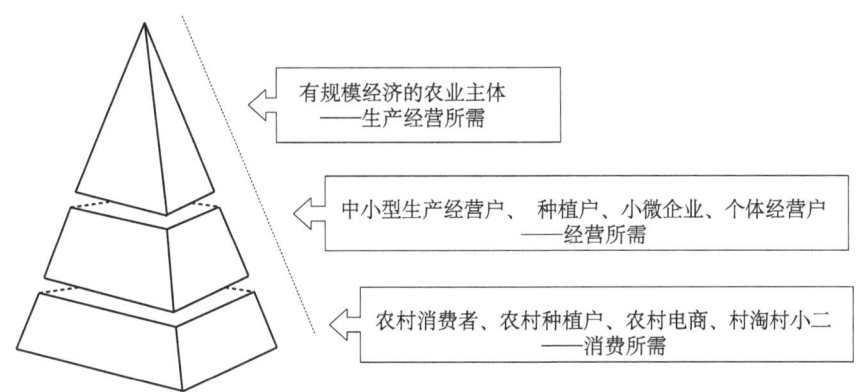

图 9-5　农村金融服务对象金字塔

9.2　农业供应链金融

与传统的商业银行借贷的形式不同，农业供应链金融是产业内企业或信息化服务公司直接参与供应链运营过程，在掌握供应链物流、信息流活动的基础上，与金融机构合作，向供应链内企业提供融资等服务。农业供应链金融当前的发展已经呈现出一定的平台化特征。中国农业生产还是以小农经济为主，将分散的农户和农业生产组织整合为平台，这是今后的农业发展趋势。农村的生产生活实现了网络化、无线化，养殖领域的网络技术逐渐普及，相关金融机构可以提供的金融服务和商品越来越丰富和便利。互联网技术的普及使现在比过去更加紧密地连接分散的农业生产。同时，新的经营主体数量稳步增长，集约化生产逐步实现。未来合作组织在中国现代化农业生产中的作用将更加突出，为产业整合打下组织形态基础。

在农业供应链金融稳步发展的情形下，企业和组织也要注意风控与闭环管理。供应链防控由供应链结构管理、流程管理、要素管理方面构成。要有效设计供应链运营和服务体系，各主体作用和权限明确，同时供应链运营业务实现闭合化、收入自偿化。业务和金融活动流向要明确，管理垂直化，配合各种金融机构设计和风险缓解手段进行风控。另外，通过分析金融产品和业务信息数据，可以立即迅速获得风控信息。作为农业供应链金融企业，实行资金全封闭管理，建立商流、物流、现金流，不仅效率高，资金流还更加安全。农业生产和贸易的网络化与信息化将使整个链条和流程更加可视化与透明。

本章以开篇案例 1 和 2 中的鸿轩农业与克明面业为例，分别分析农业行业分散度较高的鸡蛋生产行业与行业逐渐趋于集中的挂面行业代表企业对于供应链金融模式的创新和应用，从而探索供应链金融模式的应用。

9.2.1 鸿轩农业应用供应链金融模式创造价值

1. 供应链金融模式创新

蛋鸡行业是中国仅次于养猪行业的第二大规模畜牧业，也是中国的农产品及食品的支柱产业之一。鸡蛋产业也具有农业整体行业普遍代表性特征：产品价格波动大、风险大、生产养殖过程轻重资产比例不均、上游蛋鸡养殖农户分散，因此鸡蛋产业在金融资本市场中也不受传统金融机构和投资者的青睐。然而，蛋鸡养殖行业在前期设备投入和中期鸡蛋养殖生产过程中需要巨大的和持续的资金投入，养鸡基地建设包括鸡舍占地土地、鸡蛋分级、消毒、监测和包装等的设备投入是巨大的，对于一些规模较大的养殖企业，基地建设重资产的成本摊销需要至少 5~10 年的正常运营才能够消化；基地建成后，饲料采购方面的成本是运营成本的主要开支，占 70%；鸡蛋的生产销售周期也较长，从蛋鸡的孵化至生产大约需要 150 天，一只母鸡的产蛋周期大约为 1 年的时间，520 天之后老母鸡进入自然淘汰期；在鸡蛋销售过程中，中国蛋鸡行业的利润率低于 3%。这些原因极大限制了蛋鸡行业企业的发展，企业也缺乏一定的运营资金来进一步提升鸡蛋的功能性品质，或提高产业的科技含量，因此进入蛋鸡行业规模化、品牌化进程是必然的发展方向，也是鸡蛋生产企业的必经之路（图 9-6）。

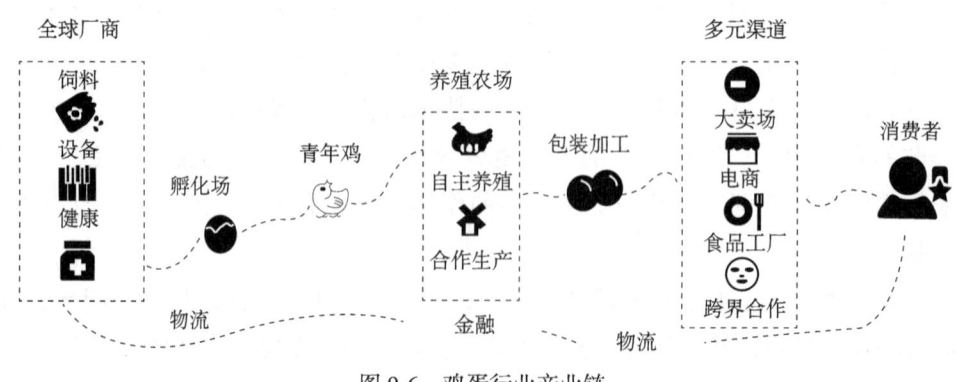

图 9-6 鸡蛋行业产业链

鸿轩农业作为蛋鸡行业的领军企业之一，成功地将禽蛋生产和销售一体化，对蛋鸡养殖供应链进行了上下游的整合与协调，采用供应链金融机制，提出基于资产区块、养殖区块、销售区块的培育型金融产品，突破鸡蛋养殖企业面临的融资难的困境，获得了海尔、味千拉面等多个企业的融资合作，并于2017年销售额达20亿元，年产鸡蛋30亿枚。

（1）资产端：鸿轩农业对于供应链金融在资产端的应用与实践包括机械设备融资租赁和资产担保，其主要目的在于调整行业轻重资产配比，以更灵活的方式，在不影响资产流动性的同时建设蛋鸡养殖基地。研究表明，当服务因设备利用率较高而提供较低的盈利能力或溢价收入时，融资租赁机制优于其他常规融资策略。鸿轩农业于2013年与拉赫兰顿合作，从荷兰引进了企业的第一套鸡蛋分级、消毒、监测和包装设备，荷兰在农资设备和农资租赁方面拥有最先进的技术与最成熟的流程。随着技术的进步，鸿轩农业为了提升鸡蛋的品质，生产出更具用户针对性的功能鸡蛋，还从荷兰引进了UFO福利养殖房技术，从养殖环境、通风环境等方面改善母鸡的生产条件。随后随着鸿轩农业在产品品牌化、养殖过程自动化和业务创新方面的不断努力与进步，租赁设备的利息成本逐渐下降。恒信集团在上海成立了专门的农资租赁项目部门，助力鸿轩农业租赁养鸡设备和包装设备，使得其进口设备的租赁费率从13.5%降至8.5%。

鸿轩农业还借助外部的外包分散经营风险，实践"云养殖"，推动第一、二、三产业融合发展，让小型蛋鸡养殖成为鸿轩农业垂直供应链环节，同时对上游养鸡散户实行支付激励创新模式和信用激励模式，对外包产业进行规范化管理，减轻农业资产投资，降低运营风险。

鸿轩农业通过供应链金融减轻重资产和改善结构管理，对OEM应用了供应链金融融资策略。供应链金融措施和产品的应用将其重资产特征转变为短周期的特征，在资本市场得到了金融机构的青睐；此外，企业还采取政府和社会资本合作（public-private partnership，PPP）模式，轻量化资产组合，对蛋鸡养殖地区进行精准扶贫。这种伙伴关系在政府的背书和支持下，能够为企业提供低风险、稳定的现金流（图9-7）。

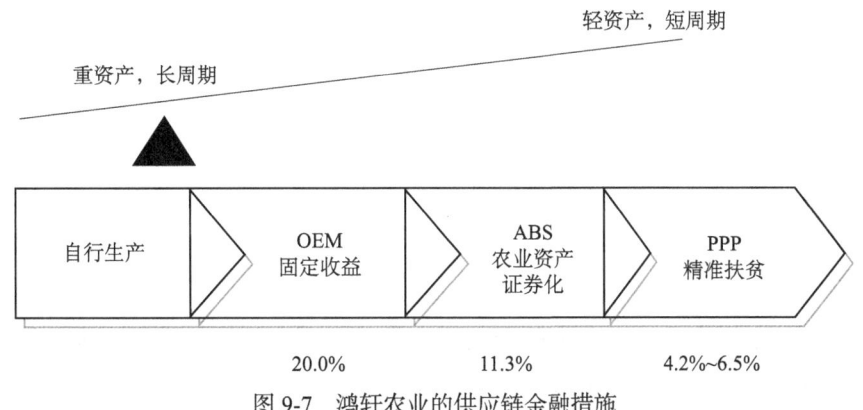

图9-7 鸿轩农业的供应链金融措施

（2）养殖端：供应链金融在养殖方面的应用集中在母鸡的价值上，为了保全母鸡在繁育过程和生长领域的价值，同时避免由于母鸡养殖过程中存在的生存问题引发的企业风险，鸿轩农业与中国人民财产保险股份有限公司开发了专门针对生物资产的无免责保险。这一成就将鸡变成了一种可以作为融资抵押品的生物资产。对保险公司而言，保险的风险点主要在于疫病等情况造成的蛋鸡大规模死亡风险，然而在鸿轩农业采取了科技农业高科技自动型养殖的情况下，该风险点不断降低，保险公司也能从蛋鸡企业的大规模养殖中获得较高保费收入。凭借五年的实践经验，鸿轩为其他农产品企业提供生物资产保险的典范，政府为鼓励企业进行规模化养殖，也为鸿轩农业的保险进行了补贴。至今为止，鸿轩农业养殖的所有商品蛋鸡都全部买了商业保险。

（3）需求端：鸿轩农业对于产品的升级及需求端模式进行创新，当今人们生活水平大幅提高，鸿轩农业将80后、90后等群体作为主要消费客户，推出了"宝宝蛋"等一系列高品质功能性产品，对鸡蛋价格进行重新定位。在海尔产业基金的支持下，鸿轩农业通过资产证券化的模式获得初始投资资金，为自身及供应链上游企业提供融资激励和支付激励，推动整条供应链在部分产品线按可持续发展的要求，生产出符合消费升级需求的蛋产品。

鸿轩农业还利用融资资金对产品的生产运输流程进行了更新与升级，2014年与顺丰云舱深入合作研发了适合空运的抗震包装，启动了线上营销鸡蛋的模式；在生产制造里面，鸿轩农业与盒马推广出48小时极鲜鸡蛋。鸿轩农业还采用现代化物流的思想，做到可视化农业，消费者可以通过扫描鸡蛋上的二维码了解这盒蛋的生产基地溯源、物流运输过程及产品锁鲜时间等信息，全程可监控。

供应链金融作为一种有效且高效的创新融资机制，相关融资解决方案可以积极影响中小企业的创新能力和市场反应能力，最终对供应链融资绩效产生积极影响。

供应链金融在鸿轩农业运营过程中的应用包括提供母鸡生物资产、提供设备融资租赁等，为企业释放了大量营运资金，使鸿轩农业能够有足够的流动资金去开发其他功能，也为母鸡提供了更好的生活栖息地和营养饲料，可用于定制优质鸡蛋。

2. 供应链金融的可持续价值

健康和安全被视为农业和食品供应链中最重要的企业应该承担的社会责任之一，此外环境保护原则也是食品及农业企业应该考虑和关注的社会问题之一。鸿轩农业在承担CSR的同时，并提供了CSV的实践尝试，达到了经济价值和社会价值的平衡与双赢。

从食品健康安全考虑，在中国蛋鸡行业目前市面上的蛋鸡大部分来自德国和美国，尤其是来自德国最大的家禽养殖育种集团EW的海拉和罗曼两种商品蛋鸡，这两个品种也是全世界目前储量规模最多的两个蛋鸡品种，年销售额达 8.5 亿只，在中国这两个鸡种占 90%的储量。但是与这些品种相比，中国的散养母鸡能够更好地满足中国的营养需求，但产蛋率仅有 75%，与海外品种相比生产效率较低，但为推动养殖工艺和产品营养创新，鸿轩农业选择更适合中国人营养需求的新杨黑鸡，并构建了专业的养殖场，为母鸡提供自由的生长环境和绿色有机饲料，生产营养鸡蛋，以满足食品质量、安全和健康的 CSR 需求。

从环境保护的角度考虑，鸿轩农业对于环境方面承担的社会责任主要包括构建绿色金融、生态平衡、环境保护相结合的循环生产模式。目前养鸡基地采用的机器能够自动收集母鸡排出的粪便等废弃物，然后经过自然翻滚发酵进行无害化处理，变成生物质有机肥，变废为宝。产出的有机肥会作为原料进入鸿轩农业自建的南通水果基地，打造农业三产融合的示范项目，最终的目标是成为生态链的循环。

9.2.2 克明面业应用供应链金融模式构造一体化战略

据中国食品科学技术学会、中商产业研究院数据报道，国内挂面行业的产品出产量从 2010 年的 380.87 万吨增长到 2019 年的 839.20 万吨，复合增长率为 8.22%；国内挂面终端市场销售规模也从 2010 年的 193.62 亿元增长到 2019 年的 607.50 亿元，近 10 年的时间复合增长率达到 12.11%，增长速度高于同期我国 GDP 增速，目前我国挂面行业头部主要有 24 家主要挂面生产企业，总计拥有 397 条生产线，形成挂面产量 397.17 万吨，前 10 家企业的行业集中度高达 43.5%，挂面生产企业数量从 2009 年的 4000 多家缩减到 2017 年的 900 多家，挂面生产加工企业数量大幅减少。

克明面业创始人陈克明从事挂面行业超过 30 年，现已将克明面业发展成国内挂面行业领先的民营食品高科技企业。公司以研发生产挂面为主，其产能、销售额、市场占有率均名列全国挂面行业前茅，并于 2012 年挂牌上市，公司主营产品包括挂面、方便面及面粉、生鲜面与米和米粉等非面条产品，销售渠道覆盖全国 30 多个省份、2000 多个城市，5000 多个大型综合超市，出口超过 11 个国家和地区，公司是目前中国挂面行业众多头部企业之一。

克明面业为了实现企业可持续发展，需要在当前的市场和社会背景中进行战略创新，以应对类似新冠肺炎疫情等特殊情况带来的上游供应波动，建立持续稳定的供应链，并在公司获得持续成长的过程中，帮助上下游合作商实现共赢。

随着人民收入水平的提高，消费者更加注重安全、营养、健康、方便、美味。消费者在追求健康消费和个性消费的道路上，必然会带来中高端挂面产品市场规模的暴增。然而目前挂面市场的同质化严重，无法满足孕、婴、幼、中老年、病患等细分人群对挂面产品营养成分的需求，因此必须从生产技术和产品创新下手，研发出符合市场趋势，顺应消费者口味、具备差异化的新产品，近几年生产特色面的中小企业异军突起，对传统挂面生产企业造成了一定的竞争压力。

作为国产挂面行业的领头、领军人物之一，克明面业的未来的主要战略规划在于打通供应链上游，构建稳定的供应链优势，避免上游小麦及面粉产业在新冠肺炎疫情等外部环境影响下对自身行业造成不可控的影响，使得自身企业在风险应对方面能够更具有主观能动性。为了实现该战略目标，企业实施了一体化战略，并进行了产品方向的延伸。

（1）一体化战略：农业一体化主要是指种养殖一体化与贸工农一体化，即把种植业或养殖业、加工业按照一体化的生产经营要求，通过供应链管理的手段和措施，协同整合成为较为完整的产业链模式；通过对农产品形态及功能的转化、加工以增加附加价值等途径，实现产品的多次增值；将初始产品开发为初加工、二次加工的衍生品，并开拓适销对路的产品，增加产业稳定性，提高农业内部种养业的经济效益；或以从事贸易的公司为龙头，以合同等经济手段为纽带，把分散化的农民或个体户组织起来，形成利益共同体，集中个体的力量与资源，开展集约化的、科技化的商品生产流程与模式，开拓市场，带动农民增收、农村发展。克明面业主要实施了纵向一体化方向的战略。纵向一体化战略围绕挂面、面粉业务的需求向上游延伸，具体措施包括从育种方面推行小麦订单种植业务，建立高效、精细化、流程化的小麦收储模式，解决传统农户合作模式下可能面临的价格波动大，面粉市场良莠不齐的问题。企业主要战略在于打造"订单种植+仓储+面粉厂+面条厂+销售"的产业链一体化优势，同时一起发展农业生产技术和配套服务。但是采取订单式种植的主要问题在于前期筹备和建设对应于大量资金的需求和缺口，企业需要购买种子、农机设备、农药化肥等，整个过程对运营资金的需求量较大，克明面业为了能为种植户提供更好的供应链服务，打通了上游的供应链金融模式，提供了农资贸易和农业金融的一体化战略服务。为了实现农业高质量发展和企业产品质量的可持续发展，在农业产业链纵向一体化价值链的整合方面，农业供应链金融的应用能够有效地为整合资源提供资金支持，加速资金流在供应链上的流动性和利用效率；在企业制定运营与供应链战略并执行的过程中，供应链金融模式还能够整合上下游农业生产要素资源，并且为建立可溯源体系，打造安全农业、品牌农业提供助力。

（2）产品方向的延伸：在从面条向面粉、小麦产业方向延伸拓展的过程中，克明面业还对最终销售的成品进行了产业延伸拓展，包括生鲜面、冷冻面、米粉等与餐饮企业端的合作拓展，以及生鲜调理主食产品和餐饮主食等方面直接对用户端的产品拓展。观研报告网发布的《中国挂面行业发展趋势调研与未来投资预测报告》显示，相比于传统挂面，新鲜的湿面从用户体验和需求方向具有口感更好、烹饪方式多元化等特点和优势，而且产品的品类更加丰富，其中包括鲜拉面、乌冬面、冷面等，因此在当前市场中也更受消费者的青睐，具有较大的市场空间，发展前景更为广阔，克明面业抓住市场机会及消费者心理，进军鲜湿面的市场领域，提高企业生产工艺和储存技术含量，以匹配更新的消费者需求。除了食品产品的创新，克明面业还拓展了服务创新，为农户提供供应链融资管理的服务平台及供应链金融的方案设计服务。在统一的管理服务平台上，克明面业制定了统一技术方案和产品标准（土地植被标准、播种标准、植保标准、收获标准）；对于中小企业及种植户进行了技术培训，包括小麦课堂培训及现场观摩会等；企业还提供了金融服务以及风险预警服务，采取保险和期货等金融产品应对市场波动与风险。

本章要点

- 农业供应链整合的思想是对农业产业供应链进行纵向整合。产业向上游的延伸侧重于将分散的农业散户及个体户进行产业化、规模化发展，同时提供高质量、环境友好、科技型的生产环境技术；向下延伸侧重于农业产品农副业发展化，增加农产品附加价值，提高资源利用率；农业供应链协调的思想是供应链横向管理，促进农业核心企业与金融机构、零售市场、运输企业等合作，优化用户农产品使用体验。
- 在农业中实施供应链金融的原因在于农业具有重资产、长周期、产品价格波动性大等特点，通常不受资本市场青睐。农业生产分散化程度高，大量中小企业缺乏发展资金，供应链金融为推动农业供应链稳健发展提供了新的思路。
- 农业企业实现CSV与CSR的最终意义在于实现农业产业的可持续发展，从农业产品的质量水平、农业生产过程的环境影响及农户的福利等方面实现社会价值的创造，并基于政策、市场发展潜力等将农业企业社会价值与经济价值协同发展，实现农业供应链多方共赢。

思考题

1. 当前农村、农业行业与企业、个体农户面临着哪些机会与挑战？有什么解决方案？

2. 农业企业对于供应链金融的运用为自身企业、农户及农村、农业供应链及整体行业带来了哪些改变与创新？

3. 普惠金融及农村信贷的出现对于农业企业、农户与农村及行业的发展带来了哪些改变？

4. 农业企业应该如何平衡经济价值与社会价值？

5. 结合农业企业的特点，如果你是传统金融机构，你是否愿意去投资上述案例中的农业企业？为什么？如果你是供应链金融服务企业，你是否愿意？为什么？

6. 你认为农业对于供应链金融的运用未来会是什么样的发展方向？

第四篇 数字经济时代下的供应链金融

数字经济已经成为继农业经济、工业经济之后的主要经济形态，其核心在于通过数据资源、现代信息网络和信息通信技术三要素的协同整合，建立现代信息化的产业链。在数字经济时代，大数据、人工智能、移动互联网、物联网、云计算、区块链等技术与产业链深度结合，颠覆传统的产业运作模式并衍生出新的商业形态。通过大数据，数字经济能够解决金融服务中的信息不对称问题；利用智能化的交易系统，数字经济能够降低金融交易过程中的成本，提升效率；在物联网的加持下，能够实现对货物端的精准风控。数字经济对传统供应链金融的变革主要体现在三个方面：重塑供应链金融服务体系、重构供应链金融运作模式和重建供应链金融监管框架。第11章通过欧冶云商股份有限公司（简称欧冶云商）的案例阐述在大宗商品领域，传统企业如何利用数字科技转型升级并变革传统的供应链金融模式。第12章通过京东数科的案例详解在零售领域，数字科技如何变革传统的供应链金融运作模式及实现动态的风险管理。第13章通过简单汇的案例拆解数字经济如何颠覆传统供应链金融实施框架并创新地构建出供应链金融平台模式。通过案例及分析，旨在让读者对数字经济时代下的供应链金融有更深的理解。

第 10 章
数字经济时代下供应链金融转型

本章学习目标

- 掌握数字经济的含义及三要素
- 掌握数字经济对供应链金融带来的变革
- 了解数字经济给供应链金融的监管带来的挑战

10.1 数字经济的含义

数字经济是继农业经济、工业经济之后的主要经济形态，数字化转型正在驱动生产方式、生活方式和治理方式发生深刻变革，对世界经济、政治和科技格局产生深远影响。中国信息通信研究院发布的《中国数字经济发展白皮书（2021年）》显示：2020年我国数字经济增加值规模达到 39.2 万亿元，占 GDP 比重达 38.6%，同比名义增长 9.7%。可见数字经济已经成为我国经济增长新引擎。国家统计局将数字经济界定为以数据资源作为关键生产要素、以现代信息网络作为重要载体、以信息通信技术的有效使用作为效率提升和经济结构优化的重要推动力的一系列经济活动。数字经济的内涵主要包括数字产业化和产业数字化两个方面，又具体分为数字产品制造业、数字产品服务业、数字技术应用业、数字要素驱动业、数字化效率提升五大类。其中数字产业化是指人工智能、大数据、区块链、5G 等技术的综合应用，不仅完成技术的突破，还要将技术成果转化为可以在工业生产和服务业中广泛使用的技术，成为产业发展的支柱。产业数字化主要是以数据为核心要素，以科技为支撑，以提高生产效率为主线，对产业链的全要素进行数字化再造，从而推动经济转型升级，引领经济跨越增长瓶颈和走向高质量发展。

数字经济的核心在于数据资源、现代信息网络和信息通信技术三要素的综合协同，建立现代信息化的产业链（图 10-1）。通过大数据、人工智能、移动互联网、物联网、云计算、区块链等技术与产业链的深度结合，形成全产业链、全流程、全空间布局、全场景、全价值链的信息，再通过挖掘这些信息对产业链进行重构，并衍生出新的商业场景和商业形态。数字经济具有颠覆性特征，例如，基于移动互联网的在线平台颠覆传统线下零售方式，并创新出先买后付、预售、团购等创新交易模式。在金融领域，业务开展的主要难题在于信息不对称和边际成本过高。数字经济利用大数据解决信息不对称问题，通过多维度数据评估借款人的信用；区块链技术中的智能合约则能够解决传统资金流转中的低效率问题，降低金融服务的边际成本。

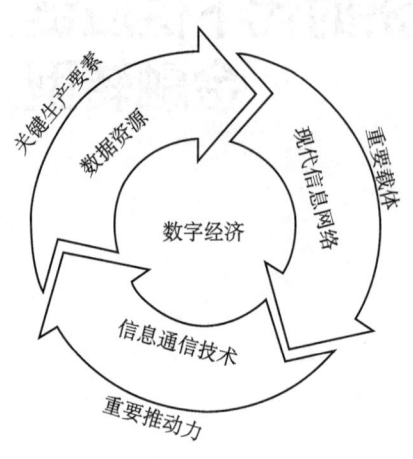

图 10-1　数字经济三要素

10.2　数字经济重塑供应链金融服务体系

10.2.1　数字经济解决信息不对称问题

金融学教材中将金融定义为"资金的融通"，其本质在于通过对金融资产的风险进行合理定价，从而促进资金需求方和出借方的交换。在金融业务的实际操作中，金融机构主要基于对风险的预期进行定价：对风险的预期越高，越需要更高的期望回报予以补偿。根据巴塞尔协议，预期损失率（expected loss, EL）= 违约概率（probability of default, PD）× 违约损失率（loss given default, LGD）。无论是违约概率的提高还是违约损失率的提高，都将导致金融机构对损失的预期增加，从而要求借款人提供更高的资本回报。因此金融机构开展业务的主要难点在于信息不对称：提供信贷的金融机构难以获得企业真实经营状况，需要通过一系列贷前尽调和贷后管理获取信息来合理评估企业的真实信用风险。在传统的信贷模式下，金融机构通过走访企业、审核财务报表和银行流水、盘查库存等方式进行贷前审核，力求准确评估企业的偿债能力。但中小企业往往经营稳定性差、财务报表不规范、可抵押物较少，因此被金融机构认定为高风险，需要承担更高的融资利率。同时，所有的步骤都需要人力完成，无论是上亿元级别的贷款还是几百万元的贷款，所需的流程和步骤相差不大，这就导致金融机构出于成本的考虑不愿意服务中小企业，进一步加剧其融资难的处境。

然而，中小企业是国民经济的重要支柱、解决民生就业的重要载体。根据第四次全国经济普查数据,截至2018年末,我国共有中小微企业法人单位1807万家,占全部规模企业法人单位的99.8%;中小微企业吸纳就业人员2.33亿人,占全部企业就业人员的比重为79.4%;全年营业收入达到188.2万亿元,占全部企业全年营业收入的68.2%。中小企业的生存状态直接影响国民经济的整体稳定,保证中小企业融资渠道的畅通,降低中小企业的直接融资成本,对于社会发展意义重大。

供应链金融基于核心企业与上下游的真实贸易关系,减少信贷过程中的信息不对称问题。一方面,依托核心企业与上下游的交易过程中产生的物流、信息流和资金流,金融机构能够更准确评估中小企业的信用状况,实现对中小企业的增信;另一方面,金融机构能够摆脱抵质押物多为固定资产的限制,接受应收账款、流通货物、预付账款等作为抵质押物,充分释放供应链中生产、运输、流转等环节占用的流动资金,帮助中小企业做大做强。然而,传统的供应链金融仍然面临难以验证抵质押物真实性、业务开展成本高、贷后管理粗放等问题,骗贷事件层出不穷。例如,2012年上海钢贸事件中,钢贸商大量开具虚假仓单、重复质押进行骗贷,同时银行监管"重担保、轻质押",对质押货物真实性放松警惕,最终导致多家金融机构产生总计数百亿元的坏账。

随着电子商务和数字经济的兴起,大量的交易都是基于线上的自动化系统实现。业务的数字化解决了传统供应链金融开展过程中面临的信息不对称问题。企业、个人的真实交易信息都存储于线上平台,便于金融机构调取、使用和分析,为开展供应链金融服务提供便利。同时,依赖数字化的仓储物流系统和物联网的发展,金融机构能够随时掌握抵质押物状态,牢牢控住货权,并结合线上交易数据实时评估抵质押物真实货值,实现资产池的动态管理。在风险管理方面,数字平台能够利用人工智能和大数据,基于长期的经营数据和交易习惯,评估交易过程中每个环节的违约风险,实现动态的贷中控制和贷后主动管理(图10-2)。

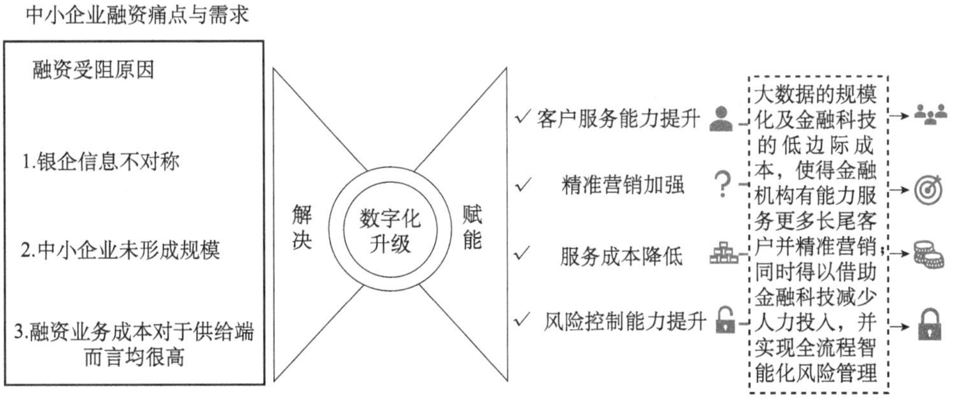

图 10-2 数字经济构建创新供应链金融服务体系

资料来源:艾瑞咨询《中国中小微企业数字化升级研究报告》

10.2.2 数字经济具有规模效应

长尾效应（long tail effect）是由《连线》总编辑克里斯·安德森（Chris Anderson）于 2004 年提出的用于描述亚马逊（Amazon）、网飞（Netflix）等网站的商业模式，是指原来不受到重视的销量小但种类多的产品或服务由于总量巨大，累积起来的总收益超过主流产品的现象。在传统的线下销售系统中，商品从设计理念产生到送达消费者，需要经过很长的供应链条，且耗费时间久。出于规模效应的考虑，商家往往把注意力集中在那些能获得巨大收益体量的产品上，而认为相对小众的需求不值得花费精力。互联网技术的兴起改变了商品陈列和分发的成本，并催化产生了一大批平台型企业。首先，互联网平台具有网络效应，加入平台的参与者越多，规模效应越显著，分摊到单位顾客的成本则越低。其次，理论上互联网平台服务单个顾客的边际成本可以无限低，一旦平台网络建成，不需要额外的人工，只需由系统自动实现交易、结算、支付等功能。这些特性使得长尾效应在互联网领域尤其显著，因此大多数互联网平台的定位都是服务众多的中小顾客。例如，淘宝在建立之初主要是服务中小商家，Ebay 则最初是促进个人卖家和买家之间的交易，钢铁领域的找钢网、钢银电商等平台的定位也主要是服务中小买家（图 10-3）。

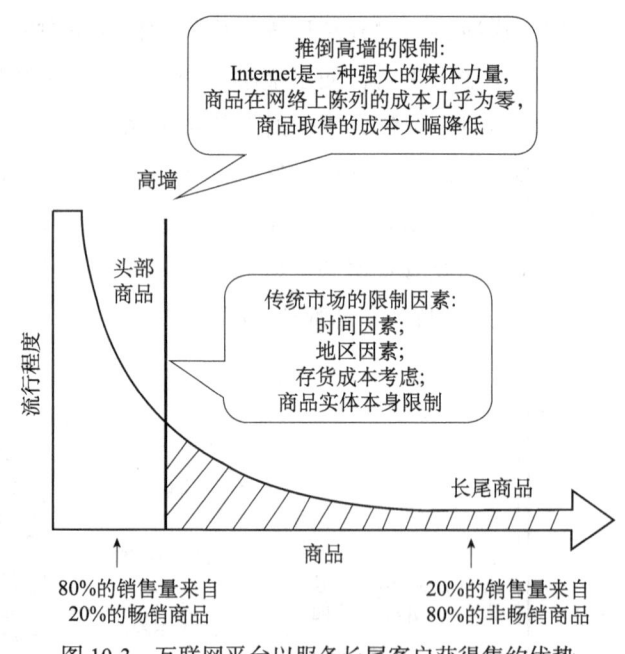

图 10-3　互联网平台以服务长尾客户获得集约优势

传统金融服务受限于人工操作的低效率，导致服务单个客户的边际成本高，难以覆盖大量中小微客户，因此虽然国家和政府出台多项普惠金融政策，但实施效果却不如人意。通过服务众多中小客户创造集约优势，数字平台将传统的数额型经济变革为数量型经济。虽然单个客户的体量小，但数字平台依靠自动化、智能化系统实现极低的边际成本，能够快速覆盖大量客户，从而迅速做大体量，创造规模效应，真正实现普惠金融。

10.2.3 数字经济促进三流协同

资金流管理是供应链三流管理中至关重要的部分。然而，在传统的供应链管理中，企业与企业之间、部门与部门之间、系统与系统之间处于"信息孤岛"的状态，难以进行信息的有效整合，资金在供应链中的流动与物料流和信息流有一定信息不对称和时间差。比如，票据的开具和收付往往是在货物所有权发生转移后进行，导致资金流和物流的状态不匹配。再比如，对于企业所持有的存货，金融机构难以验证其所有权和真实性，只能依赖仓库出具的仓单和静态的定期盘点予以确认，极易发生欺诈。资金流管理的难点又在于资金本身不具有个人或企业属性，极难确认资金或票据的流转流程。数字经济利用物联网、大数据等技术，实时追踪货物的流转信息，实现物流与信息流的整合协同，通过资产池的动态管理实现资金流与物流、信息流的"三流合一"。结合区块链技术的不易篡改、可溯源等特征，通过产业链内企业公认的数字凭证，轻易实现资金的拆分、流转，同时保证过往交易信息不被篡改。

10.3 数字经济重构供应链金融运作模式

在数字经济时代下，大数据、人工智能、物联网、区块链等前沿科技重塑了供应链金融业务的逻辑，更重要的是，通过创新的产品设计，重构了供应链金融的业务场景和产业生态，赋予供应链金融崭新的生命力。传统的供应链金融主要包含基于应收账款的保理、基于存货或订单的动产质押及基于信用的小微贷款。数字经济时代下的供应链金融产品在底层资产的类别上与传统供应链金融并无显著差异，仍然是基于应收账款、存货和信用等资产为企业提供信贷支持。关键的区别在于产品运行的逻辑和方式，以及风险管理方法的差异。同时，随着区块链、人工智能、大数据、云计算等技术的发展，衍生出新的供应链金融领域的商业模式。相较于传统的供应链金融产品，数字经济时代下的供应链金融呈现以下特征。

10.3.1 服务对象的普惠性

相较传统的供应链金融，数字经济时代下的供应链金融更具有普惠性质。传统银行等金融机构出于成本—收益比的考虑，往往不愿意服务中小微企业，提供的产品也主要是针对大客户的高频需求。数字经济首先拓展了供应链金融的服务边界，将服务的对象从大客户、高频需求拓展至中小微客户、低频需求。其次，数字经济拓展了供应链金融的产品边界。传统的供应链金融产品主要包含应收账款保理、动产融资、信用贷款，数字经济基于企业和个人全场景、全生态的需求，拓展了理财、消费金融、众筹等创新商业形态。企业不再仅仅作为资金需求方存在，也作为拥有富余闲置资金的投资方，甚至是天使投资人存在。

10.3.2　底层资产池的动态性

数字经济时代下的供应链金融的另一个特征是底层资产池的动态性。事实上，数字经济并不改变传统金融产品的底层资产属性，而是变革对底层资产池的管理模式。依赖物联网，企业和金融机构都能实时获取底层资产的流转情况。依赖大数据和人工智能精准判断货值，供应链金融业务的底层资产池也随时更新，实现对底层资产池的动态管理。以京东数科为例，其可以根据过往的交易数据预测每一个交易节点的退货率，从而确定每一笔应收账款的确权比例，实时更新客户的应收账款保理资产池。

10.3.3　服务期限的灵活性

传统的银行等金融机构出于管理其存贷业务的目标及受限于人力操作的效率空间，往往只愿意提供固定期限的融资和投资产品，但企业经营过程中对金融服务的需求往往是动态的。例如，在"618"、"双十一"、春节等购物节期间，企业需要大量备货以应对暴增的市场需求，融资的需求较为迫切；而在节后的淡季，企业回收货款较多，投资的需求较为迫切。基于数字经济的供应链金融可以依托自动化系统和智能合约实现高效率的收付结算流程，从而根据客户需要提供具有灵活期限的金融服务。

10.3.4　风险管理的多维性

在数字经济时代，商品交易数据、个人信用数据、社交数据、搜索数据等多维度数据均可以用来全面评估金融业务的风险。基于底层资产池的动态管理和人工智能预测，也能实现更高精度的贷中控制和贷后主动管理。

10.4　数字经济重建供应链金融监管框架

数字经济时代下，金融机构是否仍需遵循巴塞尔协议？具有数字基因的互联网平台在开展金融业务时，是否应遵守针对金融机构的统一监管要求？

巴塞尔协议是巴塞尔银行监理委员会成员为了维持资本市场稳定、减少国际银行间的不公平竞争、降低银行系统信用风险和市场风险，推出的资本充足比率要求。巴塞尔协议在1988年首次订立，于2003年作第二次修改。2008年的全球金融危机显现出金融体系对信贷和其他信用资产风险的衡量和监管不足，因此2010年巴塞尔协议开始第三次修改，强化了资本充足率要求，并新增了关于流动性与杠杆比率的要求。最新版的巴塞尔协议 III 强调三大支柱：最低资本要求、外部监管和市场约束（图 10-4）。

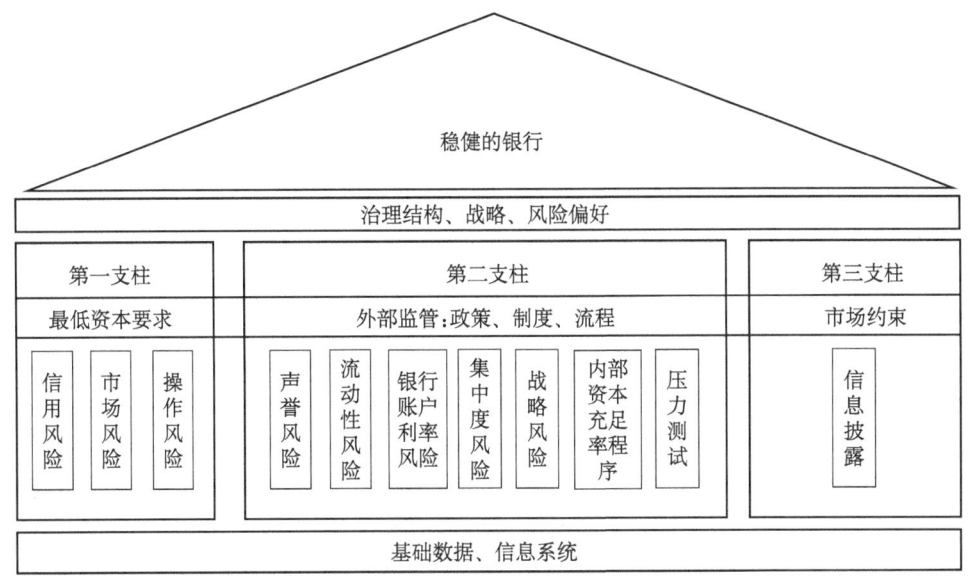

图 10-4　巴塞尔资本协议的三大支柱

（1）最低资本要求。最低资本要求旨在通过建立银行的缓冲资本，以维持银行的流动性并限制杠杆。根据巴塞尔协议 III，银行的一级和二级资本必须至少为其风险加权资产的 8%，最低资本充足率（包括资本节约缓冲）为 10.5%。资本充足率的计算方法是：将一级资本与二级资本相加，然后除以风险加权资产。其中第一级资本是银行的核心资本，包括股本资本和已披露的准备金。

（2）外部监管。外部监管是指外部监管部门对银行的风险管理、不同风险间相互关系的处理情况、所处市场的性质等要素进行监督检查，确保银行建立了合理有效的内部评估程序，并全面判断银行的资本是否充足。

（3）市场约束。市场约束的核心是有效的信息披露机制。建立健全的银行业信息披露制度，使市场参与者了解银行的风险管理状况和清偿能力。

实际上，金融科技并没有改变依靠信用、使用杠杆的金融本质，在提升服务效率、增强金融可及性的同时，也加大了对金融安全的挑战。首先，数字经济的快速周转特征使得底层资产循环的次数大大增加，资本金和贷款余额总量的杠杆比可能高达 1∶20、1∶30，甚至更高，易形成极大的泡沫风险。其次，在金融科技和互联网加持下，金融风险的辐射范围不再仅限于单个城市、小部分群体，而是极有可能在短时间内扩大至全国、全部群体。例如，P2P 通过互联网覆盖全国，最终造成大额坏账，截至 2020 年 8 月仍有 8000 多亿元没有回收。对于金融监管机构而言，如何在风险管理与鼓励创新之间进行平衡，是其面对数字经济时代金融监管的重要课题。创新的前提必须是安全可控、金融消费者权益得到有效保障，创新应以服务实体经济、满足人们对金融服务的有效需求为本。监管机构面临的主要挑战如下所示。

（1）监管客体的复杂性。随着数字经济的发展，许多非金融机构通过线上平台开展短期电子商业信贷、中介支付、投资理财顾问等金融或准金融业务，使得金融监管的范围扩大。监管的客体不再仅限于金融机构，而是所有提供金融或准金融业务的企业，甚至包括一些提供资讯服务的非金融机构。同时，监管的重点也从资产负债和流动性管理转向金融交易的安全性和客户信息的保护。

（2）技术的快速迭代。大数据的理念和技术手段能够帮助金融监管当局从体量巨大、类型庞杂且彼此关联的微观金融数据中提取系统性风险信息，将未来诸多的不确定性锁定为确定，实现对系统性风险的预测和审慎监管，从而降低系统性金融风险。技术变革的另一面是监管部门必须紧跟前沿技术的变革实现监管技术的快速迭代，否则难以有效发挥监管职能。

（3）监管模式的变革。数字时代的监管不仅防范系统性风险的发生，还承担着谋求社会公平的诉求。技术赋能产业能够创造巨大的生产力，但也极易剥夺消费者的社会福利（消费者剩余，consumer surplus）。例如，平台经济的"赢者通吃"特性使得头部企业具有难以匹敌的竞争优势和议价权，因此谋求社会公平也是监管的一大目标。2020年11月国家市场监督管理总局发布《关于平台经济领域的反垄断指南（征求意见稿）》，旨在谋求数字经济企业的起点公平与机会均等，营造公平、开放的企业竞争环境，激发实体经济与数字经济互惠共存。然而，如何通过有效的监管政策和体系，实现自由与公平的双目标，成为监管部门必须思考的问题。

本章要点

- 数字经济的定义：以数据资源作为关键生产要素、以现代信息网络作为重要载体、以信息通信技术的有效使用作为效率提升和经济结构优化的重要推动力的一系列经济活动。数据资源、现代信息网络和信息通信技术是数字经济三要素。
- 数字经济从三方面变革供应链金融：重塑供应链金融服务体系、重构供应链金融运作模式、重建供应链金融监管框架。
- 巴塞尔协议Ⅲ强调的三大支柱：最低资本要求、外部监管和市场约束。

思考题

1. 企业应如何利用数字经济三要素实现数字化转型？
2. 数字经济为何具有规模效应？你如何看待平台型企业的"赢者通吃"现象？
3. 相较传统供应链金融，数字经济时代下供应链金融呈现哪些特征？

第 11 章 数字化大宗商品交易的供应链金融

开篇案例

欧冶云商的数字化与供应链金融

欧冶云商的诞生

上海宝钢钢材贸易有限公司（简称"宝钢钢贸"）成立于 1998 年，主要经营宝山钢铁股份有限公司的期货、现货产品，同时经营相关钢铁企业的多类产品，在 2005 年时，营销人员人均钢材现货销售量大约为 20 000 吨，在同行业中处于领先地位。但是，宝钢钢贸和其他一些钢材贸易公司一样面临着关键销售人控制、内部信息不对称、现货销售渠道覆盖面窄、销售成本过高和销售信息供需方不对称等管理难题。为应对信息迟延、人手紧张、顾客购买钢材流程烦琐的问题，宝钢钢贸研发出宝时达移动服务系统，以移动服务车为载体，引入当时先进的无线上网技术，实现从选材、签订合同直至打印提单的全部业务流程都能在车上进行，缩短了与客户的距离，贴近客户，优化服务；同时能够挖掘客户，拓展市场。然而，随着业务量的增长，移动服务车受交通半径约束的局限性开始显露。为更好地提供及时服务，宝钢钢贸采用"总部＋分公司"的组织构架，为防止内控不到位而导致的风险，自主开发了宝时达集约式贸易运营系统。利用这个系统，公司本部可以实时地自上而下地查看分公司的运营记录和财务报表，使得公司本部和分公司在信息的掌控上达到一致。

但是，宝钢钢贸所采用的传统销售模式的根本性问题并未改变。宝时达移动服务系统提高了服务质量，宝时达集约式贸易运营系统实现了总公司和分公司之间的信息共享，然而，营销员和客户之间的信息仍然是不对称的：客户购买现货要通过营销员获取资源信息并委托下单，传统销售模式下的柜台销售特点并未改变。公司营销员可以按照市场行情在一定的浮动范围内决定钢材售价，而客户则通过柜台、电话、传真等手段按先到先得的规则购买钢材现货，此时，营销员可以通过主导游戏规则而获利，客户也可以通过公关获取利益。客户间的博弈心态影响了购买心理，使得客户质疑信息透明度和分配公正性，将重心放在公关上，这种逆向选择问题的结果就是所有客户都付出公关成本，客户的购买成本上升；对于公司而言，客户的埋怨心理使得客户忠诚度降低，业务流程烦琐也使得业务成本高、效率低下。造成信息不对称问题的本质在于传统的销售模式给营销员太多权力：优先获取产品信息、能在一定浮动范围内决定产品的价格、并在前两者的基础上形成了产品分配权。宝钢钢贸认识到了这一问题，开始了新型销售模式的探索。

宝钢钢贸很快有了新的突破，宝时达现货双盲互动交易平台于 2006 年 7 月 1 日在宝钢钢贸全面投入使用，这便是欧冶云商的前身。交易平台放到了网络上，让所有客户享有了透明信息和平等的机会；互动指的是新的销售模式有专门设置议价功能；双盲指的是客户提交的议价订单传送给谁，客户无从知晓，而议价订单的接收方也无从知晓客户的订单号和身份，从而排除人情对交易产生的影响。宝时达现货双盲互动交易平台使得宝钢钢贸从原有的以营销员主导为核心的销售模式转变为以客户主导为核心的类超市销售模式。在这样的销售模式下，客户与营销员的资源获取权是平等的，防止营销员利用权力寻租。营销员从销售的繁杂事务摆脱出来专注于营销服务，营销员的营销功能得到充分发挥；客户无须进行公关，交易成本明显下降，客户口碑也明显上升。同时，营业业绩有显著提升：人力成本降低了 90%、合同成交率提升了 5 倍、成交价格上升了 10%，客户结构更加优化，每单订单量由平均每单 127 吨变为每单 19 吨，有显著的长尾效应。虽然宝时达现货双盲互动交易平台的运作效果显著，但是公司希望将它继续做大，进而扩展成为多供应商、多客户的一个公众平台。

2015 年 2 月，欧冶云商股份有限公司注册成立，欧冶云商综合平台提供钢材现货的在线交易服务。欧冶云商不仅囊括了宝时达下宝钢钢贸的钢材现货，也与其他钢厂合作，使得全国各地的钢厂能通过欧冶云商进行钢材现货交易。到 2021 年初，已有 300 多家钢厂与欧冶云商合作。欧冶云商作为分别与买家和卖家达成买卖关系的相对方，通过根据买家在欧冶平台上确立的采购请求向卖家采购商品再向买家出售并开具发票的形式，参与到商品交易和货物所有权流转的过程中，实现卖家与欧冶云商之间及欧冶云商与买家之间背靠背的商品买卖关系。大宗商品如钢铁每笔订单涉及交易额很大，需要通过银行的大额支付来进行，但是银行的大额支付通道在非工作时间是关闭的，这就导致货款到账需要很久，买方提货的时间也随之延后。然而欧冶云商旗下的东方付通股份有限公司（简称东方付通）拥有第三方支付资质，东方付通与所有银行是直连的，在支付上可以做到全天候，平均每一单只需 61 秒就确认，使得买方能在支付订单后快速提货。

欧冶云商还将完整、开放的后台销售数据提供给钢厂，而不是像贸易公司一样一手交钱一手交货。钢厂能通过这些数据来判断自己原有的销售渠道是否转移到了平台上，原有的客户有没有流失，从而增强对下游的控制，还能避免多级代理商抬高售价，从而获得更高的收益。

在仓储方面，欧冶云商旗下仓库分为自营仓库、协议仓库、合作仓库，并根据仓库与货物信息的匹配程度进行信用等级的分化，及时掌握货物的进库出库情况。在运输服务方面，依托运帮平台撮合承运方和委托方的匹配；通过使用运帮平台的服务，承运商的车辆利用率和运输效率得到有效提升，通过竞价等方式，委托用户的运输成本得到降低，承运商响应效率大幅提升。欧冶云商已累计整合1832家承运商、2.5万多辆运输车辆，注册委托方达到4000多家。此外，欧冶云商还与400多家钢铁加工企业合作，为下游企业提供钢铁加工运输一站式服务。

供应链金融服务完善生态

欧冶云商作为钢铁供应链中的B2B电商平台，有着稍强势的上游和弱势的下游，欧冶云商拉近这个距离，在中间起了一个担保的作用。首先，客户会担心所购买的钢材质量上有问题，一旦有质量异议，能不能向钢厂索赔？欧冶云商采用背靠背开票的模式，即货物先过户到平台，再卖给客户。客户一旦买了平台上的东西，平台实际上跟钢厂另外做了一个合同，平台不赚取任何差价。也就是说所有买方所产生的贸易关系是跟平台的，一旦有什么问题，客户直接找平台就行了。欧冶云商则每个月和钢厂进行结算，客户提出的质量异议给平台带来的损失直接从中扣除。

为提升欧冶云商平台交易用户的金融服务问题，欧冶云商成立了欧冶金服，提供平台的供应链金融服务。欧冶金服为核心企业（买方）和供应商（卖方）提供"通宝"服务。通宝是指应收账款债权凭证，依托于产业链中核心企业的付款信用，应用区块链技术将已确权的应收账款登记为可拆分、可持有、可流转的债权凭证。通宝具有可差额流转、回款确定、无追流转、便捷融资、在线操作等优势，已对接12家金融机构、116家优质核心企业开展业务，为全国超过1500家中小企业提供普惠金融服务，截至2020年6月30日，累计交易规模达491亿元。

同时，欧冶金服也基于供应链的业务场景，提供不同的供应链金融产品来对接金融服务需求。厂商银以核心企业的信用及供应链管理为基础，提供现金、票据融资及质押背书银票的赎货方式，为客户提供便捷快速的订单融资服务，目前融资规模已超百亿元。票据通以大型央企国企、上市公司及民营行业龙头等优质企业为核心，面向现金延期支付及应用票据的结算场景，助力客户资金流动及账期调节；同时推出票据秒贴产品，为客户带来足不出户、快速便捷的在线贴现体验，化解票据贴现难、慢、贵的问题。小额宝是面向中小微用户推出的"企业信用卡"式的信用贷款融资服务，随支随用，随借随还，通过电子签名、人脸识别等技术实现客户在线身份认证与签约,加快业务流程,为中小微客户解决融资难、融资贵的问题。易典通服务则提供不动产或动产融资服务,为融资人提供质押融资和直融通道,并依托平台"技防+人防"的管控体系及全流程的动产融资在线服务,有效杜绝由于信息不对称导致的虚假仓单和重复质押等问题。此外,欧冶云商还有保理通为客户提供应收账款保理服务;银票通、商票通通过对接金融机构,为企业提供银票贴现、商票贴现服务(图 11-1)。

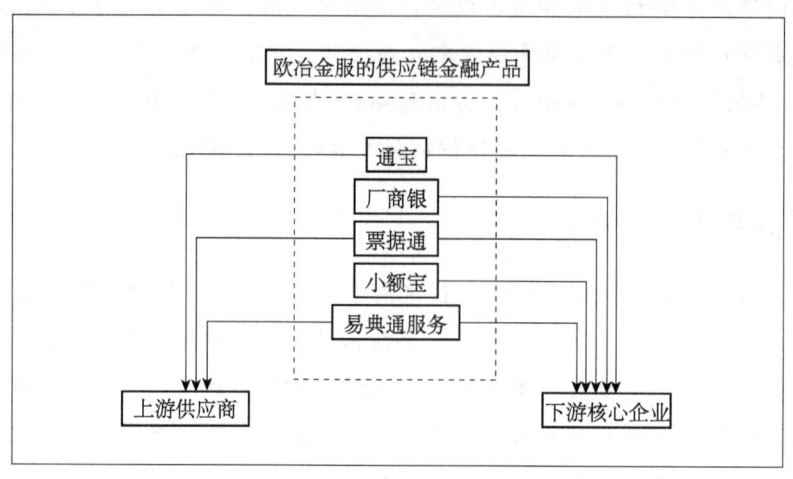

图 11-1 欧冶金服的供应链金融产品

风控方面,由于大宗商品交易量多、价格高且相对来说价格不稳定,通过传统的银行征信方式来判断客户是否有还款能力或客户是否有支付尾款的能力的可靠性较低。大宗商品是资金密集型行业,一旦出现货物交接后贷款无法偿还的情况则损失巨大。因此,"管住钱"在欧冶金服的风险管理中就尤为重要。在欧冶金服平台上申请贷款、融资时除了审核资质外,还要通过其旗下的第三方支付平台东方付通来完成,这样欧冶金服能从资金流上进行控制,客户借的钱只能用于特定的订单上而无法提现,做到专款专用、定向支付。

2016 年时,欧冶云商"千仓计划"告捷,合作仓库达到 1000 家。为了"管住货",欧冶云商建立了一套及时反馈的仓储体系,用灯的颜色表示不同风控水平的仓库:蓝灯库是钢厂的厂内库,欧冶云商与蓝灯库不进行系统对接,但默认所有在平台上成交的货物是能够交货的;绿灯库的货物信息跟资源信息都是匹配的;黄灯库是指货储信息跟货物信息不匹配;红灯库是指货储信息跟货物信息完全不存在。与仓灯相对应的,商品也根据其质量信息标记货印:绿印是指商品质量信息已通过欧冶平台的云端验证,与钢厂的原厂质量信息一致;红印是指经欧冶平台的云端验证,商品质量信息与钢厂的原厂质量信息不一致;金印是指经欧冶平台的云端验证,该商品系真实有效的钢厂一手资源。通过对仓库、货物的分类,保证了货源的真实性和质量可靠性，欧冶云商能有效降低交易中的风险。

2015年欧冶云商刚成立的时候，钢铁交易成交量为1018万吨，到2018年全年欧冶云商钢铁交易成交量达到1.2亿吨，截至2018年底平台注册用户超过15万家。欧冶云商以高效、智能、诚信的产业链管理及服务汇聚了大量中小微用户，基本形成了共建共享、共治共管、共生共荣的钢铁生态圈。

案例思考题

1. 驱使欧冶云商进行数字化转型的原因有什么？
2. 欧冶云商的诞生有没有从根本上解决传统销售模式所带来的问题？请说明你的理由。
3. 欧冶金服的"通宝"有什么特点？"通宝"在供应链中能起到什么作用？
4. 欧冶金服是如何结合大宗商品交易的特性来提供供应链金融服务的？与传统供应链金融有何异同点？

本章学习目标

- 通过欧冶云商的案例，了解传统大宗商品企业的数字化转型实现路径及其利用供应链金融完善产融生态圈的具体实践，掌握B2B平台开展供应链金融的主要产品设计及风险管理
- 通过案例分析，掌握供应链金融服务平台上的信用拆分及流转模式，了解核心企业建立供应链金融服务平台的具体实践
- 了解数字供应链金融的设计框架，包括业务数据化、数据资产化、资产产品化及监管智能化等主要模块的具体内容

11.1 数字化转型三阶段：3-S 理论

3-S 理论是由斯坦福大学教授 Hau L. Lee（李效良）提出的，该理论总结了基于技术的供应链创新通常经历的三个阶段：替代效应阶段（substitution）、规模效应阶段（scale）和结构转型阶段（structure）。在替代效应阶段，新技术取代现有技术以获得更高的效率，例如，线上交易替代线下物品交易方式，互联网金融替代线下传统金融服务方式。在规模效应阶段，新技术被广泛应用，用户群体的增加带来规模经济效应，业务标准化程度显著提升。在结构转型阶段，通过整合不同的参与者、合作者，诞生新的社会活动和商业形态，形成对行业整体的变革（图 11-2）。

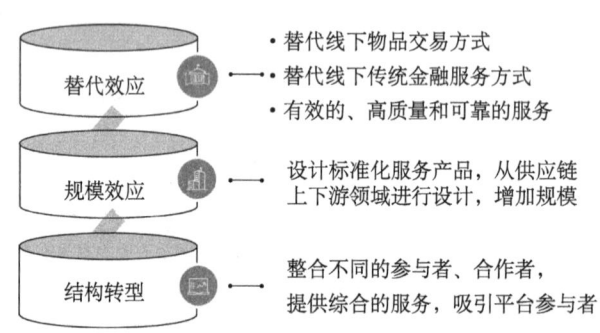

图 11-2 3-S 理论：供应链创新的三个阶段

按照 3-S 理论，数字化大宗商品交易平台对传统供应链的创新变革也可以归纳为三个阶段：

（1）替代效应阶段：新产品和服务对传统产品和服务的替代。当在线平台出现时，它们提供了新的和改进的在线自动化流程，以提高效率。最典型的例子是在线信息共享，它取代了离线的传真和电话交换，然后将信息流整合。因此，企业之间的连接和可见性变得广泛，因为互联系统取代了以前分散的仓库和物流系统。

目前，产品创新日益突出，电子商务平台等新产品模式取代了线下市场和多层次渠道。

（2）规模效应阶段：重点是通过标准化实现规模经济。平台业务的特点是固定研发成本高，但服务每个客户的边际成本低。因此，平台可以利用这一特性服务于长尾市场。平台结合仓库和物流，通过线上和线下的协调，实现协同和快速响应。例如，互联网金融服务受益于大规模的客户数量和基于大数据的风险管理。

（3）结构转型阶段：新商业模式取代旧商业模式。在信息流层面，最典型的特征是流程重组，即先驱者重新设计流程，以使其更快、成本更低。然后通过与新的参与者建立联盟，使信息共享成为可能，提高瓶颈节点的效率。最后，新的商业模式创造了一个创新的生态系统，将传统的管道供应链重组为供应链网络。该供应链网络以交易为核心业务，以物流为线下基石，以制造为增值活动，以金融服务为创新利润来源。

通过数字化转型，传统大宗商品企业构建起自己的供应链服务平台。以欧冶云商为例，其从宝时达到欧冶云商，逐渐构建起了包括交易、物流采储、加工制造、金融的一体化数字服务平台。该服务平台不仅为宝钢集团产业链上下游的企业赋能，还将服务输出，服务外部客户。

11.2 B2B 平台供应链金融

从协作维度来看，企业的竞争战略主要关注价格、时间、种类和质量，具备多、快、好、省四个特征的产品往往受到消费者青睐。这四个特征的实现极度依赖供应商的能力。供应链金融就是通过金融增值服务增强上游企业经营的稳定性、提升上游企业的忠诚度及为上游企业带来利润增长，通过各维度的协作，实现产业链整体核心竞争力的提高。供应链金融的战略领域位于协作维度和创新维度的交叉区域，在不同的创新阶段，匹配适应的供应链金融服务，在帮助上游提升实力的同时，做大做强产业生态，实现互利共赢（图 11-3）。

11.2.1 应收账款保理

由于 B2B 平台专门面向企业进行大宗商品交易，企业对价格的高低也非常敏感，对资金流的要求非常高，一旦出现多批货款资金被延期交付或拖欠，便会陷入资金流断裂的情况，企业在 B2B 平台上卖货时要求资金能迅速回流，买货时从下订单支付与提货之间的时间也要尽可能短。所以，在设计 B2B 平台保理产品时，需要着重强调时效性。同时，由于 B2B 平台是面向大范围区域性的，保理产品需要能够对区域内的企业通用，即避免让企业前往指定地点进行保理合同的签订，企业能足

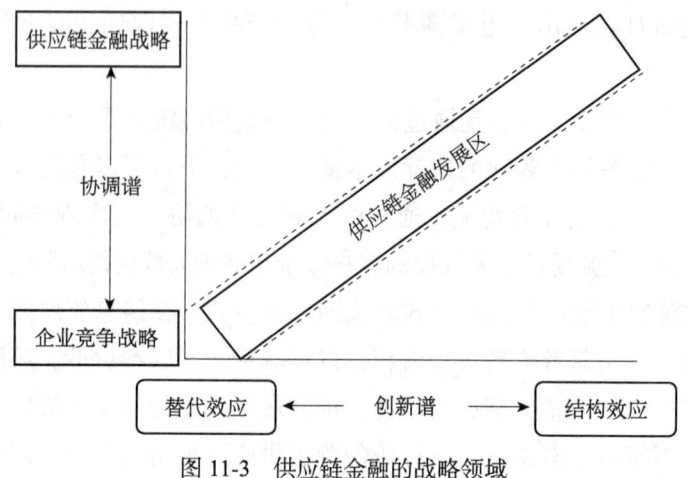

图 11-3 供应链金融的战略领域

不出户，在网上就能完成保理的全流程，这就需要 B2B 平台拥有互联网金融服务能力，与各个银行进行对接，实现网银的互联互通。以欧冶金服为客户提供的通宝为例，其本质为应收账款债权凭证服务，买方在通宝平台上开户并提交相应材料向平台申请签发通宝额度后，在与接收方形成真实贸易背景并认可接收方已完成购销合同中约定的服务义务后，便可进行通宝的签发；通宝持有者可通过平台向放款机构发起融资申请，金融机构审核无误后，放款至融资人银行账户；进行兑付时，需要将兑付金额打款至相应的东方付通账户，平台按最终持有者详情生成支付指令发送至东方付通，东方付通根据支付指令执行支付结算操作。通宝做到了全程操作在线，且具有流程精简便捷、放款迅速等优势。

11.2.2 动产融资

大宗商品成交额大、量多且价格有波动，进行动产融资时所涉及的金额也会较大，因此，对于货物、仓储的管理与控制尤为重要。动产融资时平台方需要验证货物是真实存在且没有质量问题，在融资企业未偿还贷款时，平台也需要保证货物不会被提走，要做到这些就需要平台拥有一套系统完整、没有信息差的仓储物流体系，实时掌控货物状态。欧冶云商将自己的仓储系统与除了大型钢厂的厂内库之外的仓库进行对接，已对接仓库达 1000 多家，利用仓灯的颜色区分货储信息与货物信息的匹配度。其中，绿灯库中货物信息跟资源信息都是匹配的，交易时能自动过户；黄灯库中货储信息跟货物信息不匹配，交易时需要平台确认无误后才能转移货权；红灯库中货储信息跟货物信息完全不存在，不能在平台上进行交易，以此来保证货源的真实性。欧冶云商也利用红印和绿印来区分货物，绿印指商品质量信息已通过欧冶平台的云端验证，与钢厂的原厂质量信息一致；红印是指经欧冶平台的云端验证，商品质量信息与钢厂的原厂质量信息不一致，这保证了货物质量的可靠性。同时，欧冶云商也利用其运帮平台，为客户提供运输服务，客户在平台上发出运输委托后，承运商能快速响应，通过欧冶平台的调度，进行派运。在运输过程中，能通过平台进行实时的物流跟踪、现场的照片上传、异常情况的报告，有效地在运输过程中对货物进行监控。借助完善的仓储、物流体系，欧冶云商得以"管住货"，放心地为企业提供手续便捷的动产融资服务。

11.2.3 信用贷款

对于B2B平台的小额贷款来说，虽然与货物交易额相比贷款额度较小，但是大宗商品交易额大，贷款的绝对量就会较大，如果企业无法偿还贷款，对平台的损失也会较大。B2B平台的小额贷款不仅需要解决企业对于资金的燃眉之急，还需要确保企业有偿还贷款的能力，B2B平台可以通过对企业信用进行评级来确定贷款额度、将贷款存入专门的账户中来保证贷款用于指定的交易领域，而不会被利用提现等方法对小额贷款进行控制。在欧冶云商上有信用评级的机制，称为会员分，会员分又细分为基础分、经营分、履约分，基础分为客户上传相应的认证资料即可获得，经营分会根据客户在欧冶平台上的交易情况进行评估，其中对于卖家考量因素包括销售频率、销售量等因素，对于买家主要考量因素包括采购频率、采购量、采购的供应商数量、采购年限等，而履约分则与订单是否违约、仓储费是否拖欠等挂钩，为附加分值。会员分越高，则代表客户的交易情况和信用水平越好，高会员分卖家能获得银行直融特权、首页广告、搜索显示优先、收款模型升级、诚信勋章展示等特权；高会员分买家能获得更高的现货保证金额度、银行直融特权、物流服务特权、专项的客服经理、参与各类线上线下支持性活动的权益。同时，客户在欧冶云商进行贷款、融资交易时要通过欧冶云商旗下的东方付通第三方支付来完成，从而在资金流上做到控制，客户借的钱只能用于特定的订单上而无法提现，做到专款专用、定向支付。

11.2.4 对公理财

相对于固定资产，企业通常会有可观的流动资金，从流动资金的产生，如从卖出货物盈利，到流动资金的消耗，如买入生产的原材料，这一周期所花费的时间是很短的。而传统金融机构的理财产品时间跨度大，所需投资金额也大，流动资金限于其流动性无法投资传统的理财产品，只能获取存款的活期收益。对公理财产品则使得企业的流动资金也能进行理财投资，帮助企业提高流动资金的收益率。对公理财产品不仅可以吸引有着闲置或流动资金的客户，也能完善供应链金融服务提供商融资与投资的金融需求，补充完整供应链金融生态圈。欧冶云商依托旗下华宝投资有限公司，为客户提供差异化的理财投资服务。找钢网则依托胖猫金融，为客户提供胖猫理财产品。钢银电商则推出了"为你赚"来帮助客户合理配置资金实现更高的回报率,凡是钢银电商平台的认证会员都可以申请。

11.3 供应链金融服务平台模式:产融结合平台

11.3.1 供应链金融共享平台模式

传统的供应链金融主要为"1+1+N"模式,即一所银行和一家核心企业合作,面向核心企业的供应商提供金融服务。当供应链金融走入互联网领域后,"N+1+N"模式和"1+N+N"模式逐渐发展起来,"N+1+N"模式即借助一家核心企业的担保,与多家银行进行合作,面向其供应商提供金融服务;而"1+N+N"模式则通过单个银行的庞大资金来源和众多核心企业客户,开展面向多家核心企业及其供应商的金融服务。而供应链金融服务平台,则采取"N+N+N"的模式,利用平台的集聚效应,不同的银行、核心企业、供应商都可以在服务平台上利用标准化的确权凭证开展金融业务,形成产融结合的生态系统。

服务平台自身不会参与到金融交易之中,而是提供平台服务,通过构建场景、挖掘资产、对接机构,为银行、核心企业、供应商创建一个安全、便捷的金融服务中心。服务平台通常采用区块链技术,具有分布式账本结构及去中心化和去信任化的技术特点,保证了账户、数据、通信和服务的安全性,同时,随着可信节点的加入和配置,可以促进信用数据的共享,打破原有的信息壁垒;服务平台还会在账单上加入防篡改、防抵赖的电子公章,进一步提高数字资产流转的安全性;此外,共享平台还有一种可流转、可融资、可拆分的标准化确权凭证。不同的银行、供应商、核心企业不需要自己再确立一种凭证制度,更不需要因为不同银行、不同核心企业的确权凭证制度不同而在流通时造成障碍。供应商即使面对多家核心企业,也能在服务平台上做到统一的融资、持有或流转;确权凭证在进行融资贴现时通常为T+0到账;利用标准化的确权凭证,能有效解决"三角债"的问题,同时,也能让银行、核心企业、供应商开展便捷的金融活动(图11-4)。

以应收账款保理为例,其在服务平台上的具体操作流程为:首先,在服务平台上的核心企业会获得一个授信额度,一般是由银行根据核心企业的信用等级对核心企业进行授信;其次,核心企业会根据供应商的应收账款开具确权凭证,即分配授信额度;最后,供应商持有的确权凭证在凭证到期前进行承兑,持有的确权凭证也可以流转至下一级供应商或在服务平台上进行保理融资。在进行操作时,只需要在服务平台上提交相应的资料经审核后便可以迅速完成。

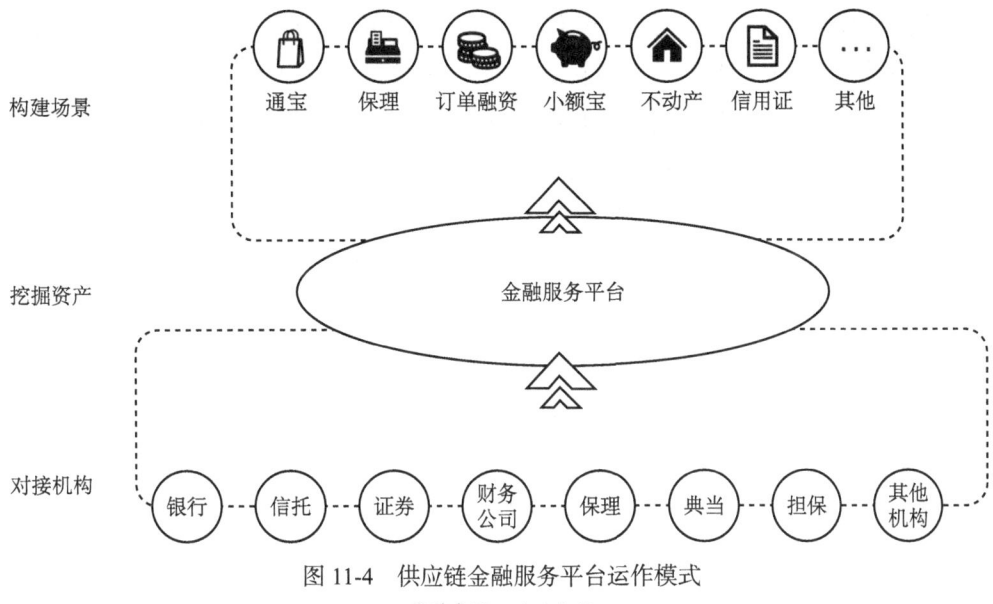

图 11-4 供应链金融服务平台运作模式

资料来源：欧冶金服

供应链金融服务平台的核心价值在于为中小企业供应商和银行、核心企业之间建立信息共享、资金流通的自由交易平台，并通过技术手段管理风险。原本中小企业供应商违约风险高，银行不愿意为它们提供贷款，本质上是因为银行难以获取这些企业的具体经营状况；而共享平台将中小企业供应商的信息和银行、核心企业打通，这样银行就可以依托核心企业与其供应商的真实贸易关系，掌握企业真实的经营状况从而评估风险，使得中小企业不仅能大大降低融资难度，也使得银行能规避中小企业的违约风险。

随着银行、核心企业、供应商不断加入服务平台，产业内部、产业与产业之间的信息得以在平台上流通，打破原有的信息壁垒，避免资产的重复交易。同时，服务平台和这些信息资源也能够促进企业与企业之间的联系，形成集群产业生态。原本银行大部分的客户都为核心企业，无论是传统的供应链金融或是互联网供应链金融，银行都要通过核心企业来为供应商提供金融服务，难以直接和供应商产生联系。供应商也由于规模较小难以去谋取银行的合作，无法融入银行和核心企业构成的金融生态之中。服务平台的创建，能有效地打破银行与供应商之间的信息与信任壁垒，使得银行、核心企业、供应商能够在平台上开放地进行金融活动，实现产业和金融生态圈的交汇融合。

11.3.2 案例分析：供应链内的信用拆分及流转

下面我们以欧冶金服的通宝为例，详解供应链金融服务平台上的信用拆分和流转。

通宝是核心企业基于应付账款（在供应商端是应收账款），向其供应商在线签发的电子债权凭证，具有可差额转让、可在线融资、可持有至到期收款等特点。目前以系统直连的方式引入五大国有银行及多家股份制商业银行［招商银行、中信银行、中国光大银行（简称光大银行）等］。通宝平台以中国宝武钢铁集团有限公司（简称中国宝武）生态圈为业务场景，采用国产自主研发的联盟链形式的区块链技术，保证了数据的公开透明，可追溯，且不可篡改；同时，区块链技术使得信用信息在平台上流通，保证中小企业交易的真实性，使得金融机构可以更好地掌握中小企业真实业务往来与经营状况，降低了金融机构服务中小企业的风险，提高了金融机构服务中小企业的意愿和效率，中小企业的融资成本也得以下降。

通宝在供应链上企业间流转帮助企业融资的过程如下：首先由银行根据集团的信用等级对核心企业或集团进行授信，核心企业可以将授信额度分配给自己的子公司、孙公司等，子公司再基于与其供应链上供应商的应付账款额度开立通宝给供应商。此时供应链持有一定额度的通宝，供应商所持有的通宝是可以无限拆分的，有几种处理方式。第一种是继续根据企业自身业务的需求将通宝拆分后继续进行流转，比如，流转给予供应商企业与贸易往来的供应链上其他企业；第二种是将所持有通宝全部或部分通过金融平台联系其合作银行，进行保理融资获得现金，这一环节相当于是付款承诺函的贴现，"T+0"到账；第三种是将通宝持有到期，当通宝到期时核心企业会偿付其通宝至其还款专户，在专户进行核算，再将资金分配到持有通宝到期的企业手中。在整个通宝流转的过程中，通宝融资利率的定价权和利差收益属于核心企业（图11-5）。

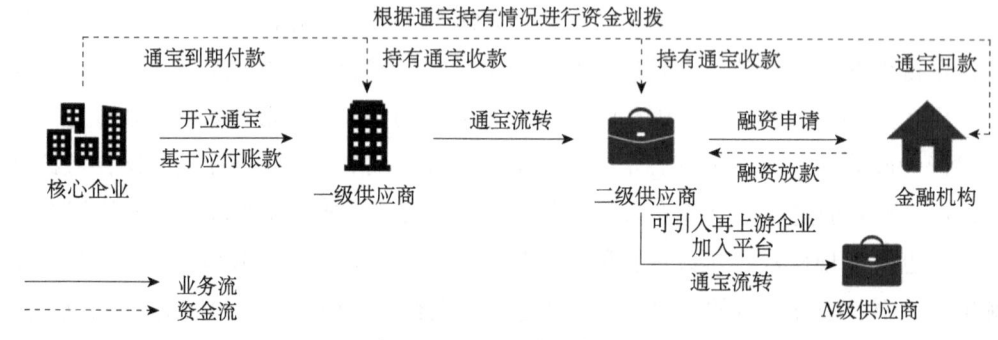

图11-5　通宝融资业务流程

下面是应用通宝的一个实例：2020年，某中国宝武成员单位从合作银行获得授信，根据此授信向通宝平台开立了一笔金额为6000万元，期限为六个月的通宝；某制造公司接受了这一笔通宝，其中自身持有192万元，剩下的5808万元向50家上游供应商流转。上游的供应商将其中的一部分用于向银行申请融资，自身持有1387万元，并将剩余1342万元通宝流通给49家更上一级的供应商。这一级供应商则利用这一通宝向银行融资791万元，持有497万元并将54万元流通给其2家上游供应商，融资26万元，自身持有28万元。这笔业务最终拆分245次，共流转了供应链上的四级环节，有上百家企业参与到这笔业务中（图11-6）。

请根据案例描述，考虑下面2个问题。

（1）图中画横线处50家上游供应商利用通宝所融资的数额及比例。

（2）假设没有通宝，供应链上五级企业的融资利率（年化）由下至上分别为3%、6%、12%、18%、24%。当其都通过通宝进行信用的拆分和流转时，融资利率均统一为通宝开具方的融资利率，请问供应链整体最多能节约多少融资成本？

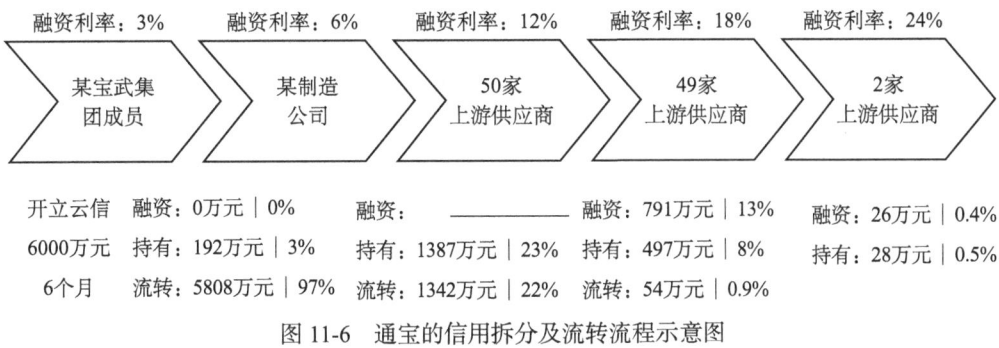

图11-6 通宝的信用拆分及流转流程示意图

即使具体数额没有办法直接从资料中获取，但是通过某制造公司流转至50家上游供应商的通宝和50家上游供应商持有、流转的通宝，就可以推导出50家上游供应商所融资的数额。具体到50家上游供应商所融资的数额，就等于某制造公司流转至50家上游供应商的数额减去50家上游供应商持有和流转的总额，也就是5808万元减去50家上游供应商所持有的1387万元和流转的1342万元，最终得到50家上游供应商所融资的数额为3079万元，也就是总数额的51%。由于总金额不变，下游流转至上游的通宝＝上游融资＋持有＋流转，只要知道其中的任意三项数额，就可以求出剩下项目的数值。

当没有通宝时，某制造公司没有融资，此时融资成本为0；50家上游供应商需要独自融资3079万元，年化融资利率为12%，6个月到期，融资成本为184.74万元［融资额 × 年化融资利率 × 融资时间（单位：年）］；49家上游供应商需要独自融资791万元，年化融资利率为18%，6个月到期，融资成本为71.19万元；2家上游供应商需要独自融资26万元，年化融资利率为24%，6个月到期，融资成本为3.12万元。整体供应链的融资成本为259.05万元。而供应链中企业利用通宝信用拆分和流转时，整体融资额为3896万元，融资利率均统一为通宝开具方的融资利率，即某中国宝武成员的年化融资利率3%，6个月到期，整体融资成本为58.44万元，整体供应链能节约200.61万元的融资成本。

利用欧冶金服通宝这类在供应链金融服务平台上的确权凭证来进行融资、持有、流转，核心企业可以有息负债出表，降杠杆；整个供应链的应收、应付、资产负债率也会下降；同时，能最大限度满足底层供应商融资需求，从而降杠杆、降应收。通宝融资价格常态化低于商票贴现价格，阶段性低于五大行银票价格（图 11-7）。随着规模效应逐渐放大，平台为供应商提供的通宝融资服务，成本更低、效率更高、体验更好。

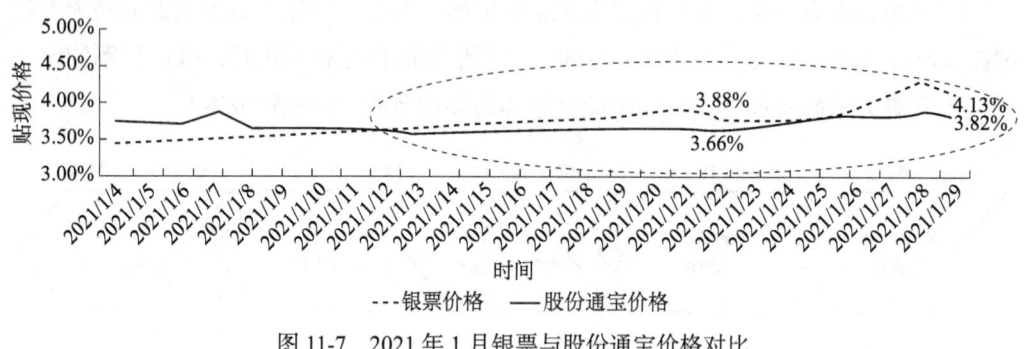

图 11-7　2021 年 1 月银票与股份通宝价格对比

11.3.3　部分供应链金融平台

（1）郑州银行云商平台。郑州银行前身成立于 1996 年 11 月，于 2009 年 10 月正式更名为郑州银行。郑州银行云商平台依托中国商贸物流银行联盟，主要服务于核心企业、核心企业上下游客户、银行、非银行金融机构、类金融机构等主体。鼎e信是核心企业基于与其上游供应商之间真实的贸易场景在云商平台上签发的应收账款债权凭证，是一种可拆分转让、可融资变现、可持有到期的新型电子化付款承诺（图 11-8）。在云商平台上，郑州银行对核心企业进行授信后，核心企业可以为供应商开立鼎e信，供应商可以将鼎e信进行拆分转让、保理融资或再保理融资或持有到期。在鼎e信融资方面，客户从平台注册、业务发起、合同签订、融资放款等环节，均在云商平台上进行，实现全流程线上化，服务也延伸至全国各地；无论规模大小、是否民营，融资无须抵质押、担保；鼎e信融资也能让中小微型企业可以享受大型核心企业的融资利率，降低中小微型企业融资成本，同时实现"T+0"放款，融资效率高。在风险防控方面，平台借与百望发票系统对接实时进行发票的真实性审验；通过核心企业出具应付账款确认函，供应商线上上传贸易相关的合同、发票、货运单据、出入库单、验货单等单据凭证来保证贸易背景的真实性。平台借助银行系统进行资金的清分、划拨，无人工干预，参与者也可以随时查验资金路径，确保了资金的安全性；利用 CFCA（China Financial Certification Authority，中国金融认证中心）证书加密方式，系统登录、业务验证都需要网银 Key+ 手机短信进行验证，确保业务交易安全。

（2）中企云链供应链金融平台。中企云链由中国中车股份有限公司、中国铁

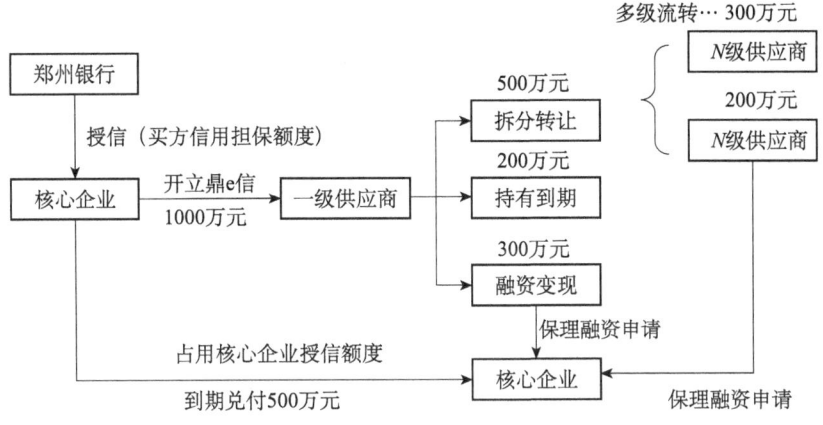

图 11-8 云商平台鼎 e 信保理融资模式

建股份有限公司、中国船舶集团有限公司、鞍钢集团有限公司等大型国企集团领头成立,是一家定位为互联网供应链金融服务平台的混合所有制股份企业。2015年 5 月中企云链在北京石景山科技园区完成注册,正式成立。云信则是中企云链平台上流转的企业信用。云信由供应链上的核心企业向云链金融平台申请,并发放给其上下游的供应商,是一种电子化的付款承诺,具有可流转、可融资、可灵活配置的特性。

(3)中金云链金融科技平台。中金支付有限公司(简称中金支付)于 2010 年成立,是中国银联股份有限公司旗下 CFCA 的全资子公司,主要服务央企、国企、上市公司等大型企业集团。基于区块链、大数据和人工智能等互联网技术,中金支付构建了"中金云链"供应链金融科技服务平台,通过对接企业 ERP,电商等信息平台及金融机构的信息系统在企业与金融机构之间建立起互联互通的信息通道;平台通过大数据平台获取企业工商、税务、司法、征信等方面的数据,开展贷前筛查工作;通过对接企业 ERP、WMS(warehouse management system,仓库管理系统)、TMS(transportation management system,运输管理系统)等供应链协同管理系统,获取产业数据,辅助贷款全流程的业务开展和风险监控;通过对接智能账户,管控资金回流情况;通过区块链解决信用支付、应收账款多级流转及数据存证问题。金票业务是中金云链平台基于区块链、CFCA 电子签名、CFCA 电子信息保全技术,依托核心企业的电子债权凭证。

11.4 数字供应链金融模式设计框架

数字平台企业能够开展创新的供应链金融服务,本质在于其拥有大量的交易信息和数据,并通过业务数据化、数据资产化、资产产品化、产品证券化、监管智能化五个步骤,从数据中演变出新的商业模式(图 11-9)。

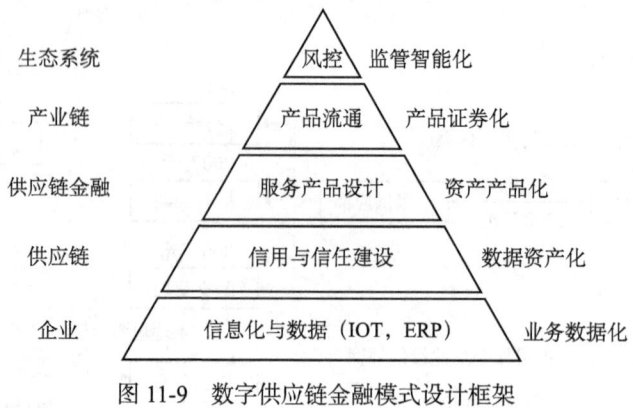

图 11-9　数字供应链金融模式设计框架

11.4.1　业务数据化

业务数据化是指将业务过程中产生的各种痕迹或原始信息记录并转变为数据的过程。业务数据化本质是用数据表现和解读业务。传统行业的业务大都是在线下展开，互联网的普及带来 OA（office automation，办公自动化）、CRM（customer relationship management，客户关系管理）、ERP 等系统的广泛使用，才有条件实现完全的业务数据化。业务数据化需要经过简单数字化和流程数据化两个步骤。简单数字化是指 IT 时代下的信息化，是数据化的初级阶段。在该阶段，在经营活动中通过采集、沉淀、加工、外购、生态合作等方式形成原始数据，为数据化奠定基础。流程数据化是指 DT（data technology，数据处理技术）时代下的数字化转型，信息的数字化倒逼 IT 系统的优化和完善，通过对信息化阶段的数据进行集成、连通和分析来洞察业务，优化运营和决策。

11.4.2　数据资产化

2020 年 4 月，国务院发布了《关于构建更加完善的要素市场化配置体制机制的意见》，首次将数据列为五大生产要素之一，并指出数据要素将发挥对其他要素效率的倍增作用。作为推动经济高质量发展的新动能，国家正鼓励加快培育数据要素市场。事实上，众多数字企业早已将数据和信息作为战略性资源。数据资产化的本质是发挥数据的价值，数据价值的体现则来源于数据的流通和交易，因此数据的标准化是数据资产化的前置条件。

第一，通过数据标准化真正实现互联互通与信息流动，进一步带动物流、人流、资金流的高效流动，形成以信息资源为核心的新的资源体系。第二，通过数据标准化实现信息资源的价值开发，充分发挥底层、基础数据标准化带来的联动效应和乘数效应，推动数据挖掘规模化、价值化。在供应链金融业务中，将底层资产按照业务逻辑可以划分为应收类、预付类、存货类、信用类和存款类，每一类底层资产都按照统一的标准转换为相应数据,以供后续流通(图11-10)。

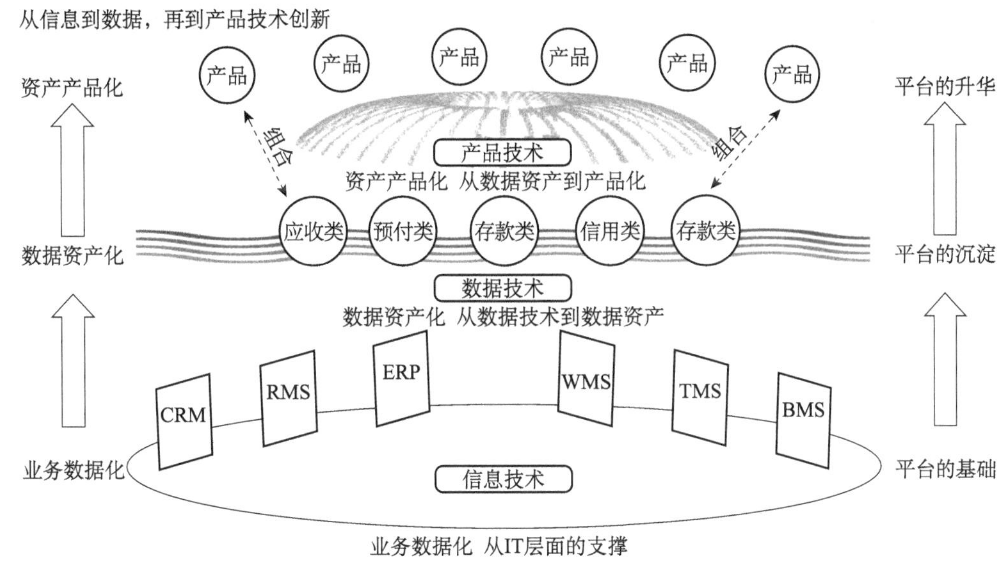

图 11-10 从数据到产品技术创新的流程

资料来源:大微国际集团

RMS 表示 revenue management system,收益管理系统;BMS 表示 bargains management system,合同管理系统

11.4.3 资产产品化

资产产品化是利用数据资产实现价值增值和价值创造的过程。通过将已有的数据资产与实际应用场景相结合,实现产品和技术的创新。依托"数据+算法+场景",资产产品化过程包括两个方面:价值增值和价值创造。其中,价值增值是指在价值创造的思维导向下,依托算法工具,对数据资产进行管理以使其符合数据使用需求并且方便流通、交易;价值创造是数据资产在具体场景中的应用,以带动资源优化和效益提升。例如,商业银行根据客户的资产情况和业务需求,在手机银行内为其推荐个性化产品。在供应链金融领域,数字资产与具体场景的结合以创造新产品的例子众多:互联网平台基于大数据可以为企业和个人提供信用贷款;基于大数据的动产融资的底层资产可以从相对标准化和高流动性的商品,拓展到服装、手机、食品等非标准化商品(图11-11)。

11.4.4 产品证券化

产品证券化主要是针对供应链金融而言。由于数字平台自有资金的限制,数字平台可以通过发行 ABS(asset-backed securities,资产支持证券)、ABN(asset-backed medium-term notes,资产支持票据)等证券化产品的方式补充资本金。其底层逻辑是平台可以根据大数据的学习曲线获得各类产品的期望违约概率和风险敞口,据此对

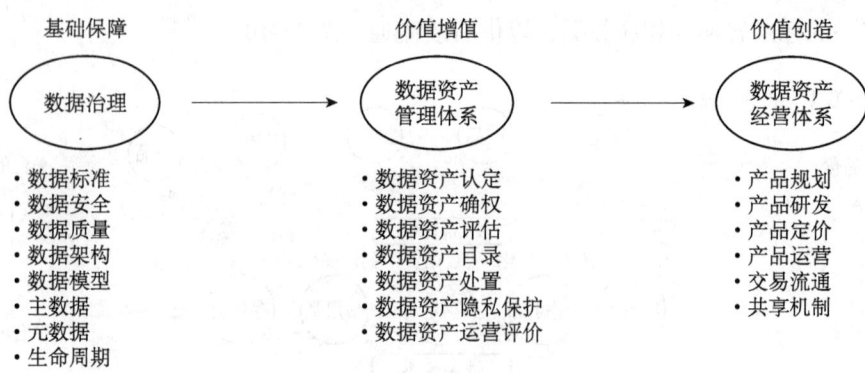

图 11-11 数据资产价值创造体系

资料来源：中国信息通信研究院、上海浦东发展银行、IBM，《数据资产管理蓝皮书（商业银行）》

各产品的风险进行合理评估，并通过科学的资产池管理，协助相关企业和机构发行收益和风险都可控的证券产品。

11.4.5 监管智能化

在技术层面，大数据、人工智能等技术可以更精准地识别、分析、追踪风险，使风险管理的准确度和精度都得到提升。在管理层面，由于数据的可获得性，监管的维度和深度都得到提高，而自动化系统提升了监管效率。

本章要点

- 供应链创新的三个阶段：替代效应阶段、规模效应阶段、结构转型阶段。
- B2B 平台供应链金融的产品设计：应收账款保理、动产融资、信用贷款、对公理财。
- 供应链金融的共享平台模式：$N+N+N$。供应链内的信用拆分及流转原则：下游流转至上游的云信 = 上游融资 + 持有 + 流转的云信。
- 数字供应链金融模式设计框架的五个模块：业务数据化、数据资产化、资产产品化、产品证券化、监管智能化。

思考题

1. 解释大宗商品交易的数字供应链金融与传统供应链金融的异同。
2. 供应链金融共享平台的信用可拆分和可流转的特点，对核心企业、金融机构、中小企业分别有什么好处？
3. 思考数字供应链金融会对政府监管部门提出哪些挑战。

第 12 章 数字零售供应链金融

京东供应链金融剑指何方？

作为中国最大的综合性 B2C 自营式电商平台，京东以电商、金融和技术三大业务为核心。从 2011 年到 2020 年，京东的营收从 211 亿元增至 7458 亿元，年复合增速高达 168.5%，净利润从 -13 亿元增至 493 亿元，年复合增速为 98.6%。2020 年京东 GMV（gross merchandise volume，商品交易总额）为 26 125 亿元，平台覆盖自营和第三方卖家，分别占比 25.0% 和 75.0%。京东快速发展的背后是其逐渐构建起来的强大供应链管理能力，既包括自有物流体系做连接，又有金融科技链条做支撑。

早在 2012 年 11 月，京东供应链金融就已上线。当时京东的供应商已超过 1 万家，为了帮助合作供应商加快资金流转，京东商城联手中国银行向供应商提供融资支持。2013 年，京东金融开始独立运营，从供应链金融起步，最开始主要服务于京东平台上的商户及供应商，之后不断开辟业务线，逐渐扩展出供应链金融、消费金融、众筹、财富管理、支付、保险、证券、农村金融、金融科技等九大业务板块，实现了公司金融和消费者金融的双重布局。在供应链金融领域，京东相继推出京保贝、京小贷、动产融资、对公理财等针对公司客户的一体化金融服务，旨在"盘活企业供应链，助力实体经济"。

京保贝

为了满足京东供应商的大量融资需求，京东金融于 2013 年 12 月正式上线了"京保贝"。京保贝是一款基于应收账款的保理产品，主要服务于京东商城的自营供应商。京保贝的资金全部来源于京东自有资金，京东不仅扮演核心企业角色，同时还作为贷款方，为供应商提供融资。

京保贝依赖于京东的大数据和系统化，把销售行为分散成一个链条，对每一个节点进行风控，量化评估过程中的风险。一旦商品进入京东的仓库，就可以进行保理融资。此外，京保贝依赖京东的账户体系，对接各家银行的账户，缩短客户从申请到放款的时间，供应商在电脑上就可以完成融资和还款。

京保贝的平均年化利率与银行相比并不低，但供应商都愿意接受，因为京保贝的"即时融资"特点能够保证"即贷即还"。在1.0阶段，京保贝主要服务于京东生态链体系内的供应商。紧接着，京东金融推出了京保贝2.0，将已经成熟的产品打包出来，提供给其他需要类似的保理业务的核心企业，旨在通过一整套产品和风险管理框架，为供应链企业提供一揽子金融解决方案。

京小贷

2010年，京东引入第三方平台卖家，这部分商户没有应收账款，但依然具备大量融资需求，于是2014年10月，京东金融推出全线上服务贷款产品——京小贷，主打信用贷款，无须抵押和担保，随借随还。

京小贷的设计理念是让大数据成为信用贷款的唯一通行证，为中小企业提供优质贷款服务。先依赖数据基础搭建风控模型，构建完整的分析框架，最后搭建策略体系，形成闭环的产品框架。京小贷的贷款流程主要分为立体化贷前分析、基于额度的贷中控制和全方位贷后追踪。通过建立起多维度的评分体系，京小贷对贷款企业进行综合授信。有了贷前立体化分析之后，京小贷给予客户一定额度的综合授信，通过限额管理、额度共享、增信额度管理、临时额度等，自动化完成贷款操作。在贷后控制方面，京小贷建立拓扑体系，通过监控、监测和预警平台，自动化对企业追踪指标进行处理，使贷后管理更为精准。

京小贷推出以后大获成功，这之后的京小贷开始谋划"向外走"，抛开京东的体系，完全服务于社会商家。京东认为其在供应链管理领域积累的成功经验，能够帮助相关企业提升社会效益和经济效益。

动产融资

2015年9月，京东金融联手中国邮政速递物流，首创基于大数据的电商企业动产融资模式，推出互联网金融领域首个针对B2C电商企业的动产融资创新型产品"云仓京融"。动产融资是京东金融为全网企业打造的采购、存货一站式金融服务，旨在"盘活企业库存，加速资金流转"，主要有动产质押融资和采购融资两个产品。

动产质押融资业务是指企业以自有动产存入京东金融合作仓储作为质押物，向京东金融申请融资业务。采购融资业务是指企业客户在向核心企业采购时，客户以订单项下货物作为担保，向京东金融申请融资业务。服务上线以后，受到供应商尤其是小微供应商的欢迎，目前覆盖大多数电商一级品类，近700个三级品类。

京东动产融资依赖京东商城完善的品种分类数据，能够自动评估商品价值。京东与有"互联网+"特点的仓配企业建立联系，依赖于整个仓储配送系统，采用"全程可追溯"的思路，精准实现存货类质物准入及动态调整质物，释放高速流转的货物。将销售平台的数据与供应商出库、销售的数据进行比对，加上抽检和京东平台的威慑力，做到依赖于系统的高效验货。

京东动产融资利用大数据和模型化的方式，突破依赖于核心企业的"1+N"模式，建立起去核心化的"N+N"模式。第一个"N"是所有的仓配网络，实现京东与国内三个层次的仓储方的数据共享。第二个"N"则是银行等金融机构，京东收集整合数据并建立标准的风控体系，引入银行提供资金。

与此同时，B2B的电商模式正在兴起，根据统计，实体经销商占零售市场份额更大。借助B2B电商的数据优势，京东金融从2016年3月开始尝试将业务延伸至分销商，下一步，京东金融正在酝酿与大宗商品商合作，从上游的采购、货物进仓再到销售，将产品线向生态圈外扩展，依托大数据让流转的商品成为金融的标准质押品。

对公理财

2016年6月，京东金融推出对公理财业务"企业金库"，定位于为企业提供高效率的资金支持和理财服务。与其他金融机构不同的是，对公理财做的是跟企业运营相关的财务管理，可以提高企业留存现金的使用效率。企业的资金和运营虽然具有计划性，但其收付周期短，银行只能提供超短期或者活期的收益率，针对这种场景，对公理财应运而生。对公理财不仅安全、收益合理，还可以保证企业能够随时提取资金，满足即时的资金需求。

通过京东金融的几大产品线，京东金融搭建起了完整的账户体系，不仅能够跟各个银行做线上对接和账户集成，不同产品之间也能够打通，这提高了运营效率，为客户创造了方便的服务场景，客户依赖程度很高。在这样的情境下，对公理财作为完善从融资到投资的全场景金融服务的最后一环，显然能够取得客户的认可（图12-1）。

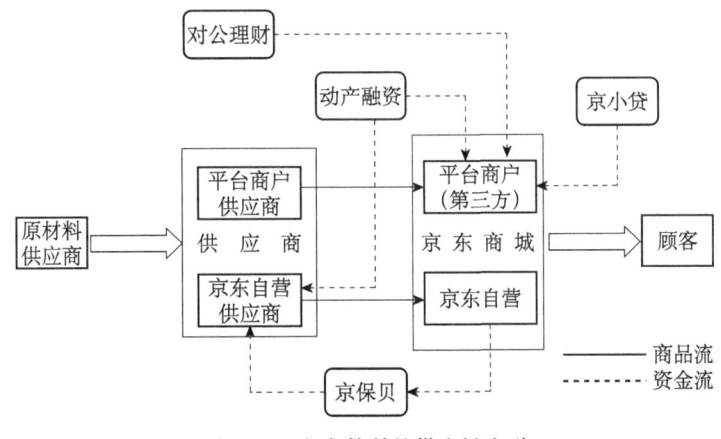

图12-1　京东数科的供应链金融

未来发展

依托京东的供应链体系，京东金融打造了从下单到销售的全场景服务体系，供应链金融已经成为其业务根基。基于电商平台及用户需求的延伸，京东供应链金融为供应商创造了一个从供货、销售、融资到结算的服务闭环。通过资金流带动整个链条不断向前滚动，从而实现供应链的有机整合。从供应链金融到全面投融资，满足企业不同期限、不同场景下的投融资需求。

京东供应链金融的生态体系建立在数据、技术、社交和支付四大基础上，将风控、账户与连接系统化、集成化。账户是京东供应链金融的根本基础，账户即是客户，包括京东商城的账户、京东金融的账户及支付账户。围绕庞大的账户体系，京东构建了一套开放、动态的系统，将前端的消费者与后端的企业连接起来，打造全新的金融服务场景。京东供应链金融以风控为核心，数据为基础，技术为手段，不仅为整个金融行业提供创新服务，还将相关能力输出，帮助合作伙伴构建金融团队。

无论是京东集团整体战略还是京东金融自身层面，都将京东金融定位为"金融科技公司"。在产品设计时，首先考虑的是服务更多的客户，而非赚取更多的利益。京东认为，只要把服务商家放在第一位，盈利就是可能的，而且是健康的、稳定的，经济效益和社会效益是可以平衡的。2018年9月，京东金融更名为京东数科，更体现其定位于数字科技的宗旨，实现"金融回归金融，科技回归科技"的目标。

案例思考题

1. 李明达的难题能否在京东供应链金融服务中得到解决？
2. 京保贝、动产融资、京小贷和对公理财之间有什么区别和联系？
3. 京东金融与苏宁金融、阿里巴巴金融有什么区别？彼此的优势与劣势是什么？
4. 假如你是京东金融的总裁，未来的发展策略是什么？拓展新产品还是"整合+输出"？请说明理由。
5. 你认为零售电商的供应链金融道路应该怎么走？

本章学习目标

- 通过京东供应链金融的案例,了解数字零售企业的供应链金融方案,掌握数字零售供应链金融的主要产品设计及风险管理
- 了解数字零售供应链金融和传统供应链金融的差异
- 通过主要数字零售企业的供应链金融发展历程,对比不同企业如何利用开展供应链金融服务完全其生态圈
- 了解数字零售平台和传统银行之间竞争与合作的双重关系

12.1 数字零售

12.1.1 数字零售的定义

根据国家统计局数据,2020年中国社会消费品零售的总体份额中,网上零售的比例再创新高,达到24.9%。2010～2020年,中国的网络零售渗透率由2010年的3.3%增长到2020年的30.0%,年复合增长率为24.7%。从全球市场来看,中国的网络零售渗透率已经远高于北美市场(11%)和欧洲市场(10%)。网络零售的兴起得益于中国基础设施的改善和移动互联网的快速发展。从"十一五"规划到"十三五"规划,政策出台多项措施促进网络零售的发展。目前我国网络零售的发展已经进入成熟阶段,关注的重点也从电商平台转为网络零售与传统产业的融合(表12-1)。

表12-1 中国政府对于电商发展规划的演变

项目	"十一五"规划	"十二五"规划	"十三五"规划
电子商务应用	普及	深化	
电子商务监管		规范	开放
电子商务平台	建设	应用	
传统产业			融合

资料来源:WTO,中国电子商务发展与政策相关性研究

数字零售企业的竞争力和盈利能力与其供应链管理能力息息相关。在网络零售的购物便利性红利和市场增量红利被充分挖掘后,电商平台从粗放式发展进入理性的供应链竞争时代。电商平台通过市场数据构建对供应链的认识,并产生了新零售的概念,平台也由此转型为数字零售企业。主要企业如京东、阿里巴巴、深圳市腾讯计算机系统有限公司(简称腾讯)纷纷开启数字零售的新纪元,开始产业与网络零售融合的探索。

1. 京东数字零售

2019年1月23日,京东宣布将京东商城升级为零售子集团,与京东物流、京东数字科技形成京东集团的"三驾马车",开启了一场深刻的自主改革,确立"以信赖为基础、以客户为中心的价值创造"的经营理念,打造以大中台为引擎的前中后台组织架构,业务精简、聚焦主航道,推动技术驱动下的服务转型,探索全新商业模式和发展路线。2019年11月19日,京东对外首次发布京东完整技术布局,正式宣告全面向技术转型。同时,明确京东的定位为以零售为基础的技术与服务企业。彼时京东零售有3万多名员工,其中,技术研发人员的数量已经超过了三分之一。京东零售利用C2M(customer-to-manufacturer,顾客对工厂)反向定制产品方式让消费者买到最适合自己的产品,同时推出了一整套价格健康度管理机制和技术模型,让消费者买到低价的产品。另外,京东零售打造了一个智能化、全渠道的履约网络,来确保消费者在任何场景中购物都能获得最优体验。在经营环节,京东零售2019年全面落地净推荐值(net promoter score,NPS)考核机制,用口碑带来口碑,用体验来赢得信赖,为国内零售行业树立了一个新标杆。2019年底,正式推出了"京喜",发力社交电商,引入京东供应链经验,深耕产业带。"京喜"处于高速成长阶段,未来将会拉动新用户的增长,并成为京东零售进军下沉市场的先锋。

2. 阿里巴巴"新零售"

阿里巴巴"新零售"的第一站便是联系线上线下的物流行业。早在2008年,阿里巴巴即以1500万元入股当时的百世物流。2013年5月,阿里巴巴搭建了自己的菜鸟物流网络——菜鸟网络科技有限公司。2015年5月,阿里巴巴投资圆通快递。2018年5月,阿里巴巴系向中通快递投资13.8亿美元。除圆通快递等几家大型物流公司外,阿里巴巴系还参与投资了包括日日顺物流、快狗速运等在内的多家国内同城货运企业,据《中国企业家》不完全统计,截至2019年3月,阿里巴巴(含关联公司云锋基金)在国内知名快递中投资累计超过260亿元。

线下零售领域,阿里巴巴也进行了一系列的股权投资和行业创新。2015年8月,阿里巴巴与苏宁宣布达成战略合作,成为苏宁的第二大股东。2016年,在云栖大会上阿里巴巴第一次提出新零售的概念。2015～2017年,阿里巴巴先后通过大量入股和收购成熟线下大型零售商改造传统门店、合作新零售项目的方式,投资了银泰商业(集团)有限公司、高鑫零售有限公司和上海联华超市股份有限公司。阿里巴巴也在培育自己的新零售业态——盒马鲜生。盒马鲜生综合了菜市场和餐饮店的功能,主打的是生鲜产品的快速物流。消费者可到店购买,也可以在盒马App下单。开业3年,盒马已经开出了150余家店铺,并孵化出盒小马、盒马菜市场、盒马F2及盒马小站等子品牌。2018年11月26日,阿里巴巴成立新零售技术事业群,整合B2B、淘宝、天猫等的技术力量,形成统一策略,为全面实现新零售提供坚强的技术支撑。

3. 腾讯智慧零售

2017年10月，腾讯首次提出智慧零售概念，目的在于希望利用腾讯的社交平台、工具属性和能力能够帮助线下零售商更好地做数字化转型，建立更多的用户触点，引导零售企业把构建私域流量作为提升品牌竞争力的有利条件。2018年3月，腾讯宣布正式成立"智慧零售战略合作部"，希望通过微信支付、腾讯云、社交广告、小程序等连接人与商业的工具，不断地为零售企业提供"水电煤"和"工具箱"。智慧零售串联腾讯的七大工具进行赋能，分别是微信公众号、微信支付、企业微信、小程序、腾讯云、泛娱乐IP、腾讯广告。2018年10月之后，腾讯零售开始从流量赋能转向零售本质研究和流量赋能协同介入零售行业，并从人才、智能支持、创新激励等方面和合作伙伴互动，共同推动零售发展。2019年底，智慧零售小程序进入了微信的九宫格，成为腾讯智慧零售为零售企业提供的一个入口级展示平台和智慧零售的聚合平台。截至2019年1月，小程序覆盖超过200个服务行业，小程序用户日均访问量同比增长54%，以超市为主的生鲜类小程序累计服务2亿人，中长尾小程序访问量占比达到43%。

12.1.2 数字零售的特点

相比于传统的线下购物，数字零售具有以下特点。

（1）线上虚拟购物，货物看不见。买卖双方通过以互联网为代表的计算机互联网络进行贸易，从挑选商品、下单到支付，无须当面进行，也看不见货物实体，均通过线上完成，整个交易完全虚拟化。

（2）涉及退货、换货。在线下购物时，人们可以看见、触摸到货物实体，对商品有着直观的感受。买家在网上购物时是通过商品照片、视频和文字描述来进行选择，这些信息与实物可能存在种种误差，如色差、质量问题等，导致消费者收到货以后并不满意，而需要进行退货、换货。

（3）购物流程比线下实体店购物复杂。在线上购物的过程中，步骤相对来说更加复杂，从开始挑选货物到收货，不仅需要通过数字银行开通第三方支付，还需要等待快递运输、取货等。然而在线下实体店购物时，只需要带着商品前往收银台结账，便可完成交易，顾客如果想要退货、换货，也可以直接带着商品前往门店完成退换。

（4）商品选择和货物到手有时间差。由于购物流程比线下实体店购物更加复杂，从商品选择到货物到手，中间有1~7天左右的时间差。在线下实体店购物时，选择商品并完成购买后，货物可以立刻到手。

（5）过程中多方参与，信息和流程协同要求更高。商品选择和货物到手存在时间差，这期间需要银行、配送中心、通信部门、技术部门等多方参与和协作；同时为了建立客户对电商的信任机制，平台需要提供给顾客更真实的信息，因而协同要求更高，需要更精准地把控物流、信息流、资金流。

（6）需要IT、互联网技术为支撑。在电子商务中，安全性至关重要。在开放的网络上处理交易，需要技术的支撑，如加密机制、安全管理、存取控制、防火墙、防病毒保护等，以保证运输数据的安全。

（7）顾客收货前，电商对顾客所选择商品的正确性、质量、效期等负责。线上购物时，商家将商品寄出，顾客收到货物后，需要等待顾客确认收货。在还未收货期间，商品所有权难以界定，并未实际确认转移。平台承担了一定的风险，为商家和产品作担保，当产品出现任何问题，电商平台需为这期间的商品负责。然而线下购物时，顾客选择和到手没有时间差，购买时就完成了所有权从商家到买家的转移。

12.1.3 数字零售未来发展趋势

（1）O2O全渠道化：零售业正走向覆盖实体渠道、电子商务渠道和移动商务渠道在内的全渠道时代，其特征是给顾客全方位选择，包括有形店铺和无形店铺，以及包括微信、微博等在内的信息媒体等。全渠道化对企业的管理能力和协调能力提出挑战，如资源在各渠道间的有效分配、如何应对渠道间的冲突问题。

（2）平台化：数字零售趋向于平台化，第三方商家入驻，与平台自营互补。不仅增加了品类品种，扩大了地域覆盖，还可以提供更多的服务类型。顾客可以一站式地购物和享受服务，如亚马逊、唯品会、天猫、苏宁易购、京东等。

（3）社交、社区购物化：亲人、朋友、意见领袖的推荐和参考在顾客购物的过程中扮演着越来越重要的角色。社交过程中对顾客进行精准化营销和个性化服务，并运用微信、微博等平台的社交基因，达成口碑裂变和转化。

（4）虚拟与现实打通的体验式购物：利用GPS（global positioning system，全球定位系统）技术、AR（augmented reality，增强现实）技术等，提供给顾客全方位、全场景的体验式沉浸购物。打通线上与线下的边界，顾客在线上购物也能找到线下逛街购物的感觉。

（5）零售业与金融集成：国内各大金融平台，如保理、小贷、保险、基金等，纷纷与零售业集成合作，面向大众顾客、供应商、商家和合作伙伴，由银行、保险、金融、基金公司等金融公司提供服务。

（6）物联网：物联网的应用旨在打造一个万物互联的世界。事物之间不再是彼此隔绝的关系，而是充满了表面或是深层次的联系。物联网所营造的世界，充满了更多人性化设计和温情式服务。搭载了物联网的数字零售，除了可以为消费者提供基本的产品服务需求外，也能够为消费者选择性价更高、更适合自己的商品提供更多的参考依据。

（7）大数据、云计算技术：数字化、数据智能化对于产品、用户、商品、市场活动等的重要性，已经逐渐被更多企业意识到。依靠数据驱动实现各个要素下的精益运营，尤其是对用户的智能运营，在未来的数字零售竞争中不可或缺。

（8）FinTech（金融科技）：在未来的数字零售中，企业将会联合银行等金融机构，共同构建智能的风控体系，运用金融科技手段支持零售业务发展，通过科技赋能不断加强风险全类型、全渠道的感知力，搭建全面实时的风险防控网。

（9）精准营销：未来数字零售中，对于存量用户的精准触达和营销将成为企业的核心。选择智能的触达方式，提前在推送模板中设置好推送人群、推送时间、推送渠道及内容等，针对合适的用户群在合适的时间推送合适的内容，进行精准的用户触达。

（10）全市场覆盖：未来数字零售的竞争将继续向社区、三四线城市延伸。整体的市场及渠道开始下沉，从下沉市场获取新用户和新的盈利点，依靠熟人、熟悉的KOL/KOC[①]、熟悉的地缘位置、熟悉的服务、熟悉的导购服务以及与用户的交互会进一步对用户的增长及提额产生影响和价值。

12.2 数字零售供应链金融模式

零售业供应链金融是指在零售行业中，相关企业在供应链场景中，进行融资、投资、理财等金融活动的总称。零售业金融最初涉及快消、服装、食品等领域，后伴随互联网金融业的发展，以网络为依托的零售电商也逐渐开拓金融业务，电商平台的金融服务应运而生，零售业金融或供应链金融的含义也随之扩展。为了方便区分，我们将电商平台为主体的零售业供应链金融定义为数字零售供应链金融。

在数字零售环境下，基于其交易流程开展的供应链金融服务呈现出与传统供应链金融不同的特征。首先，电子商务的复杂流程，使得供应链金融提供方更难以识别和管理交易流程中的各项风险，必须借助大数据、智能算法等前沿工具实现每个环节的精准风控。其次，数字零售平台本质上是个双边市场，其连接的是众多卖方供应商和买方消费者，这样的本质注定其商业模式是服务长尾市场的众多客户，必须依靠平台的集约效应实现规模效应。再次，相比起传统银行的金融服务主要面向大客户，数字零售供应链金融面向的群体更加广阔和多样化，其对不同产业、不同生态的贸易流程的把控能力需要更强。最后，由于交易过程中的时间差和多方协同的特征，实施供应链金融时商品确权的流程和节点增多，对数字零售供应链金融提

---

① KOL 表示 key opinion leader，关键意见领袖；KOC 表示 key opinion consumer，关键意见消费者。

供方的过程管理能力和协同能力提出更高挑战。

12.2.1　数字零售供应链金融的产品设计

1. 基于数字零售保理产品设计

1）传统保理模式的缺陷

传统保理模式存在着众多缺陷。首先，一般来说，在数字零售平台进行销售的众多中小供应商和第三方卖家规模小、产品品类繁杂，难以进入银行准入门槛，而且传统的银行保理要求供应商在指定的银行开户。对于就地经营的实体企业来讲，去银行开户并不是件难事，但电商企业通常运营的地方很小，分布在全国各地，通过线上渠道销售货物，这样的要求对其来说极为不方便。其次，银行保理审批流程十分复杂，需要提供多种资料，整个过程耗时较长，不能及时响应电商企业的资金需求。

传统保理模式的另一个缺陷是确权困难。传统银行在做保理的时候，出于风险的考虑，只愿意做确权的部分，一旦电商平台与供应商的采购发生退款、退货等问题，就难以对应收账款进行确认。当电商平台在上游采购时发生了一些问题的时候，电商平台可能会退货。但退货以后，应收账款就会面临争议。银行希望保证所做的业务百分之百安全，因此只做确权的部分，但这就造成了供应商能够获得的单笔融资时间短、融资支持少。

传统保理模式还存在着风控单一的问题。传统保理模式的风控仅针对单一行业及其供应链各个环节。但看起来绝对安全的应收账款转让，其实有很大的欺诈风险。例如，当客户将他已经转让给电商平台的单笔应收账款转让给银行，同时在做确权的时候签署一些虚假合同，给银行造成了很大的风险。当银行所有的安全希望寄托在一个单点上的时候，其实是不安全的。另外，银行保理的融资产品单一，融资方式和还款方式都比较固定，无法满足企业线上即时、高频的融资需求。传统银行没有数据和系统做支持，每一次放款，背后都有高昂的审批成本，因而无法负担起这样的业务。

2）数字零售平台基于应收账款动态保理

数字零售平台的动态保理的运营模式为以下几点（图 12-2）。

（1）首先，供应商将货物销售给电商平台，电商平台与供应商之间签订采购协议，电商平台一般会有 90～120 天的付款周期，并在销售后向供应商形成多笔应收账款。

（2）在这期间，供应商可以将应收账款抵押或背书转让给保理产品资金方，以解决资金短缺的需求，凭借与电商平台合作的订单、入库单线上向其金融部门发起申请在线融资。电商平台的金融部门和供应商便会通知电商平台货物已经转让，并得到电商平台的确认。

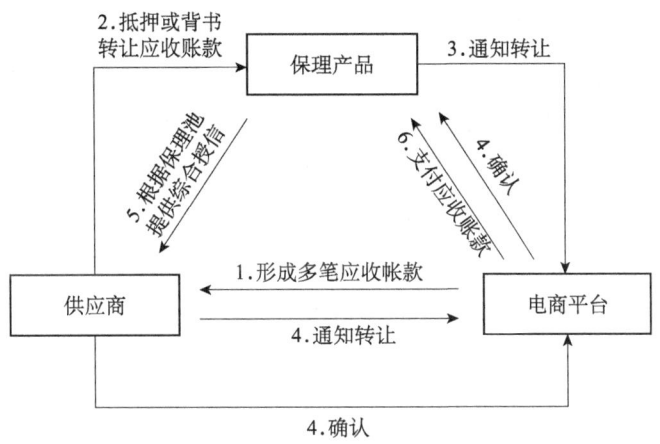

图 12-2　数字零售平台动态保理模式的流程

（3）电商平台基于与供应商之间稳定的合作关系，获得长期的真实交易数据，且以过往的交易数据和物流数据为基础，系统可以自动计算出对申请供应商的融资额度，形成保理池。其金融部门依据保理池提供综合授信和动态融资。通过数据池分析，确认额度，系统自动化处理审批并在核定额度范围内放款。

（4）申请人收款后继续经营，与电商平台保持良好合作。电商平台将货物销售给客户，完成销售后，电商平台向其金融部门发传递结算单，自动还款，完成全部交易过程。金融部门收款确认，根据还款时间等数据，更新贷款人数据池，便于下次数据分析。此时可贷额度变动，新的销售形成了新的应收账款，可贷保理池变动，随借随还。供应商若还款，保理池便会回到原来的水平。供应商若不还款，到了还款期限的时候，便由电商平台还款给其金融部门。

这种三方闭环的运行方式，无疑绑定了三者合作关系，提高了资金利用率和流动速度，而且电商平台与金融公司的角色业务区分有效地进行了风险隔离，对申请人的借款安全进行了保护。对金融公司来说，通过借款人账期与还款时间差进行投资，增加收益；借款人为了提高借款额度与频率与电商平台加深合作，提高了借款人与平台和金融公司合作的积极性，深化了三者之间的客户关系。对借款人来说，对比传统银行借款，电商平台金融拥有操作简单、放款时间短、借款金额较高、成本较低的优势。

电商平台动态融资的主要的优势在于灵活高效。相比传统的线下销售渠道，电商平台与供应商的合同可以在线上快速签约，手续简单，商品周转速度更快，销售流程的节点也更快。依赖电商平台的账户体系，对接各家银行的账户，缩短客户从申请到放款的时间。供应商只需要在电脑上申请，就可以完成融资，想要还钱的时候，点击申请就可以完成还款，且支持多种还款方式。

电商平台动态融资的另一优势在于支持供应商在动态额度内任意融资，随借随还、按日计息、实时放款，且支持多种还款方式。尽管平均年化利率与银行相比并不低，但供应商都愿意接受，因为其具有"即时融资"的特点，可以最快在3分钟内放款，保证"马上能贷到钱，随时可以还钱"。依赖数据去做高频的融资，不仅赚到了高额的利润，同时提升了客户满意度。效率的提升让产品更加满足供应链高频的融资需求。

电商平台的动态融资并不如银行一般追求确权和绝对安全，而是依赖于电商平台的大数据和系统化，在绝对安全和绝对不安全之间寻找中间地带，依赖数据量化评估过程中的风险，做到无须额外抵押担保的风控自动化。基于供应链运营过程中呈现的数据特征，将风控点布局到贸易状态中的每次流转环节，将风控下沉到每一笔应收账款。这尤为适用于对于应收账款产生频次高以及金额分散的应用场景，配合动态应收账款管理做到动态风险控制管理。

电商平台的动态融资还可以基于实时数据分析，实现对单笔应收账款进行对价比例的动态提升，支持客户多次融资。一旦商品进入到电商平台的仓库，就可以进行保理融资。电商平台的动态融资还可以将各种融资需求运用的金融工具整合为一个整体解决方案，提供给市面上其他需要类似服务的核心企业。

3）主要数字零售平台动态保理产品

（1）京保贝。京东金融于2013年12月正式上线了京保贝。京保贝是一款基于应收账款的保理产品，主要服务于京东商城的自营供应商。不同于先前"银行出钱，京东推荐可授信客户"的中介模式，京保贝的资金全部来源于京东自有资金，京东不仅扮演核心企业的角色，同时还作为贷款方，为供应商提供融资。相比传统银行提供的固定期限的保理产品，京保贝能够根据供应商需求灵活变动融资期限，数据显示，京保贝的融资期限在20天左右。

京保贝的风控依赖于大数据和智能算法。从长期数据来看，顾客退货率呈现一个稳定的数字。京东根据行业、品类、商家、客户和交易节点等进行分类，依据历史交易数据，测算出相应的退货率，由此确定可确认的应收账款比例。从销售到运输最后到入库阶段，每一个交易节点都对应一个确权比例，京保贝据此确定给供应商进行保理融资的额度。京保贝1.0的确权节点仅从入库开始，京保贝2.0扩展至消费者在京东平台下单时。正是这种将风控分散为一个链条的设计，让京保贝具备基于量化的风险管理优势，比仅针对单一行业及其供应链各个环节的传统保理模式更加安全和稳定。

京保贝2.0还将各种融资需求运用的金融工具整合为一个整体解决方案。京保贝把京东的产品打包出来，提供给市面上其他需要类似服务的核心企业。例如，通过与企业的系统对接获取数据，京东可以为企业发放贷款，同时做保理。在资金端，京东可以将产品打包成ABS销售获得回款。截至2019年3月，京东金融保理债券ABS已经成功发行15期产品，共募集资金173亿元。京东保理债券ABS初始模拟池包含保理合同1981笔，涉及供应商514户，基础资产涉及众多上游供应商，从事各类商品制造和生产。

京保贝的推出不仅帮助供应商解决了资金周转问题，还促进了京东全平台的发展。一方面，使得京东商城供应商能够更平稳地生产经营，并加强了与京东商城的联系，提高了平台的黏性；另一方面，可以吸引到更多的供应商企业加入京东平台，促进京东全平台生态做大做强。

（2）阿里巴巴1688的企业采购保理金融服务。2019年11月28日，阿里巴巴1688推出企业采购保理金融服务，主要针对跟平台大企业买家有交易的供应商，满足了其应收账款融资需求。阿里巴巴1688作为保理服务提供方，利用自己沉淀的全链路交易数据优势，帮助商业保理公司或者银行更高效地进行交易确权及真实性验证，降低放款风险。帮助企业买家把自身资信转移给供应商，并助力供应商以更低成本更高效的方式融资。供应商商业保理融资成本比线下传统方式低至少30%，审批放款时间至少缩短50%。

通过平台保理服务介入，利用阿里巴巴的企业采购平台资源、强大数字技术、风控及管理体系，买家能够将自身的优质资信通过平台真实交易传递给供应商，供应商能以更低成本获得保理融资，降低资金压力，而买家可以获取更有利的交易条件，如更长的账期或更低的价格，并提升供应商响应报价积极性。阿里巴巴1688提供的融资服务为互联网采购模式下的企业打造了一个高效采购的平台，使企业资金管理更加科学而高效，有效地帮助了中小企业提高自身能力。

保理服务正式上线发布后，24小时内就吸引了33家百亿级大企业客户的200家供应商报名。2019年8月，阿里巴巴内贸企业采购业务宣布战略升级，计划用3年时间覆盖1万家大型集团企业，平台年采购需求实现1万亿元。

2. 基于数字零售的动产融资产品设计

1）传统银行动产融资的缺陷

传统动产融资的主要缺陷在于其抵质押物范围小，抵押物价值评估难。传统动产融资的抵押物主要集中在大宗商品，因为大宗商品流通性强，容易变现，有商品交易所，而且价格好评估，但大部分零售商品为食品、家电、服装、汽车用品等，不属于传统的大宗商品范畴。在实际业务中，即使是同一品类的商品，其品牌、材质、功能等的差异，都会导致市场价格差异巨大，且零售商品生命周期短、难以捕捉市场公允价值、更新换代快、具有明显的季节性，货物价值变动快。

传统动产质押融资的另一个缺陷是质押方式不够灵活，阻碍企业正常生产经营，加大企业风险。企业必须将动产（包括商品、原材料等）存放在银行指定或认可的仓库作为质押物，银行据此发放贷款，且不能根据货物实时销售情况和企业需求实时调整质押额度。质押物在银行强监管下流动，但货物的流动性就大大降低，对于周转率高的零售商家来说，其需求与传统动产融资的服务并不匹配。

另外，传统动产融资抵押物的真实性和质量都难以验证，需要人为进行监管，风险极高，且输出监管效率低下。早期为了保证安全，供货商需要把货拉到几个指定的监管仓库来，银行进行监管并出具仓单，但这样的质押方式不够灵活，其过程是违反整个供应链规律的，虽然安全，但很难做大。后来就衍生出"输出监管"的模式，对于一些信誉比较好的大的国资投资企业，银行委托监管公司派监管员来实地监管仓库，不影响企业的正常经营，但输出监管模式容易遇到联合监管员的欺诈问题，给银行造成巨大的损失。

例如，2012年爆发的上海钢贸诈骗案，由于当时钢材市场发展势头强劲，利润高昂，吸引了大量资质不齐、信用不良的商家涌入。钢贸商找到一些熟悉银行流程的人，并在其指导下填写贷款需要的信息资料，使银行等金融机构觉得有很高的投资价值，从而拿到了大笔贷款。钢贸商将钢材放在一个仓库里，开具仓储证明，向一家银行贷款，然后再将这批钢材运送到另一个仓库，再次开具仓储证明，就又可以向另外一家银行贷款，货物在名义上属于多家银行。银行对担保公司和其他担保商户的审核并不严，于是商家自己开担保公司或者组织一群"自己人"成立"联保小分队"，自己给自己担保，成功从银行等处贷到不菲的款项。银行对钢贸行业冲动放贷、贷前审查不严，对抵押品检查与管理不严，使风险扩大，并在钢铁价格大幅下跌危机初现时缩贷，最终导致钢贸企业资金链断裂，危机全面爆发。据统计，最高峰时上海钢贸圈螺纹钢仓单质押数量达103.45万吨，比螺纹钢社会库存高2.79倍，最终导致数百亿元坏账。

2) 数字零售平台的动产融资

电商平台的动产融资业务是指融资企业将存货（即自有动产）入库质押至与电商平台合作的物流仓储公司，向金融机构申请融资业务（图12-3）。电商平台的动产融资从传统的"1+N"模式吸取经验，突破"1+N"，实现"N+N"。第一个"N"指所有的仓配网络，与国内的仓储方进行系统级的合作，当获得这些仓库的数据时，马上就可以质押。另一个"N"是指金融机构，银行和金融机构加入到网络中来，负责发放贷款，而电商平台负责收集整合数据，建立标准的风控标准，最后整合全流程的数据。

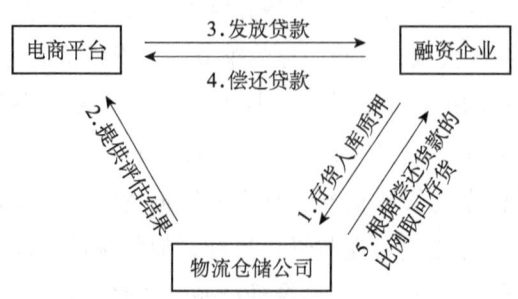

图12-3 基于数字零售的动产融资模式的流程

电商平台动产融资的主要流程是，融资企业将存货入库质押至与电商平台合作的物流仓储公司，由物流仓储公司向金融机构提供评估结果。金融机构审核通过后，向融资企业发放贷款。融资企业向金融机构偿还贷款，并根据偿还贷款的比例取回存货。

电商平台通过长期积累，已经形成了完善的品种分类数据，并据此自动评估商品价值。电商平台与有"互联网+"特点的仓配企业建立联系，可以精准控制货物的真实性，同时保证企业正常经营需求。

电商平台动产融资的一大优势在于可实现动态质押，货物质押期间仍可销售。"盘活企业库存，加速资金流转"。依赖于整个仓储配送系统，采用"全程可追溯"的思路，精准实现存货类质物准入及动态调整质物，释放高速流转的货物。通过系统对接，签发有法律效力的质押清单，解决企业快速出入货的问题，让货物流转起来。

电商平台动产融资另一优势在于准入品类多样，自动评估质押率。依靠长期交易数据，形成完善的品种分类，据此自动评估商品价值。电商平台动产融资还克服了传统动产融资抵押物的真伪和质量难以验证的缺陷。通过长期的数据积累，整合供应商销售平台的数据，将供应商的销售数据和出库数据作比对，将销售价格跟正常商品价格作比对，同时还根据消费记录来判定供应商的资质，确保货物是真货。

3）主要数字零售平台的动产融资产品

（1）京东动产融资。2015年9月，京东金融评估了动产融资这一市场的潜力，利用积累的大数据和平台优势，联手中国邮政速递物流，首创基于大数据的电商企业动产融资模式，推出互联网金融领域首个针对B2C电商企业的动产融资创新型产品"云仓京融"，为进驻中邮仓的电商企业提供3000万元以内的融资服务。

依赖于整个开放的仓储配送系统，与有"互联网+"特点的仓配企业建立联系，而不依赖于输出监管公司。京东建立了开放的仓储配送网络，这个网络能够覆盖到企业最近的仓库，并在货物原本所在的仓库做监管。企业的仓库只能通过京东金融来做质押，如果有别的金融机构想要介入，也需要从京东做总控。

该产品有四大优势：一是申请方便，验证全链条数据；二是额度灵活，额度依据存货量；三是放款速度快，一次审核一年有效；四是成本降低，随借随还。

由于动产融资具备风控管理良好、验货系统高效、动态质押等特征，京东云仓金融放贷规模迅速提升，到2016年1月份单月放贷额已突破亿元。京东动产融资的规模在2016年已达80亿元左右。

（2）阿里巴巴存货融资。阿里巴巴在2016年9月也推出了面向天猫商家在菜鸟仓内的存货融资服务，为其提供随借随还的存货融资服务（图12-4）。主要流程包括天猫商家将货物运输至菜鸟仓库，利用淘宝、天猫、菜鸟的物流大数据进行全平台估值，有效解决零售商品"估值难"的问题。商家能够质押非标货品，由菜鸟网络来承担控货、仓库管理协调与监管、仓储数据对接和客户推荐等职责。网商银行将对其进行风险控制，把控整个信贷流程，并提供资金给天猫商家。

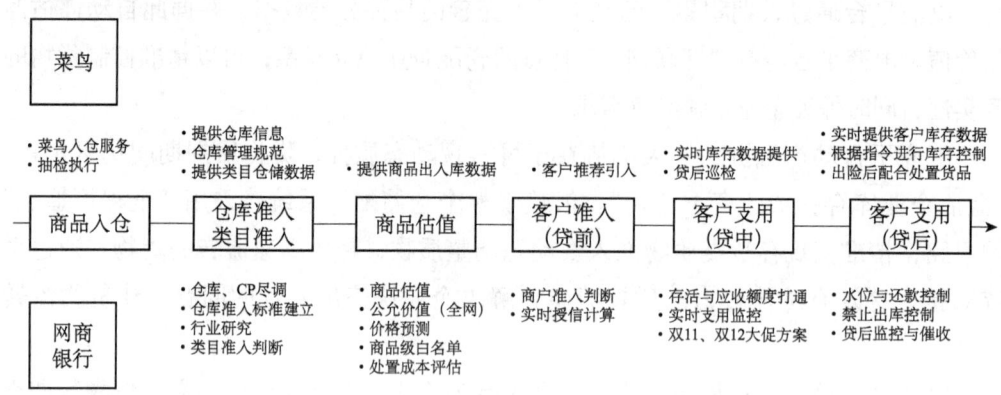

图 12-4　阿里巴巴动产融资模式图
资料来源：网商银行
CP 表示 condition precedent，前提条件

阿里巴巴的存货融资服务通过菜鸟体系，连接了大量的物流和仓储网络，使得系统连接更加丰富。通过菜鸟体系，虽然商家并不把货物权交给阿里巴巴，阿里巴巴也可以掌握货物的物流信息。另外，银行与物流间的信息不对称将导致风险评估高于实际，商家融资的利率较高。阿里巴巴旗下的网商银行可以打通银行与物流之间的信息，通过对风险真实地刻画，提供给商家更易承担的风险利率。

2016 年 7 月，菜鸟金融上线时大概有 10 来个客户，客户余额 5000 多万元，一个多月后的"双 11"，贷款余额到了 7 亿元，很快就发展到 100 多个客户。

3. 基于数字零售的信用贷款产品设计

基于数字零售的信用贷款模式的流程如图 12-5 所示。

1）传统小额贷款的缺陷

传统小额贷款的缺陷主要集中在贷后控制方面，批准贷款并放款后，无法对其去向进行监控，监管较难。对于银行来说，《中华人民共和国商业银行法》要求银行贷款要严格审查贷款的用途，贷款发放后要跟踪贷款的资金去向，确保贷款不被挪用，按时足额收回贷款。对于传统的小额贷款公司而言，在贷款开放后，若需要跟踪贷款的资金去向，需要银行来配合完成，但小额贷款公司也没有权利去银行查询资金的去向。因此，传统小额贷款公司是无法跟踪贷款的资金去向。例如，有公司申请小额贷款用于在地产市场进行房产买卖，并利用漏洞规避资金监管，让银行无法查到资金流向。

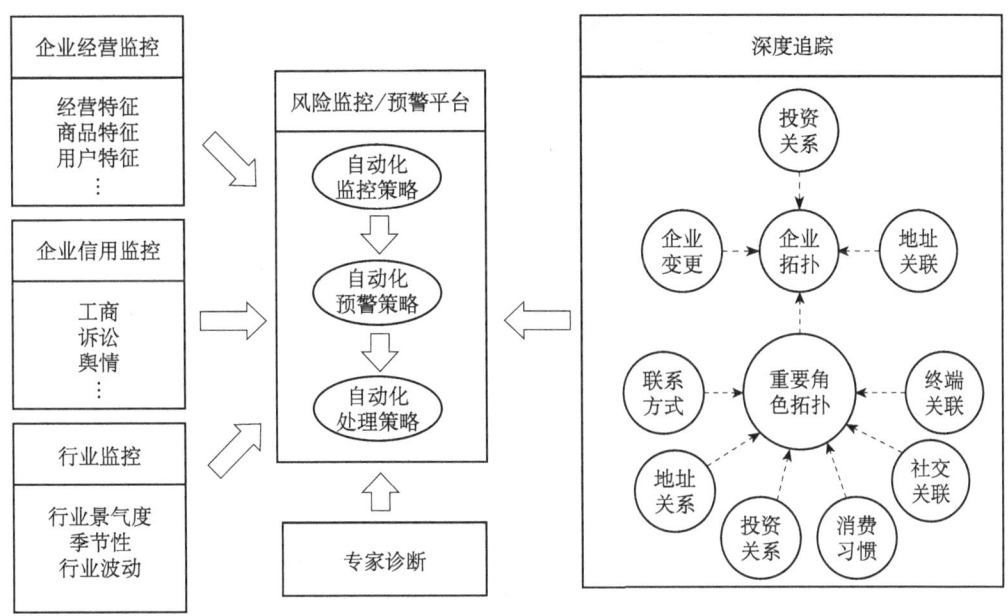

图 12-5 基于数字零售的信用贷款模式的流程
资料来源：京东数科

2）数字零售平台的信用贷款

数字零售平台上具备大量的第三方平台商家，第三方卖家与电商平台是平台和商户的关系，没有应收账款，但也具备一定的融资需求。它们的融资需求很难被满足，原因是无应收账款，且无抵押物，而很难获得担保。

电商平台的小额贷款以大数据为核心，主要有数据基础、搭建风控模型和搭建策略体系三个方面，形成闭环的产品框架。电商平台的小额贷款风险控制体系包含三部分：立体化贷前分析、基于额度的贷中控制和全方位贷后追踪。作为信用类贷款，目前市面上的贷款机构主要集中考察客户的经营情况。电商平台则是通过经营情况、商品管理、用户管理和刷单识别，京小贷建立多维度的评分体系，对贷款企业进行综合授信。

有了立体化贷前分析之后，电商平台将会进行基于额度的贷中控制，给予客户一定额度的综合授信，通过限额管理、额度共享、增信额度管理、临时额度等，自动化完成贷款操作与风险监控。

在贷后控制方面，电商平台将会全方位地进行贷后追踪。建立拓扑体系，通过监控、监测和预警平台，自动化对企业追踪指标进行处理，一旦触发预警机制，则及时做出应对，使贷后管理更为精准。

而在操作成本上，依托已经成熟的线上商户交互系统和财务管理系统，电商平台的小额贷款能够做到自动获客，无人化处理，实时放款，最大可能地减少人力成本投入。

3）主要数字零售平台的信用贷款产品

（1）京小贷：针对在京东平台上的第三方卖家的信用贷款。2014年10月，京东金融推出全线上服务贷款产品——京小贷。京小贷主打信用贷款，面向POP商家，无须抵押和担保，随借随还。京小贷的设计理念是让大数据成为信用贷款的唯一通行证，依托互联网、大数据和京东三大基因，做到风控自动化，为中小企业提供优质贷款服务。京小贷根据店铺信用评级和运营情况核定贷款额度，企业在动态额度内可任意融资，而无须提供额外的抵押和担保，且全程线上操作，资金即时发放至店铺相关联的京东网银钱包，按日计息，随借随还，并支持多种还款方式。

（2）京东BOSS贷：专为小微企业解决融资难题。2019年8月，京东数科推出京东快银BOSS贷，是由京东数科依据京东体系内外部小企业生态数据、依托大数据能力、风控能力、反欺诈服务能力、科技能力等设计研发的京东快银BOSS贷款服务平台。其目标客户为实体中小微企业或生态数据丰富的个体工商户经营者，征信数据需满足信用资质良好、还款能力充足、企业经营良好等要求，旨在为符合条件的小微企业主提供用于企业日常经营的小额信用贷款，助力小微企业融资。

京东快银BOSS贷最高额度10万元，最长期限6个月，并且按日计息。京东快银BOSS贷在线认证审核，24小时智能信审批，申请和放款速度快。0抵押，期限灵活。区别于针对平台上第三方卖家的京小贷，京东BOSS贷为京东推出的针对体系外部商家的贷款，是一款京东将其对信用贷款产品的管理能力向体系外输出的产品。

（3）蚂蚁小贷（网商贷）。2010年3月，浙江阿里巴巴小额贷款公司成立，这是国内首个专门面向网商放贷的小额贷款公司。2011年，重庆市阿里巴巴小额贷款公司也宣告成立。小贷业务最初主要面向阿里巴巴电商体系内的小微企业和个体卖家提供信用贷款，自推出之后便迎来了高速发展，成立第一年时贷款余额约为1亿元，到第三年时贷款余额便增长至120亿元左右。2014年6月，随着阿里巴巴金融业务的整合与延伸，蚂蚁金服成立，小贷业务被划归其中，更名为蚂蚁小贷，服务对象也从阿里巴巴平台内的小微企业向平台外扩展。之后被并入网商银行，继续提供面向个体经营者、小微企业的网商贷。

蚂蚁小贷分为淘宝小贷和阿里小贷两种。淘宝小贷服务于淘宝的B2C商家，是订单贷款兼纯信用贷款，授信依据为芝麻信用、央行征信、实体勘察。阿里小贷服务于阿里巴巴的B2B商家，是纯信用贷款，授信依据为芝麻信用、诚信通指数、央行征信、实体勘察。二者资金均直接进入贷款人账户，但阿里巴巴可通过支付宝等渠道监控资金流向，也可根据平台店铺的存留决定是否提前收回贷款。截至2018年，蚂蚁小贷和网商银行服务了近1200万家小微企业和个体工商业者，发放了超2万亿元的贷款。

（4）阿里巴巴网商流水贷。2014年，阿里巴巴集团全资收购了外贸综合服务平台——达通，并将一达通列为阿里巴巴打造外贸生态圈中的重要组成部分。之后，通过线上化操作及建立有效的信用数据系统，一达通一直致力于持续地推动传统外贸模式的革新。通过整合各项外贸服务资源和银行资源，一达通目前已成为中国国内进出口额排名第一的外贸综合服务平台，为中小企业提供专业、低成本的通关、外汇、退税及配套的物流和金融服务。一达通参与了全程的贸易，并掌握了真实有效的贸易数据，基于这些贸易大数据的应用，阿里巴巴集团开始打造信用保障体系。

网商流水贷是基于一达通平台的数据而开发的纯信用贷款，服务于阿里巴巴国际站商家。其实早在2014年，提供以出口贸易数据为基础的无抵押、免担保、纯信用贷款服务的流水贷服务就已上线。授信额度与客户累积的出口额度相挂钩，根据客户在平台上近半年的出口数据，1美元可换取1元的贷款额度，最高上限为200万元。2016年4月底，新版流水贷上线，不仅服务范围从旧版的部分省市扩大到全国，在批复周期与贷款利率上也相应地做了调整，最低年化利率从12%降到10%，年化利率还依据信用分档，让信用更好的客户享受更优的利率。新版流水贷最快3天就可以批复，且最高额度提升至1000万元。此外，申请门槛也由工商注册2年降至1年，保证更多外贸企业以更简单的流程在流水贷平台上更快速地拿到贷款。截至2015年12月，开通一达通流水贷的客户超过1000家，授信额度超过3亿元（图12-6）。

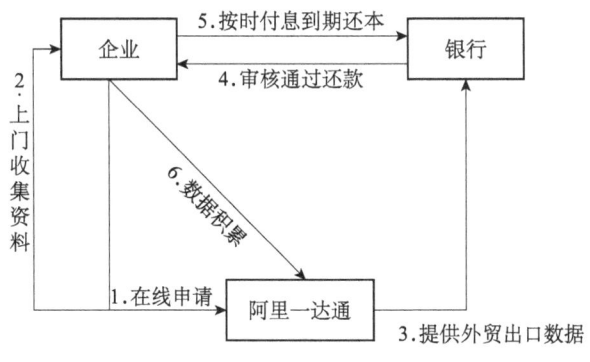

图12-6 阿里巴巴网商流水贷模式

（5）旺农贷。2015年11月，网商银行推出面向农村用户的小贷产品旺农贷，主要为农村种养殖者、小微经营者提供用于生产和销售的小额信用贷款，由此将小贷的业务延伸至农村市场。农村金融基础设施落后、信息不完善甚至空白、农户抵押品资产有限等现实状况，使得小微贷款中通常存在的问题在农村地区更为严重。对此，阿里巴巴推广已久的农村淘宝站点，成为蚂蚁农村金融服务的基础和渠道。

在旺农贷的发放过程中，村淘站点的合伙人经过筛选可成为旺农贷的推荐人，村民在村淘站点，通过推荐人在线上提交贷款申请，完善身份信息及土地、房屋、门店等资产证明，由网商银行进行审核后便可在线上签订贷款合同，放贷流程平均在3~5天内就可完成。推荐人在贷款前对借款人的信用状况、还款能力等进行评估，同时负责贷后管理，提醒村民及时还款等。对于每一笔贷款，推荐人可以获得一定比例的佣金，但佣金的发放将基于推荐人的后续行为及贷款违约状况等线上数据进行相应的调整。

4. 基于数字零售的对公理财产品设计

1）传统对公理财的缺陷

在日常生产经营，电商平台的客户往往在平台上有大量的沉淀资金，但此为企业日常经营所必须，资金需要实时进出，收付周期短。对于这部分闲置资金，银行也没有针对性的产品。仅仅将资金存在银行中，银行只能提供超短期或者活期的收益率，无法让企业获得满意。如果想要更高的收益率，企业往往只能选择定期存款。传统对公理财的另一缺陷为银行对公理财的门槛较高，然而大部门电商卖家为中小企业，资金较少，额度够不上购买理财产品的门槛，资金沉淀在平台上无法获得收益。

另外，企业客户若想要申购某个银行的理财产品都必须在银行专门开设一个专门的对公账户，许多企业为了分解投资理财的风险，一般都会购买多个银行的理财产品，这也意味着必须在相应的银行都要开设一个对公账户，需要去多个银行进行面签，企业跨行理财也会带来各种麻烦的手续。同时，企业取出存款购买银行理财将会降低银行存款量，让一些银行不情愿开展对公理财业务。

2）数字零售平台的对公理财

电商平台降低了对公理财的起投门槛，投资收益率比银行活期利率高，服务了更多的长尾客户。对公理财做的是跟企业运营相关过程的财务管理，打通理财与信贷，为企业提供高效率的资金支持和理财服务，提高企业留存现金的使用效率。数字零售平台的对公理财具有三个特性：首先是安全，资产端与银行、证券、保险公司等大型金融机构合作，对资金进行保障；其次是收益合理，在保证安全的前提下，电商平台砍掉不必要的中间交易环节，利用系统实现自动化，将运营成本释放给企业，确保理财收益率有竞争力；最后是体验，保证企业能够随时提取资金，满足即时的资金需求，期限灵活，资金流动性有保障。

通过较低的门槛和较高的收益率，电商平台的对公理财可以吸引商家在平台上存取款，增加客户的黏性。在数字化零售平台的生态下，对公理财补充了整个供应链金融生态圈的搭建，保证在整个产业链交易的流程的每一个环节，都有相应的金融服务来满足客户。

3）主要数字零售平台的对公理财产品

（1）京东企业金库。2016年6月，京东金融推出对公理财业务——企业金库，定位于为企业提供高效率的理财服务。数据证明，企业金库为客户创造了方便的服务场景，同时也维持了一个较高的客户的留存率。京东金融推出的企业金库，可在企业资金充裕时为企业提供理财服务，提升资金使用效率、降低运营成本。京东企业金库活期最低1元起投、定期最低1万元起投、最高7天周期。在同等起投门槛或者理财期限下，收益高于大部分理财产品，同时灵活度也好于大部分理财产品。此外，企业金库赎回资金也方便快捷，用户发起赎回后，最快可实现"T+1"回款。京东不仅限于为企业提供单独的融资和理财服务，未来还会为企业客户提供投融资打通的服务。一旦打通对公的信贷和理财服务，京东金融就可以为企业提供更多针对性的解决方案。

（2）苏宁对公理财。2014年2月26日，苏宁的对公理财产品正式上线，这是国内互联网零售领域第一个对公理财产品。苏宁的对公理财业务是建立在企业的真实需求的基础上，根据企业的财务、业务的运营状态量身定制的金融理财产品，产品的设计和运营都贴近企业的真实需求。此外，苏宁掌握着优质的客户群体，银行拥有庞大的资金来源市场，苏宁与银行定制开发对公理财产品，不仅能更好地盘活供应链沉积的资金，还能发挥银行的专业能力和渠道优势，增强对周边业务的辐射力。

（3）阿里巴巴余额宝。阿里巴巴拥有第三方支付平台支付宝，无论是企业客户还是个人客户，资金都要通过支付宝进行结算，而客户用于日常经营的沉淀资金和富余的闲置资金，都可以通过余额宝购买活期投资产品。2013年5月底，天弘与阿里巴巴联手在互联网平台推出余额宝。低至1元的投资门槛，按天计算收益、实时赎回、无手续费，余额宝的创新打破了基金业在短期小额投资需求领域的空白。通过余额宝用户不仅能够得到较高的收益，还能随时消费支付和转出，用户在支付宝网站内就可以直接购买基金等理财产品，获得相对较高的收益，同时余额宝内的资金还能随时用于网上购物、支付宝转账等支付功能，大量的普通民众将钱从银行里挪到了余额宝里。

12.2.2 其他类产品

1. 消费金融

传统消费金融是指向各阶层消费者提供消费贷款的现代金融服务方式，通常结合消费场景，主要通过与线下的卖场进行合作，为消费者提供产品的分期付款业务。各大银行是传统消费金融市场中的一大主体。银行能够提供多种消费贷款产品，其业务主要是两类：信用卡贷款和其他的消费贷款。信用卡贷款业务在中国发展并不顺利，中国人的信用卡消费习惯还远远没有培养起来，信用卡活卡率仅为58%。

银行的个人贷款业务审批严格，对信用风险把控较为严苛，使得贷款业务周期长，业务效率低下。另外，银行在线上场景的竞争力较弱，虽然各大商业银行也都有建立属于自己的网上商城，但银行的线上布局也仅是将原有的存量用户转移到线上开展业务，对于银行获取新用户，开阔新市场起到的帮助甚微。

除银行以外，另一传统消费金融市场中的主体为消费金融公司，其是指经银保监会批准,在中国境内设立的,不吸收公众存款,以小额、分散为原则,为中国境内居民个人提供以消费为目的的贷款的非银行金融机构。消费金融公司行业基本客户定位为中低收入群体,审核标准一般比银行的更为宽松,贷款额度也更高。在传统消费金融市场中由银行主导设立的银行系消费金融公司为主导,其产品和服务具有同质性,难以跳出银行体系提供服务。

电商平台的消费金融依托强大的互联网基因,通过搭建电商平台上的个人征信评估体系,搭建电商平台体系内个人征信评估网络,发掘和变现消费者的信用价值。主要业务模式分为消费分期、电商场景购物分期、线下场景购物分期和服务类平台消费分期(图12-7)。电商系消费金融平台的优势较为突出,相比于其他消费分期购物平台,电商系平台依托已有的电商场景资源,汇聚了大量的电商流量,深耕电商场景,为其提供消费分期服务,既能够满足消费者的购物欲望,又能够留住消费者,容易形成二次消费。另外,基于电商数据的风险控制模型有利于平台对消费者进行信用审核和风险控制。电商数据作为最主要的一类信用数据,能够真实地反映出用户的消费水平、消费记录和消费行为,有利于消费者信用审核。电商系平台可以很好地衡量消费者偿还能力。

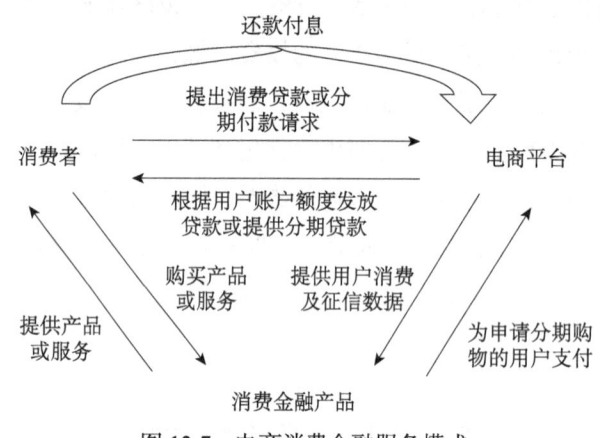

图 12-7 电商消费金融服务模式

我国"互联网+"消费金融行业"玩家"主要有以阿里系蚂蚁集团(蚂蚁花呗)、京东金融(白条)、苏宁金融(任性付)、唯品会(唯品花)为代表的依托自身电商平台衍生的消费金融产品。

2014年2月13日,京东白条正式上线测试,这是京东推出的第一款面向消费者的信用支付产品,额度根据用户消费习惯、消费行为数据进行评判,支持信用卡还款,部分用户的白条具有取现功能。2015年4月,蚂蚁金服推出的互联网消费信贷产品蚂蚁花呗正式上线,主要用于在天猫、淘宝上购物,后将服务扩展至更多的线上线下消费领域,依据用户芝麻信用分、淘宝上的消费习惯、支付宝上的大数据等开放额度。2015年5月,苏宁消费金融的"任性付"上线,通过打通自有线上平台苏宁易购与线下门店苏宁电器的消费场景，以信用支付作为核心特征，为消费者提供免息 30 天、分期购物等金融服务。京东白条和蚂蚁花呗运作模式见图 12-8。

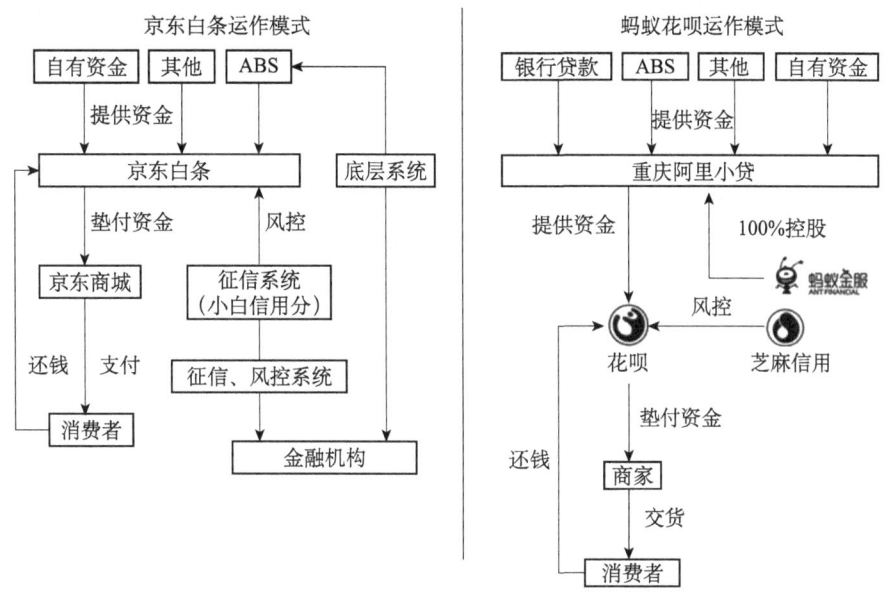

图 12-8　消费金融产品运作模式

2. 众筹

众筹即大众筹资，集中大家的资金、能力、渠道，为企业或个人进行某项活动提供资金援助。现代众筹是指通过互联网方式发布筹款项目并募集资金；电商平台的众筹则专门指在电商平台发布产品进行资金募集的众筹方式。

国内的众筹模式主要分为回报众筹、股权众筹、债权众筹和捐赠众筹。回报众筹即投资者对项目或公司进行投资，获得产品或服务，不涉及股权、资金、预期回报等，只是做预售型的产品服务，当募集金额达到后，即可获得相关的回报，如募资不成功，则资金全部退还。股权众筹即投资者对项目或公司进行投资，获得其一定比例的股份。股权类众筹以初创期企业为主，所以投资阶段主要为种子期和初创期。股权众筹被认为是天使投资与 VC（venture capital，风险资本）的一种补充，是私募股权融资的互联网线上化的模式。

2014 年 3 月 1 日，淘宝众筹正式上线，为回报众筹形式。在众筹项目上，淘宝众筹分支较为明确，涉及影音、公益、书籍、娱乐、科技、设计、动漫、游戏、农业等多个领域，金额较小。从淘宝众筹平台上的项目众筹结果来看，娱乐类项目成为一大品牌。淘宝众筹关注度较高的也都是以当前热门的影视娱乐类项目为主，如淘宝众筹爱情地标等。2014 年 7 月，京东众筹上线，为股权众筹形式。一方面扶持创业创新企业；另一方面丰富京东用户的产品体验，满足用户的消费升级需求。2015 年 3 月上线的京东东家面向中小投资者，提供京东东家创投板或消费板两个模块的私募股权投资，收益可观稳定。京东众筹的产品众筹则主要是以大板块划分，以技术创新类为主，综合流行文化、生活美学、公益等。依托众筹和东家，京东金融已经形成覆盖京东资源、投资、服务对接、培训四大有机体系的众筹生态圈。

3. 农村金融

相比城市发达便利的金融服务，农村金融一直是薄弱环节。具体表现在：一方面是传统金融机构网点分散，覆盖率低，无法满足农民的信贷需求；另一方面是农村市场中涉农项目抗风险能力低下，农村信用体系和风险防范机制不够健全，大部分农民无产权无抵押品，难以从传统金融机构获得融资服务。

电商平台在将网购带到农村的同时，也在建设各自的农村金融体系，积极构建闭环的金融生态圈。电商平台依托其资金链和产品链的优势，为农村提供全产业链的金融服务；用互联网的手段沉淀数据，逐步建立农村信用体系，利用大数据和技术解决农村金融领域金融供给不足的问题，帮助农民解决效率低和成本高的难题，最终实现农村与城市平等的金融服务。

2016年12月20日，蚂蚁金服正式发布了"谷雨计划"农村金融战略：未来三年，蚂蚁金服将联合100家龙头企业，为大型种养殖户提供金融服务；与合作伙伴一起为1000个县提供综合金融服务，包括支付、信贷、保险等；面向国内所有"三农"用户，拉动合作伙伴及社会力量提供累计10 000亿元信贷。农村金融事业部内部已经形成了三大服务平台，服务三类不同的客群。这三大平台分别是：旺农贷平台、旺农保平台和旺农付平台。旺农贷是面向"三农"用户提供的纯信用贷款，专项用于购买农资农具；旺农保可以为现代化的农业生产经营提供保障，如质量保证险、信用保证保险等；旺农付是花呗、借呗等以移动支付为核心的产品，为"三农"用户提供日常的消费、购买、互联网缴费、充值、转账，还有新农保、政务性等一系列支付服务的解决方案，主要是为了建设智慧农村，提高农村居民生活的便捷。

2016年8月，苏宁金融与国内第三方农业服务平台农分期达成合作，接入了对方一手农村客户资料信息，建立起审批、授信、放款完整作业体系，为符合条件的农户提供"惠农贷"贷款服务。同时，作为国内主要消费金融平台之一，苏宁消费金融依托遍布全国的苏宁易购直营店和苏宁易购平台，实现其消费贷款产品任性付"双线下乡"，以满足农村消费者在线上、线下的双向购物消费需求。

12.3 数字零售供应链金融的风险管理

数字平台具有全时空、全流程、全场景、全解析和全价值的特征。全时空是指数字经济打破时间和空间的限制，能够实现7×24小时、国际国内连接一体的信息流动；全流程是指从生产到销售再到消费，每个节点的数据都可以被捕捉；全场景是指数字经济能够打破传统的行业、企业的边界，实现所有生产、生活的场景的链接；全解析是指所有的数据都可以被收集、分析，从而形成数字资产并创造新的价值；全价值是指打破单个价值体系的封闭性，通过整合、协同创建出全新的价值链。

因此，数字零售供应链金融的风险管理核心在于对人、数据、物的全时空、全流程、全场景、全解析、全价值链的管控。基于大数据和人工智能，通过对人的全生命周期的多维度数据的搜集和分析，数字零售企业能够通过人的消费、生活习惯等数据，精准判断其信用状况和违约概率。数字零售供应链金融平台依据对具体订单全生命周期数据的把控，把融资风险同订单周期不同动态结合起来，把风险控制手段下沉到具体订单中，建立了动态供应链金融风险管理体系。这种动态供应链金融风险管理体系不仅可以服务于自身数字零售平台中的交易，还可以对外输出管理，提供社会化的供应链金融服务及风险管理服务。例如，数字零售供应链金融平台能够抓取核心企业上游或下游的具体订单全生命周期的精确数据，结合不同订单的节点结算融资额度，构成核心企业的应收账款和应付账款的池融资，为核心企业或上下游企业提供相应的保理或预付款融资服务（图12-9）。

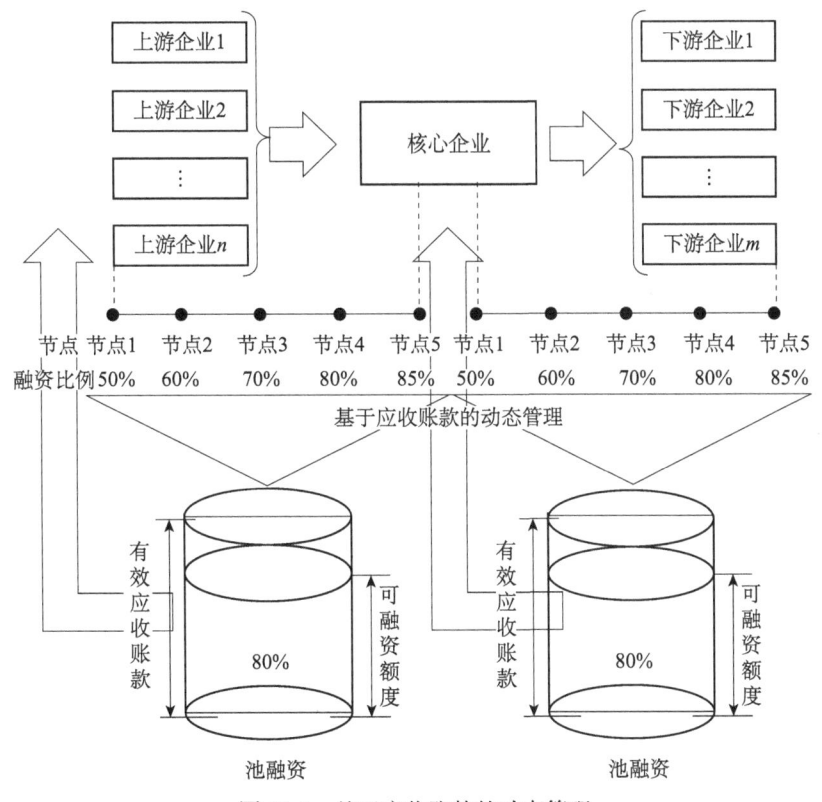

图12-9　基于应收账款的动态管理

数字零售供应链平台除了应用订单全生命周期的精准数据提供基于保理类或预付类的融资服务外，还可以基于对商家库存数据的精准风控，提供存货融资服务（图12-10）。

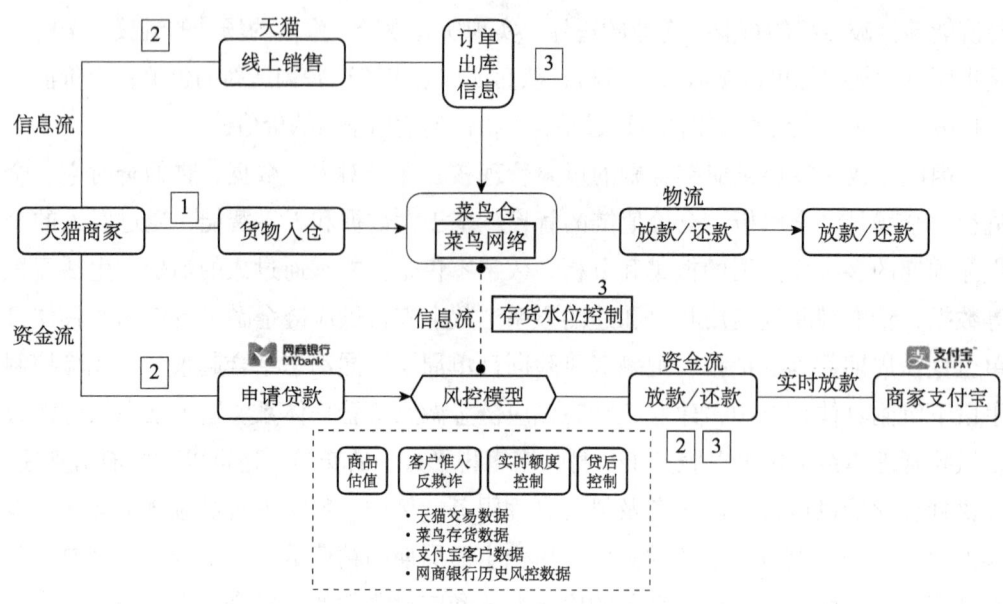

图 12-10　蚂蚁集团的存货融资风控模型

基于物联网和智能合约，金融机构、仓储物流系统、数字零售平台之间共享货物流转信息，能够实现对数据和物的精准管控（图 12-10）。在仓储物流端，从货物入仓到销售出库，所有的货物流转信息都实时上传至云平台。在数字零售平台端，依靠大数据对商品进行实时估值，精准把控存货跌价的市场风险。在金融机构端，通过银行历史风控数据和客户反欺诈系统，实时控制贷款额度。

12.4　企业数字零售供应链金融发展历程

12.4.1　京东数字零售供应链金融

京东供应链金融服务于 2012 年 11 月 27 日上线，由京东商城与中国银行北京分行签署战略合作协议，双方将向京东的合作供应商提供金融服务（图 12-11）。2012 年底，京东已累计融资 15 亿美元，从金融机构获得超过 50 亿元的授信业务。2013 年 12 月 6 日，京东金融推出其首个供应链金融产品"京保贝"，面向京东商城的上游供应商提供互联网保理服务。2014 年 2 月京东金融推出"京东白条"，是国内首款互联网信用支付产品，而后在 2015 年 4 月推出"旅游白条"和"租房白条"，将白条的应用场景扩展至京东平台之外。2015 年 3 月，京东推出京东东家，在行业内率先推出众创生态圈，并打造京东产品众筹、私募股权融资和众创生态圈的三位一体创业服务体系。"京东金采"是首款企业采购、账期管理的企业消费金融产品。2015 年 9 月，京东推出农村金融产品，首创全产业链全产品链金融服务新模式，同时还推出了动产融资产品，这是首个针对 B2C 电商企业的创新产品。2015 年 10 月，京东推出应收账款债权资产支持专项计划，将资产证券化。2017 年 7 月，京东金融正式组建海外事业部，通过建立海外分公司、合资公司等方式，全力推进国际化战略的落地，积极孵化海外创新型业务。2018 年 9 月，京东金融转型为京东数科，进一步发挥数字科技的价值和作用（图 12-11）。

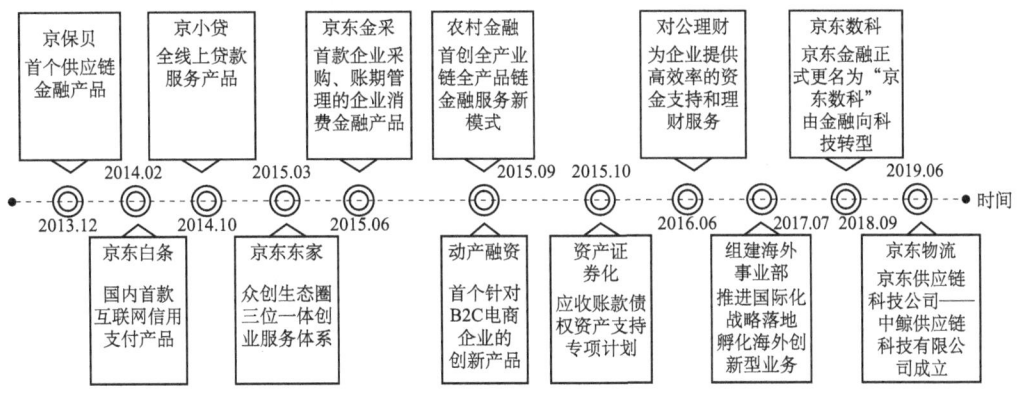

图 12-11　京东数字零售供应链金融发展历程

12.4.2　阿里巴巴数字零售供应链金融

蚂蚁集团起步于 2004 年成立的支付宝（图 12-12）。2014 年 10 月，蚂蚁金服正式成立。蚂蚁集团以"为世界带来微小而美好的改变"为愿景，致力于打造开放的生态系统，通过"互联网推进器计划"助力金融机构和合作伙伴加速迈向"互联网+"，为小微企业和个人消费者提供普惠金融服务。蚂蚁集团以支付业务为中心，向投融资业务双向延展，逐渐构建起支付、理财、小企业信贷、保险、芝麻信用、农村及国际业务部等业务板块，形成了支付服务、融资服务、资产管理服务、多元金融服务和数据征信服务为一体的业务体系，并通过板块协同完善业务流程、提高服务效率。

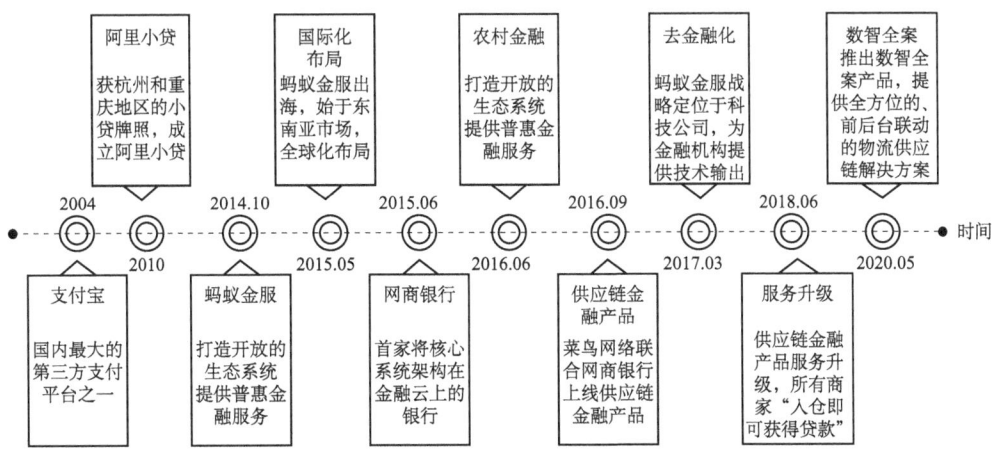

图 12-12　阿里巴巴数字零售供应链金融发展历程

在供应链金融领域,蚂蚁集团主要以银行信贷业务和农村供应链金融为特色。蚂蚁集团旗下的网商银行是中国第一家将核心系统架构在金融云上的银行,可以利用互联网和大数据的优势,给更多小微企业提供金融服务。网商银行先后推出了淘宝天猫贷、流量贷、口碑贷、"双11"大促贷、旺农贷等创新性的场景金融信贷产品,服务线上、线下各种类型的小微企业及农村经营者。2016年5月25日,蚂蚁金服首度披露农产品供应链金融解决方案,首次对外阐释了蚂蚁金服在"金融+电商+农业生产"的闭环农产品供应链布局,并阐释了蚂蚁金服农村金融的战略规划,展示出蚂蚁金服普惠金融的战略目标。截至2018年8月31日,蚂蚁金服无担保贷款服务小微企业1100万家。根据蚂蚁集团的IPO招股书,2020年上半年,蚂蚁集团的微贷科技平台共促成信贷余额2.15万亿元。作为国内互联网金融巨头,蚂蚁集团目前拥有国内最全的金融牌照,除了传统行业的基金销售、民营银行、保险、证券,还具有传统金融机构没有的第三方支付、股权众筹,业务触角四通八达。

12.4.3　苏宁数字零售供应链金融

作为从传统企业转型而来的电商企业,苏宁早在2011年就提出了布局供应链金融的战略规划,同年获得第一张第三方支付牌照;2012年,苏宁创建重庆苏宁小额贷款有限公司,推出"苏宁小贷"。2014年,苏宁推出"供应商成长专项基金",以10亿元的资金规模帮助供应链中的中小微企业实现融资。苏宁供应链金融服务主要开展订单融资、库存融资及应收账款融资类等基于真实贸易的融资服务。除了"苏宁小贷"融资业务之外,苏宁与众多银行合作推出"银行保理",已成为目前国内开展互联网金融业务覆盖银行数量最多的电商平台。2015年,苏宁金融集团独立运营,支付、保理、消费金融、供应链金融、众筹、理财等业务如火如荼。经过了多年的低调布局,苏宁金融已经囊括了包括第三方支付、消费金融、小贷公司、商业保理等在内的11块行业牌照。苏宁数字零售供应链金融发展历程见图12-13。

图12-13　苏宁数字零售供应链金融发展历程

借助苏宁的线上场景,以及线下仓储、物流、网点等优势,苏宁金融从一开始便明确了 O2O 的差异化发展之路，即通过线上和线下两种渠道的融合发展，实现线上线下产品、服务、数据和风控的打通。通过转化苏宁既有"流量"，苏宁金融在很短的时间内便完成了放量式的增长。围绕苏宁生态圈，苏宁金融在上游已成立了面向供应商的小额贷款公司和商业保理公司；在中游，苏宁上线了为苏宁售后、物流等服务商提供保险计划的互联网保险销售业务，以及以提升客户黏性为目的的"零钱宝"等理财业务；在下游，则有针对个人用户和海量商品苏宁消费金融业务。

12.5　传统银行与数字零售供应链金融的关系

大多数人认为，数字零售企业开展供应链金融业务是抢了传统银行的"饭碗"。实际上，数字零售企业开展的供应链金融服务不与银行等金融机构竞争，而是依靠数据和技术为金融机构和非金融机构提供服务：一方面帮助传统金融机构更好地服务现有用户；另一方面，自己获得用户之后，再输出给传统金融机构，共同提供金融服务。两者的关系更多地体现为"补充支持"和"合作共赢"两种态势。

"补充支持"是指数字零售企业所满足的是传统金融满足不了的新生需求，而不是要与银行、证券、保险等抢生意。以供应链金融为例，传统银行的供应链产品面向的大多是基建、房地产、能源等大规模企业，主要基于静态控制和"1+N"模式，提供大金额、低频率、低利率的金融产品，如京东供应商这类高频贸易型企业要想从银行获得融资则极为困难。这时，数字零售企业凭借平台商城积累的大量用户数据和多年搭建起来的物流系统，将"1+N"扩展至"$N+N$"，推出兼具合理风控与资金效率的产品，弥补了银行在这方面的不足。"合作共赢"则主要包括三个层面。

一是资产层面的合作。数字零售企业将自身经营的金融资产进行整合与配置，通过与银行合作，达到金融资产的配置最优化、利益最大化目标。以贷款业务为例，银行可以直接打包购买，也可以选择另一种类 ABS 的购买方式，如果银行担心直接打包购买会有较高风险，数字零售企业便将资产分为优先级、劣后级，银行可以根据对资产质量和风险的评估，自行选择不同收益水平的优先级或者劣后级产品。

二是产品层面的合作。对公、对私的多款理财产品是与银行合作一起根据用户的特点联合设计出来的，背后对接的是一套基于用户数据的理财产品组合。

三是账户层面的合作。这种账户体系的合作是数字零售企业与银行更深层次的合作方式，双方通过账户系统打通，共享用户底层数据，以此增强双方风控水平，并且能够让客户既享受到银行体系的安全又享受到互联网的速度。例如，2016 年京东金融与银行合作推出的联名电子账户——"白条闪付"。"白条闪付"通过与银行账户合作，为白条用户提供了线下消费金融服务，同时，也给银行输送了自身的用户运营能力。

本章要点

- 数字零售供应链金融产品主要包括应收账款保理、动产融资、信用贷款、对公理财等，可以结合供应链结构来进行产品设计。
- 与传统供应链金融相比，数字零售供应链金融在产品的创新和技术手段上有明显的优势。
- 供应链金融给数字零售平台带来新的价值：共赢和可持续发展。
- 数字零售供应链金融与传统银行的关系体现为"补充支持"和"合作共赢"两个维度。

思考题

1. 基于数字零售的供应链金融产品设计有什么样的特点？通过哪些创新解决了传统供应链金融产品面临的问题？

2. 将本章的供应链金融产品或服务进行汇总，并说明基于数字零售设计的保理产品、动产融资产品、信用贷款产品、对公理财产品之间有什么联系与区别。

3. 京东金融、阿里巴巴金融与苏宁金融三者有什么区别？彼此的优势与劣势是什么？

4. 京东的数字零售、阿里巴巴的新零售和腾讯的智慧零售三者有什么区别？彼此的优势与劣势是什么？

5. 你认为数字零售供应链金融的未来发展趋势是怎样的？京东金融、阿里巴巴金融与苏宁金融三者谁更有能适应这种未来的趋势？请说明理由。

第 13 章
数字科技下供应链金融平台

开篇案例

简单汇：如何让科技赋能供应链金融

近年来，随着中小企业融资难、融资贵的问题越来越突出，以简单汇为代表的供应链金融平台应运而生。与此同时，面对资金需求存在巨大缺口的诱惑，越来越多的龙头企业、商业银行、电商平台、保理公司、互联网金融机构纷纷加入这一赛道并进行角逐。实际上，各家企业在产品收益率、期限结构、风险特征、投资标的等方面均存在明显的同质化现象。

简单汇副总裁肖丽华表示，简单汇的不同之处在于成立伊始就力图通过融合并优化科技工具为供应链金融主业服务，而当下的融资市场正如其所说——区块链技术的应用正成为一大热点。

简单汇的诞生

简单汇的母公司 TCL1981 年创立于广东惠州，由录音磁带的生产制造商逐渐发展为一家多元化集团。2004 年公司整体在深交所上市（SZ.000100）。目前，TCL 拥有 75 000 名员工，在全球设立了 23 个研发机构、21 个制造基地和 40 000 多个销售网点，业务遍及全球 160 多个国家和地区。通过四条供应链管理——产品设计与制造链、物流供应链、质量保证链、产品创造与支持链，实现了全球资源高效配置。

TCL 的产品分布全球各地，其背后拥有庞大的供应链，产业特征非常明显：一是链条长，二是中小企业多。由于信任机制问题，其供应链末端客户的融资成本高昂。对于多层次尤其是众多末端的中小微供应商来说，出于风险控制考虑，银行不愿意承接这部分业务，所以就出现了规模越小的企业融资越难的问题。

为了将自己的供应链整合起来，解决内部上游各级供应商的支付、流转、融资问题，TCL 在 2014 年立项了简单汇供应链金融项目。2015 年，简单汇系统上线，开

始在内部推广试运行，并开出了第一张"金单"。2016年，基于TCL庞大生态圈优势，简单汇业务快速增长，并逐渐将在整个供应链条中介入的期限拉长。除了发票收到以后确权了的应收应付款以外，简单汇也涉及开发票前及支援到下游的信用贷产品。2017年，简单汇信息科技（珠海）有限公司[①]正式成立，开始独立于TCL金融业务运营，前期由TCL保理公司进行放款。2018年，简单汇的交易模式和多级流转模式得到了银行的认可。为了进一步降低资金成本，也为了按照金融监管的要求，适当降低TCL保理公司的融资余额，简单汇引入银行资金加入平台，平台平均融资利率进一步降低。

经历了大约4年的快速增长期和不断的试错改进，简单汇在集团内部的应付业务中使用比例达到50%左右。2019年简单汇开始和外部核心企业及各家银行开展系统对接。平台主要服务的客户为以下几类：一是以TCL、中国南山开发（集团）股份有限公司等为代表的核心企业及其1~N级供应商；二是以光大银行、农业银行等为代表的金融机构。截至2018年末，光大银行、农业银行累计出资规模总计超过6亿元。

此外，简单汇也向中国人民银行金融机构招募了监管并保持日常沟通，希望能促成业务稳步发展并把金融引入N级的供应商。简单汇主要负责合同审核和发票查验两块服务，银行提供资金并将核心客户放到简单汇平台上做供应链交易。由于银行传统业务是做一级保理，额度利用率不高，但是通过简单汇平台将N级客户做起来之后，额度使用效率大大提高。

简单汇的发展

核心产品："金单"

应收账款确权需要凭证。简单汇的主要产品为"金单"，它是一种基于真实的基础交易背景和因基础交易而产生的应收账款多级流转电子债权凭证。供应链企业拿着金单在简单汇平台内部企业间进行拆分、流转或通过金融机构开展融资、到期托收等操作。供应商在收到金单后，根据其贸易采购情况及资金情况，可将金单拆分流转至1到N级供应商，也可进行融资，或者持有至到期兑付。融资之后，由保理公司和银行持有金单，可以在简单汇平台上转让给金融机构做再保理，提前支付，或做ABS发行计划。由于TCL资产评级较高，发行成本相对较低。据统计，目前简单汇单笔融资金额平均为113万元。这些小额、低息、便捷的金融服务是以往这些中小微企业在银行等传统金融机构中难以享受的。

金单使用灵活，业务全程线上化，24小时随时随地办理，操作简单便捷，系统自动放款速度快，可有效缓解企业资金链紧张的"燃眉之急"，是解决延迟支付的重

---

① 2017年为简单汇信息科技（珠海）有限公司，2020年改为简单汇信息科技（广州）有限公司。

要手段。金单有效拓宽了广大中小微企业的优质融资渠道。不仅提高了产业链的供货质量和稳定性，并且进一步降低了信用风险和链条成本，提高了产业链的核心竞争力和抗周期能力。对于金融机构而言，既可以批量获取中小企业客户及优质资产，也顺应了政策导向。

依托金单这一载体，利用核心企业信用为中小企业赋能，降低平台小微企业融资成本，是简单汇平台的一大特色。2018年，简单汇平台金单平均融资成本低于6%，同时已与工商银行、农业银行、光大银行实现直连对接，其中，与农业银行合作打造的"链捷贷"产品，综合成本仅为4.8%，远低于同业水平；在有效提升放款效率方面，平台为全线上操作，系统实现发票信息与税务机关系统直连核验，有效降低了人工审核的操作风险，金融机构放款流程也由人工操作变为全部由系统自动处理，大大缩减了放款时间，每笔融资从申请到资金到账在2小时内完成。

应用技术：区块链

对金融行业来说，信息和数据的真实性无疑是最重要的一个因素。2017年8月简单汇"区块链金单"项目上线，为金单交易实现上锁。目前简单汇平台在TCL、中开控股集团有限公司、中国西电集团有限公司、各个对接银行都已经完成了区块链节点的设置。截至2019年11月，平台累计成交量已经突破3000亿元，融资规模超过400亿，平台企业数达到15 000家。

对于区块链技术在贸易金融场景中的应用，依托核心企业的授信额度进行拆分流转，更好地服务实体经济，已成为银行、企业及监管部门的基本共识。区块链因其去中心化、分布式账本等技术特征被认为是目前较安全的数据管理方式，在区块链技术的保护下，数据被篡改的可能性几乎为零，因此金单具有唯一性和可追溯性。金单开出后，系统利用人脸识别等生物技术验证操作人身份，利用OCR-6[1]技术验证相关贸易背景资料，并通过与若干第三方数据公司、中登网等合作（将来可作为联盟链上的可信节点），将验证的数据及验证结果加密写到区块链节点并同步到联盟链，确保第一手贸易背景资料的真实性与不可篡改。后续金单的流转、融资、到期与清分的操作都记录在区块链上，通过区块链可以验证和追溯整个业务的闭环操作，资金方及监管机构可以非常方便地对数据进行取证。

在资金端，出资方也可以很方便地验证数据是不是第一手资料，中间有没有被篡改过，以及资料提供者的身份（通过区块链上的公钥验证身份），从而提高资料验证的效率。目前，简单汇已经与保理公司完成了基于区块链上的试点，与银行的试

---

[1] OCR（optical character recognition，光学字符识别）是指电子设备（如扫描仪或数码相机）检查纸上打印的字符，通过检测暗、亮的模式确定其形状，然后用字符识别方法将形状翻译成计算机文字的过程，即针对印刷体字符，采用光学的方式将纸质文档中的文字转换成为黑白点阵的图像文件，并通过识别软件将图像中的文字转换成文本格式，供文字处理软件进一步编辑加工的技术。

点也在同步进行中，业务发生的同时还可把贸易背景资料的数据指纹信息也同步到联盟链上的司法机构节点，这样一旦发生纠纷，只需要在区块链上验证数据指纹，就可以快速判定资料的有效性。

简单汇平台的区块链金单项目针对金融业务场景的联盟链，技术底层选择了 hyperledger fabric（开源区块链分布式账本），在此基础上进行自研，由核心企业、金融机构、监管机构及简单汇形成一个联盟组织，共同维护区块链账本。未来将加入各行业协会、司法机构等可信主体，每个核心主体都独立部署区块链节点并自己保管秘钥，各节点间背书验证通过后上链，所有节点上的数据都是相同的副本，不同主体间的数据通过加密方式隔离。

机遇与挑战

我国供应链金融的参与主体类别众多，包括供应链管理服务公司、物流企业、产业核心企业、银行等金融机构、各类金融科技服务企业等，各类主体都从各自优势领域切入，当前呈现百家争鸣的布局态势。物联网、云计算、区块链、大数据、人工智能等新技术层出不穷，科技创新已成为供应链金融打破发展瓶颈、革新商业模式的核心驱动力。在上述背景下，供应链活动的周期更短、频率更高，而传统的供应链金融操作成本高、融资响应速度慢、服务效率低、信息不对称的弱点越发暴露。利用科技创新，驱动传统供应链金融模式创新的需求应运而生。但供应链金融行业繁荣发展的背后，还存在以下诸多问题有待解决。

（1）降低整个产业的交易成本。供应链金融不仅要解决上下游资金问题，还要降低整个产业的交易成本。当前中国很多行业中都有着"小散乱"的问题及新旧产能转换之间的冲突，这样的市场就造成了整个产业的交易成本非常高，所以怎么利用供应链金融的手段优化交易成本尤其重要。

（2）产业有序可持续的发展。在产业交易成本降低后，就需要重塑产业竞争力，使产业可持续发展。以简单的物流体系举例，基于库存管理体系、风控体系，供应链金融平台可以把原来的订单聚合，形成一个稳定的厂商订单，这有利于做好现金流计划，每天连续滚动实施，可以使厂家的计划具有稳定性，优化了产业过程。

（3）产业的供应链流程再造。先有供应链管理，后有供应链金融，在供应链管理中会形成庞大的数据量，如何利用在供应链金融中收集到的这些数据并分析，从而形成有效可信的供应链数据资产，进一步实现数字资产化的过程，是产业供应链流程再造的一大机会。

TCL 内部认为，简单汇的创新点在于，在突破性创设具有多项实用功能的应收账款债权凭证——金单的同时，不断优化融合领先金融科技手段，运用云服务方式建立了线上化系统平台。简单汇平台广泛运用互联网、云计算和区块链技术，汇集了核心企业、1~N级供应商以及金融机构等多方实体，一方面实现了核心企业信用无衰减传递，为小微企业便利融资创造了机会；另一方面通过互联网运营，降低了融资机构的运营成本，极大地提升了中小微企业融资体验，实现融资易、融资快。此外，简单汇已成为由中国互联网金融协会"互联网＋供应链金融"工作组建设的"中国供应链金融数字信息服务平台"所受邀三家行业龙头公司之一，将重点参与供应链金融行业标准制定和数字服务平台建设等工作。

简单汇的一整套业务模式和风险流程已经得到了多家银行的认可，并且开放了核心系统直连，银行业务正在稳步提升。传统机构开展创新业务时，在业务规则制定、风险判断及不同的专业知识层面都会遇到很大的阻力，需要跨行业的知识结构体系。

目前简单汇的主要支出以系统服务的支出和人员的支出为主，收入来自企业融资后发生的信息技术服务费。整个平台交易量处于较高水平，已经实现扭亏为盈。但目前其业务尚处于拓展期，在一段时间内仍需加大投资、抢占市场，以满足股东对市场业务量大于盈利的要求。

简单汇的下一步

与市场不同的认识在于，互联网时代的供应链金融并不是1+N的核心企业模式，或者M+1+N上下游拓展模式，而是一个完整的生态圈，是一种跨企业、跨行业、跨区域，与政府、企业、行业协会等广结联盟，与物联网和互联网相融合的金融生态平台。

为打造成为科技赋能供应链金融服务的领跑者，简单汇将计划发力三大举措：一是完善自身产品体系和业务流程，将供应链金融产品向应收、应付两端延伸，提升平台风控水平以及客户体验；二是不断扩大产品影响力和覆盖范围，完善客户模型分析和评价体系建设，更多地获得平台用户的好评和传播；三是参与相关行业标准的制定，包括监管统一平台的建设，以及加入官方背景的公信力平台进行信息交互。

未来简单汇倾向于多产品、多技术应用。每一个金融产品都可以拆解成为不同的模块化结构和系统需求，将多系统模块组合就能够实现多产品多场景的定制化需求，系统配合业务发展，切入供应链金融的每一个场景。

案例思考题

1. TCL为什么要成立简单汇供应链金融项目？请说明你的理由。
2. 在简单汇平台中，"金单"有什么特点？
3. 金融科技在简单汇平台中发挥了什么作用？金融科技如何给"金单"应用赋能？
4. 简单汇的盈利模式是什么？面临什么挑战和机遇？
5. 对于简单汇未来发展，你有什么建议吗？

> **本章学习目标**

- 了解数字科技在金融领域的应用
- 掌握区块链技术的主要特征及其如何赋能供应链金融
- 通过简单汇的案例,掌握基于区块链技术的供应链金融平台的搭建框
- 了解供应链金融业务的风险及数字科技对风险管理方法的变革
- 了解数字科技与供应链金融之间的相互作用关系

13.1 数字科技及其应用

13.1.1 数字科技

(1)人工智能。近年来,人工智能技术飞速发展,有自然语言处理、深度学习领域的技术性突破,也有在无人驾驶、语言识别等方面的实际应用。在金融领域,人工智能也有相应的技术应用场景,为金融的科技化添砖加瓦。比如,智能投顾会根据投资者提供的风险偏好、投资收益要求和投资风格信息,运用智能算法技术、投资组合优化理论模型,结合深度学习,为用户提供投资决策信息参考,并随着金融市场动态变化对资产组合及配置提供改进的建议;在风险管理方面,利用神经网络、专家系统、支持向量机等技术,结合相关的数据,能够在众多数据中识别数据间的特殊关系,并进行一定程度上的推理判断,从而能更早、更快、更精准地识别出风险,减少风险所带来的损失。

(2)大数据。随着参与金融者越来越多,金融活动所产生的数据量及种类也随之增大。面对庞大的数据量,难以利用传统的数据分析工具来进行分析,而利用大数据技术,能快速地处理数据,进行多维度的数据分析,从而得出相对可靠、全面的结论;同时,大数据系统的构建也能为人工智能等技术在金融领域的应用提供数据的支持。在消费领域,大数据可以结合用户的消费水平、消费习惯等立体化数据,从而刻画用户画像,做到个性化、精确化的广告投放。此外,在信贷、风控领域,利用大数据进行风险的评估能充分体现出"大数定律",将个体风险一般化,为确定合适的贷款利率、做出相应的风险管理决策提供帮助。大数据也能够帮助构建征信系统,结合企业的生产信息、财务信息、交易信息、经营状况等信息,通过大数据分析企业的信用水平,为小微企业的融资和贷款提供信用层面的参考。

(3)云计算。云计算是人工智能、大数据、物联网、区块链得以应用的载体,通过由众多服务器组成的"云"把处理十分复杂的数据拆分成众多小程序,最后再

把小程序的结果汇总得出最终结果，使得处理速度十分迅速。在金融领域中，云计算作为底层服务，为智能投顾、智慧物流、决策优化、风险管理等提供了快速数据计算支持。2013年，阿里金融云正式推出，专门服务于银行、证券、保险、基金等金融机构，采用独立的机房集群提供满足一行三会[①]监管要求，同时，信息安全等级保护等级为四级，有两地三中心的灾备系统，提供混合云特殊设备托管服务，在客户准入方面得到行业的认证，安全性也有保障。

（4）物联网。物联网技术通过RFID、红外感应器、全球定位系统、激光扫描器等信息传感设备，可以将物品与互联网相连接，进行信息交换和通信，实现智能化识别、定位、追踪、监控、管理物品。在金融领域，物联网则与供应链金融关系较为密切，物联网技术的应用能实现在仓储物流中对货物的实时监控和动态管理，在仓库内能实现货物的自动转移调拨、拣配；在出入库时对货物进行扫描，并上传至系统中；在物流过程中也能监控其状态变化。由于货物信息完备并能实时监控，企业利用与物联网相连的货物进行质押、动产融资时，金融机构无须担心质押物的合法性、企业伪造货物价值等，所承担的风险较小，企业也能获得更宽松的利率条件。

（5）区块链。区块链（blockchain）是一种由多方共同维护，使用密码学保证传输和访问安全，能够实现数据一致存储、难以篡改、防止抵赖的记账技术。目前，区块链呈现出以下三个平行发展、相互促进的阶段：区块链1.0（2009~2014年）以比特币为典型应用，实现数字货币的发行和流通。区块链2.0（2014~2018年）以智能合约为特征，通过智能合约推动多业务系统的协作。区块链3.0（2018年至今）则与物联网、云计算等技术融合发展，在大规模协作领域提高行业的运行效率和管理水平。

13.1.2 区块链技术

人工智能、大数据、云计算、物联网等技术都在供应链金融领域有一定的应用。近年来，区块链技术的引入为供应链金融的风险控制领域提供了新的管理思路和技术手段。

区块链有三种不同的应用模式：公有链、联盟链、私有链。公有链是指任何人都可以随时参与到系统中读取数据、发起交易的区块链，如比特币；联盟链是指若干个机构共同参与管理的区块链；私有链是所有参与节点严格控制在特定机构的区块链。

公有链、联盟链、私有链与普通分布式技术，在环境信任程度、篡改难度、业

[①] 一行三会是指中国人民银行、中国银行业监督管理委员会、中国保险监督管理委员会、中国证券监督管理委员会。2018年以后，中国银行业监督管理委员会与中国保险监督管理委员会合并为中国银行保险监督管理委员会，至此，一行三会调整为一行两会。

务处理效率方面表现如表 13-1 所示。联盟链是联盟机构参与，具有性能高、易落地等特点，契合金融领域交易量大且频繁、有许多企业和金融机构参与、需要监管与风险管控等特点，所以联盟链模式是金融领域区块链技术应用的主要方向。

表 13-1 公有链、联盟链、私有链对比表

类型	特征	优势	承载能力	适用业务
公有链	去中心化 任何人都可参与	匿名 交易数据默认公开 访问门槛低 社区激励机制	10～20 笔/秒	面向互联网公众，信任基础薄弱且单位时间交易量不大
联盟链	多中心化 联盟机构间参与	性能较高 节点准入控制 易落地	大于 1000 笔/秒	有限特定合作伙伴间信任提升，可以支持较高的处理效率
私有链	中心化 公司/机构内部使用	性能较高 节点可信 易落地	大于 1000 笔/秒	特定机构的内部数据管理与审计、内部多部门之间的数据共享，改善可审计性

资料来源：《区块链金融应用发展白皮书 2020》

同时，区块链具有以下的特征，使得区块链在金融领域中有大量的发展前景。

区块链具有开放性：区块链技术的底层逻辑和基础是开放的，如京东的 JD Chain 和百度的 XuperChain 均是开源的。任何人都可以访问、查阅底层代码，能从算法层面检验数据加密、传递的过程是否有安全漏洞；发现漏洞或有改进的意见也可以提交报告，从而不断完善区块链技术的底层逻辑架构，不断提升其安全性、信息承载力与传递速率；同时，所有人也可利用区块链技术开发相关产品应用，不存在技术壁垒。

区块链的安全性：区块链利用分布式账本，交易记账由分布在不同地方的多个节点共同完成，而且每一个节点记录的是完整的账目，每一个节点都可以参与监督交易合法性，同时也可以共同为其作证。区块链有共识机制，当节点与节点之间产生信息差异时，会采取"少数服从多数"的原则，其中"少数服从多数"并不完全指节点个数，也可以是计算能力、股权数或者其他的计算机可以比较的特征量。只有在控制了全网超过 51% 的特征量的情况下，才有可能伪造出一条不存在的记录，但是由于区块链是多方参与、共同维护的，一方不可能成功伪造记录。区块链数据结构也具有自校验性，任何一条记录被人为修改后，都可通过历史区块回溯实现快速检验，能有效防止数据被篡改；虽然存储在区块链上的交易信息是公开透明的，但是区块链上账户身份信息是加密的，只有在数据拥有者授权的情况下才能访问，

从而保证了个人的信息安全与匿名性。

区块链各节点独立分布：区块链各个节点独立存储着相同的区块数据，能根据本节点存储的数据独立开展计算工作，如合法性校验、有效性检验、指定的逻辑运算等，最终得出计算结果通过共识机制决定所得区块数据能否上传至链中。相较于传统单一的数据库需要灾备系统来备份数据，区块链中少数节点故障不影响整个系统的正常工作，数据也不会因此丢失。

13.1.3 区块链在供应链金融领域的应用

金融是区块链技术应用场景中探索最多的领域，区块链技术的应用能够促使金融机构间的信任强化、推进跨机构合作、构建新型数据共享模式、重塑业务流程（表13-2）。在贸易融资领域，基于区块链+物联网技术打造多机构参与的贸易融资（联盟）平台，连接商户、金融机构、仓储管理、物流公司、监管机构，将交易过程中的货物、单据、物流、监管信息等数据流上链，让现实中的货物信息与电子单据信息进行相互验证，保证了货物信息的真实性和准确性，满足企业对在途和仓储实物商品融资的需要。在资金管理领域，区块链技术的应用使得资金管理流程中预算、审批、支付、对账等核心信息上链，以及信息流、审批流、资金流能够相互验证，配合链上数据难以篡改的特性，使得财务欺诈与数据造假的难度大幅提升。此外，基于智能合约的工作流引擎，通过灵活配置资金审批流程，实现资金申请和审批支付自动执行，提升资金管理和支付效率。区块链分布式存储和共识机制也能使得多方机构实现数据可信共享，解决信息不对称的问题，节省申请方、审批方、托管方、监管方之间的大量对账时间。在支付清算领域，基于区块链技术打造的跨机构支付清算平台，可以在交易双方之间直接共享交易数据流，简化对账处理流程，作为传统支付产品的有效补充。在数字资产领域，利用区块链技术构建去中心化的数字资产网络，允许资产发行方、资产交易方、交易所、流通渠道在内的各机构多方参与并按照自身角色在链上开展业务，实现数字资产的登记、发行、流转和清结算。利用区块链多方共享、难以篡改的特点，实现资产登记即公示，并在区块链上完成数字资产的流转和清结算，交易过程透明且可溯源，保证了数字资产的安全。利用区块链交易可追溯的特性，也为资产监管方提供清晰的交易链，强化了资产监管方的审计职能和效率。众多传统银行、互联网平台、核心企业已经将区块链技术应用于具体的金融业务上，在安全性及业务效率上都显著提升。

表 13-2　区块链落地领域

机构		基础平台	资金管理	供应链金融	贸易融资	支付清算	数字资产 ABS	数字资产 票据	数字资产 其他
传统银行	工商银行	√	√	√	√		√	√	
	农业银行			√					
	中国银行		√			√	√	√	
	建设银行		√	√					
	交通银行						√		
	邮储银行		√		√				
	招商银行				√	√	√		
	平安银行	√		√	√				√
	浦发银行							√	
互联网企业	度小满	√					√		√
	蚂蚁金服	√			√				
	微众银行	√		√	√				
	京东数科	√		√			√		
核心企业	华为	√	√						√
	小米	√	√					√	
	联想			√					
	TCL	√		√				√	

资料来源：《区块链金融应用发展白皮书 2020》

相较于其他金融领域只是利用区块链技术来提升业务效率，区块链技术则像是为供应链金融量身打造，从技术支持、平台构建、赋能产业三方面为供应链金融提供活力（图 13-1）。

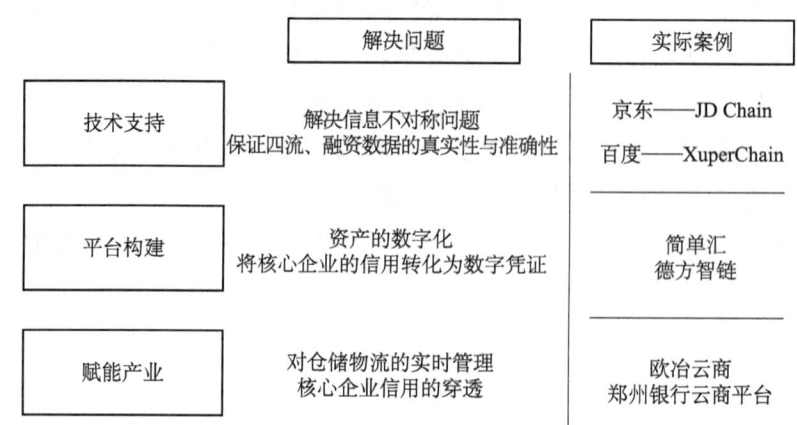

图 13-1　区块链技术在金融领域的应用

从技术层面来说，在传统的供应链金融中，上游的多级供应商难以直接获取核心企业的信用背书，单凭自身条件往往难以满足银行信贷融资标准，导致金融服务难以向供应商渗透，中小企业融资很难。此外，面对上游众多体量较小的供应商，金融机构需要投入大量额外的成本来校验相关信息的真实性，交易真实性验证成本高，且提供金融服务时风险较高，导致金融机构不愿意为多级供应商提供相应的服务；交易真实性验证成本高的本质在于信息的不对称性，在缺乏技术手段的情况下，信息相互割裂，难以进行共享，在信息的传递过程中，也面对信任传导困难、流程手续繁杂、增信成本高昂等问题。区块链则可以将业务流程中的四流（信息流、商流、物料流和资金流）数据与融资数据上链，这些数据通过共识机制验证了其真实性，并进行分布式储存、需要授权才能查看且难以篡改，使得数据真实、可靠、可信，解决信息不对称的痛点。区块链技术实现了实体产业经营信息向金融机构准确传递，推动解决小微企业的融资困境，推动了金融更好地为实体经济服务，有效防止票据、合同造假，扩大了金融机构业务来源、获客渠道及业务规模，实现了供应商、核心企业、金融机构的多方共赢。

在构建平台层面上，区块链技术打破了信息壁垒，使得毫无关联的金融机构、核心企业、供应商之间能基于真实、准确的信息来进行评估，无须为信息的获取和查验浪费资源与时间，这为供应链金融平台的构建提供可能。平台也可以利用区块链技术实现资产的数字化，同时结合物联网、人工智能等技术，实现货物与数字化资产的对应关系，区块链技术的共识机制和难篡改性也避免了数字资产造假的可能。利用数字化资产开展金融业务，节省了对货物进行确权、估值的过程，且全流程简单快捷并能在线上完成，为供应商、核心企业、金融机构都带来便利。此外，利用区块链难篡改、可溯源的特性将核心企业的信用（票据、授信额度或应付款项确权）转化为数字凭证，并通过智能合约实现数字凭证的多级拆分和流转，上游供应商可以根据自己的需求来拆分核心企业的数字凭证进行融资、持有或流转，极大地提高了资金的利用率，解决了中小企业融资难、融资成本高等问题。数字凭证或数字化资产的安全性、便捷性、通用性使得平台供应商能够将其结合票据贴现、保理融资、动产融资、小额贷款等金融业务构建一个由多个金融机构、核心企业、供应商所参与的供应链金融平台。

在赋能产业层面，区块链技术能够为金融机构、核心企业提供安全可靠的信息来源，降低风险，并利用这些信息反哺供应链中的供应商，实现产业水平的整体提升。在仓储物流方面，区块链多节点记账、可溯源的特性使得货物信息与动态能清晰、透明、准确地呈现出来，在运输或进仓过程中也会经过多节点的验证，从而避免了货物与货单信息不符的问题；通过核心企业构建的区块链平台与仓储物流系统对接，核心企业与相关企业能实时监控货物信息，保障了货物的可靠性和安全性。

此外，区块链技术孕育的数字凭证可以将核心企业的信用沿着供应链向上游传递，降低合作成本，实现供应链上下游的信用穿透，也使得上游供应商能获得核心企业的信用背书，解决了金融机构对上游供应商的信任危机，为上游供应商提供与核心企业相同的金融服务。

13.2　基于区块链技术供应链金融平台

13.2.1　消费电子产业链中的融资困境

TCL 于 1981 年成立，起初生产销售录音磁带，后逐步扩大产品范围，现已成为消费电子领域的龙头企业。以 TCL 生产电视产品为例，TCL 上游的一级供应商为 TCL 提供屏、显示半导体、主板等材料。对于二级供应商而言，在生产屏的供应商上游又有模组生产商、贵金属、ITO[①]、有机材料、化学气体、半导体的供应商；显示半导体的上游供应商又分为半导体的代理商和制造商以及线材、接插件的供应商；主板的供应商需要 PCB（printed circuit board，印制电路板）、主板、电源板的供应。对于在上游的供应商而言，生产线材、接插件需要线材厂、端子厂、模具厂所供应的材料，这些材料的生产又需要塑胶、铜材以及铜材的电镀；PCB、主板、电源板又需要基板厂、化工厂、电子厂所供应的材料。整个供应链中，供应商众多，供应关系也十分复杂。

在消费电子产业逐渐壮大的同时，供应链中小微供应商融资道阻且长的问题逐渐凸显，这影响到了供应链总体的稳定性以及成本（图 13-2）。在电视产业链中，核心企业如 TCL 的融资成本只有 6% 以下，而上游的模组、半导体、线材、主板等供应商的融资成本则需要 6%～12%，再上游的如塑胶、铜材等供应商的融资成本则高达

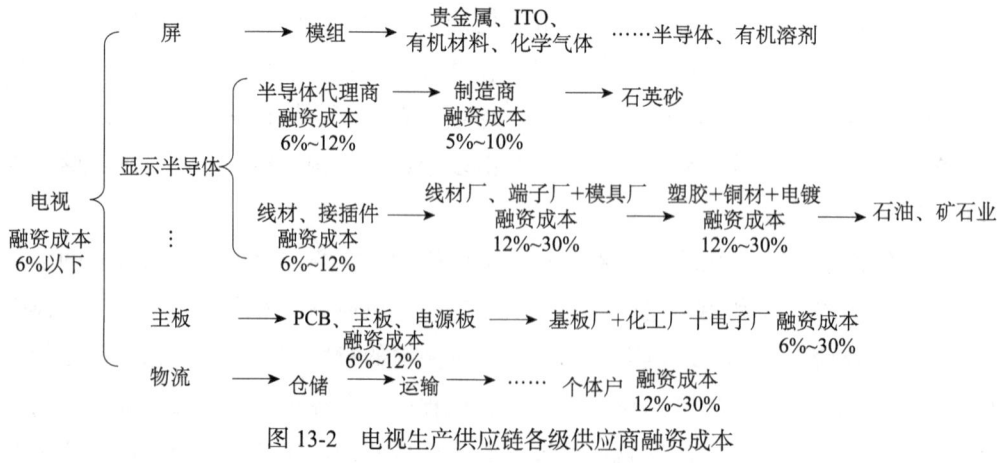

图 13-2　电视生产供应链各级供应商融资成本

---

① ITO：氧化铟锡，一种半导体材料。

12%～30%，小微供应商的融资成本十分高昂。此外，由于供应商的信用不如核心企业，在办理融资时需要抵押、担保物，利率也会上浮，这使得小微供应商融资变得难上加难。消费电子产业供应商融资成本高、融资难的本质在于传统金融难以解决信任问题，供应商本身的综合资质不佳、抵押品不足，加上贸易合同、发票、物流等数据真实性难以验证，使得金融机构风控成本较高，导致供应商融资成本高、融资难。

13.2.2 基于区块链技术的供应链金融平台运作模式和流程

TCL意识到了小微供应商融资贵且难的问题，但一直没有找到合适的方式去解决。近年来，区块链技术得到了巨大的发展，在分布式账本、智能合约的加持下，上链的数据具有真实、准确、难篡改、可溯源的特性，TCL意识到可以利用区块链技术来为小微供应商解决融资问题。2015年，简单汇平台正式上线，整合了自身的供应链，并解决了上游各级供应商的支付、流转、融资问题。

简单汇不是类似银行的金融机构，或提供贷款业务的小贷公司，而是基于区块链技术的供应链金融平台。平台本身不提供金融服务，而是构建一个信息透明共享的平台，使得金融机构能在平台上为核心企业或供应商提供线上的金融服务。平台获取收益的方式则是核心企业、金融机构、供应商在平台上进行交易、数字凭证兑付时收取手续费、服务费。基于区块链技术的供应链金融平台的特点在于区块链所解决的信息不对称性，核心在于其所采用的标准化数字资产和可拆分、可持有、可流转的数字凭证。供应商在平台上注册后，提交相应的材料和资质证明，经审核后便可使用平台上的功能；核心企业和金融机构则是与平台进行合作，平台会与核心企业和金融机构的系统进行对接，实现信息的联通与共享，核心企业和金融机构也能够获取并分析在平台上的交易数据，优化在平台上开展的金融业务。

作为供应链金融平台业务开展的典型，数字凭证的开具和流转流程如下所示（图13-3）。

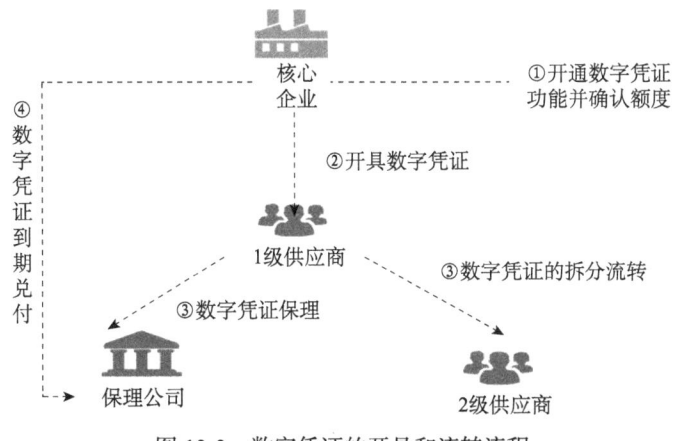

图13-3　数字凭证的开具和流转流程

第一步，开通数字凭证功能并确认额度。平台会与核心企业对接，将平台基于区块链技术的数字凭证系统与核心企业的财务系统和 ERP 等核心系统打通，获取核心企业的相关数据。同时平台也会和提供资金的金融机构合作（目前主要是银行），与核心企业签订相关协议，在核心企业目前的银行授信额度内为核心企业的上游供应商提供应收账款的反向保理服务。

第二步，核心企业使用数字凭证完成货款的支付。核心企业可以在平台上通过简单的在线操作，利用数字凭证取代原先线下的纸质应收账款凭证完成支付。

第三步，数字凭证的使用。数字凭证可以拆分和流转：N 级供应商在收到数字凭证后，若希望通过数字凭证完成对 $N+1$ 级供应商的支付，且 $N+1$ 级供应商接受由核心企业担保的数字凭证时，N 级供应商可以将收到的数字凭证拆分给 $N+1$ 级供应商完成支付。供应商也可以使用数字凭证进行保理。当供应商因业务需求而急需现金时，其可以通过平台在线利用数字凭证进行保理，获得资金。

第四步，数字凭证到期后核心企业向数字凭证的持有人支付现金。

从简单汇平台的案例中，可以看到区块链技术在供应链金融平台中的具体应用。

（1）联盟链。联盟链作为区块链技术的一种应用形式，具有多中心化、联盟机构间参与、性能较高、能进行节点准入控制、易落地等特点。在中心化的平台模式中，所有的参与方都要通过中心化平台进行交易，数据信息都需要存储、记录在平台的服务器上。参与的企业出于对其商业数据的保密性和隐私性的考虑，往往不愿意进驻到第三方平台。在联盟链的支持下，平台可以通过与核心企业、金融机构共同参与管理组成区块链联盟，供应商则在审核后才能上链，保证了区块链上节点的可靠性，不仅为平台注入核心企业和金融机构的背景支持，同时，核心企业和金融机构也能了解技术核心，关键的商业信息也不用存储到平台的服务器上，消除对平台的信任问题。

（2）数字凭证。数字凭证作为在平台上通用的信用凭证，通过区块链技术来进行开具、流转、拆分，有不可篡改、可溯源的特性。区块链的节点都可以验证数字凭证的真实性和有效性，这使得数字凭证的开具、流转都有安全保障。数字凭证还能够在平台上进行保理融资，交易频率和交易额能作为在平台上小额贷款的信用依据。

（3）数字资产。区块链结合物联网、智慧仓储等技术，可以使得货物在仓储物流过程中能进行实时监控，将货物转化为数字资产，从而实现动态管理。数字资产具有统一、标准的与货物的对应关系，解决了货物确权、估值的难题，企业可以利用数字资产在平台上进行便捷地动产融资。

（4）智能合约。利用区块链中所包含的智能合约技术，数字凭证在满足拆分、流转的条件后就能根据需求自动地进行拆分、流转。这样，不仅为数字凭证的流转提供技术支持，简略操作步骤，也能实现核心企业的信用穿透，直观地体现出间接的供应关系；原本 $N+1$ 级的供应商只能拿到 N 级供应商重新开具的信用凭证，而通过在平台上数字凭证的流转，N 级供应商和 $N+1$ 级供应商都能持有由核心企业开具的信用凭证。

13.2.3 供应链金融平台的整体架构

从简单汇的案例中可以看到，在构建供应链金融平台时，需要关注数据层、平台层、应用层所组成的总体架构（图 13-4）。

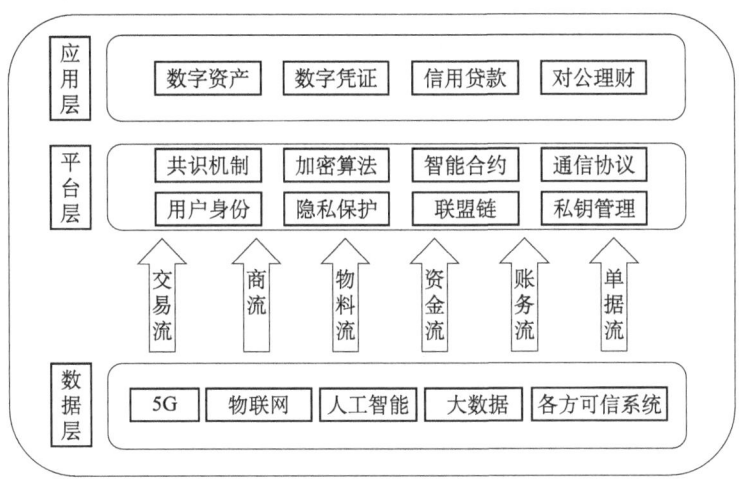

图 13-4　供应链金融平台的整体架构

（1）数据层。数据层是构建供应链金融平台的基础，缺乏数据层的支持，平台就如同瞎子一样，任何处理数据的工具、应用都无法正常工作。数据层的构建首先需要收集数据，利用 5G、物联网等技术，快速便捷地收集相关信息，并利用各方可信系统、人工智能等技术保证数据的真实性、准确性。数据收集完之后，需要储存、处理数据，使得收集的数据分门别类，能与企业形成对应关系，从而能够被平台所利用。这需要人工智能、大数据、云计算的技术支持，把原始数据转化成交易流、商流、物料流、资金流、账务流、单据流等信息流，直观地体现出企业的经营状况和交易情况。

（2）平台层。平台层主要利用区块链技术，在进行数据管理的同时也为企业和金融机构提供交互的媒介。在数据方面，数据层收集、处理后的数据、信息流会通过联盟链的形式，辅以加密算法，储存在区块链平台上，数据只有授权后才能访问、查看，这使得企业数据无须存储在平台的服务器上，消除企业对于平台方的信任问题；区块链共识机制使得数据能进行多方验证，确保数据的真实性和准确性。在用户方面，平台对用户身份进行核验后，用户则能通过数据层的支持，利用专门的通信协议，将自身信息上链，也能获取其他用户授权之后的信息；此外，平台也会通过区块链私钥、信息加密等手段使得用户的隐私得到保护。在基础服务方面，在数据层中所处理得到的信息流会成为平台服务的依据，智能算法使得流与流之间能够协同，原本交易过程中商流、物料流、资金流、账务流、单据流的形成会因为复杂流程、反复确认而相隔很长一段时间。例如，在货物运输完成之后货款迟迟不到账，而平台将信息汇总处理之后，这些信息流一目了然，相关参与的企业和金融机构也能查阅这些信息，从而能将交易流程的时间跨度缩短，实现货到付款。

（3）应用层。应用层主要利用数据层和平台层所拥有的数据和用户基础，基于技术开发出平台型的产品服务，为企业提供一站式的金融服务。利用数据层收集到的货物信息，可以将货物转化为数字资产，实现动态管理，企业也可以利用数字资产进行便捷的动产融资；利用区块链技术，数字凭证可以作为在平台上通用的信用凭证，进行开具、流转、拆分，有不可篡改、可溯源的特性，通过智能合约使得数字凭证能进行智能的拆分流转，实现核心企业的信用穿透。此外，通过与金融机构合作，信用贷款服务能够基于大数据来评估用户的信用，为确定贷款额度和利率提供参考；对公理财产品也利用了智能合约，使得企业的流动资金能够理财投资，提高了企业的流动资金收益率。

13.3 基于金融科技的风险管理

供应链金融平台为金融机构、核心企业、供应商提供平台服务，虽然自身不参与金融交易，但是如果金融交易过程中各方因为平台的漏洞而造成损失，平台也需要为此承担责任。因此，供应链金融平台需要进行风险管理，而平台所面临的风险不仅有传统金融固有的风险，也有作为新型互联网平台所独有的风险。

13.3.1 信用风险

传统金融中融资企业进行造假的成本低，企业会用伪造的应收账款凭证或交易数据来进行融资，银行来验证信息的真实性需要耗费大量时间和人力成本，风险很高；而在平台上的数字凭证采用区块链技术，利用分布式账本，采取共识机制，难篡改，保证企业提供的数字凭证的真实性与安全性，为金融机构提供保理融资服务降低风险。简单汇平台的金单系统就是利用区块链技术，采取轮流记录交易的共识机制，即区块链上的各方都按照某个顺序轮流进行交易的记录，这就保证没有任何一方能够准确地控制交易的记录行为，也就没有任何一方可以随意篡改交易信息，也避免了多节点同时记录而导致的资源浪费。

此外，如果在平台上核心企业可以随意地开具数字凭证、供应商随意流转数字凭证，可能会导致核心企业没有能力兑付所确权的数字凭证，也可能导致核心企业或供应商不根据实际的贸易背景开具、流转数字凭证，进行延长账期、财务造假等行为。基于以上风险，平台需要依据核心企业的经营状况或委托银行等金融机构，为核心企业确立授信额度，核心企业所开具的数字凭证总和不能超过授信额度。同时，在开具、流转数字凭证时，需要提供相应的发票、合同的证明，结合大数据和人工智能，验证贸易背景的真实性。例如，简单汇在金单的应用上有"三个严禁"的规则：严禁开立无采购背景的金单，严禁借机延长供应商账期、应付周转天数，严禁以任何形式滞留或占用资金，全程不碰资金，通过接入核心企业的财务系统及ERP系统、SRM（supplier relationship management，供应商关系管理）系统和通过OCR技术对发票、合同进行审核来保证贸易背景的真实性，以此来防止核心企业或供应商恶意使用数字凭证。

13.3.2　操作风险

供应商在平台上注册时，有可能会出现不法分子借用真实企业的信息绑定自己的银行账户套取利益，所以在注册环节平台需要验证所注册的企业是真实存在的且为企业管理者授权的。平台可以和金融机构合作，在供应商注册时对企业的银行账户进行认证，确认是供应商的对公账户。同时，利用人脸识别、身份证OCR识别、短信验证等技术进行身份识别，保证注册用户为企业的管理者。简单汇在主体认证的环节，会通过人脸识别、联网核查来实现资格的首次认定，并通过打款验证、工商对接来完成主体的认证。

在核心企业、供应商在平台上开展金融业务的时候，如果操作者误操作或者操作者并非企业指定的人员，那么可能会导致资产的损失及产生相应的纠纷。因此，平台应在每次交易时确认操作者的身份是否为企业注册时指定的操作者，且在交易时进行确认。比如，在简单汇平台上登录账户时需要密码或短信验证码；每次交易需要动态口令验证；此外，简单汇平台也会结合大数据进行系统自动对账和异常自动告警，尽可能减少因人为操作失误而造成的损失。

13.3.3　数据安全风险

核心企业、供应商、金融机构使用平台之前，肯定会在安全性上有所顾虑，自身的商业信息、系统数据都需要上传至平台系统内，如果平台使得这些数据被篡改、泄露出去或是丢失，核心企业、供应商、金融机构则会承担巨大损失，因此，平台需要为各方提供数据安全的保障。具体来说，平台可以利用区块链技术来保证数据不可篡改。平台可以通过异地灾备或第三方存证的方式保障数据不会丢失。例如，简单汇的异地灾备系统使用惠州主系统和深圳备份系统，其中深圳备份系统主要用作惠州主系统遇见不可预见的灾难而崩溃时的紧急应对措施，同时还使用上上签存证平台作为第三方的平台存储交易信息以免数据丢失。在控制数据不泄露方面，企业可以根据自身信息的重要性与价值选择采用公有云、混合云或私有云的数据存储方式。公有云为企业授权平台进行管理；混合云的方式保证交易数据的独享，但其他数据由平台进行管理；私有云则所有数据都是独享的，从物理上避免数据遭到偷窃。

13.3.4 法律风险

相较于传统的线下金融，法律法规已经完善和健全，金融平台诞生还没有多久，相应的法律法规仍处于探索阶段，平台需要保证在构建平台时合法合规，同时数字资产和数字凭证的持有、交易也需要法律效力，面对监管部门也需要能够呈现出透明、清晰的数据与材料，否则，平台会自身难保。《中华人民共和国电子签名法》为电子签章的效力提供法律保障，这为平台在数字凭证上利用电子签章来证明其真实性和有效性提供依据；《中华人民共和国民法典》第五百四十六条指出，债权人转让债权，未通知债务人的，该转让对债务人不发生效力。债权转让的通知不得撤销，但是经受让人同意的除外。这就使得平台在设计数字凭证流转业务时不仅需要出让方出示相应的贸易背景材料，也需要通过专门的系统来通知受让方。例如，简单汇对核心企业进行线下双签和线上CA（certification authority，认证机构）证书签约，对于供应商则要求进行线上的CA证书签约，以此来确保企业电子签章的可靠性和真实性。2018年，上海某公司不认同合肥某公司通过简单汇的金单转让作为债务的履约方式，申请法院对合肥某公司的银行账户进行司法冻结，但是法院以金单作为债务的履行方式属于双方自愿的民事行为，符合双方共同签署同意的《简单汇平台金单转让协议》的约定，且合同、发票、对应的线上单据还有电子证书都是有效的，具备完整的法律效力。

13.4 数字科技与供应链金融的价值共创

人工智能、大数据、云计算、物联网、区块链等数字科技的实际应用对金融行业产生重大影响，提升了业务效率，降低了运营成本。这些数字科技在供应链金融领域的应用不仅提升了风险控制的技术和手段，还催生了新的供应链金融服务模式。

在变革传统供应链金融模式方面，金融科技的应用丰富了产品矩阵。原本供应商规模较小，难以确认经营状况、合同、单据是否造假，使得供应商进行融资时会遇到很大的困难，金融机构考虑到融资风险往往不愿意提供融资服务。然而，利用区块链、物联网等技术，能够准确、真实地了解供应商的经营状况和交易信息，这降低了金融机构开展供应商融资服务的风险，扩展了金融机构的融资服务范围。此外，区块链、物联网等技术的应用使得能对货物进行实时监控，以及准确确权和估值，从而使得动产融资产品可以进行广泛的推广。

金融科技变革了供应链金融的运作模式。原本企业难以利用生产的货物在货权转移前进行融资或获取额外的收益，只能利用其固定资产组成静态资产池来为金融活动提供资金支持；而利用物联网、人工智能、区块链等技术可以精确掌握货物状态和货物的价值，将货物组成动态资产池，使得企业在货权转移之前利用货物来进行融资或获取额外的收益，企业也能在货物滞留时减少损失。金融科技能帮助金融机构实现更精准的风险管理。原本金融机构在授信时主要关注于贷前企业的经营状况和市场前景，在贷款发放之后就只能等待或催促企业还贷；而在金融科技的加持下，除了金融机构能获取更加全面、真实的企业经营状况之外，在发放贷款时，金融机构也能对贷款的用途进行实时监控，防止企业将贷款挪作他用，发放贷款后，金融机构也能进行主动管理，减少企业经营不善而导致贷款无法偿还的可能性。

在开创新的供应链金融业态方面，金融科技的应用使得供应链金融走入线上，发展出了供应链金融平台的商业模式。供应链金融平台的诞生使得金融机构、核心企业、供应商能利用平台为各方构建安全、可靠、真实的区块链数据存储系统，在平台上能基于真实、准确的信息来进行金融活动的开展。供应链金融服务平台还能为参与各方提供数字凭证作为通用信用，实现核心企业的信用穿透，促使企业之间信息流、物料流、资金流、商流的交换，实现信息的透明共享，为构建集群产业生态提供信息桥梁。随着金融科技的不断进步，供应链金融平台将为参与各方带来更多的价值。

本章要点

- 区块链技术具有开放、安全、节点独立分布的特征，从技术支持、平台构建、赋能产业三方面为供应链金融提供活力。
- 基于区块链技术的供应链金融平台的整体架构由数据层、平台层和应用层构成，其中数据层是基础，平台层是交互媒介，应用层是产品和服务。
- 金融科技不仅提升供应链金融风险管理与控制的技术和手段，而且给供应链金融服务的商业模式带来了革新。

思考题

1. 发挥你的脑洞，想想数字科技还能在供应链金融领域有哪些有价值的应用。
2. 结合你的产业背景，假设你是一个初创供应链金融服务平台的CTO（chief technology officer，首席技术官），你应该如何搭建这个平台？
3. 思考供应链金融与数字科技如何实现价值共创，未来还会有哪些层面的融合。

第五篇

商业生态系统下的供应链金融

随着金融科技的发展，原来分工明确、相互独立的多环节产业链，开始出现全产业链垂直整合、跨产业链的横向融合，进而形成多赢和开放的全新生态体系，也因此给供应链金融服务模式带来新的创新空间。金融科技的升级促成产业供应链金融生态创新架构，在这一供应链金融生态体系下，供应链金融不仅可以降低交易成本，使参与主体提高自身绩效的同时优化整个供应链绩效实现供应链整体价值创造，还将兼容融资视角和供应链视角，建立从核心企业上下游到产业网链结构的产业整合以及众多参与者参与的开放生态平台，从而实现由企业内部协同到供应链协同再到产业链不同层次的数字化协同的跨界发展。本篇将主要探索供应链金融生态体系建设和金融科技如何助推供应链金融创新运作和风险管理。

具体来讲，本篇包括2章（第14章和第15章），第14章主要讲述供应链金融的产融生态圈，包括商业生态系统下供应链金融生态系统体系的构建及创新演化历程，供应链金融生态系统的主要元素和运营模式。紧接着，将讨论商业生态系统下金融科技如何赋能供应链金融，以及商业生态系统下供应链金融的三流如何实现跨界管理。第15章主要探索生态系统下供应链金融风险管理。首先，指出了新时代下的供应链金融风险要素及其主要特征；其次，针对这些风险要素探讨如何利用金融科技来对供应链金融风险进行智能化管控；最后，阐述了新时代供应链金融面临的机遇和挑战。

第 14 章
供应链金融的产融生态圈

开篇案例 1

联易融：成为全球领先供应链金融科技解决方案提供商

公司概述

联易融数字科技集团有限公司（Linklogis，简称联易融）于 2016 年 2 月成立于深圳，于 2021 年 4 月在港交所主板正式挂牌并开始交易（股票代码为 9959.HK），是首家上市的中国供应链金融科技 SaaS 企业。

联易融致力于通过科技和创新来重新定义和改造供应链金融，成为全球领先的供应链金融科技解决方案提供商。该公司聚焦于 ABCD（人工智能、区块链、云计算、大数据）等先进技术在供应链生态的应用，以线上化、场景化、数据化的方式为核心企业、金融机构提供创新供应链金融科技解决方案，同时为中小企业提供卓越的用户体验。

经过多轮融资，联易融股东包含了腾讯、中信资本控股有限公司、正心谷资本（Loyal Valley Capital）、新加坡政府投资公司（Government of Singapore Investment Corp，GIC）、渣打银行、贝塔斯曼亚洲投资基金（BAI）、招商局创新投资管理有限责任公司、创维集团、泛海投资集团有限公司、普洛斯、微光创投等国内外优秀大型企业和基金。

与此同时，联易融成立至今也持续获得了行业各方的认可。作为国家"高新技术企业"，联易融通过国际 CMMI3 级认证；联易融具有支持每年投产 300 个以上版本的研发能力，专利和软件著作权申请量超 300 件；目前，联易融获得"2020 胡润新金融百强榜""2019 毕马威中国领先金融科技 50 企业""2018 胡润大中华区独角兽指数榜——新晋独角兽企业""可信区块链推进计划理事成员"等多项殊荣。到 2020 年，联易融成功申请新加坡数字银行牌照。

业务概览

联易融供应链金融生态体系围绕核心企业云、金融机构云、跨境贸易云、蜂控云、线上票据平台等业务板块，为产业链创造增量价值，支持实体经济发展。"核心企业云"以线上化、数据化、场景化、自动化的创新业务模式，服务核心企业及其供应链生态圈；"金融机构云"凭借联易融对ABCD技术及对供应链金融领域的理解，助力金融机构数字化、自动化及精简化其供应链金融服务；"跨境贸易云"聚焦跨境贸易业务场景，提供数字化供应链金融解决方案，将跨境贸易融资的全流程数字化，综合数据分析进行自动交叉比对和校验，多维度确认贸易真实性；"蜂控云"聚焦供应链生态圈，以互联网大数据为依据，打造数据驱动的互联网小微金融新模式；"票据平台"基于供应链金融生态及科技能力，聚焦解决传统票据业务痛点，打造实现资产快速流动、信用传递的线上票据服务平台。

五大服务板块用以解决供应链金融行业痛点的背后，是联易融对ABCD等先进技术在供应链生态应用的深刻理解。人工智能应用通过OCR识别各类证件、贸易凭证，提升作业效率，通过AI语义分析支持中登网信用查询、法律文书验证；区块链技术的应用实现底层资产及信息流的透明化、不可篡改以及多参与机构的可信协同；云技术加速供应链产业的数字化，实现全在线化；大数据实现对主体身份、资产的自动核查及交叉验证，自动对多级关联企业穿透分析，识别关联交易、虚假贸易。通过ABCD技术，联易融的供应链金融科技服务平台帮助监管机构促进政策的有效贯彻执行，帮助小微企业解决融资贵、融资难问题，助力核心企业优化产业链，助力金融机构对小微风险的透明判断。

联易融属于腾讯金融核心生态圈，是腾讯产业互联网在B端金融的重要落地实践。在技术合作上，联易融与腾讯云、腾讯征信、腾讯区块链底层技术、腾讯优图、企业微信、财付通等多项目合作；在资金合作上，联易融对接庞大潜在投资者群体，获取资金支持；在产品及营销合作上，联易融与腾讯产业互联网事业群战略合作，作为腾讯云中台能力层，共同向企业及金融机构拓展供应链金融系统解决方案。

联易融通过与渣打银行合作，进一步打造共同的供应链生态圈，提供领先的供应链金融科技解决方案。在联合营销上，双方共同组织路演活动，挖掘潜在业务机会，实现交叉销售；在产品创新上，基于联易融生态平台，提供多层供应商融资、装运前或者承兑前融资等产品和创新服务；在技术流程合作上，通过技术和流程优化，有效建立客户关系及KYC（know your customer，了解你的用户）要求，推动信贷自动化流程合作。在风险控制上，联易融借助联邦学习等方法推动联合建模，完善双方风险评估及监测解决方案。

当前，联易融供应链金融生态平台已服务340多家核心企业，其中包括了25%以上的中国百强企业，并与超过200家金融机构进行合作。截至2020年12月31日，联易融在国内已累积帮助客户和合作伙伴处理近2800亿元的供应链金融交易。

联易融供应链金融生态业务及产品体系详述：一是核心企业云。该板块以线上化、数据化、场景化、自动化的创新业务模式服务核心企业及其产业链属生态圈。供应链资产服务平台基于AI自动学习——图像比对技术、NLP语义识别、OCR及大数据分析等技术的使用，通过电子资料的拍照上传、电子合同线上签署及核心企业的线上确权等方式，显著提升资产审核效率、改善了传统模式下纸质资料传递与审核因地域限制导致的低效和成本问题；区块链供应链债权多级流转平台将区块链技术与供应链金融结合，运用区块链技术不可篡改、可追溯、多方共识等特点，把企业贸易过程中赊销行为产生的应收账款，转换为一种可拆分、可流转、可持有到期、可融资的数字债权凭证。一方面提供基于核心企业增信的保理融资与资产证券化业务服务；另一方面提供基于核心企业增信与信用传递的多级应收账款债权拆分、流转、融资业务服务。

核心企业云与金融机构云相结合的AMS[①]+ABS供应链资产服务平台，大幅提升了资产整理的产能与时效，实现底层资产及信息流透明。通过业务流程的数据化、自动化、线上化，充分解决了传统ABS/ABN业务在资产搜集、审核、发行与认购环节中的诸多痛点问题，高效无缝对接了资金渠道与资产端，实现了底层资产透明化，降低了操作风险，完成了资产包高效审查发行并降低了运营成本。

二是金融机构云。一方面，联易融助力金融机构数字化、自动化及精简化其供应链金融服务。从产业视角出发，运用核心技术能力自主研发企业级区块链服务平台BeeTrust，为链上各参与方提供底层适配、强隐私保护、方便快捷、低成本、可视化、用户体验良好的一站式区块链解决方案。在应用市场上通过智能应用平台实现API及网络可视化配置，构建企业级供应链金融应用市场与生态。在服务平台中，根据实际需要将区块链能力服务化、组件化，为上层应用提供平台支撑。在基础设施搭建中快速搭建区块链网络及配套服务，构建底层基础设施。另一方面，金融机构云为金融机构提供定制化、一体化的科技解决方案，旨在精简供应链资产证券化流程，为金融机构提供广泛的新兴解决方案，主要包括ABS云平台、区块链服务云平台BeeTrust、供应链综合科技平台等，实现工作流程数字化转型。

三是跨境贸易云。其是一种跨境贸易业务场景下的数字化供应链金融解决方案。联易融跨境贸易业务通过技术手段将跨境贸易融资的全流程进行数字化，而后通过综合数据分析进行自动的交叉比对和校验，从多维度确认贸易真实性，减小国际贸易融资的欺诈风险。一方面，联易融和境外核心企业、供应链管理平台以及第三方平台合作获取从采购到支付的全流程交易信息；另一方面，联易融以金融科技能力数字化贸易融资全链条（客户准入及融资前中后全流程），助力金融机构完成贸易融资服务。

---

① AMS表示asset management system，资产管理系统。

四是蜂控云。其聚焦供应链生态圈，打造数据驱动的互联网小微金融新模式。①"票一拍"是联易融为解决供应链发票管理及融资需求而全新打造的数字化综合服务平台，围绕各行业的供应链生态圈，以模块化科技组件与灵活的参数化配置定制供应链小微金融解决方案，全线上化操作、全天候响应需求，打造全新网络融资体验；②通过智能数字风控平台，打造数据驱动的互联网小微金融科技新模式。平台提供发票、流水、工商、司法、网查等多维数据获取，提供规则运算、风控策略、联合建模等一站式服务，助力金融机构、核心企业等生态合作伙伴在融资授信、供应链管理、风险监控等场景里构建数字化风控的能力。

五是信用传递的线上票据平台。其引流优质票据资产，依托于联易融成熟的人工智能、区块链、云技术、大数据等先进的新兴技术，专注于银票贴现、商票贴现、商票质押及票据资产服务等票据全方位服务，为资金方持续高效注入优质票源，为融资企业提供快捷、高效、安全的融资渠道。

案例思考题

1. 联易融的业务模式有哪些？相较于传统模式有哪些优势和特征？
2. 联易融是如何对供应链金融风险进行管控的？其中金融科技扮演了怎样的角色？
3. 简述联易融供应链金融生态系统的主要构成、运作模式及其特征。
4. 联易融与战略股东腾讯及渣打银行是如何构建生态圈的？生态圈与传统的合作模式相比有哪些优势与挑战？
5. 在联易融供应链金融生态系统中，请具体阐述金融科技是如何赋能供应链金融的。
6. 对于联易融未来发展道路，你有什么建议吗？

开篇案例 2

凯京科技：从物流金融服务至物流平台运营

上海凯京信达科技集团有限公司（简称凯京科技）是一家快速成长的科技驱动型创业公司，主要致力于推动物流行业的数字化和智慧化，为小微物流企业和车主提供线上化的开放和共享的生态平台。凯京科技运用覆盖全国的互联互通的运力网络，采用互联网+大数据+人工智能的技术体系，为客户提供干线/零担运输、落地配送、仓干配一体化、电商新零售入仓等高效的物流服务解决方案，同时为中小物流企业提供货源、品牌、系统、支付结算、金融等全方位的一揽子服务。

创业源起

2015 年，凯京科技创始人张世伟和他的团队成立上海小雨金融信息服务有限公司（简称小雨金服），计划结合团队自身银行级的风控能力和互联网级的大数据挖掘能力，为小微企业或个人提供各类场景下的无抵押信用贷款。然而彼时消费金融行业赛道过于拥挤，小雨金服并不具备脱颖而出的优势。

但是新的机会很快出现，一位小雨金服的天使投资人，同时也是一家物流公司的股东希望小雨金服可以做一款为该公司加盟网点提供资金周转的贷款产品——"加盟贷"。由此小雨金服开始涉足物流行业金融业务。之后，伴随着一步步介入物流行业，张世伟发现这是一个市场规模、资金需求都相当巨大，同时金融渗透率非常低的行业。

创业半年后，2015 年 12 月凯京科技获得红杉资本 1 亿元的 A 轮投资；2016 年，再次获得红杉资本、复朴投资、中航信托股份有限公司 2 亿元的 B 轮投资；2018 年 11 月，获得 8.5 亿元的 C 轮投资，该轮投资由蚂蚁金服和大钲资本领投，红杉资本、德邦证券股份有限公司、上海滕澜实业有限公司跟投。与蚂蚁金服的合作，不仅有金融层面，还有更深层次的技术合作。凯京科技与支付宝合作开设"凯京服务"生活号，货车司机不用安装凯京 App，在支付宝扫码、提交数据后，凯京科技的后台即基于数据提供支付或接收运费服务。此外，凯京科技提供的数字化支付结算及货车购买贷款服务也是与蚂蚁旗下的网商银行合作推出的。

中国物流行业现状

中国物流行业现状可以从四方面概括：运输大市场、运力小企业、服务链条长及金融渗透率低。

运输大市场：物流行业这几年发展迅速。2013 年中国社会物流总费用 10.3 万亿元，之后每年 7%～10% 的增幅，2019 年已达到 14.6 万亿元，占 GDP 的比重为

14.7%。其中，运输费用为 7.7 万亿元，保管费用为 5.0 万亿元，管理费用为 1.9 万亿元。在包括公路、铁路、航空、水运、管道的综合交通运输体系中，公路货运体量占比超过 78%。麦肯锡咨询发布的《中国城市物流竞争力报告（2020）》中指出：中国公路货运市场规模居世界第一，2019 年市场总规模约 5.5 万亿元。

物流行业根据承运货物重量的大小，可分为四个细分市场：0~30 公斤（1 公斤 = 1 千克）为快递市场，主要开展快递业务；30~300 公斤为小票零担市场，也称为快运；300 公斤到 3 吨为大票零担市场，也称为专线；3 吨以上则为整车市场。此外，根据货物运输目的地不同，又可分为三种模式：同城配——货物在同一城市两个不同地点间配送；干线运输——货物在两个城市分拨中心间通过大型货车运输；落地配——干线运输完成、货物抵达分拨中心后，由小型货车送抵目的地。

运力小企业：中国物流与采购联合会物流金融专业委员会（简称物流金融委员会）2018 年的数据显示，我国公路运输营运车辆达到 1400 万辆，从业人员超过 2000 万名（其中货运司机群体占据九成），公路物流企业超过 750 万户，平均每户拥有车辆不到 2 辆。

与公路物流行业四个细分市场的规模大小正好相反，2019 年北京运联慧科技信息有限公司（简称运联传媒）及各公司年报数据显示：快递市场行业集中度（concentration rate，CR）最高，CR8 占据 81.7% 的市场份额；快运市场行业集中度次之，CR10 占据 41.9% 的市场份额，大众熟悉的德邦快运即为快运龙头企业；而大票零担和整车市场集中度最低，90% 以上的运力掌握在个体运营司机手中，CR13 仅占据 1.2% 左右的市场份额。相反，美国五大公路物流公司占其国内 60% 的公路物流市场份额。

服务链条长：中国的运力供应链是一条层层转包的漫长服务链。以总部位于合肥的著名食品企业洽洽食品股份有限公司（简称洽洽）的瓜子为例，从总部工厂发货运往广州的大型超市，至少分为三个阶段的传送，12 吨重载货车前往洽洽总部装货——从合肥至广州（分拨中心）公路干线运输——小型货车负责落地配（分拨中心配送至目的地超市）。此外，货主与实际承担运输义务的货车司机之间，至少会有第三方物流、专线物流公司参与转包，期间还可能有各种"小货代""黄牛""物流园区"等主体来完成车货匹配的信息撮合。

金融渗透率低：物流金融委员会 2018 年的数据显示，我国物流企业贷款融资需求保守估计在 3 万亿元以上，其中仅物流运费垫资一项就有约 6000 亿元的融资需求，但是传统金融机构仅能满足其中的 10%，特别是面对公路运输公司（即运力公司）的资金需求时，这一比例还不到 5%。主要原因如下所示。

在押品信用层面，小微物流企业的下属车辆一般由个体司机挂靠，企业不享有实际产权，因此难以进行抵质押融资；在主体信用层面，小微物流企业规模小，财务不规范，主体信用弱；在交易信用层面，小微物流企业交易信息高度碎片化，交易环节复杂，组织化程度低，交易信息没有统一标准，有时连最基本的运单真实性都难以核实，因此缺乏最基本的交易信用。按照传统银行的划分，没房、没地、没抵押的货车司机甚至没有资格称为"次贷人群"；不仅如此，物流老板天天在路上跑，只要不还钱，人都找不到。

凯京科技的变迁阶段

随着业务的开展及在过程中的思考，凯京科技商业设计经过了三个阶段的演变：从物流金融到物流 SaaS 软件再到介入物流自营。

第一阶段：从小微物流金融入手。

凯京科技主要是为加盟公司、加盟网点、干线运输车队、小微三方物流公司，提供运费分期的金融产品"运秒贷"，以及提供购车贷款的金融产品"车秒贷"。一方面，"先服务后收费"是物流运输行业通行规则，运力公司为货主运货时，公司或司机需要先行垫付油费、路费，通常垫付账期为 3 个月，3 个月后才能拿到运费；另一方面，一辆国产荷载 12 吨的重载厢式货车价格在 50 万元左右，进口车则高达上百万元，如果物流公司希望扩大运力，需要有更多的资金购买更多的货车。

因为当时初创团队主要来自银行业，核心能力是金融产品设计、风险管理、金融科技等，核心资源是各银行和金融机构的资金资源，且当时物流行业很大，社会物流总费用为 14 万亿元，有较大的市场空间，又有很大的资金需求，行业运费垫资及卡车融资租赁资金需求约 1.2 万亿元。同时，凯京科技可通过数据评估企业经营状况，物流 TMS/GPS 信息化较完善，且物流数据标准化程度较高，所以凯京科技最初业务扩张速度很快。

但是瓶颈很快出现，无论是"运秒贷"还是"车秒贷"都无法再有跨越式发展，此外具有政府或大型物流企业背景的其他物流金融服务企业也纷纷涌现，市场竞争加剧。

凯京科技认为，业务增速慢的原因主要是小微物流企业的信息化太低，导致难以清楚地给顾客进行科学画像。如果不改变这个局面，那么公司主打的物流金融服务增长就会后劲不足。所以，他们开始思考是否可以通过提供 SaaS 服务，一方面可以支持物流金融业务发展，另一方面，还可以提高物流行业的数字化水平，提高管理效率。

第二阶段：为中小物流公司提供 SaaS 软件，提高信息化水平和效率，同时可为物流金融业务提供客户和数据。

2016 年，随着放贷规模的不断扩大，采集数据也遇到越来越多的问题。由于各家小微物流企业所用 TMS 系统五花八门，凯京科技采集企业数据时相当烦琐。张世伟觉得仅有面向物流行业的金融服务产品不行，还需要建设数字化科技平台。如果各家企业统一使用凯京科技的系统，将更有利于统一采集数据，真正做到实时监控。

很快凯京物流云平台上线。业务前端运单环节，TMS模块确保所有进入平台企业的运单自生成之时即开始数字化，并且数字化追踪运单；业务后端支付环节，凯京科技通过与蚂蚁金服合作，提供物流行业需要的账户和支付解决方案，确保资金流数字化。

从2015年到2018年，凯京科技服务小微运输物流企业近2万家，服务行业司机超100万人，覆盖物流车辆超过60万台，业务覆盖超25个省区市，经物流平台发生的运费金额累计1000亿元，对小微物流企业和物流行业司机普惠金融服务规模累计超过200亿元。这期间不仅是小微物流企业认可凯京科技带来的金融和SaaS服务，资本市场也相当认可。

但问题也开始浮现。首先，SaaS作为一个工具，只能为小微物流企业创造中等价值，虽然SaaS服务带来了一些客户资源和运输数据，但小微物流企业单点数字化提高的效率并不明显，在单点企业实现业务信息化，并不能大幅降低成本，创造的价值不显著。其次，开展SaaS的初心不对，并非真正从客户痛点出发，有一大部分因素是为了辅助物流金融业务，期望通过SaaS带来客户流量，转化为金融客户，基于SaaS数据进行贷前和贷后风险管理。最后，SaaS服务一直找不到合适的盈利模式。

张世伟认可这样一个理念：SaaS是工具，要做平台必须要有SaaS，让大家先用你的系统，才能将资源整合在一起。但在实际运作中，为采集到风控打标签所需要的数据，凯京科技一直为SaaS平台上近2万家小微物流企业免费提供服务。张世伟原本设想未来能够将免费变成收费，但是他在参加由蚂蚁金服组织、数家不同行业SaaS企业参访交流后得出新的结论：中国小微企业已经习惯了免费。"咱们不能靠SaaS收年费，这个模式一定走不通，这些大哥级的公司收不上费的情况在前面放着呢"，在张世伟看来，物流行业和美团、饿了么所在的餐饮行业类似，效率提升不是行业内小商户最关心的问题，他们关注的是通过SaaS平台可以新增多少订单。如果有新增，他们既愿意平台订单抽成，也愿意向平台上报经营数据，但如果SaaS平台仅是提高生产效率、优化管理，他们没有付费的动力。

第三阶段：视野放大，从更长的产业链来看，从SaaS工具转向物流自营业务，整合运力池中的优质运力资源服务货主，并通过与区域三方物流伙伴合作，迅速抢占三方物流市场。

2015年到2018年，通过提供金融和SaaS服务，凯京科技积累了公路运输行业近2万家小微企业和100多万位可以常态调动的司机。对于这些企业和司机，2019年前，凯京科技通过校验运单数据和轨迹数据给运单打标签，从而掌握企业信用资质，为放贷风控提供依据。从2019年开始，凯京科技开始依据运输价格、服务品质、擅长路线、自有车数量等运输数据给企业、司机运输能力打标签，为评估、筛选优质运力提供依据。数据用途的改变来源于凯京科技新业务的构想。凯京科技都会为每个运力企业刻画像，所有的画像集合起来构成了凯京科技自有的运力池。

基于前两个阶段积累的运力资源和数据，凯京科技筛选整合优质运力资源，直接服务货主，缩短运输层级，将多家货主运单进行全局分单优化，为货主提供优质便宜的运输服务。

2019年运联传媒走访全国近2万家专线公司得出数据：专线公司货物来源中，三方物流占有的货源最多，占比53%；其次是工厂直发，占比21%；专线同行货源占比15%；网点散货占比只有11%（快递和快运的货源主要来自网点）。如果将专线同行也看作三方客户，两者合计占比高达70%。三方物流是横亘在货主和专线之间的中介机构，虽然手里有货但需要找到对应的专线公司将货发出去。

张世伟也看到这一点，他认为：三方物流在物流的金字塔顶端，它具备做行业解决方案的能力。"我希望通过赋能这些有行业解决方案的第三方，让他们成为我的区域战略合伙人，将凯京科技的拿货网络和物流规模快速做大。"

于是，凯京科技选择了2015年就与凯京科技合作的亚申物流作为自己的三方物流。亚申物流成立于2010年，先后围绕汽配产业及国家邮政总局提供物流或邮政配套服务，每年有5亿～6亿元的业务收入。2019年，亚申物流将重心转移到为电商大客户提供仓配服务。因为亚申物流创始团队做仓储管理起家，曾为松下、苹果等对仓储要求相当严格的跨国企业提供过仓储管理，有能力管理好电商大客户的仓库。

2020年8月，凯京科技与亚申物流共同出资成立新公司。双方计划在全国230多个专业市场建立分拨中心，截至2020年底已建成8个。每个分拨中心面积有5000平方米，建设周期20天，硬件设施投入300万～400万元，主要用于为电商大客户、快递、快运公司提供转运、分拨服务。

未来因为凯京科技平台内还有一些落地配公司，亚申物流希望这些落地配公司能够与分拨中心形成协同，落地配由凯京科技来完成。

最终，亚申物流希望合资公司能够成为一个综合平台，不仅服务大型电商客户，也能为小微型电商客户提供同样的服务和价格，从而成为百亿级的物流企业。

截至2021年初，凯京科技已发展3家像亚申物流这样的区域战略伙伴，预计每年每家能够为其带来5亿～6亿元的新增销售收入。

案例思考题

1. 中国物流行业有什么特点？凯京科技物流金融服务对象是谁？这类业务发展前景如何？

2. 凯京科技为何选择物流行业进行创业？凯京科技经历了什么样的发展历程？客户和竞争对手发生了怎样的变化？

3.凯京科技在不同阶段,设计服务内容的思路是什么?每个阶段的服务内容和特点是什么?

4.数字科技在凯京科技企业发展过程中扮演着怎样的角色?数据应用是如何驱动凯京科技生态构建和发展的?

5.凯京科技在物流金融风控方面有哪些具体举措?凯京科技是如何利用物流服务平台来创造共享价值的?

本章学习目标

- 通过对联易融和凯京科技的案例进行分析，掌握和了解供应链金融生态系统主要构成要素及其主要特征，了解商业生态系统下的供应链金融具体实践
- 掌握和了解供应链金融生态系统构建及其创新演化路径
- 结合案例分析，了解商业生态系统下金融科技如何赋能供应链金融
- 通过案例分析，掌握商业生态系统下的供应链物料流、信息流和资金流如何实现跨界管理

14.1 数字化赋能供应链金融

14.1.1 数字化赋能

中国供应链金融的发展，自 1998 年开始，大致经历了五个阶段。受金融危机影响，更多核心企业关注供应链现金管理，积极配合相关机构合力解决自身上下游供应链企业的融资问题，自 2009 年后供应链金融进入了线上阶段；2015 年开始，国家推出了"互联网+"相关政策，供应链金融更加充分考虑互联网经济中的"长尾效应"，慢慢地步入了供应链金融平台发展模式，供应链金融服务步入了数字化时代，进入了数字化转型阶段；2017 年，国家颁布了相关的数字化发展战略，供应链金融的发展开始进入了数字化升级发展阶段。

那么数字化给供应链金融发展带来了什么影响？影响供应链金融的发展主要来自过程粗放式管理，以及交易相关活动的信息不对称问题。数字化赋能将有效管理这两个问题，降低供应链金融风险，从而推动供应链金融服务向着更广、更深入的方向发展。数字化赋能的过程可以见图 14-1。一是随着 iABCD 等数字科技及 5G 等通信技术的发展，这些技术可以推进供应链业务的数字化，通过采集、传输、储存、计算和应用，让数据成为生产要素之一，与土地、劳动力、技术和资本并列成为生产资源配置五要素之一。二是通过数字化转型，实现业务数据化（采集、传输和储存）、数据资产化（传输、储存和计算）及资产产品化（储存、计算和应用）；三是数字化升级阶段，即数据采集与管理、数据挖掘与分析、数据决策与应用。通过了这三个层面的数字化过程，供应链金融服务就可以对交易活动、供应链活动、企业经营的全生命周期进行一定程度的数字化管理，从而可以根据需要提供精细化、精准化的服务模式（图 14-1）。

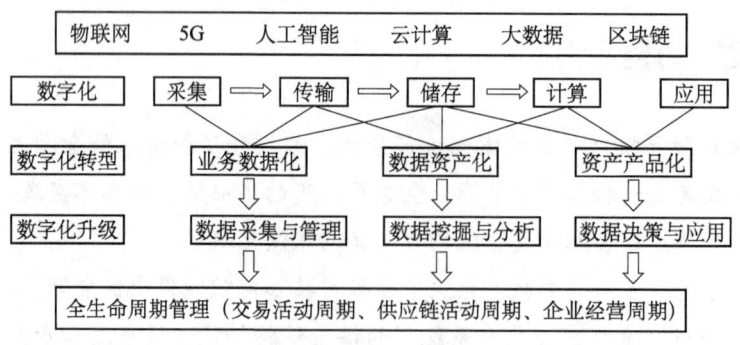

图 14-1 数字化赋能

14.1.2 数字化赋能下的业务转型

数字化赋能使得供应链金融服务的精度和广度更进一层。例如，在具体交易活动中，存在着供应链交易活动结算周期，包括签订合约、下订单、发货、验货签收、对账、开发票、确权、付款等相关活动周期；在具体产品服务过程中，存在着设计、采购、生产、分销、销售等生产活动周期；在具体创业投资过程中，会有萌芽期、成长期、成熟期和衰退期的企业经营周期。显然，供应链数字化赋能使得供应链金融服务进入了不同层面的全生命周期管理中，提供精细化、精准化服务使得供应链金融服务的深度和广度发生了深刻变化。

在供应链金融服务矩阵中，传统供应链金融服务主要局限在第二象限和第三象限。由于数字科技的赋能，供应链金融的服务延伸到第四象限，并且原有第二象限和第三象限所提供的融资服务更加丰富，见图 14-2。由此可见，在数字化赋能之下，供应链金融服务的范围更加广，深度也更加广。例如，在第二象限，除了已有预付类和应收类，数字化赋能使得供应链金融可以在交易活动生命周期不同节点提供精准化服务；在第三象限，可以提供数字化仓单，基于可拆分电子仓单提供的精细化

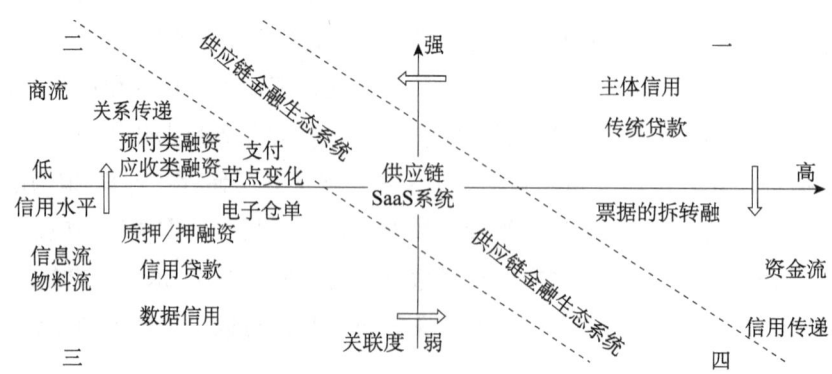

图 14-2 数字时代下供应链金融的服务矩阵

融资服务，以及根据已有数据建立风控评估模型，提供小额信用贷款服务；再拓展供应链金融的服务。在第四象限，基于核心企业的信用，利用数字科技建立应收账款数字化确权凭证，在多级供应链供应商之间进行拆转融，为平台下的企业提供相关结算或融资服务。

如图 14-2 所示，在数字化赋能下，第二象限更加强调数字科技引发的供应链"关系传递"效应，切入供应链结算全生命周期，或者为生产经营生命周期提供精准化金融服务；在第三象限，更加强调数字科技引发的"数据信用"效应，不仅基于可信数据建立风控模型，提供小额信用贷款服务，而且基于可信数据，建立电子仓单，或者基于区块链的数字存证（如五粮液的"数字酒证"），解决库存在流通过程的投融资问题；第四象限，则是强调数字科技引发的"信用传递"效应，解决供应链中多级企业的融资问题。

值得注意的是，在数字科技赋能下，供应链金融服务的四个象限都有向"左上-右下"的区域集中的趋势，往供应链产融生态圈发展。

14.1.3 产业数字化重塑供应链产融生态圈

数字化转型与升级，究竟会给供应链金融带来怎么样的变化？中国数字化供应链金融提供商的主要特征表现在四个方面。第一个特征是科技化。iABCD 技术为企业发展赋能，在资产、设备、组织等方面得到重新赋能。第二个特征是精细化。从全生命周期的角度上看，如果对链上资金的使用或者监控对象与使用时机上的把控越来越精准，那么，供应链金融就会往精准化、精细化方向发展。第三个特征是场景化。在产业供应链中这个场景的具体应用可以是交易活动的场景，单个生命周期，可以是企业采购设计的整个过程的生命场景，或者企业在萌芽、成长、成熟不同阶段的场景中提供供应链金融服务。第四个特征是生态化。产业中供应链上下游以及周边服务供应商抱团合作，并引入金融相关机构合作圈，构成了产融生态圈。

构建基于供应链金融服务的产融生态圈，需要有新的思维方式，并且需要抓住中国数字化供应链金融发展的趋势与特征。图 14-3 可以帮助企业理解基于供应链金融的产融生态圈发展趋势及思维变化。

如图 14-3 所示，按照对角线的发展有一个顺序，科技化、场景化、精细化、生态化。最开始的科技化，实现业务数据化，这是一个点的思维线，可以说，它是无维的，也是无限的，把数据与企业目标相结合，变成点的思维发散，有着无限想象的空间。

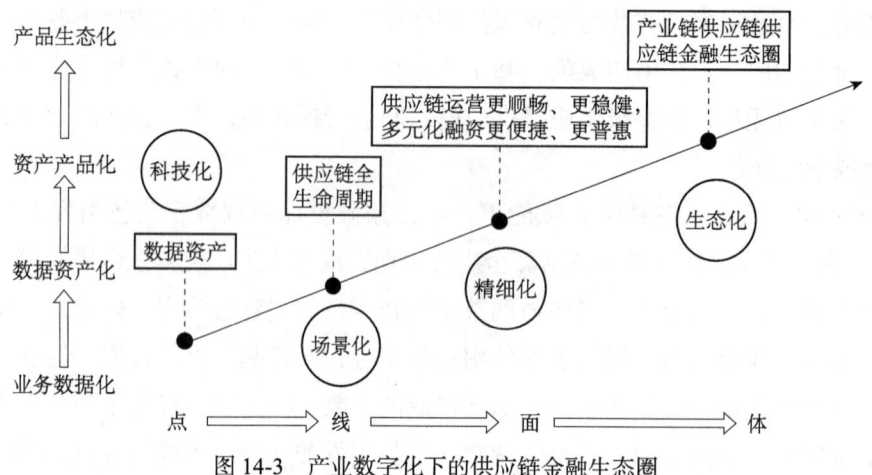

图14-3 产业数字化下的供应链金融生态圈

有了科技化，往下发展就是场景化，场景化包含整个生命周期。这个生命周期，可以是交易活动的下单、发货、收货、发票和付款的生命周期；可以是企业生产中设计、采购、生产、销售的生命周期；也可以是企业创业经营的萌芽期、成长期、成熟期的生命周期。同时，这个阶段，结合生命周期的场景，在业务数据化的基础上做到数据资产化。要把数据当作企业的重要资产，作为与资本、土地、劳动力、技术并列的五大生产要素之一，因此，数字化资产能够带来无限的想象空间。从这个维度上看，这是一种"线"的思维，也是生命周期"线"的一种思维。

继续往上发展，有资产数据，后面要做供应链金融服务的精细化、精准化。怎么做到精细化、精准化？这就需要一个"面"的思维，不仅要考虑金融层面中多元化融资，让融资服务更便捷、更普惠，还需要考虑供应链运营管理，让供应链整体更顺畅、更稳健。

再往后深入发展，那就是生态化，生态化的思维叫"体"，就是一种立体化的思维。尽管不同行业有不同的产品生产流程，不过，一个产品、多条产业链与供应链，要做成产融生态化，需要通过数字化"0与1"，把不同产业连在一起，或者将来自不同服务的学科串联在一起，这才有可能真正形成"可持续供应链产融生态圈"。

14.2 金融科技赋能供应链金融生态系统特征

金融科技给供应链金融服务带来了新的商业模式。例如，中企云链、简单汇、联易融等，这类商业模式以"产品+互联网+科技"的服务集成为特点，以搭建供应链金融生态系统为目标。下面以中企云链的商业模式为例，探讨金融科技赋能供应链金融生态系统的几方面特征。

14.2.1 "互联网 +"

"互联网 +"是把互联网的创新成果与经济社会各领域深度融合，推动技术进步、效率提升和组织变革，提升实体经济创新力和生产力，形成更广泛的以互联网为基础设施和创新要素的经济社会发展新形态。具体来讲，"互联网 +"是利用互联网平台的信息优势，结合传统行业，从而创造新的发展机会。在全球的新一轮科技革命和产业变革中，"互联网 +"模式显然有着巨大的增长潜力。2020 年 5 月 22 日，国务院总理李克强[①]在发布的 2020 年国务院政府工作报告中又一次提出，全面推进"互联网 +"，打造数字经济新优势。现行的供应链金融生态系统采取的"互联网 + 产业服务 + 供应链金融"正是迎合了这一经济社会发展新形态。

14.2.2 技术创新

近年来，世界区块链重视程度日益加深。美国已将区块链技术发展视作国家战略级产业，美国联邦储备系统还出版了专门的产业报告，包括《美国支付体系改善进度报告》和《支付、清算与结算领域的分布式账本技术（DLT）》等。欧洲对于区块链技术更为积极，2018 年 4 月，欧盟委员会宣布了一个由 22 个国家签署的区块链联盟协议。以太坊、Cardano 等公链头部项目也将基金会设立在瑞士，其原因就是看重其便利的金融产业集聚环境以及政府对于区块链的积极立场。在中国，区块链技术近年来应用越来越普遍，成为新的社会焦点。2019 年 1 月 10 日，国家互联网信息办公室发布《区块链信息服务管理规定》；2019 年 10 月 24 日，在中央政治局第十八次集体学习时，习近平总书记强调把区块链作为核心技术自主创新重要突破口，加快推动区块链技术和产业创新发展[②]。供应链金融生态系统作为区块链技术的重要应用之一，其公开、透明、可溯源以及不可篡改等特性无疑是金融产业发展的新趋势，对未来金融科技的应用以及金融行业的发展有着不可忽视的影响。

14.2.3 模式创新

商业模式创新是指通过改变价值创造的基本逻辑从而提升企业价值的活动。随着互联网技术的兴起，新的金融科技改变了传统金融的商业模式。例如，金融科技的应用改变了原有的结算方式，有效地控制了金融风险，将应收账款多级流转，信用穿透多级供应链，从而达到供应链金融普惠目的。

---

① 资料来源：https://baijiahao.baidu.com/s?id=1668095110513176593&wfr=spider&for=pc[2020-05-30]。
② 资料来源：https://baijiahao.baidu.com/s?id=1648403747787957868&wfr=spider&for=pc[2019-10-26]。

14.2.4 长尾服务

供应链金融的目的很大一部分是服务供应链尾部的中小微企业，这些中小微企业分散化严重，为其提供金融服务限制因素多。长尾服务就是要推倒中小微企业与大型企业之间的高墙，向中小微企业提供金融服务，使其更好地服务于供应链的整体运行，从而增加供应链的价值。

14.2.5 线上操作

线上操作打破了原有金融模式的物理限制，简化了操作流程，提升了全面运营效率，在未来也有更大的商业成长空间，供应链金融的 SaaS 服务平台茁壮发展。

14.2.6 数据价值

2013 年，英国的数据科学家维克托·迈尔·舍恩伯出版了《大数据时代》一书，从应用层面，打开了数据科学的大门。近些年来，数据价值成为很多新兴科技公司的价值创造来源。本质上数据创造价值的过程就是从数据发掘信息和规律，降低不确定性，提高决策成功率。供应链金融和供应链活动本身就是数据技术最适合的应用场景之一。上下游企业与核心企业及银行天然存在着信息不对称，传统的数据收集方式成本高、收集的数据价值低。供应链企业又缺少数据应用的文化机制，只关心交易是否达成，对于交易中的数据价值往往视而不见。在供应链金融生态中，数据以共享的方式传递给生态系统中的各参与方，最初的数据价值体现在降低金融风险上。但事实上，全链数据的收集对于核心企业了解供应链上下游企业的业务往来、进行供应链管理都有着不可忽视的价值。

14.2.7 共享经济

共享经济是指拥有闲置资源的机构或个人，将资源使用权有偿分享给他人，从而让使用者利用这些资源创造价值。在供应链金融生态系统中，核心企业提供了闲置的授信额度。核心企业作为大企业，授信额度充裕，但出于风险管控的原因，难以将优质的信用分享给尾端的供应链企业。通过共享平台，优质的信用穿透了多级供应链，服务于数目众多的上下游企业。除此之外，对于加入平台的资金方，庞大的企业群提供了客户资源共享，银行业务进一步扩大。这种情形下，生态系统的参与方都得到了益处，为平台规模的进一步增长制造了机会。

14.2.8 免费经济

免费经济是指向消费者提供免费的产品或服务，其成本则转移到另一个商品或服务上的经济模式。免费经济往往以免费的吸引力为前提，建立其他的获利渠道。

在云信的案例中，云链金融平台并不向参与方收取基础服务费用，也不通过融资获取利差，但是，当平台上的上下游企业通过平台申请融资时，会收取通道费以获得盈利。这种免费的金融模式与传统模式对于在消费者眼中完全不同，即零价格和收取少量费用的市场吸引力完全不同。正是依靠这种免费模式，平台才能在短时间内吸引大量用户，组成一个完整的生态圈，为未来的价值创造奠定基础。

14.2.9 打造链属企业产融闭环生态圈

作为一种新的供应链金融模式，其较传统方式差别很大。对于供应链成员以及银行来讲，这种模式是陌生的，改变原有的供应链金融方式也是有运营成本和风险的。因此，如何吸引多方加入生态系统，构建产融闭环的生态圈，是新模式发展和推广的最大难题之一。这可从三个产业生态系统的参与主体进行分析。

第一，借助供应链金融共享平台，供应链上的中小微企业可以精准、高效、按需融资，快速地实现了三角债清理和材料采购。平台模式使得中小微企业融资不需要线下向银行申请，等待复杂的人工审核，只需要通过持有的云信向平台申请，这大大降低了融资难度，提升了融资效率。而且由于云信使用的是核心企业的授信额度，融资利率低，这使得上下游企业避免了资金不足、不及时的困境，可以快速采购所需要的材料。另外，对于多余的云信额度，企业进行拆分、流转，避免了财务管理上由于复杂的供应链关系引起的三角债。

第二，作为资金供给方，银行往往对中小微企业的还款能力有所顾虑而不愿意提供贷款，而对于大企业的授信额度又过分充裕。平台则提供给银行一个脱虚向实的机会，盘活了大企业空置的授信额度，安全高效地完成了普惠金融任务。同时，平台模式打破了线下模式的物理限制，银行可以跨地域发展自己的金融服务，尤其是那些供应链尾端的中小微企业，往往是传统模式下银行业务难以覆盖的。

第三，借助供应链金融生态系统的搭建，核心企业完成了供应链金融服务中小微企业的核心任务。传统的核心企业由于缺乏对供应链远端企业的掌控，往往无法为其进行信用担保或进行抵质押服务，云链金融平台则是利用信息技术清晰地追溯了交易的流转路径，将核心业空置的授信额度转移到中小微企业手中，降低了传统的金融风险。此外，核心企业对云信的利率定价有较高的主动权，即核心企业可以在银行授信的利率和云信的利率之间设置利差，从而获得利差收入。云信的利率可以根据平台提供的供应商的信用情况、与核心企业贸易紧密程度等自行调整，利差收入则可以投入到供应链的产业发展中。除此之外，核心企业的财务情况中有大量的应付账款，以信用支付，可以降低有息负债规模，优化了财务报表。因此，核心企业对于加入平台有着很强的积极性。

图14-4总结了云信生态系统中三个参与主体的相互关系，优势互补，多方共赢，

构造了供应链上企业的产融闭环生态圈。

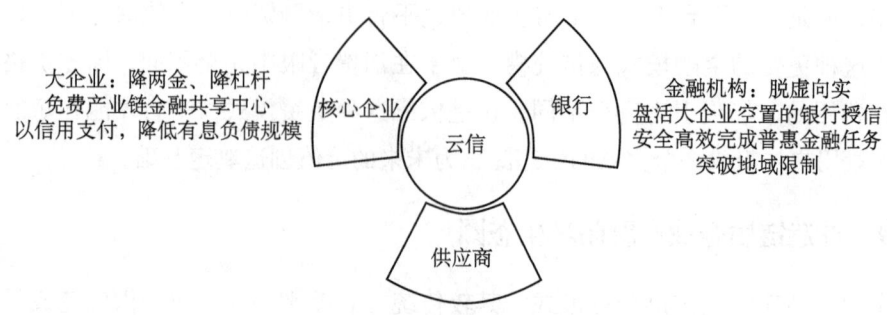

图14-4 链属企业产融闭环生态圈

14.2.10 延伸产业价值，构建产业生态

供应链金融生态系统最初的应用是进行风险控制，提供融资服务。这一应用从以中企云链"云信"、简单汇"金单"和欧冶金服"通宝"为代表的电子债权数字凭证开始，逐步开启数据融资的新模式。通过平台上的第三方征信调查，加上产业数据，结合产品的逻辑应用，发现行业优质资产。这些优质资产正是银行的融资对象，从而逐步建立企业生态圈。

以电子债权数字凭证服务为基础，通过庞大的企业客户群和交易链条数据，可以实现更为精准、高效、安全的股权投资和债权投资。大数据服务体系下，还可以共享平台信息资源，连接企业与企业、企业与银行、企业与个人，形成集群企业生态，全面提升生态下的物流、仓储、保险、采购。

图14-5展示了以上产业延伸的过程。

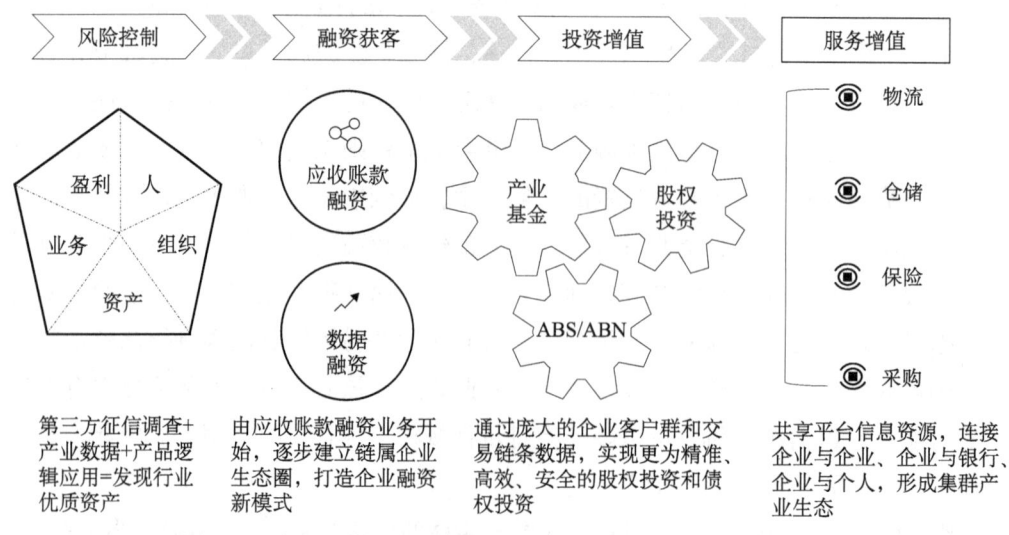

图14-5 产业价值延伸与产业生态完成核心企业的赋能体系建设

14.3 供应链金融生态系统及其创新演化路径

14.3.1 供应链金融生态系统

创新性的供应链金融方案不仅聚焦于供应链中资金流的流动性管理，还关系到信息流、物料流的协调性管理。因此，供应链金融的实践涉及商业系统中多方主体的配合。正如摩尔所说："商业生态系统中，企业围绕一种创新方案共同演化，它们相互配合又相互竞争，共同开发新的产品，满足顾客需求，最终推动下一轮创新。"近年来，随着信息科技的发展，企业间信息交互更加频繁，相互联结更加紧密，众多利益相关方以供应链金融为创新点，构成了供应链金融生态系统。供应链金融生态系统是指在供应链金融活动过程中，各供应链金融利益相关方以及它们的技术环境、制度构成的统一系统。该系统结构包含四个方面：供应链金融源（资产端）、供应链金融资金方、供应链金融实施主体以及供应链金融基础服务。

供应链金融源（资产端）：供应链金融源是指供应链金融的主要服务对象，即依附于核心企业上下游的中小微企业。供应链金融资金方：供应链金融资金方是指直接提供金融资源的主体。一般来讲，商业银行以核心企业为中介，向中小微企业提供融资服务。供应链金融实施主体：在供应链金融生态系统发展初期，实施主体主要是单个的商业银行或核心企业，随着互联网技术的发展，共享平台也成为供应链金融的实施主体，构建了以第三方平台为核心的供应链金融生态系统。供应链金融基础服务：供应链金融的发展需要配套的基础设施服务提供方，如金融科技服务提供商、金融信息服务提供商、基础设施服务商等。在一些完善的供应链金融生态系统中，供应链金融基础服务拓展到为整个供应链提供服务，包括物流公司、仓储服务、采购服务以及保险服务等。例如，凯京科技构建的生态系统中，凯京科技不仅为车队和司机提供贷款，同时会匹配货主和物流公司，从而为货主提供高效、成本更优的物流服务。

14.3.2 供应链金融生态系统的创新演化路径

供应链金融生态系统是集商品运作、物流运作及金融服务管理为一体的综合服务，能够帮助供应链上的企业实现资金流、技术流、信息流的有效运作，从而合理避免风险，维护供应链平衡。

詹姆斯·弗·穆尔在1999年出版的《竞争的衰亡：商业生态系统时代的领导与战略》中提出的商业生态系统理论也对供应链生态系统的作用和演化路径进行了刻画。不同于达尔文的"自然选择"，商业生态系统理论认为企业通过顾客、市场、产品、过程、组织、风险承担者、政府与社会等七个维度来考察自己在商业生态系统中所处的位置。企业之间也并非竞争、优胜劣汰的关系，而是在商业生态系统中力求"共同进化"的关系。也就是说，商业生态系统价值链上企业的关系是价值或利益交换的关系、共生关系。

近些年来，随着大数据、区块链、人工智能等信息技术的快速发展，供应链金融生态系统也经历着巨大模式转变。从中企云链到联易融、凯京科技等第三方供应链金融服务平台的出现和纵深发展可以看到发展供应链金融生态系统的价值，而要有效建立 B2B 平台供应链金融运营模式，一方面需要供应链的协调战略发展，另一方面需要现有的商业模式不断创新演化。

供应链金融生态系统的构建及创新路径，可应用 3-S 模型进行描述。3-S 模型描述了技术创新演化的三个周期。一是替代效应阶段，是指进行商业活动时使用新的技术代替现有的传统技术；二是规模效应阶段，指的是新的项目、商业活动更加频繁和广泛地使用这项新技术；三是结构转型阶段，这个阶段指的是新技术的广泛使用促进了新的商业活动运行结构的出现。

首先是在替代效应阶段，供应链金融生态系统的创新演化是新技术在实际应用中反复试错、新的技术或者观点去尝试旧的商业生态系统运行方式的过程。B2B 平台供应链金融能够替代线下物品交易方式、替代线下提供金融服务方式，提供更加有效的、高质量和可靠的服务。以联易融为例，联易融通过 ABCD 等先进的科技和创新取代传统的供应链管理方式，以线上化、场景化、数据化的方式为核心企业、金融机构及中小企业提供供应链金融解决方案及相关服务。联易融使用 OCR 技术来识别各类证件、贸易凭证，通过区块链技术实现底层资产及信息流的透明化、不可篡改，这不但提升了多机构的可信协同合作，也提升了企业在供应链各个环节的作业效率。

其次是在规模效应阶段，这一阶段的供应链金融生态系统的创新演化是扩大规模。B2B 平台供应链金融能够从设计标准化服务产品增加规模。以凯京科技为例，凯京科技主要业务板块就是为中小微物流（运输）企业提供融资服务。但是由于市面上的各家小微物流企业用于记录信息的 TMS 系统各不相同，随着放贷规模扩大，数据采集变得困难重重。为解决这种困境，凯京科技推出了标准化的凯京物流云生态平台，统一采集相关数据——在业务前端运单环节，TMS 模块将进入平台企业的运单数字化，在业务后端支付环节确保物流行业所需资金流数字化。凯京科技通过对生态云平台标准化的设计，平台上线的三年间在下游服务小微运输物流企业规模增加至 2 万多家，同时标准化所获得的数字资源也获得了上游资本市场的认可。

最后是在结构转型阶段，供应链生态金融系统的创新演化是从扩大规模到结构转型的演变。B2B平台供应链金融能够整合不同参与者、合作者，提供综合的服务，吸引平台参与者。以联易融为例，通过ABCD先进的金融科技，一方面为核心企业提升资产审核效率、为金融机构精简供应链资产证券化流程、为中小企业提升信息透明度与融资效率；另一方面其服务的340多家核心企业、200家金融机构及众多的中小企业在平台中形成了供应链金融的生态圈，将供应链金融涉及的各个主题进行整合，提供更加综合的服务。结构转型这一阶段不仅仅使得供应链金融平台为供应链企业提供融资信息服务，还能够使得资金流、信息流、物料流在生态系统中流通，打破数据孤岛与融资壁垒。

就当下供应链金融生态系统的发展现状，供应链金融生态系统的创新演化仍然有一些需要思考的地方。Nienhuis等（2013）认为缺少一致标准、缺少供应商之间的合作，这导致了供应链金融生态系统当前的碎片化状态。具体而言：在产品层面，当下供应链金融生态系统面临的困境是缺乏链接财务服务的标准，供应链金融服务作为一种产品在对供应商进行融资时，用户难以理解产品的具体内容；在客户与供应商的关系层面，由于行业缺乏统一的标准，金融服务提供商（financial service providers, FSP）的多样性增加了实践和应用平台的多样性；在金融服务商的从业人员层面，相关从业人员也缺乏统一的行业标准。2016年国际商会和各行业协会联合编写的白皮书，强调了对供应链金融产品和术语进行标准定义的重要性。该白皮书强调，供应链金融的技术多样性决定了行业标准不可能完全一致。也就是说，正是这种标准的缺乏及供应商之间合作的缺失，导致了目前供应链金融生态系统的碎片化状态。虽然当前供应链金融被广泛地应用于各企业当中，但是核心企业和银行搭建的自有平台往往相互隔离，形成了数据孤岛，缺乏大的可信机构进行统一管理。

要想进一步推动供应链金融生态系统的创新演变，必须克服这种分散状态。供应链金融生态系统依赖于建立在通用标准之上的各方之间高效和有效的信息交换，通过信息技术实现资金流、信息流和物料流协同整合是供应链金融生态系统的核心创新，这反映了当下供应链金融生态系统需要合作、统一标准的诉求。

综上，要有效建立供应链金融生态圈，一方面需要链属企业、外部金融机构、政府机构等多方参与的协调发展战略；另一方面需要现有的商业模式不断创新演化。从图14-6可以看到，供应链金融生态演化模式的两个维度中的各个阶段并非遵循严格的顺序，三种影响可以同时发生。因此，仅仅使用竞争战略注重金融科技对于传统运行手段的替换是无法建立有效的供应链金融生态的，而是应该注重技术基于一个特定的商业活动或供应链的一个流程的创新，并且对这种创新进行小规模试点，使得早期用户获得熟悉和信心，同时注重创新伴随的供应链规模和结构的改变（图14-6）。

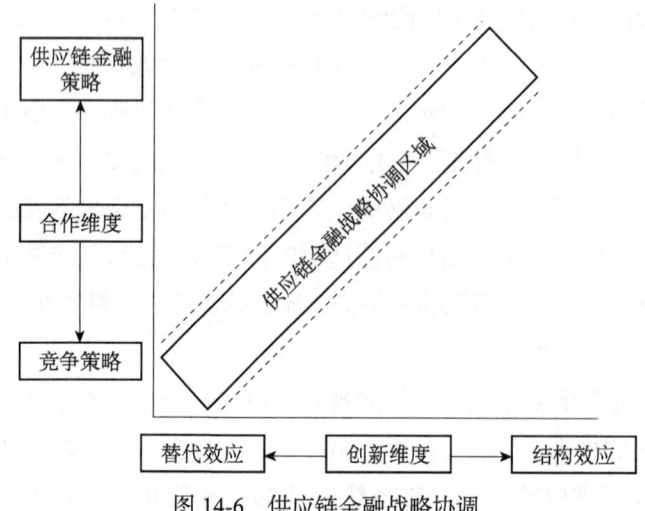

图 14-6 供应链金融战略协调

14.3.3 欧冶金服下的供应链金融生态系统演化

1. 欧冶云商

结合 3-S 模型理论，研究欧冶云商这一 B2B 生态平台供应链金融生态系统的创新演化路径。

在替代效应阶段（2006~2011 年），"宝时达"是宝钢钢贸在 2005 年打造的线上钢铁平台，用线上交易的方式替代了传统钢铁线下交易系统。这种线上方式改变了传统线下交易的双盲问题，即买方不知道卖方的实际货品，而卖方也不能完全了解顾客实际购买品种和数量，导致了信息不对称问题。这就给拥有信息优势的销售员提供了败德行为机会，赚取信息租金，而损害机构及其他买方利益。同时，线上交易提高交易效率，把原有一份合同签订需要 10 小时的时间，降低到 10 分钟，从而改变原有的服务对象。这个网上交易系统不再是针对"二八"原则的那些重点客户，而是针对那些"长尾效应"的小客户，这就是互联网时代"去核心化"的本质所在。

在规模效应阶段（2012~2014 年），线上交易平台通过建立相关交易标准，一方面通过提升交易效率，另一方面提供增值服务，如金融服务，吸引更多交易双方进入到系统中来，从而扩大了交易规模。

在结构转型阶段（2015 年至今），整个线上系统引入相关服务，把线下交易方式完全变成线上交易的商业模式，并考虑参与方共同利益，打造可持续的供应链金融生态系统。

2. 欧冶金服

欧冶金服是中国宝武旗下的产业链金融服务平台企业，下设欧冶商业保理有限责任公司（简称欧冶保理）、上海欧冶典当有限公司（简称欧冶典当）、欧冶融资担保有限公司（简称欧冶融资担保）、诚融（上海）动产信息服务有限公司（简称诚融动产）等 4 家子公司，并受托管理拥有互联网支付牌照资质的 1 家子公司——东方付通。欧冶金服成立于 2015 年 2 月，注册实收资本 14 亿元，其中，欧冶云商持股34%，华宝投资有限公司（简称华宝投资）持股 25%，宝山钢铁股份有限公司（简称宝钢股份）持股 20.91%，中国宝武持股 20.09%。

欧冶金服围绕整个钢铁产业链，整合各类金融机构资源，建立基于产业链的金融服务体系，形成全方位的金融服务产品和解决方案集群。在资产服务的理念上，更是体现为资产数字化、风控线上化、业务场景化（图 14-7）。

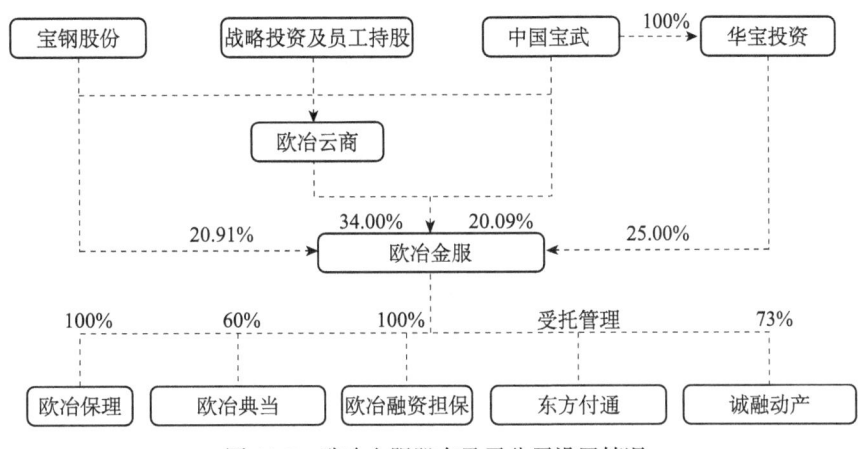

图 14-7　欧冶金服股东及子公司设置情况

（1）资产数字化。欧冶金服整合客户的银票、商票、应收、预付、订单、动产、不动产、交易数据等各类资产，以数字化方式，实现资产的动态管理与转换。

（2）风控线上化。欧冶金服通过在线的业务管控，对业务过程进行穿透式管理，从贸易背景底层大数据进行风险分析，实现全在线管理。

（3）业务场景化。欧冶金服将分散的业务与管理集中到线上的平台，提供统一的服务界面；基于供应链的业务场景，以不同的产品对接不同层次的金融服务需求。

欧冶金服的主要服务产品如下所示。

（1）面向下游——订单宝及小额宝服务。订单宝是以核心企业的优质信用及供应链管理为基础，为核心企业下游客户提供流贷融资和票据融资服务，解决核心企业下游中小微企业融资门槛高、手续复杂、成本高等融资难题。小额宝是面向宝武生态圈中中小微用户推出的"企业信用卡"式的信用贷款融资服务，随支随用，随借随还。通过欧冶金服提供的电子签名、人脸识别等技术实现企业及个人客户在线签约，可以加快业务审批流程。

（2）面向上游——应收账款保理服务。围绕中国宝武上下游客户，以大型央企国企、上市公司及民营行业龙头等优质企业为核心，面向上游企业的应收账款、应收票据的采购结算场景，提供灵活多样的融资服务。目前重点开展的业务类型包括集团内成员单位的应收账款暗保理买断、集团内二级以下子公司及外部优质核心企业的通宝融资、大型优质企业的商票融资等。

（3）重点产品——可分拆流转的电子债券数字凭证通宝。2018年起，与央行贸金链合作，经过两年多攻关，建立自主可控的区块链应用——区块链通宝，将百余家居于核心地位大型企业的应付账款进行数字化转化成通宝，取代应付账款或商业票据向上游中小企业支付。实质上通宝是核心企业基于应付账款由核心企业向其供应商在线开立的，由供应商持有的应收账款债权凭证，体现为数字资产。通宝持有人可以将通宝拆分、流转、在线融资或持有至到期收款。欧冶金服开发的生态圈金融服务平台，为通宝的开立、流转、融资提供全流程服务（图14-8）。通宝的特点体现为以下几点：①拆分灵活，通宝支持部分流转、部分融资、部分持有到期；②回款确定，通宝的底层资产，应收账款标准化，有固定到期日；③无追流转，通宝支持以无追索权形式进行流转；④延伸信用，通宝延伸核心企业信用，对供应商要求低；⑤保障融资，给开立通宝的核心企业先授信再开通宝，资金方优先保障融资；⑥在线操作，通宝最大限度地在线化，业务操作相对便捷。截至2022年3月，通宝累计交易规模达3000亿元，累计融资规模近900亿元。

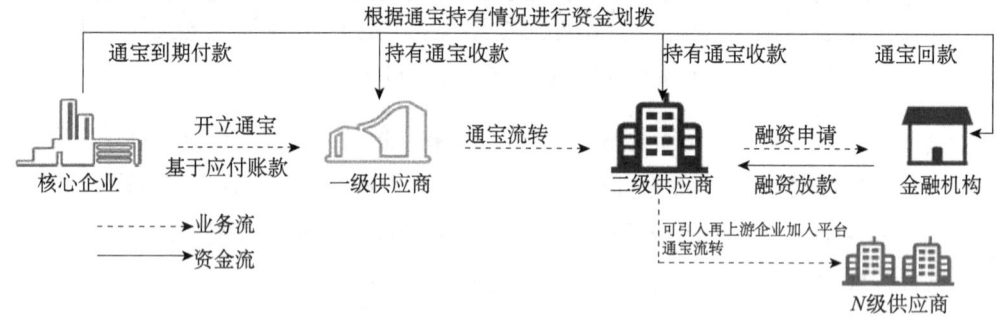

图14-8 欧冶金服可拆分流转的电子债券数字凭证通宝

通宝除了基本的开、收、转、融的功能外，还可实现多种形式的分润服务，例如，核心企业可以从供应商融资环节获得分润，也可以通过提前兑付获得分润，此外还有三个特点。第一，可实现买方付息，若核心企业通过提用银行流贷进行采购业务现金结算，可通过开立买方付息的通宝，降低核心企业有息负债并有机会享受供应链金融的额度保障及价格优惠。第二，实现动态折扣，核心企业有闲置资金时，可通过提前兑换通宝，获得相应收益。第三，实现定向支付，核心企业有定向流转需求时，支付核心企业开立通宝时直接设置定向流转人，平台对流转接收方进行限制，可以保障资金流向及安全。

（4）创新产品——供应链票据服务与跨境金融服务。

供应链票据服务：通过供应链票据平台签发的电票称为供应链票据。2020年4月24日，欧冶金服供应链票据平台作为首批参与试运行的3家供应链金融平台之一，与上海票据交易所供应链票据平台对接,当日即有企业票据签发,实现首单落地。该平台为企业提供电子商业汇票的签发、承兑、背书、到期处理、信息服务等功能。同年 6 月 18 日,完成首批供应链票据贴现试单,欧冶金服通宝平台有 4 家企业通过供应链票据贴现融资 4 笔,金额 273.7 万元,贴现利率 3.6%~3.8%,中信银行、招商银行、马鞍山农商行及宝钢集团财务有限责任公司等 4 家金融机构提供贴现服务,同年 10 月 6 日,供应链票据在线贴现、到期兑付线上清算功能上线。

2021 年 8 月,在之前支持等分化签发供应链商票及平台内背书转让、部分支持在线贴现及线上清算服务的基础上,进一步提供等分化签发供应链银票及供应链财票、跨平台背书转让、线上提示付款及付款确认、贸易背景在线上传等服务。

相对于传统票据,供应链票据具有更强的产业属性,因为它植根于产业更真实的贸易背景,是面向供应链直达全链条的企业,其功能更创新,更契合产业用户需求,可降低供应链中信息不对称问题,并可在一定程度上解决供应链中融资难和融资贵的问题。

跨境金融服务:欧冶金服通过 EFFITRADE(跨境贸易金融服务平台)这一线上化跨境贸易金融服务平台为客户提供跨境贸易中各金融产品全流程的线上操作功能,并与境内外银行进行直连打通,为跨境结算各参与方提供线上化、无纸化的服务。该服务平台基于大数据和区块链技术,打造可视化智能跨境金融服务和物流服务,降低成本、提升效率,实现可信供应链生态,为平台各参与方提供更多增值服务。

(5)其他服务创新——数字人民币应用和碳金融探索。在数字人民币应用试点方面,欧冶金服代表中国宝武联合交通银行、工商银行,针对企业应用场景,深挖 B 端的结算痛点,以宝武生态圈企业结算为基础,设计出具有代表性及应用推广价值的数字人民币应用试点方案。例如,依托数字人民币可控、匿名、在线支付等特征,助力欧冶链金再生资源有限公司废钢采购实现溯源功能,为探索解决现行增值税体系下再生资源利用型公司有销项、缺进项难题提供了可行的解决方案。

在碳金融方面的应用:针对中国宝武正在推进的清洁能源项目及工业品集采场景,应用区块链技术,结合通宝及供应链票据等结算工具,推动基于碳资产及碳足迹的绿色供应链金融服务。

14.4 产融生态圈的跨界发展

在供应链金融的产融生态圈中,数字化和科技化是发展基础,场景化是发展内容,精细化是发展重心,而生态化是发展的目标。在产融生态圈中,提供供应链"三流"服务是建立可持续产融生态圈的关键。在这里,以凯京科技的产融生态圈为例,来阐明生态圈跨界发展。

凯京科技通过打造一个覆盖整车管理、专线管理、资金管理和物流信息管理的 SaaS 服务云平台，实现了对货主、物流企业、金融服务提供商等参与成员间数据、信息的数字化整合和协同。

14.4.1　凯京科技"斑马来拉"赋能供应链金融

为了更好地实现对物流行业的中小微企业、个人进行风控管理，凯京科技围绕着多个场景打造了一个覆盖物流行业不同群体的综合服务平台"斑马来拉"。为货主、企业和司机提供各种产品服务来协调三流。

1. 货主服务

针对货主，"斑马来拉"平台为货主提供仓干配全流程解决方案服务，整合运力资源、集成报价、全程可视，让物流简单高效。

（1）集约化平台。货主可通过斑马来拉的集货配送平台，完成端到端的运输服务，货主可实现一票到底、全程可视化、结算支付线上化。通过有序的网络让信息流通、物料流通和资金流通更高效。

（2）定制化运输服务。在物流方面，斑马来拉为货主提供定制化的运输服务来提高运输效率。其中包括整车运输和零担运输。整车运输即平台通过对2万家物流公司、200万名司机历史运输情况与客户需求的智能匹配，为货主提供定制化、集约化、高性价比的整车运输解决方案；零担运输针对不同的货物分类运输，分为斑马小件（0~30公斤）、斑马小包（30~100公斤）、斑马小票（100~500公斤）和斑马大票（500~3000公斤）。斑马小件面向电商市场及个人消费者，主打0~30公斤段的货物运输，采用首续重报价，提供安全快捷的物流服务；斑马小包面向大件电商市场，主打30~100公斤段的货物运输，提供时效快、覆盖广、便利性和多样性的物流服务；斑马小票面向B端客群，主打100~500公斤段的货物运输，提供兼顾价格与时效的经济型物流服务；斑马大票同样面向B端客群，主打500~3000公斤段的大票货物运输，提供定制化、专业化、安全可靠的物流服务。

（3）运力智能匹配。平台的运力储备丰富，就像上面所介绍的，可为货主提供整车运输和零担运输。平台拥有超3800个网点、超31家分拨平台、超28万平方米的分拨面积、超200万名平台司机、超3700条开通线路、超280个覆盖市级地区以及超90%的乡村覆盖率。首先平台对运力池资源进行分级管理，形成面向不同行业的优质运输服务能力。运力评级内容包括经营稳定性评分、运输品质评分、车辆资源评分和运输经验评分。具体到关键指标包括工商信息、司法舆情、车辆运营信息和历史运输行为等。将运力池分为A、B、C、D四类后根据货主的等级和品质要求匹配相应评级标准的运力。

（4）运价指数精准报价。通过积累的7000多条线路运输价格构建运价指数体系，预判运价走势，从而在提供第三方物流服务解决方案时，实现精准报价，既帮助货主降本增效，又确保了凯京科技和合作伙伴必须保有的利润空间。

2. 企业服务

针对中小物流企业，"斑马来拉"为其提供货源、供应链金融服务，帮助企业更快获取客户，同时解决企业借贷、融资需求。

此外，凯京科技还推出斑蓝业务系统，帮助企业对物流全流程实现数字化转化，最终让企业能够对自身业务流程、资产管理实现数据可视化。具体来说，包括流程可视化、业务系统化和支付线上化。流程可视化是基于斑蓝系统和大数据处理使得物流全程透明可视，流程数据化、可溯源。业务系统化是利用斑马来拉App、运价查查小程序等移动软件随时随地管理业务。支付线上化是银企直连线上化结算，支付及时，易操作，轻松上手。此外，在容易出现问题的订单支付上，斑蓝系统实现了银企直连，企业支付提现更便捷、查账更清晰。

3. 司机服务

针对司机，凯京科技为司机提供购车分期、货源、系统等物流各环节支持，将物流最终环节闭环巩固。

凯京科技还推出了"凯京车主"App。货车车主可以在App上接单，快速获取货源订单，具有货源足、接单快、运输透明优势。同时能够线上进行订单结算，收款规范清晰，全程可视化，帮助司机们更好赚钱。

最核心的是，基于凯京科技的风控系统，平台还可以为货车司机们提供购车分期服务。通过风控系统快速对个人的信用、资产进行动态的评析、判定，从而满足司机快速贷款购车的需求。

14.4.2 商业生态系统下的供应链金融"三流"服务

下面以凯京科技的模式创新转变与传统物流行业的三流管理进行比较，来看凯京科技是如何通过三流服务增加服务黏性，实现"1+1+1>3"效应，由此创造新的价值，见图14-9。

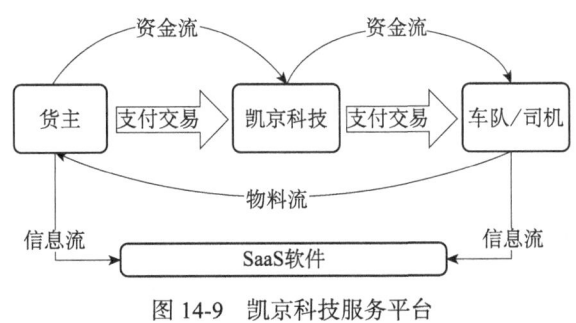

图14-9 凯京科技服务平台

1. 资金流

传统的融资模式下，中小微企业因资信不健全，缺乏有效的抵押物，常常面临融资难、融资贵的问题。具体来讲，一是因为中小微物流企业常常不享有管辖车辆的实际所有权，难以进行抵质押融资；二是中小微物流企业规模小，财务不规范，主体信用弱；三是中小微物流企业缺乏交易信用，主要表现在其交易信息高度碎片化，交易环节复杂，组织化程度低，交易信息没有统一标准，相关信息真实性难以核实。这种困境造成了中小微物流企业的融资难的困境。由于中小微企业以上特点，融资机构出于风险管控的考虑，必然会规避这类中小微企业。由此，资金流无法到达小微物流企业。

中国合同物流市场规模大且持续增长，但极度分散，信息化程度低。根据相关数据统计，2021年中国公路物流市场规模超过7万亿元，前20强物流企业的市场份额占有率低于5%。在7万亿元公路运输市场里，合同物流市场份额占60%，约4.4万元规模。在公路运输合同物流4.4万亿元的市场规模中，有90%的承运商为小散物流公司。这些小散物流公司面临上面所述的融资难、融资慢和融资贵问题。

凯京科技针对这个广阔的公路物流市场，为快递公司的加盟公司、加盟网点、干线运输车队、小微物流公司提供运费分期的金融产品"运秒贷"及购车贷款的金融产品"车秒贷"，解决小微物流企业资金流问题，推动这些企业运输和支付全流程数字化管理服务。

2. 信息流

传统物流行业中信息流流通困难。主要原因是信息流碎片化，在凯京科技的案例中提到，零单市场和整车市场的司机和货主之间信息的获取往往要需要依赖"小货代""黄牛""物流园区"撮合，这造成了司机和货主之间的沟通不直接，来自多个第三方的信息也比较分散，呈现碎片化的趋势。信息碎片化对于司机来说无法获得稳定持续的订单，对于货主来说可能会降低物流的效率和速度，而对于双方来说，多个三方意味着货主要付出更多的成本，而司机赚取的利润也会更少。

凯京科技通过SaaS平台对信息进行采集和处理，使得信息流的流通更加稳定。SaaS平台对运单进行管理，为货主和司机提供运单管理功能，实现数据真实性验证以及透明可视化，并且对每一单进行智能匹配，同时为企业信用和运力评级，为金融服务提供数据支持。

凯京科技通过多个渠道采集小微物流企业数据。在企业内部直接采集金融数据，运用TMS、WMS数据及运输合同数据采集经营数据。在企业外部，采集每辆货车装载的GPS中的轨迹数据，采集北斗导航中的轨迹数据。同时，凯京科技物流云平台通过数据的收集对从运输价格、服务品质、擅长路线、自有车数量等各个方面进行评估，以此为筛选优质运力提供依据。信息的整合使得司机和货主可以通过平台选取优质运力资源、获取订单信息，便于司机为货主提供优质便宜的运输服务的同时，筛选优质末端运力直接服务货主，缩短运输层级，优化运单、降低运输成本。凯京科技通过物流科技平台帮助中小物流企业实现数字化转型，SaaS 累计服务物流公司 2 万余家，截至 2021 年底，累计订单数据超 1000 亿元，累计运费支付金额超过 280 亿元，其中 2021 年全年支付超过 190 亿元。

3. 物料流

传统物流行业的痛点主要有行业集中度低、层层转包、物流服务成本高等问题。关于行业集中度问题已经在前面资金流服务部分讲述过，在公路合同运输市场中，超过 90% 的承运商为小微物流企业。层层转包主要指零单市场和整车市场的服务链比较长，运力供应链层层转包。如图 14-10 所示，货主与司机之间的链接可能要经历大三方、中三方、小三方等多个第三方。也就是说，很多车队和专线运营的小微物流企业，接到的运输订单已经经过二层、三层的外包服务，每一层转包可能会扣掉 2 至 3 个点，最终到实际承运的小微物流公司或个体司机手里，实际运费就很低了。由此可见，在公路合同运输市场中，需求和供给信息不透明，层层外包，空载率高，信息化程度低，这些导致了物流效率低下。

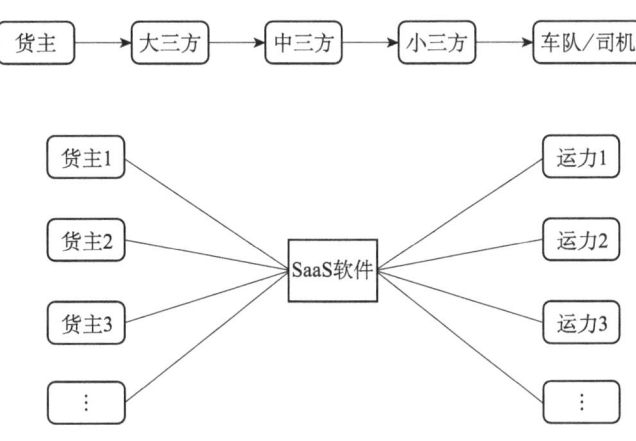

图 14-10 凯京科技的智能运力匹配系统

针对公路合同运输市场效率低下问题，凯京科技基于 SaaS 平台收集的运力数据和运力评级系统，通过智能匹配将货主需求与合理的运力直接匹配，省略了中间多余的中转过程，为货主提供可视化、低成本的物流运输服务，增速迅猛。凯京科技 2019 年开始推动物流运输撮合服务，2020 年合同物流撮合匹配业务应收达 7 亿元，2021 年这项业务应收达 16 亿元，为比亚迪股份有限公司、三一重工股份有限公司等优质货主提供服务，重点布局新能源和制造业、消费、农业、新基建等行业。

14.4.3 商业生态系统下的供应链金融"三流"管理

在凯京科技的商业生态中，产业链不同层次的数字化协同能够实现产业有界至跨界的发展。在这个过程中，三流之间通过一系列的创新服务实现了有效的协同管理，见图14-11。

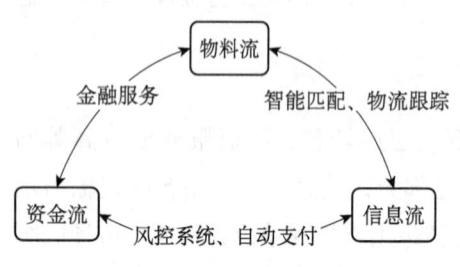

图14-11 凯京科技供应链金融生态系统下的"三流"运作管理

1. 信息流与物料流的协同

信息流和物料流之间通过智能匹配和物流跟踪实现协同管理。在前文已经介绍了凯京科技的平台服务"斑马来拉"为货主、中小企业及司机提供了诸多便利服务。其中智能匹配系统通过SaaS平台收集的海量运力数据及运力评级系统，对运单和运力两端实施智能匹配，将信息的价值合理运用到了物料流流通之中，打通了信息流与物料流之间的界限；物流跟踪则是通过SaaS采集每辆货车装载的GPS中的轨迹数据，采集北斗导航中的轨迹数据，利用这类数据使得物流运输的管理数字化、可视化。

2. 资金流与物料流的协同

资金流和物料流之间通过平台提供的金融服务实现协同管理。凯京科技为货主提供的运价指数精准报价服务既能帮助货主降本增效，又确保了凯京科技和合作伙伴必须保有的利润空间；为企业提供斑蓝业务系统，帮助企业对物流全流程实现数字化转化，最终让企业能够对自身业务流程、资产管理实现数据可视化。为快递公司的加盟公司、加盟网点、干线运输车队、小微三方物流公司，提供运费分期的金融产品"运秒贷"及提供购车贷款的金融产品"车秒贷"；为司机推出"凯京车主App"，货车车主可以在App上接单，快速获取货源订单，具有货源足、接单快、运输透明的优势。

3. 资金流与信息流的协同

资金流和信息流之间通过风控系统和自动支付实现协同管理。凯京科技的风控系统归功于庞大的规模为其源源不断地提供大量优质、实时的数据，帮助凯京科技不断优化升级自身的风控系统。凯京科技从社会征信企业采集物流企业法人或实控人个人征信数据，以此建立风控模型。基于这一风控系统，凯京科技更是已经将金融服务从单一的信贷服务扩展至保险服务，为货主、司机、企业提供集借贷、融资、保险的一站式金融服务。此外，自动支付技术更是基于这一风控系统，加速了资金在各方之间的流转，大大提高了管理效率。

本章要点

- 供应链金融生态系统的内涵、构成要素、特征及其演化变革路径。
- 金融科技的内涵和基于金融科技构建的供应链金融生态体系的特点,金融科技(人工智能、大数据、云计算和区块链等)在助力构建供应链金融生态系统方面的价值和作用。
- 商业生态系统下的供应链信息流、物料流和资金流实现从企业内部协同到供应链协同,再到产业链协同,最终到供应链金融的生态圈协同跨界管理。

思考题

1. 简述供应链金融生态系统构成及其创新演化路径,以及促使其创新演化的原因。
2. 以联易融和凯京科技为例,简述商业生态系统下供应链金融的运作模式及其特征主要有哪些。
3. 金融科技是如何驱动供应链金融的变革与创新的?
4. 比起传统供应链金融,数字时代下供应链金融的服务内容发生了哪些变化?
5. 数字化对供应链金融的产品设计产生了哪些影响?
6. 简要分析商业生态系统下企业是如何实现供应链金融三流跨界管理的。

第 15 章 生态系统下供应链金融风险管理

开篇案例

Greensill 的供应链金融危机

Greensill 是一家总部位于英国的供应链金融服务商,由花旗集团和摩根士丹利金融家 Lex Greensill(莱克斯·格林希尔)于 2011 年创立,该公司致力于为欧洲、北美、拉丁美洲、非洲和亚洲的客户提供供应链金融服务。Greensill 曾于 2019 年 5 月、10 月先后从软银处获得 8 亿美元、6.55 亿美元融资。近年来,Greensill 的业务发展迅速。员工数量从 2019 年的 600 人上升至 2020 年的 1000 多人。在过去的 18 个月里 Greensill 还收购了一系列金融科技企业,包括 Finacity Corp.、Earnd 和 Omni Latam。

Greensill 的商业模式是向公司提供短期现金垫款(cash advance),以一个折扣价格,比预期提早支付给借款企业的供应商,然后要求借款企业全额支付给 Greensill 以赚取差价。2020 年,Greensill 向 175 个国家的企业和客户提供了 1500 亿美元的贷款,其客户既包括 AstraZeneca PLC 和 Ford Motor Co. 等公司,也包括小型初创企业和被传统银行视为高风险借款人的公司。Greensill 的这种供应链金融模式创造了"三赢"的局面:以短期现金预付的形式,让供应商提早拿到钱,让企业延长支付账单的时间,借贷企业有更多的现金灵活性,同时 Greensill 也获得利润。

Greensill 把自己定位为一家技术创业公司,与花旗集团和摩根大通等传统银行竞争,目标是向那些不受银行青睐的企业或者为没有被大型传统银行覆盖的公司提供供应链金融服务,因为传统银行偏好规模更大、更成熟的客户。与此同时,Greensill 并不像传统银行那样在资产负债表上持有这些现金垫款,而是大部分转为债券型证券或票据。

大多数这类债券由瑞士信贷集团和瑞士资管公司 GAM Holding 管理的投资基金持有,为专业机构投资者客户提供较银行账户或货币市场基金高回报、低风险的投资服务。

作为一家为企业提供短期贷款的非银行供应链金融机构，Greensill 提供贷款的资金来源主要包括瑞士信贷资管部门管理的瑞信供应链基金 100 亿美元的专业供应链基金、软银集团旗下的 Vision Fund，以及 Greensill 子公司 Greensill Bank 等（图 15-1）。

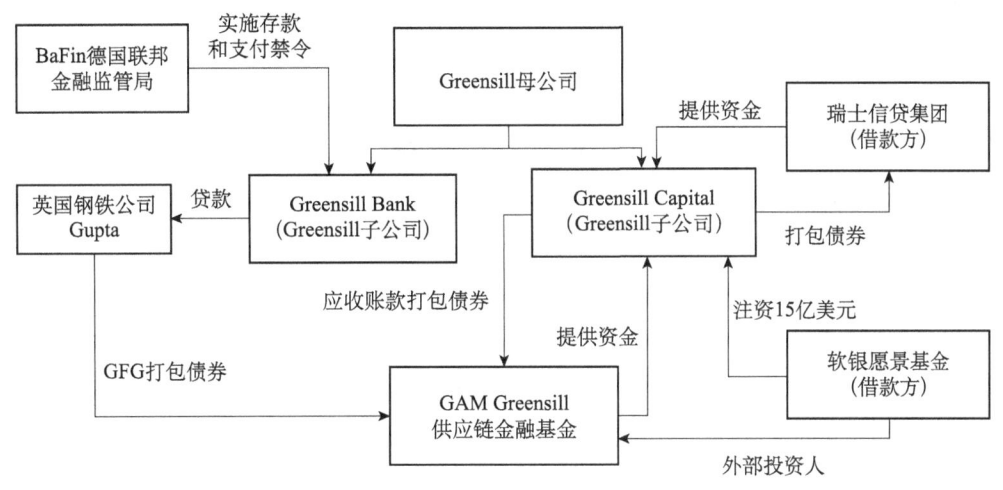

图 15-1 Greensill 资金链关系图

GFG 是指 Gupta Family Group（Alliance），古普塔家族集团（联盟）

Greensill 通过提供供应链融资将核心企业和上下游企业联系起来，这种金融模式可以确保供应商在合同规定的付款日之前收到款项，不至于陷入现金流困境，而核心企业则按照合同规定的付款日期将款项支付给 Greensill。但作为提前收到款项的代价，供应商需要接受一定的款项折扣。

这种短期现金预付的形式可以使供应商的资金流动性需求得到满足，同时还能使企业延长支付账单的时间。提供供应链贷款的 Greensill 则可以从中获得一笔利息收入。在客户还未向 Greensill 还款之前，Greensill 会将客户的欠款打包成类似债券的证券资产，将其放到资本市场上交易。这与传统银行的做法不同，Greensill 没有将其作为企业支付的预付款项记录在资产负债表上，而是将其打包成类似债券的证券或票据出售给第三方金融机构。第三方金融机构通过购买这些证券为 Greensill 注入资金，然后再将这些证券卖给投资者。Greensill 将这些现金预付款打包成类似债券的证券，让投资者获得比银行存款更高的收益率。这些基金主要位于瑞士，瑞信的几支基金是 Greensill 这些证券的主要买家，这让这家初创公司有更多的资金与更多公司进行交易。这些基金的投资者包括养老金管理机构、企业财务主管和富裕家庭。

Greensill 愿意收购尚未实际交易的潜在未来应收款，将大笔应收款捆绑到证券化产品中，这意味着 Greensill 出售的产品所基于的信用风险几乎是无法评估的，这与 2008 年次级抵押贷款危机的相似之处不容忽视。

在这一过程中，Greensill 不仅承担着企业可能违约的信用风险，还承担一定的流动性风险。造成流动性风险的一个原因是 Greensill 没有将资金用于供应链融资上，导致无法按时收回贷款。尽管为资信比较高的企业提供贷款风险较低，但收益也低。为了获得更高的利息收入，Greensill 需要承担更高的风险，为信用评级或盈利水平较差的企业提供贷款。与此同时，Greensill 通过购买信用保险来对冲企业违约可能造成的损失，以及确保自身能够从第三方金融机构获得资金支持。Greensill 为了让被打包后的供应链金融贷款拥有评级且可以出售给机构投资人，其专门请保险公司对这样的贷款做担保和承保，如果出现损失，保险公司可以提供赔付。Greensill 转移自己借贷风险的关键一步，就是从保险公司买了信用风险。对于那些信用评级不太高的核心企业，供应链金融机构需要购买信用保险，以对冲信用风险。碰到核心企业违约，金融机构就会向保险公司索赔，以减少自己的损失。因此它进入了结构性融资领域，长期结构性融资，用保险来打包，将风险结构化。

2021 年 3 月，Greensill Capital 因陷入"严重财务困境"、无法偿还数亿美元贷款向英国法院申请了破产保护。这次危机的直接导火索源于其信用承保公司撤销保险服务。Greensill 的主要保险供应商东京海上控股集团子公司、位于澳大利亚的 BCC 保险公司拒绝续签 46 亿美元的保险合同。保险的撤销直接导致 Greensill 的重要资金来源被切断，即瑞士信贷集团暂停了和 Greensill 公司相关的资金项目，因为这些基金有一个共同点，它们的主要投资标的物都是由英国供应链金融公司 Greensill 发放的证券。瑞信冻结基金的原因还包括 Grennsill 的某些资产估值存在较大不确定性，而这一冻结也直接切断了 Greensill 公司供应链金融业务赖以为生的融资渠道。加之新冠肺炎疫情的影响，进一步加剧了该公司的资金链危机。Greensill 公司前无力偿还瑞士信贷集团 1.4 亿美元的贷款，另外遭遇了 GFG 联盟公司的一家大型钢铁企业重要客户 Gupta 针对 Greensill 公司的偿债违约行为。Greensill 公司在这家客户所面临的违约风险敞口高达 50 亿美元。以上这些问题致使 Greensill 供应链金融服务宣告失败破产。

案例思考题

1. Greensill 供应链金融的运作模式有哪些？Greensill 提供的供应链金融服务有什么特点，与传统的供应链金融服务有什么区别？

2. Greensill 的金融服务运营模式风险在哪里？它是如何控制的？

3. 简要阐述 Greensill 供应链金融服务的收益来源及其资金链关系结构。

4. Greensill 通过保险公司购买信用保险来对冲企业违约可能造成的损失，你认同这一做法吗？请指出这一做法有哪些优势和隐患。

5. 导致 Greensill 供应链金融服务失败的原因有哪些？Greensill 供应链金融服务的失败给新时代的供应链金融管理带来了哪些启示？

> **本章学习目标**

- 结合案例分析，掌握和了解数字化时代供应链金融风险来源，识别数字化时代供应链金融风险种类及特征
- 通过对联易融和盛业资本的风险管控机制分析，掌握如何利用金融科技实现供应链金融风险智能化监管
- 结合具体案例，掌握和了解金融科技下的供应链金融风险管控有哪些手段及措施
- 了解新时代供应链金融发展的"危"与"机"

15.1 数字化时代的供应链金融风险管理

15.1.1 数字化时代供应链金融风险要素及特征

从 Greensill 供应链金融实践的失败案例可以看出，风险识别是促成供应链金融成功管理的首要任务之一。探寻供应链金融风险的来源、种类和特征，是数字化时代供应链金融创新管理的先决条件。根据科法斯的《2021 年中国企业付款调查报告》[①]，2020 年，中国企业采取了较强的信用管理措施以应对新冠肺炎疫情。由于许多行业的信用期限缩短，企业采用了信用保险、信用报告、债务催收和保理服务等多种信用管理工具。因此，与上一年相比，2020 年逾期付款的公司数量有所减少，2020 年的付款期限平均缩短至 75 天，减少了 11 天。57% 的受访企业逾期付款，低于 2019 年的 66%。

报告显示，虽然大多数行业的信用期缩短了，但一些行业的信用风险正在增加。在建筑和能源行业，2020 年，超长逾期付款（超过 180 天）占年营业额 10% 以上的公司比例达到 60% 以上，较上期翻了一番，表明现金流风险正在增加。此外，债券违约率也在上升。

尽管受新冠肺炎疫情的影响，根据科法斯的该项报告，47% 的公司在 2020 年没有使用信用管理工具来缓解现金流风险，而 2019 年这一比例为 40%。此外，调查还显示，更多的企业使用不止一种信用管理工具。从 2019 年到 2020 年，使用信用保险的公司比例从 17% 上升到 27%，使用信用报告的公司比例从 19% 大幅上升到 31%。使用保理和收债服务的企业比例也有所增加，分别达到 10% 和 13%。

报告还显示，从 2015 年到 2020 年，公司违约金额从不足 10 亿美元增加到 270 亿美元。在 2021 年的前 4 个月，债券违约激增 70% 以上，达到 180 亿美元，主要集

---

① 2021年的中国企业付款调查在2月至4月间进行，调查覆盖了大陆13个行业的600多家企业。

中在房地产、航空和电子行业。

科法斯的《2021年中国企业付款调查报告》预测，2021年将有更多的债券违约和企业破产。其中，在2020年信用增长放缓期间和因新冠肺炎疫情积累了较高现金流风险的行业尤为可能。一方面，企业面临着激烈的竞争；另一方面，企业缺乏融资渠道，许多行业可能得不到政府的支持，因此许多企业客户陷入财务困境，导致逾期付款。从以上报告不难看出，新形势下供应链活动参与企业正在经历着严峻的考验。

供应链金融由于其介入供应链实质交易环境中，为供应链相关企业提供综合金融服务，在一定程度上可以解决供应链中小微企业融资难、融资慢和融资贵问题。尽管如此，供应链金融在实际运营中面临着很多不确定因素，所以存在较大的风险。在数字化时代中，管控供应链金融的首要问题就是风险识别。具体来讲，按照风险来源、参与主体和维度，数字化时代供应链金融风险可以分为供应链金融市场风险、参与主体信用风险、操作风险、法律监管风险和交易真实性风险。

1. 供应链金融市场风险

供应链金融市场风险主要包括利率风险、供应链金融产品价格风险、汇率风险、股市风险和商品价格风险。具体来讲，市场风险是指利率、汇率、股票市场、商品价格等市场因素的波动导致金融产品价值或收益不稳定的风险。在中国，利率市场化机制尚未完全形成。银行供应链融资产品的定价仍与传统营运资金贷款相同。一旦利率发生变化和调整，银行无法及时调整贷款利率，只能等到下一年度年初基准利率发生变化，在此期间则必须承担利率变化带来的风险。在供应链金融业务中，许多业务涉及国际贸易。在国际贸易融资实践中，无论是单一进出口业务还是信用证交易，除非使用本地货币，否则将面临汇率变动的风险。在供应链金融业务中，如存货融资或动产融资中，质押物的价格风险会直接影响到融资风险。

2. 供应链金融参与主体信用风险

供应链金融参与主体信用风险主要包括核心企业和上下游融资企业的信用风险。在供应链金融中，核心企业掌握着供应链的核心价值，在整合供应链物流、信息流和资金流方面发挥着关键作用。商业银行以核心企业综合实力、信用等级、供应链整体管理为基础，开展上下游中小企业信贷业务。因此，核心企业的经营状况和发展前景决定了上下游企业的生存状况和交易质量。核心企业的信用一旦出现问题，必然会随着供应链向上下游企业扩散，影响供应链金融的整体安全。

虽然供应链金融通过引入多种信贷支持技术降低了银企之间的信息不对称和信用风险，并通过设计机制弱化了上下游中小企业的信用风险，但中小企业，作为直接贷款承诺的主体，公司治理结构不完善，制度不完善，技术力量薄弱，资产规模小，人员流动频繁，生产经营不稳定，抗风险能力差，财务报表缺乏公信力，诚信和约束力弱等诸多问题，仍然难以解决。同时，在供应链背景下，中小企业的信用风险发生了根本性的变化，它不仅受到自身风险因素的影响，还受到供应链整体运营绩效、供应链不确定性、上下游企业合作状况、业务交易等因素的影响。因此，以上因素都可能导致供应链金融参与主体出现信用风险。

3. 供应链金融操作风险

供应链金融操作风险包括技术风险、流程风险和人员欺诈风险等。操作风险是供应链金融业务中最突出和最重要的风险之一。一般而言，供应链金融服务的提供商针对具体产品都有较规范的工作流程或操作规范。比如，对交易真实性验证流程、对融资对象的评价与选择流程、对质押物评估与监管流程等。如果相关业务流程没有按规范流程来办理，或者里应外合有意欺诈或隐瞒，都可能给相关企业带来严重的损失。很多供应链金融风险事件表明，导致业务重大损失的原因并不是来自"天灾"，恰恰是来自"人祸"。在数字化时代，利用数字科技技术，提升供应链金融服务的信息化、数字化、自动化，可以更好地规避一些人为的操作风险。

4. 供应链金融法律监管风险

供应链金融法律监管风险包括物权债权认定风险、合同有效性风险和浮动抵押制度风险。由于目前供应链金融相关的法律法规正在逐步完善之中，商品的物权债权认定存在法律监管风险，尤其是在抵质押融资模式下，为了充分发挥物流监管机构的规模和专业优势，降低质押贷款成本，银行将质押监管外包给物流企业，由物流企业代为监管商品的权利。然而，三方合同有效性可能存在风险，该业务外包后，银行可能会降低对质押物所有权信息、物流在途运输状态、仓储仓管状态、质量信息和交易信息的动态把控，从而引发物流监管的风险。由于信息不对称，物流监管机构会追求自身利益，做出损害银行利益的行为，或因自身操作不当和不负责任造成银行质押损失。例如，个别企业与物流仓储公司相关人员串通，出具无实物的仓单或入库凭证，骗取银行贷款，或伪造入库、出库登记表，未经银行同意擅自提取、处置质押物等，或未严格按照操作规程的要求履行监管责任，导致货物质量不一致或价值缺失。

5. 供应链金融交易真实性风险

自偿性是供应链金融最突出的特征之一，自偿性的基础是交易的真实性。在供应链融资中，商业银行是以实体经济中供应链上交易方的真实交易关系为基础，利用交易过程中产生的应收账款、预付账款、存货作为抵押、质押，为供应链上下游企业提供融资服务。在融资过程中，真实交易背后的存货、应收账款、核心企业的担保等是授信融资实现自偿的根本保证，然而，在供应链金融服务过程中，可能会出现伪造贸易合同或对应应收账款的存在性与合法性出现问题，或质押物权属与质量有瑕疵以及买卖双方虚构交易恶意套取银行资金等问题。这些虚假交易使得供应链金融服务的还款来源得不到保障,从而引发了融资风险。

15.1.2 供应链金融服务提供商 Greensill 破产的警示

Greensill 的核心业务主要是提供供应链金融贷款服务,向公司提供短期现金垫款,以一个折扣价格,比预期提早支付给借款企业的供应商,然后要求借款企业全额支付给 Greensill,同时将客户的欠款打包成类似债券的证券资产,将其放到资本市场上交易。

Greensill 下属机构 Greensill Bank 在给英国的 Gupta 钢铁公司贷款时,德国联邦金融监管局发现这家银行的企业贷款量中超过一半借给这家公司,仔细审核之后发现,给这家钢铁公司的贷款找不到抵押物,这不合乎银行放贷时一般必须有抵押物的要求,于是冻结了这家银行相关贷款的业务,并由此触发滚雪球效应。为 Greensill 供应链金融服务做承保和担保的保险公司也发现了 Greensill 这类供应链金融参与主体的信用风险非常严重。当保险公司不再承接担保业务时,瑞士信贷也立刻冻结了 Greensill 供应链金融的专项资金。同时,Greensill 的放贷对象英国钢铁公司 Gupta 也出现了资金问题,不再支付给 Greensill 本金和利息,再加上 2020 年新冠肺炎疫情的发生,Greensill 的运营雪上加霜,Greensill 主要资金来源被切断。从 Greensill 破产事件来看,其破产的原因,除了天灾——新冠肺炎疫情的影响,更主要来自人祸。其在经营中资金需求端和资金供应端存在着过渡集中的风险,具体体现为两点。第一是 Greensill 给同一家企业放贷超过总放贷比例的 50%,资金需求端风险过度集中。Greensill 的供应链金融业务严重依赖少数几个客户,如在 2019 年的大部分时间里,其 90% 以上的收入来自 5 家客户。第二是瑞士信贷提供的资金占到 Greensill 资金来源的 90% 以上,资金供应链风险过度集中。显然,一旦核心贷款客户出现经营问题影响还款,或者一旦核心资金端合作方切断资金供应,Greensill 就马上面临重大的经营风险。在 Greensill 的事件中,资金供求两端风险同时发生,对企业而言无疑是雪上加霜,最终不得不走向破产之路。

另外,Greensill 在提供供应链金融服务过程中,也存在严重的操作风险。Greensill 没有有效地对所面临的信用风险进行评估,如对方有没有能力按合同约定到期还款;同时,Greensill 收购尚未实际交易的潜在未来应收款,将其证券化之后带来的风险也没有得到有效把控。

从 Greensill 事件可以看到,供应链金融业务存在多类风险,这些风险往往是相互联动的。供应链金融市场风险(新冠肺炎疫情影响),引发了供应链金融参与主体信用风险(最大客户失信、最大资金方撤退等),供应链金融交易真伪风险和法律监管风险(部分业务基于未发生交易的应收账款经营贷款,基于虚拟交易的应收账款发债等),以及供应链金融操作风险(有问题的信用保单及信用保单撤退等),

最终导致企业破产。

15.1.3 金融科技下的供应链金融风险管理

联易融作为首家上市的中国供应链金融科技 SaaS 企业，充分运用互联网、现代新型信息通信技术，将供应链金融建立在及时、透明、可追溯及关联管理的基础上，不断致力于通过科技和创新来重新定义和改造供应链金融，成为具有代表性的全球领先的供应链金融科技解决方案提供商。

其原生解决方案，可优化供应链金融的支付周期、实现供应链金融全流程的数字化，利用综合数据分析进行自动的交叉比对和校验，多维度确认贸易真实性，减小参与方交易和融资的欺诈风险，提升整个供应链金融生态系统的透明度和连通性，支持实体经济。下面从数字化供应链金融风险控制的步骤出发，再进一步介绍联易融的数字化风险手段。

1. 数字化风控管理的注意事项

供应链金融服务提供商在设计服务产品时，一般要关注两个方面。一方面，关注服务内容的设计，要以客户为中心，再造流程和制度，平衡客户体验与风控效果；另一方面，关注风险管理，要利用金融科技搭建风险管理平台，做到可行：业务可行、商业模式可行；做到可视：过程可视、风险可视，大数据交叉验证，挖掘供需规律和客户风险画像；还要做到可控：过程可控、风险可控和线上线下结合。

供应链金融风险管控的目的是为供应链金融服务提供商识别风险可控的客户，以金融联动贸易，带动物流，实现贸易金融物流相互促进、协同发展。风险管理侧重点不仅要聚焦于确定交易及回款的真实性、稳定性、连续性上，还得在供应链金融风险管理方面，防范企业的主体及担保人信用风险，提升工作人员的专业性、技巧性、道德性。金融科技的发展与应用，为供应链金融风险管理提供了新的思路和技术手段。

在构建数字化供应链金融风控管理体系时，需要关注下面几个方面问题（图15-2）。

（1）明确风控核心目标。识别优质客户：当前银行风控模型没有覆盖的客户群；基于客户违约概率阈值等级划分模型对融资风险进行量化；给予对优质客户周期内放款与催收管理来量化放款额度；通过对客户历史和行为数据信息进行评估、比较、筛选、组合，提炼能够表征和预测未来风险表现的变量，通过对客户风险表现的信息，如是否拖欠、收益高低、客户是否流失、是否逾期等信息以提炼表现变量，同时需要建立和健全风险预警及应急预案机制，具体包括预警标准和红线、具体措施、明确分工、及时处理等。

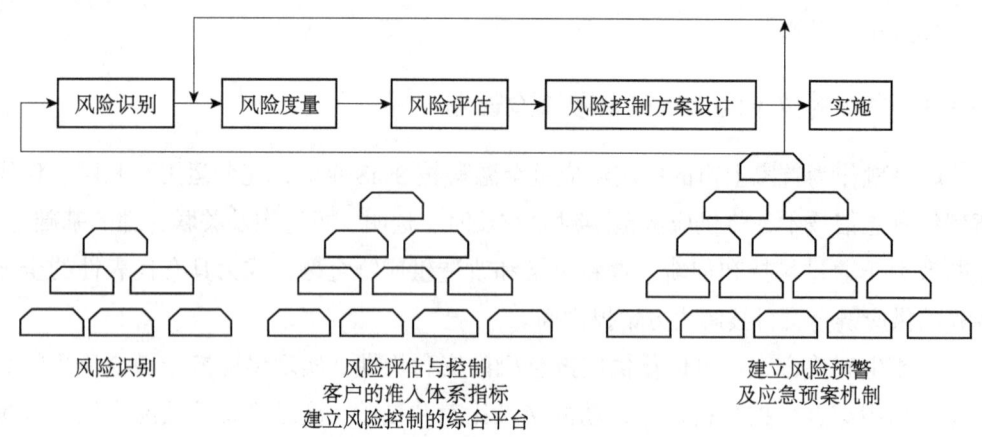

图 15-2　金融科技赋能风险管理框架

（2）识别风险类型。其主要包括四种类型。①市场风险。结合市场和企业历史交易记录（价格、利率、汇率等），对历史数据进行搜集、整理、分析，从而判断和预测风险大小。分析的过程中需要侧重的主要是四点：连续性、稳定性、趋势性、异常性。根据具体预期目标，建立中长期市场风险预测模型和风险预警机制。②信用风险。信用风险主要体现为融资企业的主体信用。基于核心企业及其上下游客户进行所有逾期案例的分析，建立准入评级和核心企业的信用捆绑，决定此处的信用风险是否主要体现为融资企业的信用风险。③操作风险。供应链中的共享信息都是由各节点企业的内部信息系统提取或集成的，出于利益方面原因，各节点企业可能会隐藏一些风险性信息和涉及商业秘密的信息，或是伪造数据等方式骗取银行融资，产生道德风险。操作风险主要分两类：一类是专业能力以及疏忽懈怠风险；另一类主要是员工的道德风险。第一类操作风险需要员工在尽职调查时，严格按照流程和要求搜集材料、签署文件。第二类操作风险需要通过制度化手段以及相应的惩戒措施去强化、管理。④法律监管风险。基于《中华人民共和国民法典》相关篇章，由物流企业、金融服务提供商和供应链上下游企业参与维护，能够为金融服务提供商给上下游企业的供应链金融服务提供法律保障。

（3）科学制定准入红线。供应链准入条件包括考虑准入制度、违约成本和利益共同体等。要想权衡降低风险和提高效率之间的关系，需要科学地定义红线和准入条件。首先从行业准入，筛选供应链核心企业，运用数据分析选择链上企业。对产品进行闭环管理，根据市场变化评估监测、快速迭代。例如，对于应收账款有瑕疵，被重复转让、质押的或交易和结算数据不能按要求实时监控的申请人不给予其相应的金融服务。其次设立准入条件，建立和完善融资主体资质审核机制，包括：①对于融资主体实际控制人，评估管理者自身能力和行业经验，经营周转能力，采购产品的组织能力；②融资主体所处细分行业；③融资主体经营状况，盈利能力，营业收入的变化趋势，公司财务报表的披露质量；④与金融机构合作记录等指标。此外，还要审核交易对手的行业特征、交易对手的行业地位、行业的销售利润率、上游供应商的资信和实力等。

（4）建立数据信用。基于交易信息分析的"数据信用"。当前市场上常见的业务模式主要是主体信用，将其分配到上游供应商，或者透过担保、差额回购等将核心企业的信用对下游经销商进行传导。对于控制产品的"物的信用"则是在尝试之中，可以从控货、估值、处置等环节完善"物的信用"。数据信用则是一个发展方向，利用大数据构筑"数据信用"和"数据资产"，通过供应链商流、物料流、资金流和信息流，经过数据挖掘和分析，构筑"数据信用"。

（5）构建数字化风险控制平台，结合产业数据和产品逻辑应用，发现行业优质资产，并共享平台信息资源，连接企业与企业、企业与银行、企业与个人，形成集群产业生态。将一定时间段内数据的真实性、连续性、趋势性、波动性等数据集合在第三方平台或整合到一个数据库中进行积累、整理，再将共性信息进行提取以及对个性化信息进行处理，中间辅以异常信息提示、预警，将各项数据和资料进行交叉，最终与银行风控模型形成有效互补，提高风险识别和审核效率。

2. 联易融区块链等创新技术应用

联易融利用多项创新技术手段为供应链上下游企业客户提供远程线上化的供应链金融服务，既保证了交易的真实性，也缓解了中小企业运营资金压力。例如，通过 AI 自动学习—图像比对技术识别各类证照、合同、发票、文书、银行回单、贸易单据等，转化成结构化信息。基于图像比对学习技术，进件材料、影像库由 AI 机器人自动筛选、梳理分类、归档。通过 NLP（natural language processing，自然语言处理）语义识别技术，进行资产登记结果识别、舆情分析、法律判决书风险分类。利用 OCR 及大数据分析等技术，自动对多级关联企业进行穿透分析，识别关联交易，发掘深层关系，结合 800 多项维度的数据指标，对企业主体信息、底层资产的真实性、有效性等进行自动核查及交叉验证，这显著提升了资产审核效率。利用微信小程序、PC（personal computer，个人计算机）端、客户端等来提高中小供应商的操作便捷性，降低操作门槛，让 B 端供应商享受 C 端客户的便捷体验，可实现一键接入供应链金融场景的国内官方及国际主流企业信息服务商，其智能数字风控平台能够有效提升自动化率及风险识别。

对于传统的风险管控方式，如银行征信，存在着中心化征信机构信息不完整、数据不准确、使用效率低、成本高等问题，而在金融科技时代，区块链应运而生，使得上述问题得到根本性解决，因为区块链技术可以自动记录海量信息，并且数据透明、篡改难度高、使用成本低。联易融将区块链技术与供应链金融结合，运用区块链技术不可篡改、可追溯、多方共识等特点，把企业贸易过程中赊销行为产生的应收账款，转换为一种可拆分、可流转、可持有到期、可融资的数字债权凭证，从而为核心企业上游中小微企业提供线上应收账款转让、融资及管理的开放式供应链金融科技服务平台。

3.供应链资产服务云平台

与传统模式相比，联易融供应链资产服务平台通过数据化、自动化、线上化的资产审核大幅提升了基础资产整理的产能与时效，电子资料的拍照上传、电子合同线上签署及核心企业的线上确权极大地改善了传统模式下纸质资料传递与审核因地域限制导致的低效和成本问题。一旦接入联易融服务平台，上下游业务如何开展、单证票据流转的状态如何、资金流动性如何、中小企业具体的经营状况等问题都可以精确把握，从而有效地盘活供应链产业链，大大降低了融资风险（图15-3）。充分解决传统ABS/ABN业务在资产搜集、审核乃至发行与认购环节中的诸多痛点，实现了资金渠道与需求的高效对接，具有实现各层级资产透明化、降低运营风险、资产组合高效审核、降低运营及人工成本的诸多优势。因此，在数字化时代，金融科技的出现将核心企业产业链、政府机构、中小企业、金融机构等各个参与者以线上的方式连接起来，打破了传统供应链中"信息孤岛"和"信息失真"的现象，助力中小企业实现高效融资。联易融资产服务云平台，高效无缝对接了资金渠道与资产端，实现底层资产透明化，降低操作风险，完成资产包高效审查发行并降低运营成本及人工成本。

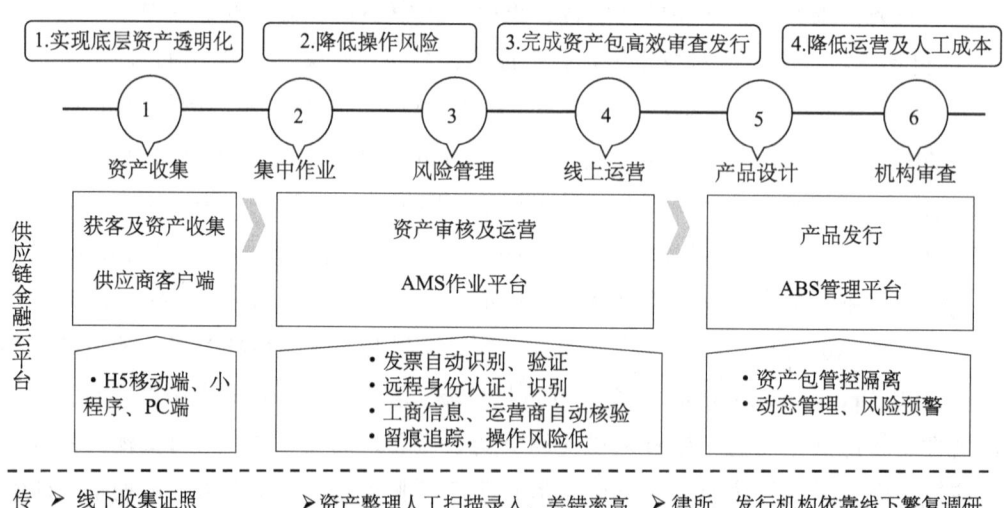

图15-3 联易融供应链资产服务云平台

4.供应链综合科技平台

联易融为管理供应链金融风险，还建立了供应链综合科技平台——e链云。e链云是一组预构建微服务，为寻求提升供应链金融能力的银行、信托公司、保理公司及其他金融机构，提供各种定制的一体化科技解决方案，如自动化交易验证、区块链支持的供应链资产转让及针对具体应用案例的解决方案，可助力金融机构提高综合科技水平。作为基于云端的解决方案，e链云可通过即插即用模式使用，或将其定制并深入整合至客户的现有系统，让客户能挑选及选择最适合其运营需求的模块，以白标方式建立其自身品牌的科技平台。

e链云旨在帮助金融机构提升其供应链金融服务的科技能力，实现工作流程数字化转型及改善其开发内部技术基础设施的能力。e链云可帮助金融机构精简化供应链金融工作流程的所有关键环节，其可以通过定制的用户界面使用各种模块，如资产收集、资产验证、资产打包、资产转让、智能合同及资产转让自动登记。传统上，供应链数据被埋没在不同系统及数据库的孤岛中，而e链云可轻松地与金融机构现有核心系统整合，助其打破信息孤岛，将非结构化数据转化为更具可用性的信息。

5. 智能风控平台建设

智能数字风控平台是联易融在数字化供应链金融业务基础上搭建的数字化开放平台（图15-4）。通过聚焦供应链生态圈，打造数据驱动的互联网小微金融科技新模式，依靠联易融供应链大数据能力，以预授信模式，根据客群模型评分实现对产业场景平台和核心企业上下游客群的差异化授信策略（浮动利率、差异化额度、资金智能路由），以及基于时间维度的动态授信策略。智能风控平台还提供发票、流水、工商、司法、网查等多维数据获取，以及规则运算、风控策略、联合建模等一站式服务，助力金融机构、核心企业等生态合作伙伴在融资授信、供应链管理、风险监控等场景里构建数字化风控的能力。

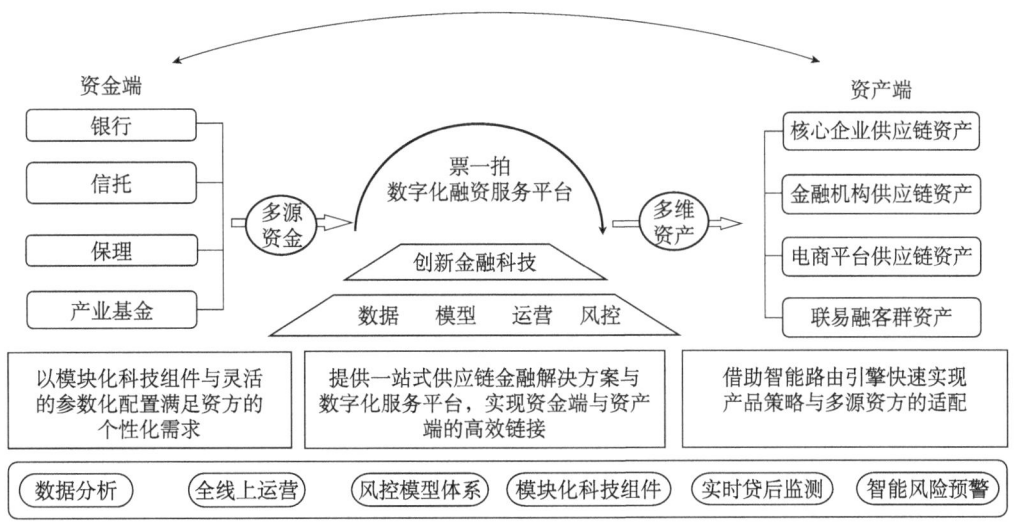

图15-4 联易融智能数字风控平台

15.2 智能化供应链金融风控管理实践

15.2.1 整体解决方案解决行业痛点

盛业资本（Sheng Ye Capital，股份代号：6069.HK）作为盛业集团的核心成员，自2014年成立以来，立足能源、建筑和医疗三大行业，为大型国有企业、上市公司等核心买方所在产业链条中的供应商或经销商提供供应链金融服务。盛业资本是中国第一家在香港联交所上市的供应链金融科技公司，集中在基建、医疗和新能源三个行业，以数据为导向，是以服务中小微企业为核心的最大保理公司之一，累计资产管理金额超过1000亿元。

基于"产业科技＋数字金融"的一站式供应链金融科技平台，产业端植入超过11家核心企业生态，资金端链接超过60家资金方，服务生态圈中超过8200多家中小微企业。依托先进的平台和专业的风险管理机制，通过标准化金融产品与个性化解决方案，盛业资本为企业提供包括应收账款融资、账款管理、信用评估等综合金融服务（图15-5），帮助企业在供应链结算生命周期不同阶段获得资金支持以持续发展。

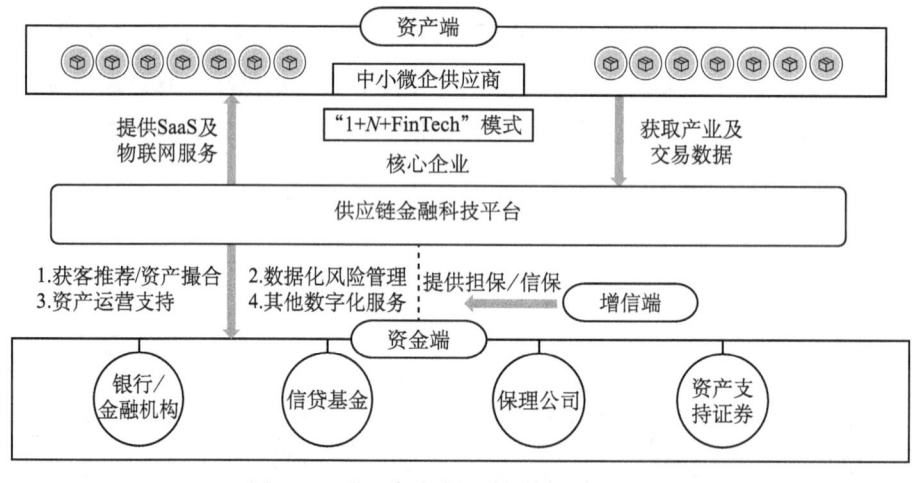

图15-5 盛业资本产业金融创新服务平台

在供应链金融的产融生态环境中，不同主体会面临不同的行业痛点。①中小微企业融资存在痛点，主要体现在应收账款周期长，资金紧张；缺乏合适的融资渠道，融资难、融资贵、融资慢；线下融资手续和申请流程烦琐，客户体验较差。②蓝筹核心企业存在痛点，包括缺乏信息化管理系统，信息不透明；线下手工操作各项流程，管理成本高；采购及供应商管理效率低下。③金融机构存在痛点，主要有难以获得优质的中小微企业贷款客户；由于信息不对称或不透明，无法有效评估中小微企业信用画像；由于缺乏高校金融科技能力，很难批量处理小而分散的贷款。面对这些生态圈相关主体的痛点，盛业资本供应链金融科技平台服务模式表现为：一端链接中小微型企业，另一端链接金融机构与类金融机构；首先对接核心企业、中小企业系统，提供 SaaS 及物联网服务，获取产业及交易数据，依据大数据分析，依据过往出货金额，评估融资授信、提供增信；其次把资产推送金融机构，资金端即银行、信贷资金、保理公司、资产支持证券等金融机构提供相应的资金。

盛业资本在业界率先提供"产业科技＋数字金融"整体解决方案，形成平台化战略，为中小微企业、核心企业、金融机构创造新价值。其利用产业 SaaS 平台及物联网技术（智慧工地、SPD[①]、SaaS 系统）做前端数据的采集，为面对中小微企业的供应链服务提供数据支撑。盛业资本服务的特色主要体现在三个方面。第一，专注服务产业链头部核心企业保理业务；第二，智慧工地、医疗供应链、SPD 药库等智慧化、自动化且能穿透到业务最前端的感知能力，为客户提供精准化、精细化、数字化供应链金融服务奠定了坚实基础，也为高效率、高水平风险管控提供了可靠保障；第三，横跨基建、医疗与能源三大领域，虽然客群及客户需求不同，但底层及云端服务逻辑相同，跨界也为更大范围累积高质量数据提供了通路和条件，为更多创新产品的开发提供了新的机遇与新的空间，有利于企业自身可持续发展与高质量发展。

15.2.2 主要提供的服务产品

盛业资本主要通过为中小微企业提供供应链融资解决方案，向金融机构提供金融科技平台服务，向核心企业提供资产证券化及供应链金融技术支持服务，向核心企业提供 B2B、SaaS 及物联网服务等四种模式获得自身的成长与发展。

1. 为中小微企业提供供应链融资解决方案

盛业资本数字金融为中小微企业提供涵盖整个供应链结算周期的多种创新解决方案，如图 15-6 所示，服务通过"盛易通云平台"全线上化完成，大数据驱动下，盛业资本能为供应链上企业提供具有竞争力的融资利率方案和灵活的还款计划，精准匹配客户资金需求。

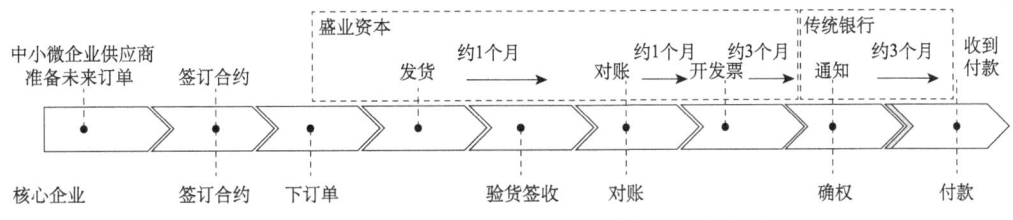

图 15-6 盛业资本供应链金融服务与传统银行服务对比

---

① SPD 是指 supply（供给）、processing（管理）、distribution（配送）。

2. 向金融机构提供金融科技平台服务

盛业资本向金融机构提供的一站式数字化供应链金融平台概览如图15-7所示。盛业资本利用其自身平台和技术,搭建资金端(金融机构)和资产端(供应链企业及交易)之间的桥梁,帮助金融机构评估融资服务对象、融资规避,以及提供相应数字化风险控制管理技术、方法和手段。

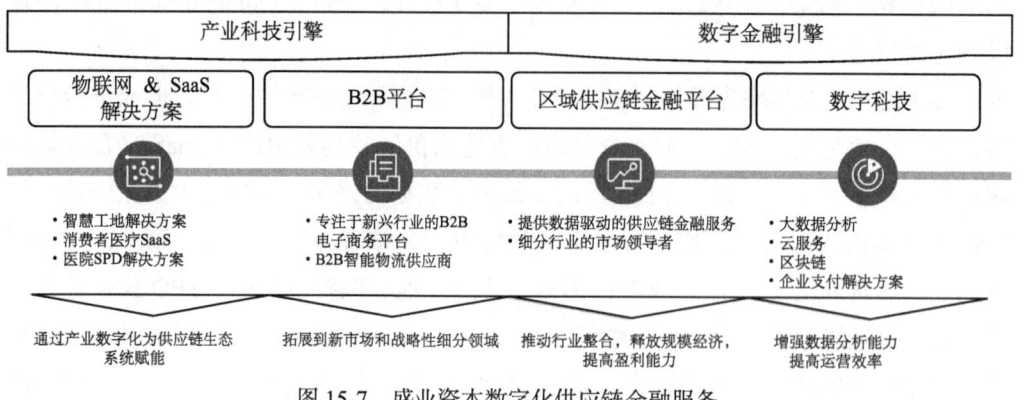

图15-7　盛业资本数字化供应链金融服务

3. 向核心企业提供资产证券化及供应链金融技术支持服务

盛业资本向核心企业提供资产证券化及供应链金融技术支持服务。例如,2021年发行的中信建投-弘基ABS-3期,发行规模9.77亿元,服务客户数615家,其中债权人349家,分布在119个地级市,债务人266家,分布在182个地级市;发票验真总张数1489张,发票总金额10.83亿元;线上签署合同协议266份,基础证照及基础合同一键签章;资产齐全平均1亿元/天。

4. 向核心企业提供B2B、SaaS及物联网服务

盛业资本向核心企业提供B2B、SaaS及物联网服务。以盛业资本服务的三大行业之一医疗行业为例。通过为牙科诊所提供SaaS服务,可以直接介入供应链交易的具体场景中,应用数字科技手段获取多维度交易数据,从而可以对每一个订单供应链全生命周期各节点精确把握,帮助用户设计场景化、精准化和自动化的供应链金融服务。

15.2.3　智能化风控策略

1. 智能化风控的基础逻辑

盛业资本依托先进的数字化技术平台制定了严格而有效的风险管理策略。图15-8展示了盛业资本数字化供应链金融的核心风控逻辑,通过智慧工地、医院综合供应链以及供应链SaaS系统获得的相关交易数据,全方位、多维度、自动化监测与预警。在风险管控方面,其核心风控逻辑表现在以下几个方面。

第五篇　商业生态系统下的供应链金融

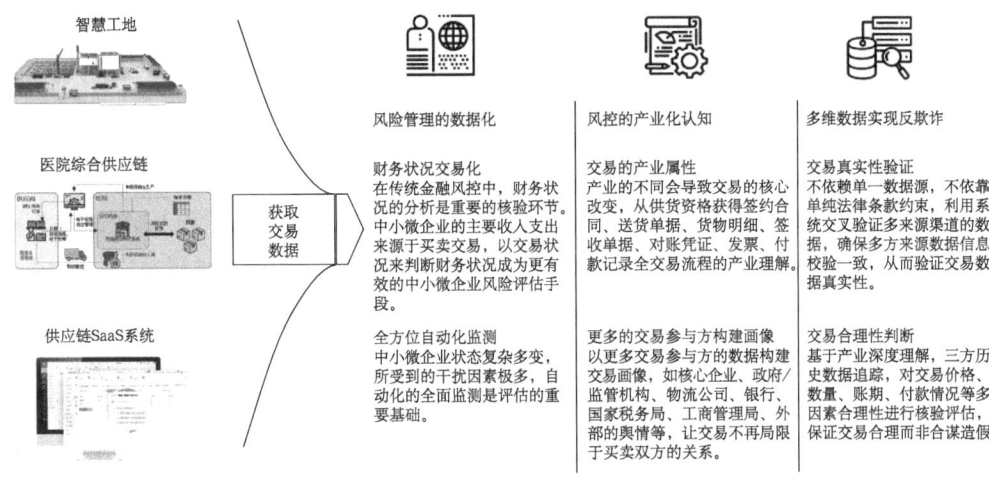

图 15-8　盛业资本数字化供应链金融的核心风控逻辑

第一，针对供应链金融实践中可能出现的风险类型进行识别，如针对信用风险，盛业资本选择适合的核心企业接入银行征信，并进行舆情监控；针对操作风险，在数字化平台进行多维度数据交叉比对、实时监控，验证交易真实性，利用辅助工具，减少操作失误和道德风险，从而达到多维监管、防止内部流程系统出现漏洞的效果；在交易支付环节，了解买方支付习惯及支付方式，实施闭环的资金管理手段，同时通过共管、监视和监控等方式来丰富账户体系。

第二，盛业资本的核心风控逻辑还体现在以数据化驱动的智能风险管控机制。这种数据化驱动的风险管控机制是基于其在智慧工地、医院综合供应链和供应链SaaS系统上获取交易数据而得以实现的，数据化驱动的风控具体体现在以下几个方面：一是对风险管理进行数据化，在传统金融风控中，财务状况的分析是重要的核验环节，中小微企业的主要收入支出来源于买卖交易，以交易状况来判断财务状况成为更有效的中小微企业风险评估手段，这种使财务状况数据化的方式是其风险管理数据化的重要体现。中小微企业状态复杂多变，所受到的干扰因素极多，自动化的全面监测也是评估的重要基础。二是对风控的产业化认知，主要体现在理解交易的产业属性，产业的不同会导致交易的核心改变，从供货资格获得签约合同、送货单据、货物明细、签收单据、对账凭证、发票、付款记录全交易流程的产业理解；同时还要以更多交易参与方的数据构建交易画像，如核心企业、政府/监管机构、物流公司、银行、税务局、工商管理局、外部的舆情等，让交易不再局限于买卖双方的关系。三是利用多维数据实现反欺诈，具体体现在严格验证交易真实性，不依赖单一数据源，不依靠单纯法律条款约束，利用系统交叉验证多来源渠道的数据，确保多方来源数据信息校验一致，从而验证交易数据真实性。在验证交易真实性的基础上，还判断交易合理性，基于产业深度理解，历史数据追踪，对交易价格、数量、账期、付款情况等多因素合理性进行核验评估，保证交易合理而非合谋造假。

2. 全流程智能化风控策略

在提供供应链全流程服务的同时，盛业资本在各个环节都实现了依托专业的数字化平台来获得数据从而实现数据驱动的智能化风控目标。具体如下。

在获客阶段，通过利用盛业金融科技平台获得的数据来获取高质量顾客，从而有效地规避信用风险和一系列操作风险。通过尽调小程序等技术平台对客户、业主、项目、核心企业和企业实际管理人的精准评估，达到交易的风险可控效果。

在交易阶段，利用AI、OCR识别和NLP语义分析等技术，针对应收账款的真实性、合法性、是否逾期、权属是否清晰、是否可转让等要素，利用多维度数据进行佐证、核实和确权来把控风险。例如，将中国人民银行征信系统数据和应收账款登记平台（中登网）系统对接，对税务信息的税控盘实时监测，对交易回款账户进行24小时监测，确保全方位地监测和应对中小微企业的交易变动事实，以此实现金融信息数据化监测。同时，以获得核心企业供货资质开始至付款完成的全流程单据为基础，加入如GPS与货物签收状态、银行流水及发票信息、经营情况及舆情情报等多方数据进行真实性校验，用数据佐证确权。通过产业积累判断一笔交易的数量、单价、付款周期等条件是否合理，并根据行业舆情、黑白名单记录有效识别欺诈客户信息，抵御中小微企业欺诈行为，大幅提升欺诈难度。对每个交易过程实施视频核实，利用微信小程序拍摄，自动获取拍摄时间及交易发生的定位证据信息、交易货物品种的证据、车牌号码、项目工地现场标志性建筑物信息、货物签收和到货视频信息等，从而实现交易资料可实时存证、可随时查看和交叉验证比对的效果。此外，盛业金融科技平台通过接入核心企业收验货系统数据，进一步验证交易真实性。这不仅可以获取实时交易数据，加强风控能力，还能增强与核心企业的黏性，形成了平台协同效应。

在贷后回款阶段，盛业资本通过建立并不断丰富账户体系，实现资金闭环，通过归集/监控到的回款信息，跟踪客户经营状态的持续性以及与核心企业合作的稳定性。

在智能化风控策略的支持下，盛业资本为中小微企业提供了覆盖整个供应链结算周期的多种创新解决方案。传统银行主要面对核心企业确权后到实际付款的这一阶段，而盛业资本则通过系统化、数据化的管理，将融资节点前移，甚至在订单阶段提供保理服务，在到货或账单阶段提供保理服务，覆盖供应链全环节。盛业资本基于对产业规则的深入洞悉，应用大量的金融科技，保障了风险的可控，加上自身建设的供应链场景，摆脱了传统保理机构对核心企业信用及确权的依赖，从资产的"搬运工"变成了优质资产的"创造者"。

15.3 供应链金融产融生态圈的发展

供应链金融最初主要聚焦于解决中小企业融资问题，推动实体经济的发展，但不论时代如何发展，科技如何进步，供应链金融服务的重心永远都是产业。金融是推动产业发展的手段之一，不是供应链金融的目的，如果脱离产业去追逐金融属性，那么供应链金融就成为无源之水，无本之木，这就与供应链金融的本质——共赢与可持续发展相背离。科技是提升供应链金融服务实体经济的一种方法上的支持。因此，任何时候，在设计供应链金融服务的过程中，一定要把持这样的原则，产业是重心、金融是手段、科技是支持，从产业中来，到金融中去，再回产业里（图15-9）。

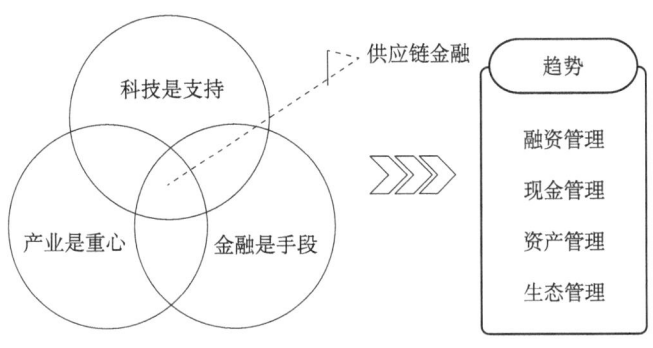

图 15-9　供应链金融的管理趋势

根据供应链金融的设计原则，可以看到供应链金融服务的发展趋势。供应链金融服务最初是为了解决供应链中小企业的融资问题而诞生的，目的在于推动供应链稳定性（stability）管理，服务重点是供应链企业融资管理；之后，为了更好优化和配置供应链的财务资源，有效推动供应链"三流"协调管理，供应链金融服务的价值也发生了变化，不仅仅是解决供应链企业的融资问题，还帮助企业进行现金管理，提供综合金融服务，使得供应链企业共同成长（growth）以及上下游关系更加忠诚（loyalty）；接着，供应链金融的价值进一步提升，通过优化金融资源配置，带动产业资源有效配置，特别是数字科技的进展，供应链金融发展关注点向供应链资产管理转移；再往后，供应链金融利用现金管理和资产管理两个方面优势，推动了产业生态圈的发展。

结合供应链金融服务产业发展的实践看，供应链金融服务模式从传统的供应链融资（融资管理）发展到了产业供应链金融模式（现金管理与资产管理），再到了产融生态圈模式（生态管理），这些产融生态圈的建设离不开数字科技的发展与应用。

例如，欧冶金服聚焦共建高质量钢铁生态圈，依托齐全的金融牌照资源与现代科技，通过"产业金融＋金融科技"双轮驱动，与央行贸金链合作建设自主可控区块链通宝，应用数字化人民币支付助力废钢回收溯源等路径产品与创新服务，为联盟内企业提供高效精准且综合成本较低的线上供应链金融服务；天星数科立足小米生态链，投贷联动、产融结合、全链服务，着力构建3C[①]消费电子行业产业区块链联盟，赋能数字化供应链及数字化供应链金融。

本章要点

- 数字化时代供应链金融风险的来源、种类和特征。
- 金融科技下的供应链金融风险管控手段及措施。
- 新时代供应链金融发展契机和遇到的问题。

思考题

1. 数字化时代供应链金融风险主要有哪些？具有怎样的特征？
2. 金融科技是如何实现供应链金融风险智能化监管的？其实现途径和手段主要有哪些？
3. 你是如何理解新时代供应链金融的"危"与"机"的？
4. 你认为数字化时代供应链金融应该朝着怎样的方向发展？对此有哪些需要注意的问题？

---

① 3C 表示计算机类（computer）、通信类（communication）、消费类（consumer）。

Reference 参考文献

巴曙松，刘晓依，朱元倩，等. 2019. 巴塞尔Ⅲ：金融监管的十年重构 [M]. 北京：中国金融出版社.

班英策. 2019. 大数据环境下供应链金融风险管理策略 [J]. 管理观察, (20): 167-168.

陈思洁, 宋华. 2020. 供应链金融视角下企业网络与企业能力对中小企业融资绩效的影响——一个链式中介模型 [J]. 商业经济与管理, (4): 18-28.

陈祥锋. 2018-09-19. 供应链金融重在共赢 [N]. 社会科学报, (2).

陈祥锋, 霍宝锋, 王颖颖. 2020. 可持续供应链金融：模式创新与应用——以农业供应链为例 [J]. 供应链管理, 1(9): 36-43.

陈祥锋, 石代伦, 朱道立. 2005. 融通仓与物流金融服务创新 [J]. 科技导报, (9): 30-33.

陈祥锋, 石代伦, 朱道立, 等. 2005. 仓储与物流中的金融服务创新系列讲座之一 融通仓的由来、概念和发展 [J]. 物流技术与应用, (11): 138-141.

陈祥锋, 石代伦, 朱道立, 等. 2005. 仓储与物流中的金融服务创新系列讲座之二 融通仓系统结构研究 [J]. 物流技术与应用, (12): 103-106.

陈祥锋, 石代伦, 朱道立, 等. 2006. 仓储与物流中的金融服务创新系列讲座之三 融通仓运作模式研究 [J]. 物流技术与应用, (1): 97-99.

陈祥锋, 石代伦, 朱道立. 2006. 仓储与物流中的金融服务创新系列讲座之五 金融供应链与融通仓服务 [J]. 物流技术与应用, (3): 93-95.

陈晓华, 吴家富. 2018. 供应链金融 [M]. 北京：人民邮电出版社.

陈雪雯. 2019. 我国物流金融的主体、特征、运作模式和发展研究 [J]. 西南金融, (7): 58-67.

邓卫国, 储雪俭, 艾浩然. 2021. 基于区块链的小微公路物流企业融资增信问题研究 [J]. 供应链管理, 2(6): 74-93.

丁廉业. 2021. 大数据金融：小微企业金融服务的创新与思考 [J]. 西南金融, (7): 62-73.

段伟常, 梁超杰. 2019. 供应链金融 5.0: 自金融＋区块链票据 [M]. 北京: 电子工业出版社.

付颖赫. 2021. "区块链＋应收账款质押" 供应链金融创新发展研究 [J]. 财会通讯, (14): 145-149.

葛伟炜, 杨俊. 2014. 海尔营运资金管理的共赢机制 [J]. 商业评论, (4): 104-116.

龚强, 班铭媛, 张一林. 2021. 区块链、企业数字化与供应链金融创新 [J]. 管理世界, 37(2): 22-34,3.

郭菊娥, 史金召, 王智鑫. 2014. 基于第三方 B2B 平台的线上供应链金融模式演进与风险管理研究 [J]. 商业经济与管理, (1): 13-22.

何盛明. 1990. 财经大辞典 [M]. 北京: 中国财政经济出版社.

胡晓峰. 2021. 农业供应链金融数字化转型的实践及其推进思路 [J]. 西南金融, (4): 52-62.

黄海涛, 刘勤明, 叶春明, 等. 2021. 基于区块链技术的政府采购合同融资博弈分析 [J]. 系统仿真报, 33(8): 1947-1958.

黄佳舟, 鲁其辉, 陈祥锋. 2020. 供应商融资中买方担保机制的价值影响研究 [J]. 管理科学学报, 23(7): 99-115.

黄灵杰. 2019. 我国消费金融的发展现状、问题与政策建议——基于中外消费金融实践的比较与思考 [J]. 金融理论与实践, (12): 55-59.

黄奇帆. 2020. 分析与思考: 黄奇帆的复旦经济课 [M]. 上海: 上海人民出版社.

纪瑞朴, 谭福梅. 2021. 供应链金融的数字化转型 [J]. 金融会计, (2): 32-38.

金香淑, 袁文燕, 吴军, 等. 2020. 基于收益共享—双向期权契约的供应链金融风险控制研究 [J]. 中国管理科学, 28(1): 68-78.

李健, 王亚静, 冯耕中, 等. 2020. 供应链金融述评: 现状与未来 [J]. 系统工程理论与实践, 40(8): 1977-1995.

李娟, 徐渝, 贾涛. 2010. 物流金融创新下的订单融资业务风险管理 [J]. 统计与决策, (19): 171-173.

李向文, 冯茹梅. 2012. 物流与供应链金融 [M]. 北京: 北京大学出版社.

李永华, 陈兆波, 姚锋敏. 2021. 考虑保理融资的电商供应链网络均衡模型 [J]. 计算机集成制造系统, 28(5): 1-16.

林强, 李苗. 2013. 保兑仓融资模式下收益共享契约的参数设计 [J]. 系统科学与数学, 33(4): 430-444.

刘露, 侯文华, 李雅婷. 2018. 保兑仓融资的优化与协调策略: 基于核心企业视角 [J]. 系统工程, 36(1): 130-139.

刘露, 李勇建, 姜涛. 2021. 基于区块链信用传递功能的供应链融资策略 [J]. 系统工程理论与实践，41(5): 1179-1196.

刘露，饶卫振，王炳成. 2021. 如何有效应对其他融资模式的竞争？——基于商业银行视角的供应链金融发展策略[J]. 研究与发展管理，33(3): 14-29.

刘萍. 2021. 金融大数据视野下的金融发展与监管创新[J]. 经济导刊，(1): 28-31.

刘雅坤，康文达. 2021. 供应链金融环境下动产质押融资约束因素研究[J]. 市场周刊，34(7): 137-139.

刘炎隽，黄平. 2015. 金融生态系统视角下的供应链金融探讨[J]. 企业导报，(2): 1-3.

深圳发展银行中欧国际工商学院"供应链金融"课题组. 2009. 供应链金融：新经济下的新金融[M]. 上海：上海远东出版社.

沈通. 2020. 我国跨境零售电商物流模式分析：基于进口的视角[J]. 商业经济研究，(18): 109-112.

史金召，郭菊娥. 2015. 互联网视角下的供应链金融模式发展与国内实践研究[J]. 西安交通大学学报(社会科学版)，35(4): 10-16.

宋华. 2021. 供应链金融[M]. 3版. 北京：中国人民大学出版社.

宋远方，黄千员. 2018. 国内供应链金融研究进展——基于2005—2017年CSSCI文献分析[J]. 中国流通经济，32(1): 47-54.

孙昌玲，王化成，王芃芃. 2021. 企业核心竞争力对供应链融资的影响：资金支持还是占用？[J]. 中国软科学，(6): 120-134.

孙雪峰. 2020. 供应链金融：信用赋能未来[M]. 北京：机械工业出版社.

坦普勒S，霍夫曼E，芬德利C. 2020. 供应链金融[M]. 胡海菊，陈红梅译. 北京：中国人民大学出版社.

田俊峰，司艳红，王力，等. 2020. 供应链金融的文献回顾与展望：边界、趋势、方法及主题[J]. 供应链管理，1(6): 60-76.

王文利，骆建文，张钦红. 2013. 银行风险控制下的供应链订单融资策略研究[J]. 中国管理科学，21(3): 71-78.

王晓燕，师亚楠，史秀敏. 2021. 基于区块链的供应链应收账款融资模式探析[J]. 财会通讯，(14): 141-144.

王阳军. 2021. 供应链金融环境下中小企业存货质押融资成本控制模型构建与应用研究[J]. 供应链管理，2(6): 56-67.

王宗润，马振，周艳菊. 2016. 核心企业回购担保下的保兑仓融资决策[J]. 中国管理科学，24(11): 162-169.

温宗良，陈嘉茵，周永务，等. 2017. 基于供应链金融的供应商链式融资策略研究[J]. 运筹与管理，26(3): 17-26.

谢平，尹龙. 2001. 网络经济下的金融理论与金融治理[J]. 经济研究，(4): 24-31,95.

徐诺金. 2005. 优化金融生态环境 促进广东金融强省建设 [J]. 南方金融，(9): 12-14,11.

杨书萍，高世博. 2015. 保兑仓融资模式下供应链金融三方回购协调 [J]. 物流科技，38(5): 101-102.

杨毅. 2017. 应收账款保理融资业务探析 [J]. 现代经济信息，(9): 224.

叶华英. 2017. "战略"整合快消品供应链资源 [J]. 全国流通经济，(1): 18-19.

叶子豪. 2021. 供应链金融中的反向保理模式——中小企业融资困境的解决路径 [J]. 北方经贸，(8): 108-110.

张浩，张潇. 2017. 基于马尔可夫模型的电商平台供应链金融风险控制 [J]. 云南财经大学学报，33(2): 118-126.

张开真. 2020. 供应链金融融资模式及风险控制探究 [J]. 企业改革与管理，(17): 131-132.

张钟允. 2019. 读懂供应链金融 [M]. 北京：中国人民大学出版社.

郑国强，黄晨阳. 2017. 供应链金融视域下中小企业信用风险控制研究 [J]. 经营与管理，(3): 137-139.

钟颉. 2006. 仓储与物流中的金融服务创新系列讲座之四 融通仓在外贸交易中的应用 [J]. 物流技术与应用，(2): 92-94.

周建，徐姗姗，杨剑. 2016. 云服务供应链金融运作模式探索 [J]. 西南金融，(5): 14-19.

周启清，孟玉龙，胡昌昊，等. 2018. 供应链金融理论与操作技术 [M]. 北京：中国商务出版社.

邹德明，贾秋农. 2020. 区块链在大宗商品贸易领域的应用进展评述 [J]. 商业经济研究，(10): 154-157.

Atkinson W. 2008.Supply chain finance—the next big opportunity[J]. Supply Chain Management Review, 12(3): 57-60.

Caldentey R, Chen X F. 2011. The Role of Financial Services in Procurement Contracts[M]. New York: New York University.

Caniato F, Gelsomino L M, Perego A, et al. 2016. Does finance solve the supply chain financing problem[J].Supply Chain Management, (21): 534-549.

Carroll A B. 1991. The pyramid of corporate social responsibility: toward the moral management of organizational stakeholders[J]. Business Horizons , 34(4): 39-48.

Chen L, Chan H K, Zhao X. 2020. Supply chain finance: latest research topics and research opportunities[J]. International Journal of Production Economics, 229: 107766.

Chen X, Cai G. 2011. Joint logistics and financial services by a 3PL firm[J]. European Journal of Operational Research, 214(3): 579-587.

Chen X, Cai G, Song J S. 2018. The cash flow advantages of 3PLs as supply chain orchestrators[J]. Manufacturing & Service Operations Management, 21(2): 435-451.

Chen X, Liu C, Li S. 2018. The role of supply chain finance in improving the competitive advantage of online retailing enterprises[J]. Electronic Commerce Research and Applications, 33: 100821.

Chen X, Lu Q, Cai G. 2020. Buyer financing in pull supply chains: zero - interest early payment or in - house factoring?[J]. Production and Operations Management, 29(10): 2307-2325.

Chod J, Trichakis N, Tsoukalas G , et al. 2020. On the financing benefits of supply chain transparency and blockchain adoption[J]. Management Science, 66(10): 4378-4396.

Choi T M. 2020. Supply chain financing using blockchain: impacts on supply chains selling fashionable products[J]. Annals of Operations Research, 25: 1-23.

Esty B C, Mayfield E S, Lane D. 2016. Supply chain finance at procter & gamble[R]. HBS Case Study .

Hofmann E, Strewe U M, Bosia N. 2017. Supply Chain Finance and Blockchain Technology: The Case of Reverse Securitization[M]. Berlin: Springer.

Hofmann E. 2005. Supply chain finance: some conceptual insights[J]. Logistik Management, 16: 203-214.

Lee H L. 2018. Big data and the innovation cycle[J]. Production and Operations Management, 27(9): 1642-1646.

Li S, Chen X. 2019. The role of supply chain finance in third-party logistics industry: a case study from China[J]. International Journal of Logistics, 22(2): 154-171.

Lubin D A, Esty D C. 2010. The sustainability imperative[J]. Harvard Business Review, 88(5): 42-50.

Martin J, Hofmann E. 2017. Involving financial service providers in supply chain finance practices: company needs and service requirements[J]. Journal of Applied Accounting Research,18(1): 42-62.

Mayer-Schönberger V, Cukier K. 2013. Big Data: A Revolution that Will Transform How We Live, Work, and Think[M]. Boston:Houghton Mifflin Harcourt.

Nienhuis J J, Mounaim C, Douwe L. 2013. Real-time financing: extending e-invoicing to real-time SME financing[J]. Journal of Payments Strategy & Systems, 7(3): 232-245.

Nigro G L, Favara G, Abbate L. 2021. Supply chain finance: the role of credit rating and retailer effort on optimal contracts[J]. International Journal of Production Economics, 240: 108235.

Park G, Park H S. 2016. Corporate social responsibility in Korea: how to communicate global issues to local stakeholders[J]. Corporate Social Responsibility and Environmental Management, 23(2): 77-87.

Parker G G, van Alstine M W, Chowdary S P. 2016. Platform Revolution: How Network Markets Change The Economy-and How to Make Them Work for You[M]. New York: W. W. Norton.

Porter M E, Kramer M R. 2019. Creating shared value[C]//Lenssen G, Smith N. Managing Sustainable Business. Berlin: Springer:323-346.

Rogers S. 2014. Entrepreneurial Finance: Finance and Business Strategies for the Serious Entrepreneur[M]. New York: McGraw-Hill Education.

Tate W, Bals L, Ellram L. 2018. Supply Chain Finance: Risk Management, Resilience and Supplier Management[M]. London: Kogan Page.

Wang Y, Singgih M, Wang J, et al. 2019. Making sense of blockchain technology: how will it transform supply chains?[J]. International Journal of Production Economics, 211: 221-236.

Wu Y, Wang Y, Xu X, et al. 2019. Collect payment early, late, or through a third party's reverse factoring in a supply chain[J]. International Journal of Production Economics, 218: 245-259.

Xu X, Chen X, Jia F, et al. 2018. Supply chain finance: a systematic literature review and bibliometric analysis[J]. International Journal of Production Economics, 204: 160-173.

Yu W, Wong C Y, Chavez R, et al. 2021. Integrating big data analytics into supply chain finance: the roles of information processing and data-driven culture[J]. International Journal of Production Economics, 236: 108135.

Zhan J, Li S, Chen X. 2018.The impact of financing mechanism on supply chain sustainability and efficiency[J]. Journal of Cleaner Production, 205: 407-418.

Zhou Q, Chen X, Li S. 2018. Innovative financial approach for agricultural sustainability: a case study of Alibaba[J]. Sustainability, 10(3): 891.